【地方文革史丛书】

山西文革史稿

History of the Cultural Revolution in Shanxi (I)

上 卷

石名岗 执笔

李辅 修订

美国华忆出版社
Remembering Publishing. USA

Copyright © 2025 by Remembering Publishing, LLC. USA

ISBN： 978-1-68560-168-3 (Paperback)
　　　　978-1-68560-178-2 (eBook)
Remembering Publishing, LLC
RememPub@gmail.com

History of the Cultural Revolution in Shanxi (Volume I)

By Shi Minggang / Li Fu

山西文革史稿（上卷）

石名岗　执笔

李辅　修订

出　　版： 美国华忆出版社
版　　次： 2025年6月　第一版　第一次印刷
字　　数： 286千字

All Rights Reserved.
No part of this book may be reproduced in any form or by any electronic or mechanical means, including information storage and retrieval systems, without permission in writing from the publisher. The only exception is by a reviewer, who may quote short excerpts in review.

作品内容受国际知识产权公约保护，版权所有，侵权必究

上卷目录

地方文革史丛书总序　　启 之 1

序 一　究古今之变，成一家之言　　丁 东 3

序 二　民间编写文革史的可喜成果　　何 蜀 7

序 三　义不容辞的责任　　段立生 11

绪 论 14

　一、文革原因探讨 /15

　二、文革大事评述 /21

　三、关于文革的释读 /28

　四、影响 /37

　第一章　风暴来临 42

　　第一节　"上层不能按原来的方式统治下去了" 42

　　　1. 山雨欲来风满楼 /42

　　　2. 毛泽东炮打司令部 /44

　　　3. 华北局会议：激烈的内斗 /50

　　　4. 山西省委：发动与镇压两种心理的交织 /52

　　第二节　"下层也不愿意按原来的方式生活下去了" 55

　　　1. 当时的中国社会像一堆干柴 /55

　　　2. 两种红卫兵运动的兴起 /57

　　　3. 造反派是在"资产阶级反动路线"的高压下产生的 /61

4. 毛泽东在老红卫兵问题上看走了眼 /64
　　5. "左"和"右"是这样结合的 /65

　第三节　风暴刮向山西的黄土高坡.................................67
　　1. 北京公社宣言是风暴源头 /67
　　2. 造反派组织在风暴中崛起 /71
　　3. 从民众小联合到民众的大联合 /74

第二章　"一月革命风暴"：山西夺权数第一..........................82

　第一节　山西省委被内外夹攻..82
　　1. 造反派的大规模攻势从三干会开始 /83
　　2. 山西省委的第一次分裂 /89
　　3. 山西省委的第二次分裂 /91

　第二节　夺权前奏...93
　　1. 刘格平进京受旨 /93
　　2. 夺权策划和五人亮相 /96
　　3. 造反派组织的分野 /100

　第三节　一月纪事："一月革命风暴"自山西始.........................105
　　1. 对"走资派"来说，这个冬天特别寒冷 /105
　　2. 1.12至1.14：震撼全国的三天 /108
　　3. 夺权尾声，也是反夺权的开始 /124

　第四节　毛泽东说："这个权力机构名称，叫革命委员会好" 132
　　1. 一月革命走到了十字路口 /132
　　2. 一月革命在继续：毛泽东打碎了上海公社的美愿 /134
　　3. 一月革命在继续：山西的刘格平喜欢用刺刀 /136
　　4. 劳模加入战团增强了刘格平的力量 /142
　　5. 山西省革命委员会在动荡中成立 /144
　　6. 一月革命综述 /146

第三章　"'四·一四'是一个政治大阴谋" 153

第一节　核心小组的裂变诱因 153
1. 两个人的密谋　/ 153
2. 第一个宣布要结束文革的人　/ 157
3. 一个不肯闲着的女人　/ 158

第二节　炮轰刘志兰的政治背景 160
1. 炮轰反对者红联站的说法　/ 161
2. 炮轰发起者兵团的现代版说法　/ 165
3. 太工红旗李青山的说法　/ 171
4. 省委统战部副部长李一夫的说法　/ 174
5. "四月会议"之说　/ 176

第三节　红联站善文攻，红总站善武斗 177
1. 红总站开了打砸抢的头　/ 177
2. 红联站一论：《"四·一四"事件是一个政治大阴谋》/ 181
3. 红联站《再论"四·一四"事件是一个政治大阴谋》 186
4. 红联站《三论"四一四"事件是一个政治大阴谋》/ 186

第四节　七月会议前的最后一战 190
1. 《四论》：横扫以杨承孝为代表的牛鬼蛇神　/ 190
2. 兵团与红联站初次对决：袭击党校东方红　/ 197
3. 红联站的一次漂亮战役：活捉杨承孝　/ 199

第五节　图穷匕见：可以不可以炮轰张日清？ 202
1. "四一四"行动促成军队支左态度的大转变　/ 202
2. 刘格平酝酿炮轰张日清　/ 204

第四章　"七月会议"上的较量 209

第一节　康生主持会议 209

1. 会议的两个焦点 / 210
2. 在晋中任、王、张被炮轰 / 217
3. 专政委员会问题 / 220

第二节 连续四天的会议：张日清与红联站遭当头棒喝 222
1. 第一次大型会议从控诉开始 / 223
2. 第二次大型会议：核心是叛徒问题 / 233

第三节 七月二十三日会议：打倒陈再道，警告张日清 243
1. 厕所里传来的"最高指示" / 243
2. "七·二零"事件使张日清陷入被动 / 244
3. 第四次大型会议：康生再发威 / 248

第四节 最后的会议，最后的纪要 259
1. 最后一次会议：红联站、晋中总司铩羽而归 / 259
2. 红联站：深深的不解、失望及反思 / 270

第五章　八月大扫荡 275

第一节 急转直下的局势 275
1. 提前进行的"武斗" / 275
2. 一纸空文的协议书 / 278

第二节 "扫荡"与反"扫荡"的准备 279
1. 红总站的准备 / 279
2. 红联站和晋中总司的准备 / 281

第三节 八月"大扫荡" 283
1. "大扫荡"从平遥开始 / 283
2. 军队和晋中首当其冲 / 292
3. 扫荡到省城 / 294

第六章　血染九五 ... 296

第一节　最后的堡垒 ... 296

1. 与刘格平及其御林军的对台戏 / 296
2. 红联站的拱卫军：马路兵团 / 299
3. 守卫最后堡垒的人们 / 301

第二节　"九五"抗暴 ... 302

1. 头几天的动态 / 302
2. 喋血"九五"：《大事记》的记载 / 304
3. 喋血"九五"：马尚文的回忆 / 306
4. 外围的故事 / 323

第三节　"九五"镇压红联站，唤起工农千百万 ... 326

1. 《晋阳红旗颂》的震撼 / 326
2. "九五"事件是重要的转折点 / 328

第七章　"局部国内革命战争" ... 334

第一节　山西的两派力量和两个政权的再形成 ... 335

1. 红色政权的第二次分裂 / 335
2. 兵团"起义"，形成新的势力平衡 / 341
3. 最后一次大武斗：兵团工总司初出茅庐 / 345
4. 十二月会议：两个政权的形成 / 349

第二节　迫在眉睫：武装！武装！！武装！！！ ... 354

1. 武装割据的大形势 / 355
2. 没有枪，没有炮，解放军那里"抢" / 356
3. 没有枪，没有炮，我们自己造 / 362
4. 没有枪，没有炮，我们民兵自己有 / 363
5. 任井夫组建"八国联军" / 364

第三节　两条战线的斗争 368
　　1. 学习班火起来了　/368
　　2. 三月的大联合协议　/370
　　3. "四·九"指示起新波　/374
　　4. 上半年的两大战役　/376

地方文革史丛书总序

启 之

地方文革史研究是《记忆》2017年启动的学术项目，原来的计划是，在文革发动六十周年的时候，推出十个省区的地方文革史著作。事实证明，这是脱离实际的一厢情愿——当时答应承担这一项目，并且落实到专人的只有四个省区。而在六十周年即将到来之际，真正完成的只有两个半——除了云南和四川文革史是这期间完成的之外，山西文革史是由2014年自印的《文革在山西》修订而来。令人欣慰的是，一位退休的物理学家，在这个计划之外，完成了四卷本的南/北中国地方文革史，共计一百五十万字的巨著。

在后毛时代，任何人、任何单位都不可能完成这个项目，他们面对的是无法克服的困难。首先，最有能力承担这一项目的群体被排斥在外——当局明令禁止专业人士研究文革，学术刊物拒绝刊发相关文章，国外的学术会议不准参加，国内不准召开相关会议。这迫使大学师生、研究院所的研究人员等受过正规学术训练的人们不得不远离这个领域。

因此，这个项目就历史地落在了一批民间学者的肩上，而多头多面多层级的联合管控也使他们的工作从一开始就陷入困境——扣压书刊，检查信箱，监控微信，上门查没，警局约谈，不断地警告你：你的研究将会被敌对势力利用，将会成为不稳定因素。你的文章不准上网不能出版。与此同时，你的子女也会遇到麻烦，为保住工作，他们不得不按照有司的意志做父母的工作。如果你仍不屈服，他们就拿出杀手锏——断你的退休金和医保。

这些人的遭遇和处境，勾勒出一个史无前例的"浮世绘"——古稀老者，长年出没于闾阎坊间，搜集资料，采访当事人。八旬翁妪，写作校对，不舍昼夜。七旬作家，白天摆摊卖煎饼，晚上灯下核对史料。……这些人，相距千里，从未谋面，但心志相同——要在告别人世之前，完成对地方历史的记录和写作。而在他们的房前屋后，隐现着国安、国保、公安的警车，出没着扫黄打非办、文化执法队的形迹，闪动着党委办、保卫处、宣传部、社区保安、居委会主任的身影。

就在这种险恶之境中，他们用传世之作创造了人间奇迹。这让我想起了勃列日涅夫时代的"夜间人"与"厨房政治"，想到苏联那些自由思想的写作者。他们以耳语为剑，化笔为刀，将地下刊物作为掩体，或检讨历史，或批判时政，或忆昔述往。斯大林时代的暴政和罪恶尽现同胞眼底。中苏对比，中国的特色赫然在目：散落在城镇的退休工程师、老年农民工，禀持着以史为鉴的传统，在现代科技预防性管控的网孔之中，站在改开的打卡地与"六四"的斑斑血迹之上，以草根之躯，普罗之笔，书写着对历史与道路，主义与制度的思考。

毫无悬念，三十年之后，这些传世之作，将摆放在国内图书馆的外借书架上。这个"浮世绘"将以各种艺术形态，出现在中国历史和艺术博物馆的展品之中。

《记忆》拼一己之力，明知不可为而为之；作者冒险犯难，"虽千万人吾往矣"；美国华忆自费出版这套丛书，宁负债而存诚信，舍实利而取大义。此三者，以各自的低端孱弱，诠释着新时代"文化自信"的真谛。

序 一

究古今之变，成一家之言

丁 东

李辅先生发给我本书的全稿，我读后感到很有分量。书写一省范围的文革史，本书虽非首创。但以丰富的史料把文革在一省的来龙去脉叙述得这样清楚的著作，尚不多见。中国的地方政治头绪相当复杂。从纵向看，中央与地方的关系；从横向看，有山头与宗派、整人与挨整，造反与保守、军队与地方，台上与台下等错综复杂的矛盾。本书搜集了大量一手史料，正视各种矛盾，对复杂的头绪条分缕析，提供了毛泽东时代地方政治的一个珍贵样本。前些年，有些山西政坛上的前任高官，在文革风浪的颠簸中曾随波逐流，以实用主义的政治伦理谋求利益最大化，然而，晚年却要利用官方修史的话语权，把自己打扮成一贯正确的文革受害者和抵制者。这也成为作者还原历史真相的动力。本书把这些高官当年的言行原原本本地摆出来，这比任何事后的化装更有说服力。

本书不单纯是石名岗先生执笔的个人专著，而是一个群体数年切磋的心血结晶。在这个写作群体中，不少人在山西曾是文革期间的风云人物，担任过群众组织的领袖，结合进某一级领导班子，后来在清理"三种人"中出局。他们对于文革期间的胜败沉浮、悲欢离合，有非同常人的体验，铭心刻骨的感受。文革发生至今快半个世纪了，岁月无情催人老。文革中的活跃人士，最年轻的也早过了花甲之年，还有的已年逾古稀。亲历者为这段历史作证，具有时间的紧迫感。文革研究，对于学院派学者来说，难的是入乎其内。对于文革当事人来说，更大的挑战是出乎其外，跳出个人恩怨、荣辱得失看历史，超越派性局限，把文革放到更广阔的视野中审视。

叙述文革史，人们最熟悉的是两种语境。

一是毛泽东语境。代表性的文件是"五一六通知""五七指示""十六条"、中共九大、十大政治报告。基本观点是：这次文化大革命，对于巩固无产阶级专政，防止资本主义复辟，是完全必要的，是非常及时的。毛泽东发动文革，不仅是把反修防修的战场转移到国内，揪出睡在身旁的赫鲁晓夫，还要发动亿万群众，自下而上揭露黑暗面，进行一场把全国办成共产主义大学校的试验。"五一六通知"说的是文革要破什么，"五七指示"说的是文革要立什么。毛泽东语境在他当政时，当然占据着舆论的统治地位。80年代后一度式微。近些年中国权力资本化蔓延，官民矛盾加剧，毛泽东语境大有复苏之势。

二是邓小平语境，这是当下中国的主流语境，代表性文件是十一届六中全会《关于建国以来若干历史问题的决议》。基本观点是：文化大革命是一场由领导者错误发动，被反革命集团利用，给党、国家和各族人民带来严重灾难的内乱。文革应当否定。否定文革，是启动改革开放，中国社会向市场经济转型的契机。但十一届六中全会决议不能忽视的背景，是邓小平与华国锋的博弈。邓小平在文革中受批判，华国锋在文革中被提升，从政治上彻底否定文革，为邓小平陈云掌控中国政坛建立了历史依据，为他们在人事上进一步清除文革受益者奠定了舆论。为了尽快摆平党内的各种恩怨，邓小平提出宜粗不宜细的原则，简化了文革的政治光谱。在这种光谱下，回避了党内各级官员在文革某些阶段努力紧跟毛泽东的事实，包括周恩来在内的老一辈革命家被塑造成文革的受害者和抵制者。宣传需要在维护毛泽东旗帜和否定文革之间达成平衡，所以把文革的罪责尽量归结到林彪、"四人帮"和造反派头上。三十多年来，《决议》成为国内关于文革的宣传准绳。官办传媒流通的有关文革的史论著作、传记、年谱、教科书、回忆录及各类文艺作品，几乎都是邓小平语境下的叙事，鲜有例外。这不但是宣传纪律的刚性要求，也成为市场利益的主流导向。

毛泽东语境和邓小平语境对文革结论相反，但在史学服从于政治权力的层面是共通的,都属于史官文化。顾准说,"所谓史官文化者,以政治权威为无上权威,使文化从属于政治权威,绝对不得涉及超过政治权威的宇宙与其他问题的这种文化之谓也。"史学还有一种境界,就是司马迁所说的"究天人之际,通古今之变,成一家之言"。研究文革,能不能超越史官文化,从以官为本走向以民为本、以人为本,超越毛泽东语境和邓小平语境,进入独立的语境,便成为文革史研究的挑战。

对于国内一般文革研究者来说,超越邓小平语境很难。对于有造反派经历的人来说,超越邓小平语境并不难。因为邓小平让造反派吞咽了文革失败的苦果。但超越毛泽东语境却不易。有相当一批造反派思想上仍然没有超越对毛泽东话语的路径依赖。因为自己人生最活跃的时光定格在文革年代,就沉浸在曾经得到毛泽东支持的荣光中,而不情愿面对毛泽东对造反派兔死狗烹、卸磨杀驴的严酷事实。还有人继续囿于官方的政策条文,力图分辨自己挨整的是非曲直。本书跳出了毛泽东语境,力求以开放的眼光,从世界的角度看中国。山西的文革是中国文革的一部分,文革是毛泽东无产阶级专政下继续革命的一部分,中国革命又是国际共运的一部分。把山西的人和事放在中国文明史和人类文明史的长河里考察,放在全球政治的各种形态中比较,才能扩大研究视野,登高望远。本书在这方面的努力值得赞许。

文革发生时,我是北京的一个初中生。到山西插队时,正值武斗高潮,此生第一次听到枪炮实战之声。后来到山西省委机关工作数年,对各派政治力量角逐之惨烈,有了近距离的切身感受。文革在山西,从华北会议,到清理"三种人",十几年间折腾的回合特别多,以至于人们已经习惯于"翻烙饼"。打倒"四人帮",并不意味文革结束。1976年到1978年的清查运动,成为山西文革的又一波高潮,受伤害的干部群众多达几万人。后来整党和清理"三种人",仍然是文革不可分割的尾声。这十几年的山西政坛,就像一台不停转的绞肉机,当事人不是充当刀片,就是充当肉片;或者先当刀片,再当肉片;当了肉片,又当刀片。我当时虽有厌恶之感,尚不能看清其根源所在。后来才明白,覆巢之下,焉有完卵。没有民主宪政,岂能告别政治生活的噩梦。从这个意义来说,今天研究文革史,不仅是发思古之幽情,也是寻求走向未来的启示。

(此文选自 2015 年 5 月 31 日出版的《记忆》第 131 期,本书删除了原文的副标题《文革在山西》序一)

序 二

民间编写文革史的可喜成果

何 蜀

文化大革命前曾流传过一首脍炙人口的电影歌曲《人说山西好风光》，歌唱的是山西的自然风光和人们在建设新生活时的精神风貌。那部电影叫《我们村里的年轻人（续集）》。就在电影《我们村里的年轻人（续集）》上映三年之后，一场"史无前例"的浩劫改变了一切。当我读这部书稿时，心头不时会响起那熟悉的《人说山西好风光》的歌声。歌声是优美动人的，电影展示的生活也是快乐美好的，然而那毕竟是经过艺术家们按照"为无产阶级政治服务"的要求和善良天真的愿望而加以美化的生活，并非现实生活的真实再现。

而这部书稿，则向读者生动地再现了文化大革命中山西人所经历的天翻地覆，血雨腥风。

文化大革命中的山西，的确是一个十分引人注目的地方。其最突出之点，一是造反夺权走在了全国的前头，二是群众组织之间的大规模武斗异常惨烈，三是所谓"大寨红旗"的样板给全国农村造成了巨大的历史性灾难。这几方面的历史真相，在本书中都有详细的记叙和反思，而这些内容在以往的官方史著中是很难看到的。

提到文革中的夺权，无论官方史著还是受官方宣传长期影响而形成无意识表达习惯的民间回忆中，往往都爱说"上海一月革命""从上海刮起的一月风暴"，其实这是一个很不准确的说法。所谓"一月革命"夺权中，山西省的夺权才真正是"全国第一夺"。在山西夺权"大功告成"并得到中央公开承认和宣传之后，上海的夺权还处于"乱世英雄起四方""你方唱罢我登场"的混乱状态，一次次的自发夺权都遭到张春桥、姚文元的否决、打压，根本没有在1967年1月里完成对上海市党政领导机关的夺权和"新生红色政权"的建立。在整个"一月革命"时期，因为毛泽东为首的所谓"无产阶级司令部"并无真正的"战略部署"，甚至到底应该是接管、监管还是夺权都曾一度意见不统一，对于到底哪些地方、哪些单位应该夺权，应该怎样夺权，都没有明确的指示和规范性的要求。1967年1月22日《人民日报》发出那个号召全国夺权的社论《无产阶级革命派大联合，夺走资本主义道路当权派的权》时，也没有提出什么具体可行的方针、政策、规则。因此，最早得到中央承认和宣传的山西夺权，就自然成了夺权的"样板"，全国其他地方的夺权，许多都是参照山西的做法，甚至连夺权公告之类文件中的条文也基本上是照抄或模仿《人民日报》发表的《山西革命造反总指挥部第一号通告》中的文字。

然而这些真实的历史细节，长期以来在官方史著中却看不到。无论是党史还是国史、地方史，对于文化大革命这样一大段"史无前例"的历史，不是讳莫如深避而不谈，就是只有"宜粗不宜细"的"干巴巴的几条筋"。

古人云："礼失而求诸野。"当历史真相在官方史著中缺失的时候，也只能"求诸野"，求诸民间的著述了。近年来，各地都不断有文革亲历者写出了回忆录或口述史，为后人提供了研究文革历史的十分珍贵的材料。不过，那些出版物或自印书、网络文章，大都是从个人角度来记叙文革经历的，而像《文革中的山西》这样由一批亲历者集体回忆、集中反映一个省的文革全程历史的民间史著，似乎还是第一部。

本书更值得注意的是，作为一批当年造反派人士的集体回忆，比起已经问世的许多原造反派人士的回忆来，更多了一些对文革的反思。而这一点，对于原造反派人士来说是很难的。因为在文革结束之后，原造反派几乎无一幸免地先被定为"四人帮"的"帮派体系""帮派骨干"，后又被定为"三种人"，普遍遭到严厉的批斗处罚，撤销职务，开除中共党籍，有的还遭受多年的牢狱之灾（其中不少人是由执法机关抢在新《刑法》生效之前的1979年底"省略"掉应有的法律程序突击宣判的）。实际上，加给他们的许多罪名都经不起历史的检验。就拿"帮派体系骨干"和"追随'四人帮'造反起家"这两大主要罪名来说，在1966秋冬到1968年底的群众性造反运动期间，各地的造反派都是在毛泽东和中共中央的号令、支持下诞生、发展的，许多地方的造反派群众组织是得到毛泽东欣赏、周恩来公开赞扬并在毛泽东批准发布的中央文件里肯定为"革命群众组织"的，许多造反派代表人物是经周恩来主持的中央文革碰头会研究通过后报请毛泽东批准成为各省、市、自治区"新生红色政权"中的"革命群众"代表和中共第九、第十届中央委员会委员的。那时并无"四人帮"，当"四人帮"在中共中央领导层内形成的时候，文革中的造反派除了个别进入权力机构的象征性代表人物外，已经不存在了，怎么能把造反派说成是"帮派体系骨干"？当年他们造反都是响应毛泽东和中共中央的号召起来向"走资派"造反、夺权并得到其承认和支持的，怎么能说是"追随'四人帮'造反起家"？……因为这样一些莫须有的罪名，许多原造反派人士都在含冤负屈的物质与精神重压下失去了冷静反思历史的条件和能力，有的甚至担心在自身蒙冤的情况下进行反思、反省会坐实了强加给自己的罪名。于是，我们在原造反派人士的回忆录或口述史中，见到的多是对那些莫须有罪名的自我辩护，而很少见到对自己文革经历的反思、反省，更别说忏悔了。还有不少原造反派人士只选择性地记住了毛泽东对自己当年造反的肯定和支持，却固执地不愿正视造反派正是在毛泽东的权力如日中天的时候、在毛泽东亲自领导的"清队""反复旧""一打三反""清查五一六"等一系列文革"部署"中遭到排斥、打压，被"卸磨杀驴"的残酷事实。

这部著作，与作家赵瑜写晋东南文革大武斗的长篇报告文学《牺牲者》和作家孙涛写山西另一大派群众组织"兵团"的负责人刘灏传奇经历的长篇报告文学《虔诚与疯狂》，构成了全面真实反映山西文革历史的生动画卷。

正在写作此文时，又看到了一批原广州文革亲历者在香港中文大学召开编写广州文革史座谈会的消息，令人鼓舞。同时，又读到湖南的文革研究学者陈益南的信，信中表达了我们共同的感慨："二十多年前，我曾很担心文革的历史真相，会被官方及主流媒体的片面说辞所抹杀、所曲解、所抹黑，让文革中的那么多真实岁月，永远遭到尘封。然而，由于包括你我在内的大家一道努力，现在终于可以放心了：不论人们如何评价那段历史，但，文革历史的真相，已通过民间千千万万的文字与资料的建设，牢牢地屹立于史册而不会如烟了！"

（此文选自 2015 年 5 月 31 日出版的《记忆》第 131 期，本书对原文略有删节，并删除了原文的副标题《文革在山西》序二）

序 三

义不容辞的责任

段立生

这是一本由文革亲历者的集体记忆和思考而写成的著作。有事实，有议论，也有反思。我们希望与广大读者、学者共同研讨文革，以企从中汲取对引深我国改革有益的营养。

文革是中国现代史上令人难忘的岁月。参与者之广，影响之深，不谓不大。在那段暴风骤雨般的颠簸中，充分显示和暴露着每个参与者的灵魂。也使中国的亿万群众从文革中切实感受到法制的重要，人权的重要，人格尊严的重要。

文革已经过去三十多年，但它留给人们的思考，却从来没有间断过。特别对一些曾经积极参与过其中的人来说，更有回忆，思索，反思，总结的必要。这样做，不仅对总结自己一生的对与错，得与失会有重要的价值和意义，而且将这段历史的一些具体而真实的史料及思考显现于社会，存留给后人。那将是对民族和社会的贡献。文革是一场灾难性的回忆，但它却像煤炭一样，挖掘出来，点燃它就会发出应有的光和热。

文革后，山西被文革极左路线的忠实执行者、"两个凡是"的拥护者陈永贵、王谦和自称为山西立了功的那个领导等人统治达十几年之久。在这种思潮的影响下，前些年，山西的一些官方所谓的什么"社科院党史研究所"，什么"史志研究院"编撰出版的有关山西文革中一些重大事件的记叙中，不仅无一例外地站在"两个凡是"的立场上，更有甚者，甚至仍然时不时地使用山西一些曾经紧跟"四人帮"的前任高官的极左语言和论调。有的贵为史学研究机构，为仰合少数山西政坛高官的鼻息，竟然歪曲，隐瞒历史真相，颠倒是非曲直。把"紧跟极左路线者"说成是受害者,而把抵制极左路线者说成紧跟者,实在令人汗颜。山西一九七四年陈永贵、王谦等人秉承"四人帮"旨意,紧跟江青"炮轰谢振华",专门为"批谢曹"而召开的省委三届七次全委扩大会议(1974年3月5日至7月16日)时间长达四个月之久,人员多达二、三千人,这次省委扩大会议,人数之众,时间之长,影响之大,流毒之恶劣,在山西党的历史上,堪称之最。像这样一件重大的历史事件,作为一个省的史学研究机构,在自己编撰出版的,以记录建国之后中共山西省委重大历史事件和重要会议的专著中,竟采取掩耳盗铃之手法,隐瞒,省略,近乎不提,岂非怪哉!山西这种怪事的发生与存在,既是史学者的悲哀,也是山西改革开放之后,成为抵制"实践是检验真理的唯一标准"讨论的最为顽固的省份之一。

在山西省,真理不张,是非曲直不明,难怪改革开放几十年,山西怪事层出不穷,极左路线终于走向反面,一帮人拉山头、划圈圈,结党营私,官商勾结,把改革开放变成他们发财的良机,终成为塌方式腐败的重灾区。

由此激发起一些文革亲历者醒悟与警惕。意识到,求真张直,革弊清风,应该是山西每个有进取心的人所追求的,特别是一些文革亲历者,更应该在有生之年,记忆尚健之时,将自己亲历的一些历史过程,历史真相公布于世,以供后来者正本清源,还历史真相;将自己用血与泪换来的醒与悟记录下来,留于后人借鉴,如果不干,那将会愧对自己,愧对社会。

参与回忆与讨论的这些同志,大都生在山西,长在山西,十分热爱山西。曾经积极而热忱地参与到山西文革中。当时的热血青年,现大都已年过花甲,有的已进入古稀。令人欣慰的是,这些人尽管大都受到过激烈而残酷的政治冲击,经历过人生起落沉浮,有的受迫害,遭遇过牢狱之灾,有的还差点为坚持真理,敢讲真话、实话,丢掉宝贵的生命。但这批人大都未能磨掉人性的良知,匹夫意识尚存,在古稀之后,克服种种困难,历时四年之久,采取集体回顾,分别采访,查找资料,汇总分析,辩论探讨,去伪存真,请教专家,反复修正,求大同，存小异，汇集成此书。希望此书的问世，能够引起更多更广的对文革的回忆，思考，反思与研究。使我们民族的这部分历史遗产产生或衍生出应有的历史价值，这是写作此书的初衷。

参与本书创作的朋友，都深刻的体会到，收集文革史料的过程，是一个十分有益于全面认识文革的过程，对史料反复讨论的过程，也是一个不断提高认识的过程，不断反思的过程，同时也是对自己人生的又一次洗礼。

对于每一种或每一历史阶段的回忆与记载，囿于观察视角不同，立场不同，会有不同的记叙及评价，这完全是正常和可以理解的。看待和评价一个历史阶段或一个历史阶段中所发生的重大事件或重要人物，都应当将其放在那个历史阶段中的历史背景，历史环境下，进行客观，公正的审视，也要考虑到当时的历史可能性和历史局限性。坚持辩证唯物主义，实事求是，一就是一，万就是万，不因一小而略之，也不因有一而夸大成万。更需要抛弃个人及一党一派之私利，坚持四项原则：一、看其言行对民族的发展和进步带来的是利，还是弊；二、对国家巩固和强盛带来的是利还是害；三、对世界经济的发展和人类文明的进步是贡献还是破坏；四、最核心，最重要的一点是，其言行，其政策对百姓大众带来的是福祉还是祸害. 这应该是评鉴的基本点和试金石。我非常赞同当今一位学者的高论："今人的创业在当下，留下的却是历史，历史创造者的言行如何，分量如何，从来都不是历史的创造者自己说了算，而是后来的历史学家说了算，政治家可以说谎，但历史学家不行。即便是历史学家喜欢跟着说谎，但历史不行，历史就是历史，它只为真实而存在，不为权利的功利而存在。谁赢得广大民众的尊重，谁就能赢得历史。"

本书在撰写和讨论过程中，努力按这些原则指导自己，要求自己，但囿于知识基础的局限，认识水平的局限，生存环境的局限，再加上收集到的史料所限，毗漏一定不少，殷切期望对本书关注的读者，学者能给予批评指正。更希望本书能起到抛砖引玉的作用，今后能看到更多的有关山西文革的历史专著问世。

（2014 年 12 月 20 日）

绪　　论

　　毛泽东在重病临危之际，曾对少数几个人讲过这样一段话："我一生干了两件事，一是和蒋介石斗了那么几十年，把他赶到那么几个海岛上去了。""另一件事，就是。这件事拥护的人不多，反对的人不少。"（引自胡绳《毛泽东一生所做的两件大事》，载《人民日报》1993年12月17日第五版）这两件事实际上也是对中国现代革命史的概括，用过去时代的语言来说，就是为了打江山与保江山；用革命时代的语言来说，就是为了实现理想社会而夺取政权与巩固政权。

　　文革后，由于种种原因，对文革的研究成为"盲点"和"禁区"。近几年来，由于官场贪腐的盛行，贫富差距加大，引起百姓的不满，又勾起社会对文革的议论。文革的亲历者们，均已七老八十，时不我待，纷纷回忆发声，著书立说。学者们也因弹簧效应，冲破禁区，开始深入研究文革，使得文革研究之风越来越热。

　　以往的研究，人们多从毛泽东发动文革的主观的思想脉络来分析、推断甚至揣测的原因。毫无疑问，毛泽东在发动文革方面起到了至关重要的领袖作用，但就历史研究而言，却不应该停留在表象研究上，而应该去探索更深刻的客观背景和历史条件。正像没有腐败就没有反腐一样，发生的客观条件，即便是伟大的领袖也无法发动这样一场涉及几亿人的大运动。

　　文革是一道难解的题，从不同的立场、不同的角度会得出不同的结论。显然，合理的结论应该是客观的。对于历史，无论是马克思的历史唯物论，还是伟大的理论物理学家斯蒂芬·霍金，或是神学，其实都认为"冥冥之中自有必然"。这种必然，从科学角度讲叫"规律"，从玄学的角度上讲叫"命运"，事实上都是讲的事物的客观性。既如此，简单地解释为毛泽东的一厢情愿的"发动"，或者简单地解释为亿万群众迷信领袖的"盲从"，都没有说明文革的客观性即必然性。对于这场涉及六亿五千万人命运的重大历史过程，岂能一言以废之，或一言以蔽之，如果是这样，岂不漠视了当时亿万群众各自的诉求？

马克思对革命客观性的研究即历史唯物论，可以作为我们论文革的参考。马克思评述1848年至1850年法兰西革命结果时说："像法国人那样说他们的民族遭受了偷袭，那是不够的。民族和妇女一样，即使有片刻疏忽而让随便一个冒险者能加以奸污，也是不可宽恕的。这样的言谈并没有揭穿哑谜，而只是把它换了一种说法罢了。还应当说明，为什么三千六百万人的民族竟会被三个衣冠楚楚的骗子弄得措手不及而毫无抵抗地做了俘虏呢。"（自马克思《路易·波拿巴政变记》）

文革中极左路线的失败，显然是因为最终"拥护的人不多，反对的人不少"。因此，按马克思的思路，摆在历史学者面前的问题必然是：为什么1966年"许多人"要跟着毛泽东"闹文化大革命"，而在1976年又变为"拥护的人不多，反对的人不少"？

本文和本书主要目的是要说明文革的自然历史原因和过程。另外，本文和本书还希望说明的是：如果党和国家有健全的党内民主和民主宪政制度，文革应该就不会发生；文革后发生的改变，即改革开放政策的推行，两种力量斗争的必然结果。

山西文革是全国文革的缩影。从1967年初山西的"一·一二"夺权，到1976年后"两个凡是"的风波，山西无不走在全国的前列。在文革的每一个阶段上，山西文革的是是非非都与上层的斗争有着密切的联系。因此，我们不弄清的原因和全国文革的脉络，实际上也无法理解和说明山西文革的是是非非。这也是我们在本书的前言要"论文化大革命"乃至"论革命"的缘由。

一、文革原因探讨

按辩证法，也被无数的历史事实证明，一次革命或一场动乱或一个重大历史事件，都有着其发生的客观的自然历史原因。因此，无论是毛泽东关于文革的主导思想，还是文革的群众运动，都离不开相应的客观社会历史条件。

列宁曾经有一段关于革命的论述，被历史证明是正确的："一切革命，尤其是二十世纪俄国三次革命所证实了的革命基本规律就是：要举行革命，单是被剥削和被压迫群众感到不能照旧生活下去而要求变革，还是不够的；要举行革命，还必须剥削者也不能照旧生活和统治下去。只有当'下层'不愿照旧生活而'上层'也不能照旧生活和统治下去的时候，革命才能获得胜利。这个真理另一种说法是：没有全国性的〈既触动被剥削者又触动剥削者〉的危机，要进行革命是不可能的。"（《列宁选集》第4卷，第193页，北京，人民出版社，1996年9月）

实际上如果我们要探究文革的原因，也可以从上层和下层两个方面来论证。近几年来，有些学者提出了"两个文革（即群众层面的文革和领导层面的文革）"的概念，应该是从上层和下层矛盾进行分析而得出的。"两个文革"的概念容易引起误解，有可能使人误认为"两个文革"是分别单独进行的。准确地说，应该是一个文革的两个方面，即群众方面和领导方面，并且两者有着密切的有机联系。一般地说，任何革命都分为两个方面，群众运动是爆发性的、间歇性的、时间不是很长期的；领导层的斗争是处心积虑的、反复的、较长时间的。可以说，革命就是上层和下层矛盾的积累。

有一位资深的文革问题专家说：是"党内那些走资本主义道路的当权派"，这个对象是可以分解的，上层针对的是"资本主义"，下层针对的是"当权派"。这句话说明了上、下层革命目标的本质。

对于上层文革的起因，有多数说法。如：左派的"反修防修"说，"反腐反官僚"说，"领袖国际共运"说等；右派的"内部权力斗争""储君问题"说"推卸责任（1958年失败的责任）"说等。其实，无论是"于公"的说法，还是"于私"的说法，当时明面上都是以反对"资本主义"来做宣传。

实际上，上层文革先是起于理论层面的。

早在延安时期毛泽东就号召干部读郭沫若《甲申三百年祭》，认识李自成失败的教训。1945年7月在延安与黄炎培关于封建王朝"历史周期律"的对话，探讨避免"其兴也勃，其亡也忽"历史周期律的办法。也是在1945年,美国国务卿杜勒斯提出了"把和平演变的希望寄托在苏联第三、四代身上"的著名论断,这样就越发激起了共产党人的"警惕"。毛泽东一直担心重蹈李自成的覆辙,1949年进京"赶考"前,毛泽东提出要坚持两个"务必"(即:务必使同志们继续地保持谦虚、谨慎、不骄不躁的作风,务必使同志们继续地保持艰苦奋斗的作风),防止"糖衣炮弹"击倒的论断。这说明毛泽东一直是先要在理论上解决"和平演变"的问题。

《炎黄春秋》2013年第9期刊登了吴兴唐(原中联部研究室主任)的一篇文章,题目是"中苏十年论战的舆论准备",旨在说明文革的"反资性"与国际共运理论有密切联系。

中、苏两党的论战发生在二十世纪50年代后期至60年代前期,其争论的核心是国际工运中的老问题,即怎样对待资本主义(或曰社会主义产生条件)的问题。

按马克思原旨的历史唯物论,有两个重要论断值得注意:一是社会发展的不可跳跃性(即资本主义存在的合理性和必然性);二是社会主义只能在资本主义充分发展的基础上产生(即排除了其他或低级社会形态如封建社会、资本主义初、中期产生社会主义的可能性)。换句话说,这两点说明了实现社会主义的条件,即发达的经济基础和强大的现代产业工人队伍。这两个条件构成了科学社会主义的理论基础,也成了科学社会主义与其他社会主义(如空想社会主义、封建社会主义等)的区别原则。

二十世纪初叶,以列宁为首的俄国社会民主工党(激进派)与考茨基为首的德国社会民主党(正统派),就"落后国家能否建立社会主义"的问题,发生大论战。结果是国际共运分裂为两个阵营(第二国际和第三国际),由此,俄式社会主义诞生。

二十世纪中叶,毛泽东为首的中共左派轻率地认为封建社会可以超越资本主义,"跑步"进入共产主义,并进行了世界上规模最大的共产主义实验。在共产主义实验失败之后,毛泽东没有从理论上进行总结,吸取教训,而是与苏共等反对者展开了国际工运的第二次大论战。这一回苏联党却认可了考茨基的观点,而中国党则坚持列宁主义的立场。

　　不管马克思的理论正确与否，他的理论与列宁主义、毛泽东思想有着本质的区别。虽然它们都是阶级斗争或劫富济贫的理论，但马克思主义是在工业社会中产生的，而列宁主义和毛泽东思想是在落后国家和农业社会产生的。农民或农业社会主义理论把资本主义当作"万恶之源"，这反映了农民阶级既希望改革封建土地制度、又害怕堕入无产阶级队伍的一种矛盾心理。

　　马、列、毛理论都是特定历史条件下的必然的客观产物。马克思的正统思想在欧洲演化成了民主社会主义，列宁和毛泽东的思想在相对落后的东欧和东方成为"无产阶级专政"的社会主义。应该说，在马克思主义（当时被认为是无产阶级获得解放的唯一正确的理论）已经产生的条件下，在落后国家从农业社会向工业社会转型中，必然要产生一种打着马克思主义旗号的社会革命理论。从后来的实践看，无论名义上是什么，这些国家都产生了"资产阶级特权阶层"（中共"苏共中央公开信"中的预言）。也就是说，资本主义和社会主义都不是产生腐败（特权）阶层的原因，只有失去监督的绝对权力才是腐败滋生的温床。

　　第二次国际工运论战也与国内因素有关。建国后不几年，党内的社会主义派别和新民主主义（考茨基派的变种）之间，就合作化问题就发生过激烈争论。1958年的失败导致了党内反对者的抬头。到1962年刘少奇七千人大会上对毛泽东进行了批评，之后反对者逐步形成反对派，得到党内许多干部的支持，毛被迫真正"退居二线"。党内的两种思想已经无法"和平共处"，且由于苏联全盘否定斯大林的刺激，毛泽东感到极大的不安，认为"赫鲁晓夫睡在身旁""接班人"成为问题。面对这种形势，毛认为过去采用过的运动形式已经无法解决问题了，采用新形式已成为必然。由此，上层内部就面临着建党以来最大的一次路线斗争，上层危机迫在眉睫。

　　毛泽东发动文革有主动的成分，这是出于深化革命理想（农民社会主义）的考虑；也有被逼的成分，这是出于反对派开始崛起的考虑。为了"理想"，他就要防止资本主义复辟，打碎"修正主义模式"，推倒官僚特权阶层掌控的制度，反资反腐反官僚，建立不同于苏联的"巴黎公社"模式的样板社会，以"领袖世界革命"。为了"权力"，他就要打击反对派，"反修防修"，防止"赫鲁晓夫"上台，变更不听话的"储位"人选，指定自己人"接班"。其实，有关文革上层原因的各种说法，并不矛盾，只不过是各自强调了矛盾的某个方面罢了。

从下层情况看，文革的原因也很明显。20 世纪五六十年代间，国内下层的社会矛盾日益激化。

50 年代中期，"急躁"的公私合营和合作化运动对社会生产力的发展就有了一定的负面影响。1958 年开展和人民公社运动，把一种唯心论的先验论指导下的社会实验推向了最高潮。在没有技术、物质和经济条件支撑的条件下，投入大量社会生产力，没有换来相应的社会使用价值，反而变成了"乌有"。为了完成虚报的产量，许多基层干部为了完成上级的高指标征购任务，横征暴敛，使得不少群众无法维持最起码的生存条件。之后的三年里，人民生活降到了百年来的最低点，按杨继绳先生《墓碑》一书的统计，这期间全国非正常死亡人数达到恐怖的三千六百万人，占全国总人口的 5.1%。按 2011 年《中共党史》第二卷（1949—1978）采用的国家统计局的数字非正常死亡人数也达到一千多万。这不能不说是巨大的社会灾难。制度和政权严重丧失人心。从此，中国的经济状况一蹶不振长达近二十年。

在阶级斗争理论的指导下，社会发生了大分裂。无产阶级专政随着政治运动不断变换专政对象，成分、出身即事实上的血统论，把许多人打入另册，特别是堵塞了一些青年人的上升通道。一次次的政治运动把有产、有知识的阶级及阶层（尤其是知识分子阶层）当作被整对象。特别是 1957 年的反右运动，压制言论自由，使党内外大批知识分子和有识之士因言获罪，数百万人上思想"白旗"。全国被专政、打击、整肃、压制、歧视和株连的人不计其数，在群众中形成"人人自危"的社会政治状况。

在旧的有产阶级基本消失之后，由于不受监督和制约的权力，在基层也逐步开始生成特权阶层。他们凌驾在群众头上，作威作福，也就是说毛泽东预言的"周期律"开始出现。由于公社化并非农民自愿，也缺乏适应工作的社、队干部。干部自私、利己、贪占行为引起群众不满。1963年，针对这种情况，毛泽东和党中央开展了社会主义教育运动（即"四清"运动，一开始是"小四清"，即"清工分，清账目，清财物，清仓库"，后来扩大为"大四清"，即"清政治，清经济，清组织，清思想"），清理基层干部中的"四不清"分子。刘少奇具体负责的"四清"运动，一方面由于打击面过大（后被毛泽东批为"形左实右"），造成基层干部的不满（后在文革中不少"四不清干部"平反）；另一方面，"四清"运动揭露的"四不清"现象，又引起群众对基层干部的不满，在毛泽东主持制定指导"四清"的《二十三条》中，第一次明确提出"重点整治党内走资本主义道路当权派"，形成了文革中群众斗争矛头直指当权派的原因。

到文革前夕，下层局面已经到了再无法糊弄全党、全国人民的地步。无论是在政治上，还是在经济上，人民群众都承受着极大的压力，干、群矛盾也日趋尖锐。群众并未意识倒是上层出了大问题，所以他们对基层的当权派很有"意见"，基层干部变成"风箱里的老鼠——两头受气""下层也不愿像原来那样生活下去"。

上层和下层的全面危机，使得文革前的制度已经无法再维持下去了，上层和下层都要求进行改变。左派企图阻止特权阶层的产生，为农业社会主义进行最后的努力（即实行巴黎公社制度），右派则一直未忘记实行"三自一包""三和一少"政策，意欲先让国家摆脱贫困。文革在客观上是左、右派双方促成的，是一场关于中国和国际共运前途及命运的大搏斗！也是"理想"与现实的大搏斗！

有了这样的客观条件，革命或动乱的发生是迟早的事情，革命或动乱就只需要一个引子了。当时的毛泽东认为，已经无法再用除掉彭、罗的方法，除掉他认为的中国的赫鲁晓夫即刘少奇等人，也无法用正常的组织手段解决党内日益激烈的矛盾，更重要的是，毛泽东已感觉到在党内高层中，同意他所坚持的政治路线和思想路线的人，不一定是多数，采用正常手段和方法，他的政治目标不一定能实现，不一定能通过，更不一定能取胜。于是他想用"群众运动"的方式来解决。毛泽东一直在捕捉战机，北京大学聂元梓等人的"第一张马列主义大字报"的出现符合毛泽东的战略意图，是一个绝好的战机，毛泽东敏锐地捕捉到了这个战机。当领袖的思想和群众被煽动起来的热情结合的时候，就爆发出了一场大革命。

二、文革大事评述

1965年11月10日，上海《文汇报》刊出姚文元的文章《评新编历史剧'海瑞罢官'》，这是官方史料认为的毛泽东策动上层时间。1966年6月1日，中央人民广播电台全文播送刊登聂元梓等人的"第一张马列主义大字报"及《人民日报》编者按，这是一般认为的毛泽东策动下层时间。

"文化大革命"历时十几年，经历了若干个重大历史事件。这些历史事件对文革的进程和中国的走向有着重大的意义。

（一）文革的第一个重大事件是"破四旧、立四新、横扫一切牛鬼蛇神"运动

"破四旧、立四新、横扫一切牛鬼蛇神"运动，即以"老红卫兵"为主体的运动。1966年6、7月间，在《人民日报》社论《横扫一切牛鬼蛇神》和"全国第一张马列主义大字报"的鼓励下，大规模的红卫兵运动首先在北京的中学兴起。开始的红卫兵多由高、中干及军干子弟组成，后来加入了"红五类"子弟。随即又发展到全国各地，大多数受到官方的鼓励，或成为官办的组织，后来被称呼为"老红卫兵"。运动在开始的时候是按照中央指示和社论精神进行的。在党的八届十一中全会明确"走资派"的斗争目标后，老红卫兵们的父母开始受到冲击，老红卫兵的目标发生转移，目标指向了学校中出身不好、有自由思想的师生及基层领导。接着，运动又蔓延到社会上，矛头又对准所谓"黑五类"和知识分子。无数的"右派"师生被批斗、被侮辱、被赶进"牛棚"；无数的"黑五类"被赶到农村；无数的古籍、文物遭到破坏。人权和社会文化被亵渎，更有甚者，有不少的人被打死。到1966年8月份，运动形成最高潮，史称"恐怖的红八月"。

据当年的中学生王友琴《恐怖的红八月》披露：在"红八月"风暴中心北京，共有 1772 人丧生。北京的大兴区，从 8 月 27 日至 9 月 1 日，县内 13 个公社，48 个大队，先后杀害了地富及其亲属 325 人，最大的 80 岁，最小的才出生 38 天，有 22 户人家被杀绝。这个暴行主要是当地自称"贫下中农"的民兵所为，但确是受到城里红卫兵运动影响的结果。这场运动仅仅进行了三四个月的时间，就给中国社会带来无法估量的物质和精神损失。

这是一场以封建的"血统论"为武器，"红五类"整肃"黑五类"的运动，也是粉碎"封资修"传统文化的运动。毛泽东没有想到文革群众运动竟是由他设想的革命对象所发起的。其实，所谓"黑五类"早被毛看作为"死老虎"，他真正要整的是"党内的走资派"。

用当时时髦的话来说，"老红卫兵"运动干扰了"斗争的大方向"，是"走资派"的自我保护的策略，或者是保护了"走资派"，这是毛所不愿意看到的。实质上，"老红卫兵"运动总体上初期发生的"对抗文革"的运动。

（二）文革的第二个重大事件是 1966 年 9、10 月间开始的批判资产阶级反动路线的运动

所谓"资产阶级反动路线"，指的是当时主持中央一线工作的刘少奇等人派出工作组，将学校师生划分为"左中右反"四类人，并压制言论自由的事情。资反路线与"横扫一切牛鬼蛇神"运动有一定的关联性，是一个事物在不同层面的反映。

1966 年中央《五一六通知》下发后，开放了四大自由，即大鸣、大放、大字报、大辩论，号召人民群众批判"混进党里、政府里、军队里和文化领域的各界里的资产阶级代表人物，清洗这些人"。学校中出现了许多针对校领导的大字报，局势有些乱。刘少奇等人采取了当年反"右"的做法，计划像 1957 年一样大抓"右派"。而毛泽东却一反常态，支持了"右派"师生，把刘少奇"压制不同意见"的做法，说成为"站在资产阶级反动立场"上，这就是后来所说的"资产阶级反动路线"。毛泽东为了打击反对派，给予下层群众"四大自由"，有

意无意地引导刘少奇犯了压制民主的错误，使刘少奇等人和各级党委、工作组陷入了被动。在毛泽东的号召下，各校各单位开始了一场声势浩大的批判"资产阶级反动路线"的群众运动。

在上层，批判"资反路线"运动把斗争目标转向了走资派；在下层，这个运动是对基层党委、工作组及"老红卫兵"运动的反击，其间产生的"造反派红卫兵"，成为批判"资反路线"运动及后来文革的主力。

（三）文革的第三个重大事件是1967年1月开始的"一月革命风暴"夺权运动

夺取政权是革命发展的必然结果，如果说，前面的批"资反路线"是铺垫的话，"一月革命夺权风暴"发展的真正高潮。

"一月革命风暴"夺权运动本身就是对原有政权结构、机制和制度的全面否定。除了中央以外（其实中央在八届十一中全会上就已经夺了刘少奇、邓小平等人的权，中央成为空架子，实际权力渐渐归属了中央文革），夺权行动从省级一直延伸到了村级（生产大队）。"一月革命风暴"的夺权既具有群众自发因素，（如带有半自发因素成立的上海人民公社），也有干部奉命夺权因素（如山西刘格平奉中央文革之命进行的夺权）。这说明上层的革命者和下层的革命者都对原有政权制度不满。

毛泽东也是在"摸着石头过河"，夺权后毛泽东思想建立一种"巴黎公社"式的制度，但他似乎对一下子实现自己中意的"巴黎公社"制度没有太大的信心，只好指示成立了名称为"革命委员会"的军干群"三结合"的临时权力机构。下层的革命者似乎对"公社理想"很渴望，他们对于参与"革命的三结合"也有着很高的热情，毕竟这种革命民主在中国从来没有实现过。

（四）文革的第四个重大事件是1967年的"二月逆流"事件及之后的"三年内战"

二月逆流是指在1967年1月19日至1月20日中共中央军委会议和2月中旬（11日、16日）在怀仁堂召开的两次政治局碰头会议上，谭震林、陈毅、叶剑英、李富春、李先念、徐向前、聂荣臻等（陈、叶、徐、聂为中华人民共和国元帅，谭、二李为当时的副总理，因此又被称为"三老四帅"或"四帅三副"）因对文革和一月革命夺权风暴的做法不满，与中央文革人员（康生、陈伯达、江青、张春桥等）发生剧烈冲突，当时被称为"二月逆流"，后被官方称为文革初期一次党内公开的抗争，或称为"二月抗争"。随后，中央文革开始了反击"二月逆流"的行动。

在全国的许多省市，出现了军队镇压造反派的事件，被称为"二月镇反"。"二月镇反"实际上是下层的"二月逆流"，可以看作是维护"走资派"利益的军队干部对一月革命风暴思潮的"逆反"。

"二月逆流"说明了跟着毛泽东革命了几十年的老干部成为革命对象后，在直觉上的初步"觉醒"。他们表示"再不跟毛主席（革命）了"（谭震林语）。这部分老干部在中共八届十一中全会还是拥护毛泽东和刘少奇的，仅仅过了五个月，"一月革命"革到了整个政权和干部队伍头上时，才开始"抗争"了。在"二月逆流"的影响下，1967年到1969年间，以军队为代表的老干部（保守）势力，与中央文革为代表的"革命"（造反）势力，围绕着政权问题，进行了近三年的激烈而反复的斗争。

（五）文革的第五个重大事件是1968年7月的"工宣队进驻清华大学"事件

1968年7月27日，在毛泽东的直接指挥下，8341部队（中央警卫团）及北京市革命委员会从60多个工厂抽调的3万多人（另有一说是10万人），组织首都工人毛泽东思想宣传队（简称工宣队）进驻清华大学，不明就里的清华井冈山进行了抵抗，在相互对峙的十几个小时中，最后开枪造成5名工宣队员死亡，731人受伤。这就是闻名全国的清华大学"七二七"事件。当天晚上，毛泽东亲自接见了首都高校红卫兵的五大领袖（聂元梓、蒯大富、韩爱晶、谭厚兰、王大宾），对他们进行了严厉批评，告诉他们：是红卫兵小将犯错误的时候了……。

毛泽东对造反派红卫兵的突然袭击，说明他要抛弃红卫兵和造反派，也说明造反派红卫兵及造反派作为群众组织的历史使命已经完成。每次革命都是这样：革命群众运动在革命时期是主力军，在需要安定的时候，就成为不安定因素，必将遭到当权者的抛弃。从这个事件开始，全国一步一步地走向军管状态。

（六）文革的第六个重大事件是 1971 年的林彪事件

林彪事件是二十世纪末解密的最重大事件之一，标志着上层从理论上开始对极左路线进行否定。近些年来，许多历史学者都重新审视林彪事件，提出一些新的说法。林彪策划政变的事情一直未见真凭实据，但据说是林彪之子林立果组织编写的《五七一工程纪要》，矛头直指毛泽东。该纪要把毛泽东定义为"当代的秦始皇"，把毛的主义定义为"社会法西斯主义"和"社会封建主义"。无论《五七一工程纪要》是真是假，它对毛及毛的思想的认识却是反对派中最深刻的。这至少说明了一部分上层人士对毛及毛的思想有着自己的"真正看法"。这种看法正是通过林彪事件被披露出来了。

林彪事件的转折点，其影响超过了文革的任何一个重大事件，人民群众开始重新审视毛及极左派。这个事件在政治影响上是毛、林"两败俱伤"。相对于它对社会意识的启蒙和影响，它的政治影响反而退居到了次要地位。林彪事件的发生，事实上宣告了极左路线的失败，使许多普通群众对伟大领袖的英明和权威性产生怀疑，也使一些群众中的有识之士对他们一贯认为是"放之四海而皆准的真理"产生了疑问。后来的"四五"运动正是基于这种认识之上发生的。

（七）文革的第七个重大事件是"批林批孔"运动

从 1974 年 1 月开始的"批林批孔"运动的目标是指向周恩来及追随周的各省军管的负责人。中共"九大"后，中央文革小组不复存在，中央文革方面的江青、张春桥等人低调了很多。周恩来领导军委办事组的几个人，指挥各省批"极左"和恢复生产。林彪事件后，军队干部受到牵连，江青、张春桥等人走向前台，策划了"批林批孔"运动，批判"周复礼"（明指孔子要复周礼，暗指周恩来与林彪合作要复辟资本主义）。后又利用评《水浒》暗喻周是宋江式的"投降派"。

"批林批孔"运动是极左派对保守派的反击。周恩来最终去世于批林批孔和评《水浒》的后期，他"批极左"的愿望也毁于一旦。

（八）文革的第八个重大事件是"四五"运动与"批邓、反击右倾翻案风"

1976年的"四五"运动是群众的觉醒，此后的"批邓、反击右倾翻案风"运动是毛泽东对"走资派"最后的反击。

1976年1月8日，周恩来去世。周的去世及毛对他的不公激发了人民群众的义愤，激发了反对毛及"四人帮"的"四五"运动。广大群众包括除了极左派外的各个阶层）从1966年拥护毛泽东到1976年反对毛泽东，经历了一个复杂的认识转变过程。此时，毛泽东也感悟到：看来党心、军心、民心不在我们这一边。

毛泽东一反运动初期支持群众运动的态度，镇压了"四五"群众运动。时任中共中央副主席、中央军委副主席、中国人民解放军总参谋长、第一副总理的邓小平，被指责是四五运动的"黑后台"，再次被罢免。毛提出了"资产阶级就在共产党内"的著名论断，并开始了"批邓、反击右倾翻案风"运动。"批邓、反击右倾翻案风"运动是毛泽东思想挽回最后的重拳，他希望通过这最后的一击，击灭邓小平及走资派们在中国"复辟"资本主义的希望。他的反击行动没有人民群众的支持，只不过是虚幻的一拳，随着他的逝世就烟消云散了。

（九）文革的第九个重大事件是粉碎"四人帮"

1976年10月6日，华国锋、叶剑英等人策划、组织了粉碎"四人帮"的行动。此举，深得民心，引起举国欢腾。不过，这么一次正义的行动，却采取了非正常程序政变的方式，干得有点"偷偷摸摸"，自己都觉得"名不正，言不顺"。事后找了许多理由，说明毛泽东对华国锋是"你办事，我放心"，并且要"按过去方针办"。粉碎"四人帮"是一个重大的事件，它说明了极左阵营内部的必然分裂，标志着毛和他的文革思想的彻底失败。无论是毛扶持的人，还是毛的对手，都没有给"伟大领袖"面子，后来，毛的亲属和亲信收到了没有说服力的审判。粉碎"四人帮"的事实还说明，革命不是解决社会问题的好办法，革命中极左路线必然灭亡是历史规律。

（十）文革的第十个重大事件是与"两个凡是"的斗争

有人把与"两个凡是"的斗争称作为"后文革时期"，如果把这种说法理解为"文革以后的时期"，显然与事实不符。

"两个凡是"，即：凡是毛主席作出的决策，我们都必须拥护；凡是毛主席的指示，我们要始终不渝地遵循。粉碎"四人帮"后，华国锋"两个凡是"的提出，说明毛泽东的文革路线并没有结束。虽然，华国锋在毛尸骨未寒之时，并未"犯事"，逮捕了他的夫人和侄子。但他遵循了"两个凡是"，使得毛泽东的"神位"没有变。当然，也许这是因为华国锋资历尚浅，需要"神"的护佑。

文革实际上并没有结束，1977年到1979年，"文革后"的文革——"两个凡是"横行达两年之久。在基层的许多地方，在"清查四人帮"的名义下，大抓帮派体系，混淆两类矛盾，清查了反"四人帮"的干部和群众。即便是真正清查了"四人帮"的地方，采用的也式的手段，这说明远未消除。从上层讲，后来的"真理标准讨论"的继续，文革势力对"真理标准讨论"进行了强烈抵制。直到1978年底党的十一届三中全会后的很长一段时间内，改革开放的思想才取得初步的胜利，全党工作重点转移，文革才在真正意义上结束。但是，由于对"两个凡是"的批判很不彻底，由于对追随"两个凡是"的人清除得很不彻底，在80年代的中期，有些省份"两个凡是"还在横行，"理论务虚会"似乎最终也没闹清楚理论的走向。

如果说运动初期的批判"资产阶级反动路线"，是毛泽东继续革命路线取得优势的开端的话，那么，与"两个凡是"的斗争就是刘少奇、邓小平所倡导的改革开放路线取得胜利的过程。

三、关于文革的释读

如今，不管是经历过文革的人，还是没有经历过文革的人，都对文革有着过多的误读，在此有必要加以说明。

（一）关于文革民主的释读

群众运动本身就是一种自我意识的体现，因此，要发动群众运动，就必须给予一定程度的民主。不少人在否定文革路线的时候，也否定了毛泽东和党中央在文革初期提倡的民主措施。

毛泽东在1957年提倡的"四大自由"（大鸣、大放、大字报、大辩论）实际上就是言论自由，当年的"右派"也充分利用了"四大自由"，文革开始，又重新开放了"四大自由"。应该说，"四大"是1917年以来苏联模式的社会主义国家中实行的最大的民主，只不过是1957年毛是用这种民主"引蛇出洞"，而在文革时毛泽东是把这种民主手段给予群众，用以打倒反对派。

文革中建立的革命群众组织是群众自发形成的结社形式。当时几乎是人人有观点，个个有组织，体现了很高程度的结社自由。

文革中群众组织创办的各种小报表示执政者在很大程度上开放了"报禁"，即新闻自由。小报上的"小道消息"往往是官方消息的先导。

文革中的革命"三结合"的政权是类似巴黎公社的革命民主制度，军、干、群体现了革命的三个主要方面。相比较而言，在巴黎公社的结构中，国民自卫军代表相当于文革的军队代表；社会主义者相当于革命干部；市民代表相当于群众组织代表。

鉴于国情，这些民主没有最终发展成为成熟的民主宪政，但文革后借否定文革之名，把包括"四大"在内的言论自由也否定掉了，甚至工人阶级的基本权利"罢工权"也顺带取消了。借文革否定民主显然是对文革有意识的误读。

（二）关于红卫兵的释读

红卫兵应该是一个避不开的话题。把红卫兵妖魔化实际上是对一代青年人的否定，这当然是对历史的误读。红卫兵是一个笼统的概念，红卫兵组织中在不同的时期存在着不同的观点，不同的派别。文革前期，红卫兵分为老红卫兵和造反派红卫兵。一月革命后，红卫兵又大致分成了造反派和保守派。他们之间的观点基本上是对立的。其实，红卫兵运动远比现在人所想象的复杂得多，断不能简单地以"好坏"来论红卫兵运动。

老红卫兵大多是血统纯正的"红五类"（革命军人、革命干部、贫下中农、产业工人、革命烈士）子女。是运动初期造反的先行者，是"横扫一切牛鬼蛇神"运动的主力。在所谓"资产阶级反动路线"盛行时，老红卫兵是基层的执行者。

造反派红卫兵比较复杂，有"红五类"、有中间阶级、有"黑五类"子女。开始是由因给校领导提意见被打成"右派"或被打压的师生组成。造反派红卫兵的革命对象就是"走资派"。造反派红卫兵是在批判"资反路线"中产生和成长起来的。

文革中红卫兵起主要作用的时间是1966年的下半年和1967年。到夺权前后，工人阶级走上历史舞台，工人和贫下中农组织成为对走资派批判和斗争的主力军。随着革委会成立，对老走资派的斗争基本上都成为政府（革委会）组织行为，红卫兵的作用就大大削弱了。

当然，老红卫兵与造反派红卫兵的区别不是绝对的。后来造反派红卫兵因为社会问题分为造反派和保守派之后，老红卫兵们大多根据自己的认识和需要，分别加入了不同的派别。

理论上，由于目标不同，当时的造反派红卫兵与老红卫兵天然对立。把运动初期老红卫兵过激的危害社会行为的责任推在造反派红卫兵头上是"张冠李戴"，把造反派红卫兵对走资派的出格行为戴在老红卫兵头上同样是"张冠李戴"。

由于出身不同，老红卫兵和造反派红卫兵有着不同的结局。老红卫兵相当于"贵族子弟"，文革中或当兵，或成为"工农兵学员"，受到保护。文革后，父母"复辟"，也没有人再追究其"造反"甚至杀人的责任，现在大多都有一官半职，有一部分还成为高官。近几年来，他们中间的部分人良心发现，作了道歉；造反派红卫兵大多出身贫寒或下层，其"造反"的责任，在文革中或文革后受到了追究，其领袖大多在文革后被定为"三种人"。当局把毛（造反派红卫兵）的责任和刘（老红卫兵）的责任都归咎于他们，在政治上受到了歧视。这就是贵族和平民的不同，同样是响应党的号召，同样"跟着毛主席闹革命"，却有着不同的结局，岂非不在乎？其实，如果文革是错误的，那也是领袖和党的错误，而不应该由群众承担责任。

《炎黄春秋》杂志 2014 年第七期发表了陈楚三（陈潭秋之子）《关于红卫兵的一桩历史公案》进一步揭示了关于红卫兵"误读"的真相，也揭开了文革后掌权者搞双重标准，包庇打砸抢，残害广大群众，制造"恐怖红八月"的老红卫兵罪行的老底。

（三）关于毛泽东的释读

毛泽东作为对半个世纪现代中国历史影响巨大的伟人，其历史评价有很大的争论当然是正常的。其实，左派、右派都对毛泽东有误读。

左派把毛泽东神圣化了，认为只有毛泽东阶级斗争即文革的方式才能反腐败、反官僚，才是社会主义。但事实多次证明，资本主义、社会主义本身都不是腐败、官僚的源泉，只有那种失去监督的集权式的政治经济体制才是腐败、官僚产生的根源。

右派把毛泽东妖魔化了，认为毛发动文革纯粹是为了解决"出位"问题，用残酷手段打击反对派。但问题是，否定整整一代人为实现理想社会（尽管这种社会有空想成分）的努力和牺牲，否定文革的反腐反官僚的特性，也是不客观的。

一个人之所以成为领袖，就是他一定能代表那个时代多数人的思想（尽管这种思想在后人看来不一定正确）。毛代表着当时在中国占绝大多数的农民的思想，谁都说不清当时的土地革命思想的正确与否，也不能把农民革命领袖说得一无是处，因为这是历史的产物。

历史证明，毛是从共产党成立到共产党夺取政权期间，那一代人为探索、寻求、争取、实现中华民族解放复兴的社会精英的突出代表。这一社会精英的群体，代表着当时中华民众和阶层追求民主，自由，翻身解放的理想和诉求。正因为这样，在中国的民族和民主解放运动中，共产党，毛泽东得到了中华民族中广大民众的信任与支持。毛泽东在文革初始，能够一呼百应地得到广大百姓群众，以及他的革命战友中多数人的支持，就是因为有这样的思想基础。毛出于巩固共产党执政长治久安的考虑，开展过四清、整风等运动，均未达到毛所希望的结果，再加上他的同僚中，有不少人对他的思想路线和政治路线，并不理解、拥护，甚至于反对，于是毛泽东就想到了借用民众的力量，采用大民主的方式，即他提出的方法，来解决他要想解决的问题。毛在文革中的一系列举措，从文革开始得到广大群众的拥护和追随，到文革后期失去党心，民心，军心的过程，确实值得深思与研究，这并不是肯定毛或否定毛所能解决了的。

（四）关于林彪的释读

对林彪集团最大的误读，是把林彪集团与"四人帮"混为一谈。从《五七一工程纪要》可以看出，林彪的主张是与毛及"四人帮"的观点对立的。不管《五七一工程纪要》的真伪，哪怕是硬按在林彪头上的罪状，但其中的政治观点至少大部分是林彪的思想真实体现。《五七一工程纪要》的观点可以归纳为：结束毛的封建家长式的专制统治和"封建专制的社会主义，即社会封建主义"；解放被整的大批干部；提高职工工资；取消知识青年上山下乡制度；结束缺吃少穿现象，"用民富国强代替他的'国富'民穷，使人民丰衣足食、安居乐业，政治上、经济上、组织上得到真正解放"等等。这些当然是反对毛及"四人帮"的基本思想的。

文革后一段时间，国人十分憎恨林彪。究其原因，一中林彪的"两面三刀"（表面上拿着"红宝书"亦步亦趋跟着毛泽东，实际上心里是反毛的）；二是林彪的"篡党夺权"的罪行。从后来披露的历史资料看，林彪其人实际上很低调，成为"副统帅"有被"逼"的成分。

另外，因对文革路线反感而"篡党夺权"，应该不是什么罪。林彪对文革的"贡献"远不如周恩来，他对文革的"反感"远超过邓小平。他是一个敢于真刀真枪与极"左"的文革路线斗争的人。林彪在文革中的"篡党夺权"行为就是一种类似于粉碎"四人帮"的正义行为。林彪与刘少奇相比，其区别只是跟随毛泽东的时间更长一些，但他对毛的揭露却更彻底。我们不应该用双重标准去衡量华国锋和林彪，也不能以胜利和失败判断是非，加在林彪头上的罪状，确实有点名不副实。

（五）关于文革对象的释读

毛泽东的革命对象定为"走资派"是有其历史原因的。

本来，按马克思理论，在农业社会中资产阶级起着"非常革命"（《共产党宣言》语）的作用，而反资本主义是一种反动；按列宁主义、斯大林理论、毛泽东思想，只要是反对资本主义，甚至反对小生产都是革命，所以说，马克思主义体系的传统理论对革命也有着不同见解。

事实上，实践的逻辑要比理论的逻辑复杂得多。毛泽东不了解真正的现代资本主义是什么，不知道腐败的形成的原因是权力集中，而不是资本主义。但毛不希望形成像苏联一样的"特权阶层"。他的重点对象定义为"走资派"，是因为按他的理解，"走资派"是即将形成的"资产阶级特权阶层"，或曰"贵族阶层（类似于法国革命后拿破仑系的新贵族）"，或曰"垄断官僚资本"。这种思维却是有着正确的成分，因为文革针对的这个阶层是靠专制权力来进行资本原始积累的，所以说，腐败是这个阶层滋生的温床，又是其发展的营养。

早在20世纪五十年代，前南斯拉夫副总统、南共联盟主要负责人密洛凡·德热拉斯（后被开除出党），在其《新阶级：对共产主义制度的分析》一书中这样评价了这个阶层："这个新阶级的贪婪而不能满足，就像资产阶级一样。不过，它并无资产阶级所具有的朴素和节俭的美德。新阶级的排斥异己正像贵族阶级一样，但没有贵族阶级的教养和骑士风格。""这个新阶级的极权暴政和控制，如今已变成了驱使全民流血流汗的桎梏。"德热拉斯指出,该阶级的权力并非基于拥有财富,而是对于国家所有财富的控制,新阶级将留下"人类历史上最可耻的篇章。"

对于这个阶层或阶级,左派的毛泽东与右派的德热拉斯的看法竟然如此一致。对于这个留下"人类历史上最可耻的篇章"的阶层进行革命,当然有一定的积极意义。不管毛有意还是无意,文革在主观上和客观上是起到了阻挡"新阶级"的作用。

产生"新阶级"的不是资本主义,而是封建末期的前资本主义。它是封建社会发展到极端的产物,是腐朽的垂死的封建主义。这种主义不是社会必经阶段,因为社会的转变不一定要等到腐朽,例如西欧就没有经历这个阶段;这种主义也可能成为一些国家发展的必经阶段,因为一种社会形态毕竟有可能发展到顶点,例如苏联就经历了这个阶段。

到 1966 年,中国实际上还没有形成"新阶级",但毛泽东却认为"资产阶级就在共产党内",只说明他确实担心新阶级的产生。当时国内外、党内外的矛盾已经使得原来的制度不应维持下去了,毛泽东没有界定"走资派"的定义,也没有关于新制度的设想,就开始了文革。毛泽东认为"不破不立,'破'字当头,'立'也就在其中了"。因之,文革实质上是从中共党内开始的自我革命。

毫无疑问,毛泽东的理解出现了偏差,实际上"走资派"与"新阶级"不是一个概念。"新阶级"是由于绝对权力制度产生的特权阶层,而"走资派"党内为解决经济困难主张市场经济的那部分干部,中国经济体制改革的正确路线掌握在这部分人手中。问题在于"走资派"与"新阶级"有着很大的交集,而且当时人们(包括毛泽东)在理论上也分不清现代资本主义和官僚资本主义的区别,这就造成了文革中既打击了应该打击的"新阶级",又打击了不应该打击的"走资派"的局面。文革中,"走资派"(当然也包括了"新阶级")与极左路线进行了顽强的斗争,所以说,文革中的革命者、被革命者和反革命者都掌握着一定"真理",都为中国的社会进步有着重要的贡献。

（六）关于革命的释读

革命一词，习惯上为外来语，它从英语转动、变化（revolution）之意而来，本无褒贬一说。因此，革命的结果是否促进了社会的进步，起码在当时是难以下定论的。尽管革命的口号和理想在表面上总是积极的进步的，但以往的革命多数是"打倒皇帝做皇帝"（其实"打倒皇帝做皇帝"也不一定不对，毕竟新皇帝有可能实行利于民的政策），社会真正进步了多少还应该具体考证。

法国历史学家维克托尔在他的名著《旧制度与大革命》这样描述了影响到世界的第一次大革命——法国大革命："大革命有着两个极为不同的阶段：在第一阶段，过去的一切似乎将被法国人全盘摧毁；而在第二阶段，一部分已被丢弃的东西却又被他们重新捡了起来。旧制度中的大量法律和政治习惯在1789年突然消失不见，然而几年后它们又重新出现，好像是一些河流曾一度沉没地下，无迹可寻，却又在不太遥远的地方重新冒了出来，人们会在新的河岸看到那同一条河流。"说明了在法国大革命中，即便是激进的革命者执政时，对旧制度也没有做根本改变。

包括法国大革命在内的大多数的革命历史证明，改朝换代易，改变制度难，尤其是实现社会制度的"革命"更难。

一般地说，在革命中，人类的思想方面的收获远大于社会结构形式方面的收获。通过一次次革命，人类的自由和民主思想有了长足的进步，而在大多数国家社会结构的进步却不是太明显。很多革命仅仅在改朝换代，这也许是在革命战争中本身需要个人的统帅能力的缘故。

社会革命是人类社会矛盾激化的结果，因此大多数革命具有两个特点，一是社会发生了大分裂，二是往往造成激烈的暴力。这种分裂和暴力必然造成对社会生产力和社会意识形态的巨大破坏。

对世界造成巨大影响的两大革命，即法国大革命和俄国革命都形成了激烈的暴力。法国革命在祭出《人权宣言》的同时，也推出了血腥的雅各宾专政，成为人类近代史上第一个以"革命"的名义，实施反人类行为的范例,并开了一个杀自己人的坏头,断头台落下了国王、王后及无数贵族和自己同志的头,仅贵族死亡人数达 10 万以上;据官方统计,俄国革命在 1918 年—1922 年 2 月间,捷尔任斯基领导的"契卡"(全俄肃反委员会)杀害的人数不少于 200 万(非官方统计为 400 万~500 万)。可以看出,从暴力这个意义讲,革命就是"无法无天",就是一种打破秩序的动乱。

既然革命不见得能为社会带来根本的变化,既然革命一般会给社会带来巨大的破坏,那么,革命,尤其革命战争就是一种最不好的变革形式。因之,我们不应该赞美革命,因为它的破坏性太大;同样,我们也不应该指责革命,因为革命是没法子的法子。

其实,文革是一场影响世界社会主义阵营走向的大革命。以文革的动乱和暴力否定文革的看法是片面的,与法国大革命和俄国革命相比较,文革的动乱和暴力要差得多。山西有一位名人说过:"文革是暴力革命中的最和平的革命,同时又是和平革命中最暴力的革命。"这句话说得有点意思。对于革命对象,比起这两大革命的"杀头"来说,文革的"打倒"应该是小菜一碟!可以说,自古至今,除了现代极少数的和平革命的主张者(如:曼德拉、甘地等)以外,革命都出现过动乱,动乱都有革命的因素,岂止文革乎?

实际上应该这样说,无论是文革,还是其他革命,采用残忍的手段对待对方,尤其是对待一个阶级或几个阶级,都是不人道的。当然,由于严重的对立情绪,对立的双方往往都采取残忍的手段,因之,在社会历史变革的多种方式中,革命不应该是一种优先采取的方式,所以,在一般不赞成革命的意义上,也应该不赞成文革。

(七)关于"派性"的释读

文革中、后期,所谓"资产阶级派性"成为仅次于"走资派"的第二大"贬义词"。若某人被扣上"派性"的帽子,就可能失去工作或提拔的机会。文革后,包括许多参加过"派性"斗争的过来人,都深忌"派性"这个词。由于"派性"这个词的误解,所以有必要对其进行释读。

从理论上讲，派性是个性（人性）的延展，它反映了社会、阶级及政党内部的一部分人的利益和看法。如果脱开红尘从更高的理论层次分析党性和个性的关系，应当是一个辩证的关系。党性是群体的共性，个性是每一个人的人性，派性介于两者之间。对于整个社会来说，党性也是一种派性，党性由派性组成，并服从于占主流的派性。马克思、恩格斯非常注重个性的发展，他们在《共产党宣言》中把新社会描绘成这样的一个社会："代替那存在着阶级和阶级对立的资产阶级旧社会的，将是这样一个联合体，在那里，每一个人的自由发展是一切人的自由发展的条件"。可见，个性（派性）是共性（党性）的基础。

从实践上讲，陈独秀、毛泽东等人都说过类似的意思，即党外有党，党内有派，历来如此。可见他们认为，派性是客观存在。实际上，即便无产阶级先锋队内，无论是苏共、还是中共，党内两条路线之间的派别斗争一直没有停止过，有时还上升你死我活的激烈程度。实际上文革也是从党内斗争开始的。令人不解的是，文革中，一说中央、领导，就是党性、路线；一说下面、群众，就都是派性。派性又变成了一根棍子。

从派性的意义上讲"派性"这个词远非人们理解的那么"贫乏"。按辩证法，事物只有在内部的两方面的矛盾中才能发展和进步，既然派性表示着各种利益和意见，那么它必然是社会、阶级及政党进步的必要条件。因此，保护派性，坚持民主，有着促进社会进步的积极意义。从山西文革两派斗争可以看出，其内容既体现了上层两条路线的意义，也反映了下层对不同社会发展道路（大寨和反大寨）的看法。派性的对与错，不在于它是否是多数人的意见，而在于这种意见是否促进了社会和政党的进步。

在文革中，"派性"之所以形成"势不两立"，并不是"派性"本身的原因。在民主条件下，"派性"并没有造成势不两立。"势不两立"是阶级斗争理论和"无产阶级专政条件下继续革命的理论"所造成的，是由革命这种手段造成的。因此这种社会分裂怨不得"派性"，给"派性"平反应该是实行民主过程最迫切的事情。

（八）关于文革时间的释读

按正版教科书的说法，文革结束于 1976 年 10 月粉碎"四人帮"事件。近几年有文革研究者对这一说法提出了质疑。这些质疑认为，粉碎"四人帮"只是文革中的一个事件，之后由于"两个凡是"的推出，极左路线并没有结束，因之，文革的界限应该划在十一届三中全会，或者划在"真理标准讨论"结束，或者划在 80 年代的理论务虚会，或者划在胡耀邦主持的各类人员平反工作结束，甚至建议计划在 1989 年的"六四"学潮。正版说法只是给出了官方所说的所谓"组织上结束"的概念（实际上组织上也未结束，后来还有着与文革路线如"两个凡是"的斗争），学者们的说法应该比正版说法更有说服力，至于划分到哪个时期更合适，将来的不带偏见的历史学者一定会给出科学的划分，从现在来看，似乎至少应该划分在十一届三中全会确立改革开放路线为宜。

四、影响

要评判一个历史事件，不应该看事件本身的宣言，或事件发动者的动机，而应该看事件的结果在客观上对社会进步和发展的影响。

文革使中国人民遭受了极大的苦难。不过，就像凤凰涅槃一样，经历了文革，中国人的思想确实变了一个样子。文革对中国的思想影响是脱胎换骨的，经历了文革，中国人前进的步伐开始脚踏实地起来。

文革使上层和下层在思想认识上有了质的提高。这些提高主要表现在两方面。

一方面是在理论上的"修正"，表现在两点上，一是对社会主义的认识，即：社会主义不一定是公有制（如西欧的民主社会主义），或资本主义不见得是私有制（如国家官僚资本主义），在这个认识基础上，有了"社会主义市场经济"的说法；二是对革命结果的认识，即：革命不可能使社会制度"脱胎换骨"，新的制度不能一下子替代旧制度，任何变革都是在旧制度基础上进行的，在这个认识基础上，有了"初级阶段"的说法。

另一方面是对民主的认识。下层从"不自觉"的用群众民主运动批判"资反路线"，到"自觉"的用"四五"群众民主运动反对"极左路线"，无疑对民主有了深刻的理解；上层则是体验到了"一人专制"的弊病，实行了"集体领导"，无疑也是对民主有了初步的认识。

基于这两方面的认识，在下列方面对文革以后的历史道路产生了影响。

（一）疾风暴雨式的革命不再受欢迎

有人曾断言："文革是结束中国革命的革命"。中国的二十世纪是"革命"的世纪，从反动的民族革命，经过国民革命、土地革命……，结果是人心越"革"越散，经济越"革"越穷。中国人决心不再革命，而进行相对和缓改革了。从上层说，原先的革命者在文革中被当作"走资派"革了命，尝到革命的"滋味"不太好受，他们就不准备再革命了；从下层说，则是对于革命造成的动乱和贫困再也不能忍受了，产生了厌恶革命的情绪，也不再拥护革命了。以至于在文革后很长的时间内，国人再不谈革命了，当局甚至宣布：再也不搞群众运动了。

（二）穷社会主义理论的破产

社会主义，曾经是几代社会主义者的梦想。在文革中则用"农业学大寨"的形式把穷社会主义推到了顶峰。这一系列做法，造成了中国人严重的"营养不良"，实践证明了"穷社会主义"理论的"反动性"。20世纪八十年代实行的农村家庭联产承包责任制是一个真正的宣言，宣告了"穷社会主义"理论的破产，中国才走上了正常发展的"初级阶段"。

（三）阶级斗争理论被摒弃

阶级斗争理论产生于阶级矛盾尖锐的时代，在它的指导下，人类社会曾发生大分裂。这个理论不但教育了革命阶级，也教育了被革命的阶级，理论煽动起的仇恨与敌对情绪，使得双方的手段特别残忍。

对于中国人来说，在阶级斗争理论统治下的时期，类似于一场噩梦。阶级斗争理论鼓励人们自相残杀，由此，中国人内讧了近半个世纪，结果是政治制度和经济基础比先进国家落后了几十年。在文革中阶级斗争理论发展到了极端，人对人的斗争、迫害、压制也到了极端，整人的人已经丧失了人性。在这期间，中国人充分认识到了"人斗人"的危害性。文革后，一个以马克思主义阶级斗争理论起家的党，终于按刘少奇的"阶级斗争熄灭论"，宣布"阶级斗争熄灭"，并实行了"阶级合作"，才促进了社会的健康发展。

（四）市场经济出现与发展

文革后，实行了几十年的计划经济体制被否定，社会主义市场经济得以实施。虽然在市场经济前面加了定语，说明上层的"社会主义情结"的烙印还铭刻在心，说明上层和下层对市场经济有了初步认可。其实，市场经济遵循的是平等、自由、诚信、法制原则，并没有社会主义和资本主义之分。

（五）民主的推进

文革后，虽然政治体制改革推进得很缓慢，但与文革前相比，还是有一定进步。上层经历了理论务虚，产生了"八二"宪法。虽然"胡赵改革"几经反复，但老人政治结束后，固定成了"集体领导"机制；下层却是认识到了言论自由和民主的必要性，文革后的西单民主墙、所谓"资产阶级自由化"，乃至"六四"反腐民主学潮，都民主意识觉醒的结果，应该视为群众民主运动的继续。当然群众运动这种方式有着值得商榷的地方。

（六）信仰的彷徨

文革曾最后的粉碎了中国的多元化信仰，把亿万人的信仰愚昧地归于一个人和一个从西方来的思想。当文革本身将这种崇拜打碎时，六四枪声也改变了执政党的形象，亿万人处于了"无信仰"状态，或者说，亿万人没有了精神追求。在实用主义的"猫论"指引下，上层和下层都为利益而奋斗，拜金主义笼罩社会。改革开放由于"摸着石头过河"没有明确的理论指导，有些政策产生了极大的偏差，形成了一些本可以避免的恶果，如：权力寻租、贫富悬殊、国有资产流失、职工下岗、官僚垄断、贪污腐败等。由此，国人重新建立信仰，应该还需要一个伟人和一个让自己和别人都信服的理论，也许还需要很长时间。

文革的结果对世界的影响也是巨大的。虽然俄国"修正主义"比中国早，但实行改革开放政策，却比中国晚。文革后，中国在政治理论上的"修正"和"六四"学潮，无疑影响到了苏（联）东（欧）剧变。中国的经济纳入了世界经济的大市场，无疑使世界经济格局产生了根本变化。

"文化大革命"可称作近、现代世界史上社会影响最大的三大革命之一（这三大革命是1789年的法国大革命、1917年的俄国革命及1966年的中国）。法国大革命的《人权宣言》为世界确立了民主、自由的普世价值；1917年的俄国革命是农民社会主义对法国大革命的"逆袭"，其直接影响是使近三分之一的人类进入农民社会主义的"实验"，间接影响是使资本主义国家逐渐消除资本主义的弊病，逐步接受了一些社会主义思想；的直接结果是使近四分之一的人类结束了农民社会主义的"实验"，迈开了改革开放的步伐，间接影响是改变了世界经济的大格局。可以说，从十八世纪开始，人类的发展道路走了一个大曲折。

从另一个意义上讲，使现代人真正认识到了什么是革命？由于我们不了解时代遥远的革命的状况，距离我们越远的革命，我们就感觉到越高尚越伟大。从文革过来的人，已经认识对生产力和生产关系的巨大破坏，当时一点也不觉得文革之伟大，反而觉得文革很可恶。时间过去了三十多年，人们才逐渐感觉到文革的积极方面，它改变了中国，也改变了世界。

革命，尤其是暴力革命是人类低素质、低文明时期的产物，随着人类社会的发展，经济的繁荣，随着人类的文明程度的提高，暴力革命将会越来越少。虽然，也许在近几百年内人类社会还不能完全杜绝革命，但随着人权观念深入人心，曼德拉精神的传拘，北欧四国的影响，革命的形式和手段应该是越来越和缓。人类改变自身社会结构的方式会逐渐脱离杀戮和暴力，将会越来越和平化、科学化、自然化及稳定化。

历史证明，要改变贫富悬殊、权力腐败的状况，用包拯、海瑞的方式，用武则天的告密制度方式，用明代"东厂"的方式，用文革群众运动方式，都不能解决根本问题。解决社会问题的最好方式恰恰是民主宪政。

第一章

风暴来临

公元 1966 年，在中国大地上降临了一场当时称之为"无产阶级文化大革命"的风暴。比起这场风暴来，就规模而言，法国大革命和俄国革命只能算作"小巫见大巫"。六亿五千万人民在这场风暴中动荡、震荡、激荡……

第一节 "上层不能按原来的方式统治下去了"

1. 山雨欲来风满楼

关于文革的许多资料认为，文革开始于 1965 年对新编历史剧《海瑞罢官》的批判。1965 年 9 月，毛泽东在中央政治局扩大会议上意味深长地问文革五人小组组长彭真（时任中央政治局委员、中央书记处书记、北京市委第一书记）："吴晗可不可以批判？"彭真答道："吴晗有些问题可以批判。"从后来的历史进程来看，这一问一答应该是问者有心、答者无意。

新编历史剧《海瑞罢官》完成于 1960 年。作者吴晗时任北京市副市长、民盟中央副主席。他本不是一个大的政治人物，而是一个著名的历史学教育家，特别精通明代史。但历史学家一旦和现实的政治相结合，在个人集权背景下，或许就会给自己带来无穷无尽的灾难。

新编历史剧《海瑞罢官》的出台，多多少少有些历史政治原因。1959 年 4 月，毛泽东针对干部中不敢讲真话的问题，提倡学习海瑞"刚正不阿，直言敢谏"的精神。吴晗遂于 6 月间发表了《海瑞骂皇帝》一文。之后，他又相继写出《论海瑞》等文章。此时，吴晗连篇累牍发表有关海瑞的文章，已经超出纯学术研究的范围，显然有迎合毛泽东讲话的意思。

其实，毛泽东有点"叶公好龙"。在1959年7月初，中共中央在江西省庐山召开政治局扩大会议和八届八中全会上，彭德怀真正当了一次"海瑞"，毛泽东便容不下他了。

在1959年庐山彭德怀等人出事之后，吴晗有点不识时务，仍然写出了新编历史剧《海瑞罢官》，宣传"海瑞"精神。彭德怀和吴晗都犯了政治上的大忌，做得有些"过分"。彭德怀的"过分"是直言地让"皇帝"下不了台；吴晗的"过分"是有意无意地用历史剧"激起"了党内一些反对者"骂皇帝"的勇气。

毛泽东对彭真的发问是试探性的，他并没有暴露批判《海瑞罢官》的政治企图。相反，彭真当时应该还蒙在鼓里，按他的回答，他觉得这是一个文化方面的学术批判。他不会想到1959年曾经被毛泽东赞扬过的"海瑞"精神，在问话之后会被指责为"替彭德怀翻案"而受到严厉批判；更不会想到毛泽东以批判吴晗的新编历史剧《海瑞罢官》为借口矛头直指北京市委及彭真本人。我们不知道毛泽东当时是不是有后来发动文革的宏大计划（当时称之为"伟大的战略部署"），根据文革后来局势发展的巨大变化和毛都无法操纵的状况，可以判断他当时未必有那样英明的预见。但他至少应该有借批《海瑞罢官》"突破口"，解决"持不同意见者"的意思。在1965年，把1960年的事翻腾出来重新批判，显然，毛泽东认为，打击反对势力的时机已经成熟。

1965年11月10日，姚文元在上海《文汇报》发表了《评新编历史剧〈海瑞罢官〉》一文。该文是由毛泽东夫人江青到上海找到张春桥（时任上海市委书记处书记，分管文化宣传工作）组织编写的，由姚文元执笔，据说毛泽东曾经看了三遍，定稿后由江青拿到上海发表。据后来披露的事实说明，此事件实际上是由毛泽东亲自策划和指挥，在北京实施遇到巨大阻力后，才由江青去上海组织实施的。这是继1957年以后的又一次"引蛇出洞"战术。一部多多少少有些历史和现实政治因素的新编历史剧终于成为酿成重大历史事件的引子。

这次中了套子的不是"给党提意见"的右派,而是当年与毛泽东共同"设套"的党的正统领导刘、邓的骨干力量彭真及北京市委。彭真对批判《海瑞罢官》的抵制不但没有挽救吴晗本人,而且很快贴进去了吴晗的两个好朋友,即北京市委书记处书记邓拓和北京市委统战部部长廖沫沙。吴、邓、廖同爱舞文弄墨,应北京市委理论杂志《前线》之邀,三人以"吴南星"为笔名,在杂志上开辟了《三家村札记》杂文专栏。另外邓拓还在《北京晚报》上开辟了《燕山夜话》专栏。1966年3月,对《海瑞罢官》的批判开始波及《三家村札记》和《燕山夜话》。3月28日至30日,毛泽东在谈话中点名批评了《三家村札记》及《燕山夜话》。之后《北京日报》被迫对《三家村札记》进行批判。5月10日,上海《解放日报》和《文汇报》对《三家村札记》及《燕山夜话》进行了猛烈批判,认为《三家村札记》及《燕山夜话》是"经过精心策划的,有目的、有计划、有组织的一场反党反社会主义的大进攻"。终于,一场被人们误认为是学术批判的活动,演变成了一场政治运动。政治大革命(或大动乱),被它的启动者冠名为"无产阶级文化大革命"。随即,彭真及北京市委成为毛泽东发动文革的突破口。

令人不解的是,既然毛泽东早就想把彭真等确定为批判对象,为何在1964年7月还把彭真确定为文化革命五人小组的组长(副组长为陆定一,成员是康生、周扬、吴冷西)?后来最被人们认可的答案是,毛泽东为了迷惑他的反对派,把他们的思维导入文艺革命的死胡同,诱导他们犯"错误",从中寻找到打击反对派的缺口。这应该是毛泽东的一个斗争策略。

2. 毛泽东炮打司令部

1966年8月1日,中国共产党第八届中央委员会第十一次全体会议在北京举行。8月5日,毛泽东用铅笔在一张报纸的边角上写了《炮打司令部——我的一张大字报》;同日,该大字报印发全会(过了近一年以后，1967年5月16日，《人民日报》全文刊登了这张大字报）。这张大字报的全文如下：

全国第一张马列主义的大字报和《人民日报》评论员的评论，写得何等的好啊！请同志们重读这一篇大字报和这篇评论。可是在五十多天里，从中央到地方的某些领导同志，却反其道而行之，站在反动的资产阶级立场，实行资产阶级专政，将无产阶级轰轰烈烈的打下去，颠倒是非，混淆黑白，围剿革命派，压制不同意见，实行白色恐怖，自以为得意，长资产阶级的威风，灭无产阶级的志气，又何其毒也！联系到1962年的右倾和1964年形"左"而实右的错误倾向，岂不是可以发人深省的吗？

"炮打司令部"是什么意思？为什么毛泽东大字报的标题没有写成"炮打资产阶级司令部"？从后来的事实看，实际上毛泽东要炮打的是中央最高领导层的持不同意见的多数派，炮打的是中央委员会的多数，炮打的是地方的各级领导，也就是说，从最高司令部到各级司令部，已经不被毛泽东所掌握，他要摧毁自己亲手建立的司令部了。毛泽东的大字报是对刘少奇的宣战书！也是对"党内那些走资本主义道路的当权派"的宣战书！

毛泽东在大字报中所提到的全国第一张马列主义大字报，指的是1966年5月25日北京大学聂元梓等七人，贴出的题为《宋硕、陆平、彭珮云在究竟干了些什么？》的大字报。宋硕是当时的北京市委大学部副部长，陆平是北大党委书记，彭珮云是北大党委副书记，所以这张大字报的矛头是针对当时的北京市委和北京大学党委的。

大字报贴出的前九天，1966年5月16日，中共中央政治局扩大会议在北京通过了毛泽东主持起草的指导"文化大革命"的纲领性文件《中国共产党中央委员会通知》（即《五一六通知》）。会议点名批判了彭真及其组织编写地把"文革导入文艺学术性批判"的《二月提纲》，正式揪出了彭（真）罗（瑞卿）陆（定一）杨（尚昆）反党集团，解散了旧的"文化革命五人小组"及其办事机构，提出重新设立"文化革命小组"，隶属于政治局常委会，号召向党、政、军、文各界的"资产阶级代表人物"猛烈开火。但《五一六通知》后，由刘少奇主持工作的中央及其领导下的各级党委把运动搞得有点"冷冷清清"，形势未按毛泽东的意愿发展。毛泽东急需扩大向党、政、军、文各界的"资产阶级代表人物"猛烈开火的突破口。据近几年当事人的回忆披露，虽然时任北大党委委员、哲学系党总支书记的聂元梓，在该大字报酝酿期间，曾经找过康生夫人、时任北大文革调查组组长曹轶欧谈话，并得到曹的支持，但1993年和1995年有人对当时大字报签名的其他六人（宋一秀、夏剑豸、杨克明、高云鹏、赵正义、李醒尘，均为北大哲学系教师）分别进行访谈时，六人都十分肯定地对笔者说，大字报是他们自己发起的，没有人指使（他们当时都不知道聂元梓在酝酿写大字报期间见过曹轶欧）。大字报的具体内容无疑确是他们自己拟定的，实际上曹的支持只是一般性的，当时毛泽东还没有写《炮打司令部》的大字报，曹知道毛的最终意图指向是刘少奇的可能性不大，可见聂元梓等人的大字报成为"全国第一张马列主义大字报"（突破口）有一定偶然性。这符合政治斗争和战争的规律，即战机的选择具有一定的偶然性。

大字报贴出后的当天，高等教育部部长、清华大学校长蒋南翔、华北局第一书记李雪峰、国务院外事办公室负责人张承先后到北京大学，重申中央关于贴大字报要"内外有别"，运动（指文革）要有领导的进行的精神，传达了周恩来的补充指示，要求严格遵守党和国家的纪律"内外有别"。北大党委当夜紧急召开全校党员大会，传达中央和华北局领导的指示。领导人批评的着眼点是公开张贴大字报违背了"内外有别"的精神。李雪峰提出可以将大字报撕下来，或者用新的大字报将之覆盖起来；要求北大党委要把运动领导好。他们虽然没有反对贴大字报的这种形式，也没有评论聂元梓等人大字报的内容，但对大字报告及其作者的批评态度已经很清楚了。随后北大党委组织人员对聂元梓等人的大字报进行了反击。

正当聂元梓等人的大字报在北京大学遭到反击的时候，康生向远在杭州的毛泽东报告了聂元梓等人大字报的内容。毛泽东在6月1日中午见到大字报的内容，马上打电话给康生、陈伯达，要求在电台广播，并且写了如下批语："此文可以由新华社全文广播，在全国各报刊发表，十分必要。北京大学这个反动堡垒从此可以打破。"当天下午四时，这个批示从杭州传达到康生、陈伯达手中。毛泽东还说：这张大字报是二十世纪60年代北京公社的宣言，比巴黎公社意义更大。康生找了王力、关锋和曹轶欧，向他们传达了毛泽东的指示，要求他们按照毛泽东的精神写一篇评论员文章。当晚，在中央人民广播电台的各地联播节目中播发了聂元梓等人的大字报内容。

6月2日，《人民日报》在第一版以《北京大学七同志一张大字报揭穿一个大阴谋》为题，全文刊登了聂元梓等人的大字报，同时发表评论员文章《欢呼北大的一张大字报》。这篇评论员文章的重要之处是传达了这样的信息：毛泽东的意见与中央的精神相左。同一天，毛泽东为这篇评论写下了如下一段批语："危害革命的错误领导，不应当无条件接受，而应当坚决抵制，在这文化大革命中广大革命师生及革命干部对于错误的领导，就广泛地开展过抵制。"

毛泽东批示的两段文字，把共产党领导下的北京大学党委称作为"反动堡垒"，而且"危害革命"，表示毛泽东与他即将要打击的刘少奇势力势不两立的立场。不难看出毛泽东为什么如此看重并支持聂元梓等人的大字报。他要自下而上发动群众运动，冲击"走资本主义道路的当权派"，解决以往运动及常规运动方式没有解决的问题。关于这一点，毛泽东有一段经常被引用的讲话："过去我们搞了农村的斗争，工厂的斗争，文化界的斗争，进行了社会主义教育运动，但不能解决问题，因为没有找到一种形式，一种方式，公开地、全面地、由下而上地发动广大群众来揭发我们的黑暗面。"聂元梓等人的大字报正是提供了毛泽东所期待的，从基层发动群众冲击"走资派"或"黑暗面"的样板，广播这张大字报就是向全国推广这种运动形式。事实表明，全国性自下而上冲击当权派和学术权威的群众运动风暴，正是从北京大学的第一张大字报为开端的。对此，毛泽东1966年10月25日在中央工作会议上说："一张大字报（北大的大字报）一广播，就全国轰动了。""文化大革命"这个火是我放起来的。"

由于毛泽东当时不在北京，面对各院校如火如荼的大字报运动，主持中央工作的刘少奇并不知道（或者是装着不知道）毛泽东发动这场运动的意图，对运动的意图产生了错误的判断。他认为这是毛泽东发动的又一次"反右"运动，意在再次"引右派出洞"。于是，刘少奇等人向首都各大中专院校派出了工作组，意欲引导文革的方向，并让右派充分暴露。绝大多数工作组进校后，一方面接管了文革的领导权，成立校文革，"踢开党委闹革命"，把矛头对准基层领导；另一方面按上级指示，把学校的师生划分为"左、中、右、反"四类人，镇压"给校领导及工作组提意见"的学生和教师。毛泽东的大字报把这些活动说成是："在五十多天里，从中央到地方的某些领导同志，却反其道而行之，站在反动的资产阶级立场，实行资产阶级专政，将无产阶级轰轰烈烈的文化大革命运动打下去，颠倒是非，混淆黑白，围剿革命派，压制不同意见，实行白色恐怖，自以为得意，长资产阶级的威风，灭无产阶级的志气，又何其毒也！"这就是后来被批判的"资产阶级反动路线"。单从民主的角度讲，刘少奇们"压制不同意见"，当然是错误的。不过，至少当时令刘少奇们不解的是，1957年他们跟着毛泽东"压制不同意见"，就没有什么错误，而1966年就犯了"滔天大罪"？刘少奇在后来的《检查》认为是"老革命遇到了新问题"，说明了他当时的不解。

毛泽东在自己的大字报中提到了"1962年的右倾和1964年形'左'而实右的错误倾向"，说明了毛泽东发动文革的目的有"翻旧账"的成分。

这个"旧账"源于1958年共产主义理想试验的失败。1958年，党中央提出了"鼓足干劲、力争上游、多快好省地建设社会主义"的总路线及人民公社三面红旗，号召"十五年赶上英国"。当时上上下下都对"跑步进入共产主义"充满了信心、热情及干劲。当时包括党内的资深理论家在内的重要人物们，都没有对这种违背马克思主义和社会自然发展规律的全党、全国的狂热行为提出异议。到1959年，由于全民大炼钢铁造成粮食增产减收现象、大规模虚报粮食产量造成超大量征收粮食及农村人民公社食堂放开肚皮吃饭等原因，在全国形成了严重缺粮的局面。在严峻的形势下，彭德怀在1959年庐山会议上上书（即所谓《万言书》）毛泽东，替全国农民申诉。彭德怀在《万言书》中用词激烈，指责毛"小资产阶级狂热性"，并在与毛争吵中提起延安整风的旧事，致使毛"龙颜大怒"。在毛感觉自身威望受到威胁时，毅然把庐山会议的主题由反左改成"反右"。会议揪出了彭（德怀）黄（克诚）张（闻天）周（小舟）反党集团。

此次会议值得一提的是，对于会议主题的改变和对彭德怀的错误批判，党内的资深领袖们竟然非但没有一个人站出来替彭说话，而且跟着毛对彭进行了激烈批判（其原因不知是赞同毛的观点，还是违心地跟随毛）。由此导致了1959、1960、1961三年的经济特别困难的时期，饿病饿死了不少人。此时，曾经对共产主义美好社会充满信心的革命家们，在理论上和实践上都走进了死胡同。在这个时期，刘少奇主持的中央被迫实行了"调整、充实、巩固、提高"的八字方针，提出了三自（自留地、自由市场、自负盈亏）一包（包产到户）的经济政策。正是在这个时期，党内出现了后来被称为"睡在我们身边的赫鲁晓夫"的刘少奇、邓小平等一批毛的反对派。

庐山会议是一个分水岭。虽然毛泽东在刘（刘少奇）、周恩来）、朱（德）、陈（云）、林（彪）、邓（邓小平）等的支持下，全面击退了彭德怀的"猖狂"进攻，但从刘少奇等人后来的动作来看，至少从内心没有认为彭德怀全都是错的。在20世纪六十年代最初的三年里，刘少奇主持的经济调整政策，是与彭德怀的建议相似，与毛泽东的意见相左的。虽然在庐山会议之前，党内在合作化问题、新民主主义问题上有过争论，但都是局部的、个别的。以刘少奇为代表的党内新民主主义思潮并没有占主流位置，而刘少奇也没有坚持自己的意见。庐山会议之后，对毛泽东持有不同意见者逐渐形成了一派势力，毛泽东虽然还是领袖，但也不能不顾忌这股势力。

1962年1月，中央召开县委书记以上人员参加的七千人大会，刘少奇在大会上作了主题报告，对毛泽东1958年的错误提出了激烈批评。会上总结人祸带来灾难的教训，强调要恢复党的实事求是、群众路线、健全党内民主生活。这就是使毛泽东耿耿于怀的所谓的"1962年的右倾错误倾向"。

1962年9月，党的八届十中全会重提阶级斗争。强调在由资本主义过渡到共产主义整个历史时期存在两个阶级、两条道路的斗争。阶级斗争是不可避免的，我们千万不可忘记。左的理论重新抬头。1963年2月中央工作会议决定以抓阶级斗争为中心，在农村开展以"四清"（清账目、清仓库、清财物、清工分）为主要内容的社会主义教育运动，在城市开展反对贪污盗窃、反对投机倒把、反对铺张浪费、反对分散主义、反对官僚主义的"五反"运动。5月，中央制定《中共中央关于目前农村工作中若干问题的决定（草案）》即前十条。文件列举了"严重的尖锐的阶级斗争"九种情况，把个例当普遍，夸大事实，歪曲真相，制造紧张。还说"阶级斗争，一抓就灵"，极左思潮又一次升级。1964年，中央开始了社会主义教育运动（四清运动）。此次运动由刘少奇牵头负责，搞了个"后十条"进一步扩大敌情，故弄玄虚，把基层看得一团漆黑，运动中整了许多基层干部，社会主义教育运动变成了整人运动。这就是所谓"1964年形'左'而实右的错误倾向"。毛泽东又主持制定了"二十三条"，纠正"后十条"带来的问题，这时毛与刘的路线上的矛盾更加公开、对立，毛泽东则提高了对"中国赫鲁晓夫"的警惕性。

毛泽东在《炮打司令部》大字报中重提旧事，说明党内矛盾已经不可调和；毛泽东要炮打司令部，就是要号召群众直接炮打刘少奇等人及跟随他们的各级党委；毛泽东采用1957年反右时"引蛇出洞"的"四大"（即大鸣、大放、大字报、大辩论）手段，说明他已无法用正常方法打倒他的反对派集团。看来在当时毛泽东采用群众运动的办法来对付反对派的决心已下。

1966年8月8日，中共中央八届十一中全会通过了《中共中央关于无产阶级文化大革命的决定》（即十六条）。重炮的炮衣已经脱下，瞄准镜已经对准了"司令部"。

3. 华北局会议：激烈的内斗

在1966年5月16日中央政治局扩大会议批判彭真时，各个地方的领导并不知道中央要干什么,以为又要开展一场整风运动。一贯紧跟中央的中共中央书记处书记、华北局第一书记李雪峰,在彭真被罢官后,接任北京市委第一书记。5月20日,在中央政治局扩大会议尚未结束之时,随即召开了由华北各省省委常委以上人员参加的华北局扩大会议,意图按中央批彭真的办法,在华北局找出批判对象来。会议从5月一直开到7月,收获颇丰。当时的华北局下属一市(北京市)、两省(河北省、山西省)、一区(内蒙古自治区)。在这次会议上,内蒙古自治区党委第一书记乌兰夫,河北省委第一书记林铁,还有天津(当时还不是直辖市)市委第一书记万晓塘都受到揭发批判,不久即被撤销职务。加上中央政治局扩大会议揪出的北京市委第一书记彭真,华北局范围内的一个直辖市、三个省级单位及一个计划单列市,其中有四个由反党集团所掌握。显然,山西省的领导们受到了特殊"照顾"。当时各中央局都在开会,华北局是揪出反党集团最多的中央局,可见李雪峰紧跟中央的心情之迫切!

　　李雪峰抗战时期曾在山西工作,参与和领导了太行抗日根据地的创建,山西省委的领导大多是其老部下,也是其在华北局的基本力量。但山西省委常委也非"铁板一块""非李雪峰派"的袁振(时任山西省委书记处书记、太原市委第一书记)在会上猛烈炮轰山西省委。袁振的意见有三条:一是山西省委《关于开展学术批判运动的通知》是彭真《二月提纲》的翻版,必须收回;二是山西省委对学习毛泽东著作布置不力,用发放马列著作冲击学习毛泽东著作(作者按:可笑的理由,马列著作是否与毛著对立);三是山西省委按陆定一的旨意支持出版宣扬明清封建大儒傅山的《傅山画集》,并且请"三家村"头目邓拓撰写前言。袁振在会上提出了支持傅山展览的三十多位官员、学者、专家名单,并对他们予以批判。山西省委和华北局也对袁振的发言进行了猛烈的反击,指责袁振"诬陷省委",是"野心家""伸手派"。华北局会议以山西省委的胜利、袁振作检查的结果而告终。

4. 山西省委：发动与镇压两种心理的交织

从历史上讲，山西省的干部山头林立、派别甚多，故在山西省干部圈子里流传着这样一句话："太行的干部，太岳的党，晋绥干部后娘养，晋察冀干部歇凉凉"。

抗战初期，八路军进入山西创建敌后根据地。其中贺龙率领 120 师在晋西北创建了晋绥根据地；聂荣臻率领 115 师一部在晋东北的五台山创建了晋察冀根据地；朱德、彭德怀、左权、刘伯承等率领八路军总部和 129 师进入晋东南创建了晋冀鲁豫根据地。晋冀鲁豫根据地在山西的部分被日军占领的白晋铁路（祁县东观镇白圭村至晋城的铁路，当时仅修到长治）分割，八路军总部、129 师师部及新建的 385 旅多在该根据地东北部的武乡、沁县、辽县（建国后改为左权县）太行山一带活动，是为太行区；陈赓领导的 386 旅和薄一波领导的决死一纵队多在该根据地西南部的太岳山区的沁源、霍县、沁水、阳城一带活动，是为太岳区。新中国成立前后，晋察冀主要高级干部和太行区的部分高级干部多随华北人民政府进入北京，成为中央人民政府的骨干。晋绥区的主要高级干部多随第一野战军和华北野战军的十八兵团到了西北五省和四川，山西省遂由太行和太岳干部主政。因此，就自然形成了晋绥和晋察冀干部"后娘养""歇凉凉"等不受重用的局面。

其实，太行和太岳干部之间也很不和睦。在 1965 年山西省委原第一书记陶鲁笳调离时，对省委第一书记的职位，太行派和太岳派有过争夺。中央最终安排太岳派的卫恒担任省委第一书记，太行派的王谦和王大任分别担任省委第二书记（兼省长）、省委常务书记，在太行和太岳之间做平衡了事。当时省委干部中传说王谦大发雷霆，没有参加省委书记的任命会议，至此埋下了太行、太岳之间矛盾的种子。

不过，在对付外来干部时，太岳、太行倒是显示了团结。在这种情势下，袁振在华北局会议上的发飙实在是不合时宜，最后被华北局打成反党的伸手派、野心家。

袁振原籍山东人，属晋冀鲁豫根据地冀鲁豫区干部，曾随刘邓大军千里跃进大别山,建国后曾任湖南省委常委、鞍钢党委第一书记等职,行政级别六级,是除了因犯错被贬官到山西担任副省长的刘格平(原国家民族事务委员会副主任,行政级别三级)、黄克诚(原总参谋长,大将军衔)、刘贯一(全国人大原副秘书长,行政级别五级)以外的山西最高级别的官员(卫恒、王谦都是八级)。袁振本人很有能力,由于对工业是内行,实际上是中央对农业型的山西省委掺的沙子,极有可能成为省委主要领导,这难免引起人嫉妒和防备。虽然袁振被打成反党集团,但命运注定他要在山西文革中大出风头。

袁振没有顶住华北局会议对他的严厉批判,在会上作了深刻的自我批判。

1966年7月18日,山西省委在太原湖滨会堂召开了"无产阶级文化大革命动员大会"。省委第一书记卫恒向大会作了题为"高举毛泽东思想伟大红旗,积极参加无产阶级文化大革命运动"的报告。报告着重指出:"现在我们所进行的无产阶级'文化大革命',所要打击的目标,就是一小撮钻进党内的那些走资本主义道路的大大小小的当权派。同时,还要注意把那些有个人主义野心的阴谋家、伸手派挖出来"。此报告显然表明了省委对"袁振集团"穷追猛打的坚决态度,与文革的主流大相径庭。

也是7月18日,太原市委在新建路市府礼堂召开了同样的"无产阶级文化大革命动员大会"。袁振在动员报告中声称"太原市还有些重大问题没有揭发出来,我的问题就没有揭发出来。我是犯了严重错误的,我的问题是在华北局会议上揭出来的";"我犯了严重错误,犯了罪,搞了宗派活动,利用《傅山画集》等问题反对省委""我把自己推向了资产阶级代表人物方面,是资产阶级野心家、阴谋家"。袁振在华北局会议上的检查是被迫的,但这次检查的态度却是"诚恳"的,有"向我开炮"和"永不翻案"的意思。

另外,袁振还写了自我检讨的大字报,号召市委干部揭批自己的问题,在大字报的结尾,他还号召揭批与他有同样错误思想的其他四位市领导,即市长李学敏、市委书记处书记陈守中、胡亦仁、市委宣传部部长彭少林。就这样,袁振把其他四位市领导硬拉进了他的"五人反党集团",无辜受到群众的批判。其他四位市领导并没有"反党",所以对袁振的做法很不满意。后来的市委书记贾俊还专门代表省委与胡亦仁、李学敏谈话说,省委并不认为他们与袁振一起反党,他们的情绪才有所平息,但其他四位市领导与袁振的矛盾的种子已经种下。

其实,袁振在华北局会议上的所作所为,从当时的观点分析,是符合"毛主席革命路线"的,他的动员报告、他的自我批判却脱离了文革的大方向,使市委、市人大的干部思想产生了极大混乱。会后,按照省委的部署,以省委书记处书记贾俊为组长的省委工作组进驻太原市委,袁振遂被免职,太原市委第一书记由贾俊代理。

山西省委采取了"一箭双雕"的措施,借紧跟毛泽东的时机,既保住了自己,又打击了异己。

山西省委的主要领导当时还是认为自己是代表正统势力的,所以在华北局会议上对袁振进行了反击,会后把太原市委的几位主要负责人打成了"反党集团"。由于是袁振首先发动进攻的,山西省委的这个动作是半被动、半主动的。

山西省委的另一个动作则是完全主动的。在华北局会议上,山西省委摆出了积极的架势,决定对山西省副省长王中青、著名作家赵树理、李束为的所谓"反党反社会主义反毛泽东思想"三反言行在《山西日报》上公开点名批判。

王中青系太岳干部,性格耿直、敢说真话,又有些才华,他成为山西的"邓拓"有一定的必然性。强加给王中青的"罪名"是:"反革命修正主义分子""反党反社会主义反毛泽东思想",等等;强加给赵树理的"罪名"是:"资产阶级学术权威""反革命修正主义分子""反党反社会主义的反动作家""叛徒"等等;给李束为强加的"罪名"是:"周扬黑帮的忠实走卒""不折不扣的修正主义分子"等等,并撤销其山西省文联党组书记、文联主席的职务。王、赵、李俨然成为山西的"三家村"。

所不同的是,北京的"三家村"是毛泽东"钦定"点名批判的,彭真是抵制的,其态度至少是被动的、被迫的;而山西的"三家村"

是山西省委积极、主动点名批判的。这说明当时的山西省委是要"革命"的,也是要"保命"的,但山西省委这种政客式的损人利己的做法既伤害了同志,最终也未能保住自己的"命"。对于这个动作,王谦在回忆录中是这样解释的:文革后期,在王谦担任省委第一书记后,王中青到王谦家去看望王谦,王谦曾向王中青道歉:"中青同志,我对不起你,我同时也代表卫恒同志说对不起。'文化大革命'开始的时候,卫恒同志和我把你甩了出去!"。王谦的意思是,他们当时是迫不得已才对自己的战友和同志下得毒手。这是一种推卸责任的说法。其实,他们当时至少是真正地认为:王、赵、李等人,与邓拓等人一样,是资产阶级知识分子的代表,是打击的对象。王谦等省领导的"迫不得已"显然含有"自觉"的因素。即便是"迫不得已",这种为了保自己,在"危难"时"六亲不认"的做法,也是不可原谅的。

第二节 "下层也不愿意按原来的方式生活下去了"

1. 当时的中国社会像一堆干柴

20世纪六十年代的中国,国内外的政治环境糟糕到了极点。

从外部讲,一方面,由于中苏两党关于"国际共产主义运动总路线"的大论战中,造成了国际共产主义运动和社会主义阵营的大分裂,绝大多数国家的共产党站在了苏共一边,朝鲜、越南党保持中立,只有阿尔巴尼亚劳动党与中共意见一致;另一方面,"美帝国主义"是中国的宿敌,是压迫全世界三分之二未解放的人民的"元凶",北美和西欧国家大多站在美国一边反对中国。另外,由于中国支持各国的反政府革命武装,亚洲和南美许多发展中国家对中国也抱有戒心。所以从国家关系上讲,我们的可靠朋友也只有阿尔巴尼亚等几个国家。

从内部讲,中国仿效苏联的斯大林实行了阶级斗争的政策,进行了一系列运动,一次一次地、一部分一部分地、人为地把老百姓推向了自己的对立面,或者逼向了自己的对立面。如:过激的土改政策把地主、富农、富裕中农,甚至中农变成了对立面;镇反和肃反运动的扩大化把许多可以争取的与国民党沾边的人打成了历史和现行反革命;"公私合营"运动用"合法"的方式剥夺了资产阶级和小资产阶级的财产;反右运动把55万知识分子(好多只是知识青年)打成右派,并牵扯到几百万人;人民公社运动(合作化运动)使得刚刚获得土地的农民又失去土地;四清运动(社会主义教育运动)还把许多基层干部打成了"四不清"干部。当时的中国社会政治气氛十分压抑,"干净"的人很少,大多数人都谨慎小心,生怕突然大祸临头。

那时的中国的经济环境也糟糕到了极点。

国际经济环境比政治环境好不了多少。苏联及东欧各国中止了对华援助,留下了许多半拉子工程,官方宣传说苏联还不断逼债;美国和西方国家依旧对中国进行经济封锁。支援中国社会主义建设的国家已经没有,中国反而需要咬着牙援助贫困的阿尔巴尼亚和亚、非、拉(拉丁美洲)落后国家。

国内的经济状况更是一塌糊涂。1959、1960、1961年被称为"三年困难时期",或"三年自然灾害时期",粮食严重短缺,城乡人民在饥饿线上挣扎,据官方统计我国非正常死亡人数达到一千万人左右,非官方统计达到三千六百万人。有些严重的地方,尤其是河南、四川、安徽、甘肃等省甚至出现了"人相食"的情况,刘少奇曾着急地向毛泽东进言"人相食是要上书的"。

以山西省为例,市民每月只有27斤粮食定量,其中细粮(指白面和大米)定量,省会太原为35%,行署所在县为25%,一般县为15%;食油每人每月2两;肉类每月每户1~2斤,购买工业品包括布、香烟、白糖、火柴、自行车等等都要相应的票证。当时的物资供应贫乏到了极点。由于吃不饱,许多人患有浮肿病。据老辈子的人传说,三年困难时期是晚清光绪三年以来的百姓生活最差的时期,用饿殍遍野来形容一点都不过分。

把一个国家管理成这个样子,不仅人民不满意,上层自己也不满意。中国的老百姓真好,过惯了苦日子,忍耐力很强,在那种条件下,居然没有什么群体事件?!除了鲁迅先生所说的中国人的"逆来顺受"的民族性格和强大的专政力量使老百姓"不敢怒也不敢言"的原因外,另一原因是,那时的中国人还比较愚昧,信息也很闭塞,虽然有个别地方已经"人相食",但老百姓还是认为包括西欧、北美在内的世界上三分之二的人民还生活在"水深火热"之中,连我们都不如,相信他们"人相食"现象更多!我们的困难是天灾和"苏修"造成的,是暂时的,咬咬牙就会过,他们的困难是长期的,还等待我们去解放?从现在来看,这是多么可笑的想法!?这样一来,文革的烈火只好等着上层自己来点燃!!!

2. 两种红卫兵运动的兴起

可以说,毛泽东批示全国第一张马列主义大字报是一颗点燃干柴的火星;也可以说,毛泽东的炮打司令部的大字报就是一把火炬;还可以说,毛泽东"八一八"在天安门上接见百万红卫兵就是熊熊烈焰已经开始燃烧。

20世纪五、六十年代的大、中专学校,正处在阶级斗争的风口浪尖上。学校的政治气氛很浓,无论在社会科学上,还是在自然科学上,学生都不能自由地思想。许多有才华的"家庭出身"有问题的学生在思想上更是特别压抑。出身不好的、有独立思想的、调皮不听话的、思想"落后"的学生,在学校里成为政治上的"另类",很难被发展为党团员。1957年以后,各大中专院校就"以阶级斗争为纲",大揪反动学生,几乎每个大专院校都有学生"反革命"右派分子、反社会主义分子被开除和受处分。校领导和一些教师的过"左"的做法,引起了好大一部分学生的不满,这条被毛泽东批为"资产阶级教育路线"的制度,后来就形成了红卫兵"造反"的基础条件。

红卫兵运动起源于北京的中学,随之发展到大专院校,后分成老红卫兵和造反派红卫兵两种势力,形成了文革初期的代表不同政治观点的两个红卫兵派别。

最早的红卫兵名称来自一位清华附中学生张承志（后来成为著名作家）的笔名（根据骆小海与宋柏林的回忆，张承志最早的笔名是红卫士），意为"毛泽东的红色卫兵"。在1966年5月29日清华附中预科651班所贴的大字报上开始使用。

1966年6月1日，中央人民广播电台广播了北京大学聂元梓等人的第一张"马列主义大字报"及《人民日报》编者按。同日，《人民日报》还发表了题为《横扫一切牛鬼蛇神》的社论。随后，学校停课，文革群众运动的帷幕正式拉开。其他中学学生所贴的大字报就纷纷书上红卫兵署名，此后一段时间形成了初期的红卫兵组织。

初期的红卫兵以中学生中的高、中级干部子女为主。开始时他们并不知道毛泽东发动文革的目的在于整刘邓集团及他们的父母，所以革命热情很高，他们把矛头指向学校中平时压制他们的校领导，批判校领导的"资产阶级教育路线"。应该说，开始的红卫兵的造反行动是对当时学校的压抑的言论和政治环境的一种发泄和反抗，也是符合"毛主席的革命路线"的。

稍后，随着运动对象（走资派）的明确，红卫兵们逐渐脱离《五一六通知》精神，按照《社论》精神，开始了"破四旧、立四新、横扫一切牛鬼蛇神"运动，把矛头指向了下层的已经成为劳动人民的地、富、反、坏、右"黑五类"及知识分子，制造了震撼二十世纪的整人运动，这就是所谓"老红卫兵"运动。这里应该着重指出的是，实际上中央《五一六通知》精神是与《人民日报》的"六·一社论"有矛盾的。据现在的资料披露，该社论是由《人民日报》的当时主持编辑工作的两位负责人起草的，陈伯达审定发表的，这说明连陈伯达作为中央文革小组组长也不见得完全清楚毛泽东的真正意图。

7月29日，北航附中的部分红卫兵贴出了"血统论"的对联，上联为"老子英雄儿好汉"，下联为"老子反动儿混蛋"，横批为"基本如此"，并针对这副对联进行大辩论。这种带有封建色彩的"血统论"一下子被老红卫兵和他们的父母所接受，成为这次大规模"破四旧、立四新、横扫一切牛鬼蛇神"行为的理论基础。

对于老红卫兵来说，高贵的"血统"使他们有了高人一等的优越感,他们有着父辈斗地主、资本家时的革命干劲;对于他们的父母来说,把地富反坏右、知识分子及子女作为革命对象,总比把自己(走资派)作为革命对象要好得多。自此,老红卫兵开始把斗争矛头对准了基层干部和群众,在老红卫兵运动在大专院校展开之后,他们又成为校党委、校文革及工作组的维护者和镇压提意见群众的工具。

1966年8月1日,毛泽东写信给清华附中红卫兵和北大附中"红旗战斗小组",对他们的"革命造反精神"表示"热烈支持",使"红卫兵小将"干劲倍增。

8月1日晚,北航附中的那部分红卫兵又把"血统论"对联贴到了清华、北大、人大等学校,挑起了一场更大的辩论。8月2日凌晨,时任中央文革小组组长的陈伯达似乎感觉到这种提法不符合马列主义理论和政策(不知他当时是不是意识到老红卫兵矛头指向错误),在接见红卫兵时指出,这副对联"不全面",建议改为"父母革命儿接班;父母反动儿背叛;理应如此"。但老红卫兵并未接受陈伯达的建议,并开始对中央文革不满。2日下午,北航附中近千人到清华游行,高呼"老子英雄儿好汉,老子反动儿混蛋"的口号,揭开了被后人称为"恐怖的红八月"的序幕。

8月5日北师大女附中校领导五人被毒打,其中副校长卞仲耘被殴打致死,从此北京各中学开始了更加激烈的批斗殴打领导和老师的活动。8月12日北京工业大学学生谭力夫(据传是最高人民检察院副院长谭政文之子)抛出《从对联谈起》的大字报,为"老子英雄儿好汉,老子反动儿混蛋"的对联辩护,继续鼓吹《血统论》。8月18日,毛泽东在天安门广场接见百万红卫兵,鼓励他们继续造反。老红卫兵走出学校,走上社会,所谓"破四旧、立四新"运动达到最高潮。在学校中,许多所谓有点"问题"的老师,被剃成"阴阳头",遭到人格侮辱,体罚批斗甚至殴打成为"家常便饭",大多被撵进"牛棚"(注:文革开始时各单位关押被整对象即"牛鬼蛇神"的地方);社会上的"地、富、反、坏、右、资"及有牵连的人又成为"革命"的对象,遭迫害、殴打和被赶回农村老家的人不计其数。同时,破四旧运动也在如火如荼地进行着,老红卫兵像蝗虫一样到处拆庙砸碑,连普通老民房上的龙头装饰都不放过,中国的传统文化遭到几千年来的最大的破坏。8月下旬,老红卫兵的"红色恐怖"达到了极点。清华附中红卫兵写出了《自来红们站起来》等血统论的文章。8月25日,三十一所中学红卫兵头头在北师大女附中召开会议,成立了西城区红卫兵纠察队,意欲制止极"左"的暴力行为,成为第一个跨单位的社会性红卫兵组织。"西纠"主要由高级干部子女组成,后来被中央文革认为是刘、邓等走资派为破坏"文化大革命"而成立的别动队,具有半官方色彩。当时主持中央工作的刘少奇是这样批示的:"同意组织纠察队,稳定社会秩序"。本来老红卫兵是造反之根源,让老红卫兵去稳定社会秩序,无异于让狼去看护羊群。首都随后又成立了"东纠"(东城区)、"海纠"(海淀区)。这些老红卫兵高喊"万岁"的口号,把矛头指向了"黑五类"及普通干部、群众,不断制造流血事件。据1966年9月5日的中央文革《简报》中"红卫兵战果累累"一文披露,到8月底止北京市有上千人被打死(自《炎黄春秋》2010年第10期王友琴文"恐怖的'红八月'")。老红卫兵终于为自己的阶层确立了自身的两个历史使命,一是在校内维护校党委、工作组,二是在校外打击阶级敌人(地、富、反、坏、资、右)。这样,北京的老红卫兵就从响应文革开始,走向了文革路线的反面。

"恐怖的红八月"中,北京老红卫兵"破四旧、立四新、横扫一切牛鬼蛇神"的疯狂行为,开始应该是有一定的自发性(继承于老阶级斗争理论),发展到各地时绝大多数就成为"官办"或"半官办"的了。从陈伯达改对联的举动来看,这不是毛泽东和中央文革的意思。从刘少奇的批示看,他似乎也是为了"稳定社会秩序"。但他们都是有很大责任的,首先,老红卫兵们的"阶级仇恨"是由越演越烈的阶级斗争理论和方法造成的,他们认为"出身不好"本身就有"原罪",就该受罚赎罪;其次,"无法无天"的环境是由毛泽东和中央文革造成的,因为"革命"本身就"无法无天"。老红卫兵的"合法性"是由刘少奇等走资派认可的,红卫兵们把"稳定社会秩序"理解为对"黑五类"的镇压。

北京老红卫兵们的疯狂行为转移了毛泽东文革斗争的"大方

向"，支持了刘少奇的"资产阶级反动路线"。这些老红卫兵，后来与后起的造反派红卫兵的势力相对立，大多成为拥护刘少奇等的"走资派"集团的保守派，最终被毛泽东和中央文革所抛弃。

北京以外的老红卫兵，出道稍微晚一些，大多有各级党委和各校文革的半官方的背景，走向社会后，纯粹成为官方的组织，后成为"保皇派"，一月革命风暴后各地的老红卫兵被打成"反动保皇组织"就烟消云散了。

3. 造反派是在"资产阶级反动路线"的高压下产生的

1966 年中央《五一六通知》后，全国各校都出现了一些针对学校党委的大字报，主持中央工作的刘少奇认为新的反"右"运动业已开始，为此，他为新的反"右"运动进行了部署。在 1966 年 6 月 11 日的文化革命汇报会上，刘少奇明确提出："这是新的反右斗争""学生、教师中的右派分子有多少就定多少"。刘在 6 月 13 日批转中南局和西北局的两个报告中同样批示："对大学中的反党反社会主义分子，一定要把他们揪出来""对高中应届毕业生中的一些人，经省委批准，可以批斗和戴帽。"（参见徐友渔《形形色色的造反》，香港中文大学出版社，1999 年，第 148—149 页）相信 1957 年当过"右派"的人，一定会觉得这种声调特别耳熟。在 1966 年 8 月八届十一中全会之前，刘少奇就是这样来看待和领导文革的。他的确认为文革就是"反右"的延续，他确实是要再一次从教师和学生中大抓"右派"。文革如果按刘少奇沿用的传统模式继续搞下去，或者按照各级当权派和保守红卫兵的做法搞下去，继续将上层知识分子和下层黑色人群当作主要斗争对象，确实会变成一场货真价实的反"右"运动！在这种思想的指导下，各校党委和工作组开始了对"右派"学生和教师的"镇压"。

在老红卫兵蓬勃发展 1966 年的 7 月份，后来形成造反派红卫兵的那部分人群，还未形成组织。他们还在单枪匹马与当时占强势的校党委、工作组的"资产阶级反动路线"苦斗。造反派红卫兵，是以首都大专院校的学生为主。这些学生在运动初期大多因为有独立的思想，或者给领导提意见，被领导划成右派和反革命。他们的处境与1957年反右运动的初期的右派分子差不多。当时的学校领导、工作组及校文革受到刘少奇路线的误导（有官方的指示），都认为文革是"反右"的翻版，是毛泽东在"引蛇出洞"，因此他们迫不及待地或公开或暗中把学生划分为左、中、右，有些单位已经把右派学生隔离进行审查，准备再来一次轰轰烈烈的反"右"运动。例如：7月9日，后来成为北京红卫兵五大领袖之一的清华大学学生蒯大富，被当作右派学生的典型开除团籍，并关押了十八天（那时的工作组很有权力，违背《中华人民共和国宪法》，压制言论自由，行使了公检法的权力）。直至8月4日，才由周恩来、陈伯达代表中央亲赴清华大学为蒯大富等人平反。由于学校领导、工作组及校文革都是官方机构，右派学生是少数派，再加上许多右派学生被看作是落后学生或家庭出身有问题的学生，故被老红卫兵称作为"狗崽子"，受到官方和老红卫兵的双重压制。在红卫兵运动开始时，他们没有权利和资格做红卫兵。

造反派红卫兵是与老红卫兵相对立的学生造反组织的统称。1966年7月26日毛泽东接见中央文革小组全体成员时指出，全国95%的工作组犯了方向路线错误，并下令撤销了工作组。在工作组的所谓"资产阶级反动路线"被批评后，造反派红卫兵才形成组织。其组织名称多半在"红卫兵"三字前加有前缀，如"毛泽东思想""毛泽东主义""八一八""井冈山""东方红""红色造反"等等等等。再后来甚至去掉了"红卫兵"三个字，在后面加上了"战斗队""兵团""公社""联络站""联络总站"等等等等。如果后人想判别老红卫兵与造反派红卫兵的话，一般来说，以中学生为主的老红卫兵总是以"红卫兵"直接命名，有些地方称之为"三字兵"，或"黑字兵"（开始时的红卫兵的袖章都是在红绸布上用黑色印着"红卫兵"三个字）；后来的以大专院校学生为主的造反派红卫兵命名时总是加有"前缀"或"后缀"。可见，老红卫兵是"纯"的，造反派红卫兵是"不纯"的。在"血统论"统治的全盛时期，或是在"血统论"的影响下，或是为了抵抗"血统论"采取的"自我保护措施",相当一部分造反派红卫兵组织,在内部也成立了由出身好的人员组成的核心,也称作为"红卫兵"。这种红卫兵就像部队中的党、团员一样,已经与"资反路线"没有太大关系了。

由于造反派红卫兵是在与校党委、工作组的斗争中诞生的,所以,他们是老红卫兵的"天敌"。它一成立,就与老红卫兵对立起来了,所谓清华大学的"八二四"事件就说明了这一点。1966年8月24日凌晨,毛泽东写于8月5日的《炮打司令部——我的一张大字报》传到清华大学,一下子激化了两种红卫兵之间的矛盾,清华毛泽东思想红卫兵贴出了许多炮轰刘少奇的大字报,当天上午清华大学被挤得水泄不通,大字报轰动了清华,轰动了整个北京。清华文革临时筹委会主要负责人认为这是一件严重的矛头指向党中央的事件,遂调动了十二个中学的两千多老红卫兵持皮鞭铁棍,高喊"右派要翻天了""要搞政变了"等口号,冲进清华校园,实行戒严。到晚7点,所有反刘少奇、王光美(刘少奇夫人,曾担任清华工作组成员)及工作组的大字报被撕光,并闯入清华毛泽东思想红卫兵的学生宿舍抄家打人。随后几天,老红卫兵如法炮制,北航、北师大等学校的反刘大字报均被毁掉。

当时,北京高校中最有代表性的是后来被评价为"五大主力"的造反派红卫兵队伍。这"五大主力"是:北京地质学院东方红公社、清华大学井冈山兵团、北京大学新北大公社(1967年1月后的名称)、北京航空学院红旗公社及北京师范大学井冈山兵团。为了与老红卫兵的社会会联合相对抗,首都各校的造反派红卫兵也实行了联合。

1966年8月27日首都大专院校红卫兵司令部(当时人们习惯称之为"一司")成立。9月5日首都大专院校红卫兵总部(当时人们习惯称之为"二司")成立。9月6日,被称为首都真正的造反派红卫兵组织——首都大专院校红卫兵革命造反总司令部(当时人们习惯称之为"三司")成立。据1967年首都红代会部分大中学校毛泽东思想学习班所编的《无产阶级文化大革命大事记》(简称:《全国大事记》)记载,"三司"成立之时有十六所院校的红卫兵组织组成,主要组织有北京地质学院东方红、清华大学毛泽东思想红卫兵、北京邮电学院东方红、北京外国语学院红旗大队、北京工业大学东方红、北京政法学院政法公社、北京农机学院东方红、北京农业大学东方红等。一司、二司、三司的成立标志着中央文革、造反派红卫兵与走资派、老红卫兵的斗争进入了一个新的阶段。

最后需要指明的是，老红卫兵和造反派红卫兵的革命目标是不同的，老红卫兵的目标是众多的"非无产阶级和贫下中农"出身的干部和群众；造反派红卫兵的目标是"走资本主义道路的当权派"，即部分领导干部，比起老红卫兵来说，范围要小得多，在手段上也要"文明"一些。

不过，老红卫兵和造反派红卫兵的定义远不是那样泾渭分明，这只是以首都为样板所做的大致分析。在各地有可能有一些差异，有一些运动初期的保守派（不见得都是老红卫兵）后来"造了反"（因为老红卫兵组织已不存在，这些人新组织了造反派红卫兵），也有一些造反派红卫兵后来"保了皇"，我们所说的不过是大致的分野罢了。

4. 毛泽东在老红卫兵问题上看走了眼

历史上的政治斗争从来没有像文革时这样复杂，人们（包括党的核心高级干部在内）不知道自己的领袖到底是为了什么掀起了这场大风暴。是为了反修防修、实现自己的共产主义革命理想呢？还是为了排除异己、揪出睡在身边的赫鲁晓夫、解决"接班人"问题呢？或者两者兼而有之？对于这个问题，后人众说纷纭。其实不管是什么原因，刘少奇集团都是斗争的对象。于革命目标而言，刘少奇要在体制内进行有利于经济发展和人民生活的改良，在毛泽东看来显然是修正主义（实际上修正主义还在社会主义的体系内），为毛的革命理想所不容；于个人利害而言，刘少奇往往有自己的思想，不是那么听话，并不是理想的"皇储"。文革打击的重点是刘少奇为代表的走资派。毛泽东的敌友经常变换。用《五七一工程纪要》中的话来说就是：毛泽东"所谓打击一小撮保护一大批，不过是每次集中火力打击一派，各个击破。他们今天利用这个打击那个；明天利用那个打击这个。今天一小撮，明天一小撮，加起来就是一大批"。

本来毛泽东很富于政治斗争的经验，但在老红卫兵问题上却看走了眼。虽然毛泽东在1966年8月1日热情地支持了清华附中红卫兵和北大附中"红旗战斗小组"的革命造反精神；8月18日又接见了百万红卫兵，用当时一位诗人的一句诗句形容就是："毛泽东微微把手招，百万小将齐踊跃"。当时的毛泽东肯定认为，这些红卫兵会像贴出第一张马列主义大字报的聂元梓等人忠于他，并按他的"伟大战略部署"去与刘少奇等走资派战斗。他没想到这些老红卫兵并不是要造"走资派"的反，反而成为"走资派"（他们的父母）的工具，是受到走资派的控制，执行了刘少奇的资反路线，转移了毛泽东的斗争大方向，保护了"走资派"。

固然毛泽东应该对"恐怖的红八月"负相当大的责任，因为是他发动。虽然毛泽东很恨"地、富、反、坏、右"及资产阶级，由于他当时的打击目标是党内的"走资派"，所以"恐怖的红八月"不是毛泽东的部署。"恐怖的红八月"在客观上帮了毛的对立面——"走资派"们的忙。所以老红卫兵的这些做法应该不是毛泽东的初衷，至少不是他的主要目的。毛泽东当时也没有意识到，他支持的红卫兵分成了支持文革和反对文革的两个派别，他所希望看到的是后来的把斗争矛头对准"走资派"的造反派红卫兵。

5. "左"和"右"是这样结合的

历史进程往往令后人不解，看来是相反的事物往往能结合在一起，看来是相似的事物往往分裂开来。中、苏看起来很相似，社会制度没有原则的区别，却发生了大分裂，而"美帝国主义"社会制度与中国大相径庭，为了对付苏联，两者之间却有了真正的联合，这是一个奇异的例子；当年，苏共和中共内部的路线斗争，按说是"人民内部矛盾"，却杀得你死我活，而对待国民党的降将却优待得很，这又是一个典型的例子；"先进"的马克思的科学社会主义与落后的俄国的封建集体农庄制度相结合,产生的人民公社制度,还是一个奇异的例子。如果说,毛泽东的反修防修、针对"走资派"的理论是"左"(甚至是极左)的话,那么,对现实不满、给现领导提意见的造反派红卫兵按1957年的标准显然是"右派",但是在文革初期的一刹那,"左"和"右"却产生了历史的交汇。这种交汇应该有其历史的原因。

毛泽东也在辛辛苦苦寻找或者"创造"支持自己的政治力量。这支力量必须具备两个条件,一是具有要求革命的热情;二是对现有体制有这样或那样的看法、意见和不满。造反派红卫兵恰恰正好符合这两个条件。毛泽东在这个历史的瞬间敏锐地捕捉到了这支可以利用的力量。毛泽东一反常态地支持了这支反对现有体制的力量,并把镇压这支力量的现有体制的路线称作为"资产阶级反动路线"。难怪刘少奇等人自称是"老革命遇到了新问题",按斯大林和毛泽东的模式搞了十几年的社会主义革命和社会主义建设,结果变成了"资产阶级",而且很"反动",着实也有点"冤枉"。

有人这样说过:毛泽东要反的是"腐败"的资本主义,群众要反的是那些脱离群众、作威作福的当权派。这种说法正中问题的要害,毛泽东发动文革,要实现理想,还要打击那些在思想、经济和政治路线上背离他的反对派。群众则是由于长期在政治上和经济上的压力,得到了发泄的机会,就把目标对准了脱离了共产党"为人民服务"原旨的基层领导。这就是左和右结合的原因。

造反派红卫兵一开始仅仅是贴贴大字报,企图给党委和工作组提提意见,并没有什么宏大的政治主张,也没有想形成组织,后来被毛泽东和中央文革"解放"后才仿效老红卫兵建立了组织。造反派红卫兵也需要自己的政治主张,需要自己的政治领袖的指导,他们没有受到历代造反者所受到的残酷镇压,反而能够得到最高统治者毛泽东和"无产阶级专政下继续革命"理论的指导和支持,应该说是"受宠若惊",成为中国历史上历代造反者中的"幸运儿"。

文革初的"左"和"右"的交汇基于这样一点:就是都对现行状态不满。造反派红卫兵在得到毛泽东和中央文革的支持后,在专政机关的配合下,迅速击溃了它的对立面——老红卫兵,矛头直指"党内最大的走资本主义道路的当权派"刘少奇。至此毛泽东所希望的文革风暴可以说才真正开始。毛泽东不以摧毁中央的"修正主义"为满足，他要把文革之火引向社会、引向全国，摧毁地方各级的"修正主义"，故而发出了"革命大串联"的号令，首都的造反派红卫兵很快走上了社会、走向了全国，在批判全国的"资产阶级反动路线"中，在把文革之火种播向全国的过程中，起到了至关重要的作用。于是从学生中的造反派红卫兵开始，工、农、兵、商、干中的造反派也竖起了革命造反的大旗。用褒义词来说，就是首都北京的星星之火将在全国燎原；用贬义词来说，就是潘多拉的盒子即将打开！

第三节　风暴刮向山西的黄土高坡

1. 北京公社宣言是风暴源头

1966年6月1日，当中央人民广播电台通过电波把北京公社宣言（即毛泽东所说的北京大学聂元梓等人的全国第一张马列主义大字报）及《人民日报》评论员文章传播到太原时，各大中学校立时就沸腾起来了。

1966年6月3日，太原工学院（现太原理工大学）、山西大学就出现了大量各种观点的大字报，其中不乏针对校领导的大字报。

6月4日，山西省委党校、太原机械学院（现中北大学）、太原重机学院（现太原科技大学）、山西医学院（现山西医科大学）、山西轻工业师范学院（后来改为山西轻工业学院，现太原理工大学轻纺工程及美术学院）、山西农学院（现山西农业大学）、山西师范学院（现山西师范大学）等大专学校也爆发了大字报的高潮。

值得一提的是6月6日，在山西省人民委员会（当时省政府的名称）古式牌楼门口旁边的西墙上，贴出了太原冶金工业学校（现山西工程职业技术学院）革命造反派（即后来的山西红色造反联络站冶校东方红公社）炮轰山西省委的大字报。大字报的题目是《山西省委和北京市委一样》，该大字报要求中央改组山西省委。这是山西省第一张炮轰省委的大字报，对于山西省委来说，这张大字报不亚于一枚重磅炸弹。省委把这张大字报的出现看作一起严重的反革命事件，立即派人拍照存档并把大字报刮掉，消除影响。

山西省委确实与北京市委一样，因为他们同样不知道毛泽东要干什么，采取了与北京市委一样的办法和措施来应付即将（或已经）到来的这场风暴。

山西省委仿效北京市委向各大中专院校派出工作组、联络组（工作组的另一种形式，权力要小一些），在各院校的师生中划分了"左、中、右、反"四类人，准备像1957年"反右"运动一样进行"秋后算账"，可以说也像北京市委一样执行了刘少奇的"资反路线"。

6月3日省委第一书记卫恒从北京急忙赶回太原，指示紧急行动，立即掀起大字报高潮。

6月上旬，山西省委指示相关部门派出工作组或联络组进驻各大专院校。

6月10日，卫恒又从北京打电话回省，指示各校成立大字报编委会以控制大字报的内容。

7月2日，卫恒指示省委文化革命办公室："要摸一摸各类人，包括教授、讲师、各级领导干部、高中以上学生（主要是大学生）的思想动向、重点问题，要把问题多的单位的底子搞清楚，要排排队。"对于领导干部中"有的同志有问题，历史地看还是好的。要及时提醒，使他们有个精神准备。"对于贴大字报的人"有真革命假革命，有右派捣乱的，情况异常复杂。"

7月3日，山西省委宣传部副部长解玉田在向相关部门领导传达卫恒指示时，要求在大中学校机关干部、教师、学生中划分左、中、右、反四类人，并限令"抓紧时间完成"。一时间，不但许多贴大字报的教师和学生被划成右派和反革命，而且许多平时被看作"落后""不听话"及出身不好的学生也被划成"右派"或"反革命"（当时被划成"右派"和"反革命"的师生达三分之一多）。

8月13日,《十六条》发布五天后,太原重机学院革命造反小组到省委提出给"划为右派的师生平反、罢相关院领导官"等八项要求,希望省委给予重院造反派以支持。应该说当时的学生们之所以找省委解决问题,还是信任省委的。山西省委第二书记、省长王谦粗暴地拒绝了学生们的要求,并且指示省委组织部办公室主任窦凯组织了许多机关干部,对重院学生进行围攻推搡。之后,还把革命造反小组的学生扣押到晚上才放回。这就是轰动全省的"八一三"事件。

　　8月16日,卫恒书记在太原湖滨会堂传达中共中央八届十一中全会精神时,继7月18日大会后,再次强调要大抓"伸手派""野心家"。

　　8月18日,山西轻工业师范学院"八一八"革命造反大队到省委门前静坐,要求罢免院长杨国帧的"官"。

　　9月10日,在造反派的支持下,袁振贴出了题为《我的自辩书》的大字报为自己翻案。

　　9月11日,太原第五中学高三学生刘灏贴出了题为《痛打卫恒黑帮》的大字报,矛头直指省委第一书记。这是山西第一张指控卫恒这位省委第一书记为"黑帮",指控山西省为"黑线"的大字报。作者在大字报中还称赞袁振"站到革命派一边",称"同卫恒坚决斗争,大方向始终正确"。多少年后,刘灏承认,这张大字报得到袁振同志的指导。刘灏作为一个中学生,不可能知道那么多省委的内幕,由于他与袁振的儿子是同学,经常到袁振家里玩,文革开始后得到了袁振的"指导"。

　　9月12日,来山西进行革命大串联的、支援山西文革的北京工业学院的七名学生来到省委,向卫恒书记提出他在7月18日报告中大抓"伸手派""野心家"的说法是"方向性错误",要求更正。卫恒书记承认有方向性错误,并承诺更正,但未见行动。

　　9月16日,太原五中、太原六中、太原工学院、山西大学的部分造反派红卫兵联合成立了炮打黑省委临时指挥部,行动口号是"炮轰卫恒,支持袁振"。

　　9月19日,太原五中、太原工学院等院校的造反派红卫兵,在省委与卫恒就袁振问题进行辩论。辩论竟然进行了一个通宵，参加的人有刘灏（五中井冈山负责人）、宋捷（太工瑞金负责人）、李青山（太工红旗负责人）等。李青山回忆："这一天晚上，我和刘灏等人参加了在省委的与卫恒的辩论，我的日记对此有简要记载。"红联站《大事记》记载："9月19日，太工、五中等校革命小将到卫恒家，揪出卫恒辩论了一通宵。"

10月初，为了暂时避过学生造反的风头，不知是哪位高人给山西省委出了个主意，由校文革组织大中专院校学生到农村帮助秋收，分散学生的力量，减缓各级领导的压力。

以后的事实证明，"跑了和尚跑不了寺（事）"，山西省委能想到的办法都实施了，结果是没有挡住群众的革命浪潮！

毫无疑问，在开始阶段山西省委在与造反派的斗争中占据了优势。山西省委一方面抓袁振为首的"伸手派""野心家"，一方面在学校大抓"右派""反革命"。不过这种做法是在"饮鸩止渴"。在内部大揪"伸手派""野心家"，是把自己阵营内部的一部分高级干部推向了自己的对立面；省委采取的类似于1957年反右时曾经采取的办法，把学生群众划成"左、中、右、反"四类，企图故伎重演"引蛇出洞"，显然不合时宜。这不但与毛泽东指出的"这次运动的重点是整党内那些走资本主义道路的当权派"的大方向相违背，被毛泽东批成为"资产阶级反动路线"，而且把学生群众推向了自己的对立面，也使基层党委和干部陷入被动。由于这两方面的原因，省委的优势在不断丧失。

1966年10月5日，经毛泽东批准，中共中央军委和总政治部《关于军队院校无产阶级文化大革命的紧急指示》。《指示》说：根据林彪的建议，"军队院校的，必须把那些束缚群众运动的框框统统取消，和地方院校一样，完全按照十六条的规定办""要注意保护少数""凡运动初期被院校党委和工作组打成'反革命''反党分子''右派分子''假左派，真右派'等的同志，应宣布一律无效，予以平反，当众恢复名誉。个人被迫写出的检讨材料，应全部交还本人处理，党委或工作组以及别人整理的他们的材料，应同群众商量处理办法，经过群众和被整的人的同意，也可以当众销毁。"《紧急指示》还宣布取消"军队院校在撤出工作组后由院校党委领导的规定"。中共中央的批语指出：这个文件很重要，对于全国县以上大中学校都适用。《紧急指示》一经公布，包括山西省委在内的各级党委顿时陷入被动。

2. 造反派组织在风暴中崛起

除了个别院校的老红卫兵组织成立较早外，从 1966 年 8 月开始，山西各校各类造反派组织（包括所谓"保皇派"和"保守派"组织）或其前身，像雨后春笋般地涌现，像北京市造反派红卫兵有"五大主力"一样，太原市也有几大后来赫赫有名的造反派红卫兵组织。与北京不同的是，北京的大专院校很多，中学造反派红卫兵不是很有名，而太原市大专院校较少，许多中学红卫兵与大专院校红卫兵同样有名。

大多著名的造反派红卫兵组织产生于著名的院校，这也许与这些学校的思想水平和人员素质有关。

太原工学院源于 1902 年建立的山西大学堂（山西大学的前身）的工学部，1953 年独立建校，院长是山西资深教育家赵宗复（其父是同盟会元老、民国时期的两任山西省政协主席赵戴文）。在这个学校出现了山西三大造反派组织的三支骨干力量。以李青山、杨保明为首的太工红旗战斗队，是后来的山西红色造反联络站的主力；以宋捷为首的太工瑞金战斗队，是后来的山西革命造反兵团的主力；以高翔为首得太工永红战斗队，先是红联站的成员，后来是山西批刘邓红色造反联络总站的主力。工科学生的思想强于文科学生成为太原文革中一种独特的现象。其中得太工红旗是山西省批判"资产阶级反动路线"的先锋，在文革前期的一段时间内，主导了红联站乃至山西省文革运动的方向。

山西省委党校一直是山西省的社会科学理论的阵地，当时的副校长葛莱曾是"一分为三"哲学理论的创造者。虽说"一分为三"哲学理论在文革中被以"反对毛泽东'一分为二'理论"的罪名批判，但也说明了该同志有着独立的思想。山西省委党校东方红公社正是在这种环境中造反出来的，睿智、理智、机智是其领袖段立生的特点，这也是后来段立生作为山西最大的学生组织红色造反联络站的唯一代表进入省革委常委的原因。段立生和省委党校东方红公社后来能成为山西红色造反联络站的灵魂应该不是偶然的。

山西大学本来就是山西省的第一学堂，并是山西省唯一一所综合性大学，副省长焦国鼐兼任其校长，可见其在山西的地位。山大八八红旗战斗队应该是1966年8月8日成立的，其"起兵"造反的时间真的够早！可与"天下第一反"北京地质学院东方红战斗队相媲美，山大八八红旗战斗队一直在社会上"独往独来"，在很晚的时候才加入了山西革命造反兵团。八八红旗战斗队的基本观点与红联站差不多，其领袖是李大钢。山大八八红旗战斗队对立面名称是"山大八一四毛泽东思想先锋大队"，在文革初期是著名的保省委保刘梅副校长的"保皇派"组织，是1966年8月14日成立的，行动也够早的。不管"保皇"不"保皇"，山大八一四后来却成为持红总站观点地拥护中央文革路线的主力部队。

太原重型机械学院当时是国内仅有的两所重型机械院校之一，也是山西省仅有的两所部属院校之一，成立于1952年，当时校名为"山西省机械制造工业学校"，属第一机械工业部管理。由于是全国招生，可以说是学生来自五湖四海，可谓人才济济。重院联合总部是红联站的核心组织。其领袖张珉曾担任过红联站总勤务员。张珉在文革后期惊世骇俗的反"四人帮"的行为，说明他有着过人的思想和性格。

太原第五中学是一个英才辈出的学校，也是山西省第一所公办（官办）中学。她建立于1906年，名称是"山西公立中学堂"。民国后曾更名为"山西省立模范中学堂""山西省立第一中学校"，中共山西省第一个党支部便诞生在这里。建国后更名为"太原第五中学"。20世纪六十年代，太原五中是优秀学子和干部子弟云集的地方，太原市最著名的中学造反派领袖刘灏及最著名的中学造反派组织井冈山战斗队诞生在这里就毫不奇怪了。刘灏其人至今看起来也不像一个人们印象中的"雄赳赳、气昂昂"的造反派领袖,而像一介书生。刘灏是军干子弟,本与文革造反关系不大,是因为看不惯老师被揪斗而仗义造反的,也是为同学的父亲(同学袁南征的父亲是太原市委第一书记袁振)抱打不平而造反的。五中井冈山是后来的山西革命造反兵团(简称:兵团)的核心主力。

太原第六中学(现进山中学)至今已有近九十年历史,民国时期是山西省著名私立中学堂,校名为"太原进山中学校",首任校长和董事会总校董是山西督军阎锡山。据传当时只有各县考试前三名的学生才有资格进入进山中学,该校有思想活跃的传统。中共地下党员赵宗复(建国后任山西省文教厅长、山西大学党组书记和副校长、太原工学院院长等职)曾任校长,是当时太原市共产党活动的中心。文革初期,该校李金渭、史纪礼等人也成了太原市著名的造反派领袖,他们的战斗队有个古怪的名字,叫作"32111公社"。这个名字来自四川石油管理局的一个因扑灭气田大火而被命名为"无产阶级革命英雄主义钻井队"的名称,六中32111也是兵团的核心主力。

太原第十中学(现山西省实验中学,直属省教育厅管理的省级重点中学、省示范高中)前身可追溯至1882年清末洋务运动著名领袖、中国近代史上杰出的教育家、时任山西巡抚张之洞创建的令德堂书院(令德学堂),学堂旧址即今天省实验中学的解放路校区。1902年山西大学堂创建之前,令德堂书院是山西省的最高学府。1905年,令德堂书院更名为山西省师范学堂。中华人民共和国成立后,1952年,山西省师范学堂更名为太原女子中学。1955年更名为太原市第十中学。60年代的太原十中有两个特点,一个是干部子弟多(校址在省政府对面),一个是农民子弟多(省内招生)。这样一来,学生思想的复杂性就多了一些。十中的学生领袖田(仿余)、马(尚文)、王(忠强)、王(海军)四人中,两个来自外地,一个出身普通职员,一个出身革命干部。运动开始时,四人都被划成"右派"或"反革命",只好结伙造反,成立了十中"七一战斗队"和毛泽东思想红卫兵("七一"中的"红五类"组织)与老红卫兵对抗。十中的几位学生领袖都是很有思想的人,后来十中七一成为红联站的发起和核心组织绝不是偶然的。

太原十二中是山西省首批重点中学之一，于1956年建校。十二中距离太原市委、市政府很近，许多市委市政府的干部子弟在此上学，学生思想活跃，性格也不受约束。该校的"红旗纵队"在太原市是很有名气的造反派组织，其领袖是初二学生崔吉娃。崔吉娃系干部子弟，为人豪爽，好抱打不平，有很强烈的江湖习气，在年级中有一定威望。崔吉娃在老师眼里是捣蛋学生，喜欢踢足球，在学校组织了一支"民办"足球队。运动初期，学校领导认为足球队中间有不少"坏人"，宣布足球队是"坏组织"。崔吉娃受到压制后而奋起造反。

太原十五中当时是一所不太"起山"的学校，但是其学生造反派十五中"红旗"的领袖常理正却善于独立思维，富于同情心，在同学中极有威望。"红旗"班主任给他的操行评语是：成绩优良，劳动积极，能积极参加体育活动，但思想觉悟不够高。班主任还说：常理正破坏性大，但有号召力。"三好学生"被说成思想觉悟不够高，可见旧的教育制度要的是"小绵羊"，而不要独立思想，这就是常理正不受待见的原因。运动初期，常理正被划为"右派"，被逼造反。

其实，有一定影响的造反派红卫兵组织还有许多，如太原冶金工业学校东方红、山西会计学校井冈山、山大附中八一八、山西医学院红色革命造反者联盟、太原机械学院红旗、太原机械学院第四野战军、山西农学院（位于太谷县）火炬战斗队、山西轻工业师范学院（位于榆次县，同校址的还有山西轻工业学校、山西轻化厅技工学校。本书以后叙述中将三校简称为：山西轻院）东方红兵团和八一八革命造反大队、山西师范学院革命造反队等等，只不过其领袖的社会影响力有限，随着时间的推移，逐步为人们所淡忘。

3. 从民众小联合到民众的大联合

在1966年8月8日通过的《中国共产党中央委员会关于无产阶级文化大革命的决定》（即《第十六条》）的第九章"文化革命小组、文化革命代表大会"中专门叙述了文革的领导问题，该章是这样说的:"无产阶级文化大革命中,开始涌现了许多新事物。在许多学校、许多单位,群众所创造的文化革命小组、文化革命代表大会等组织形式,就是一种有伟大历史意义的新事物。""文化革命小组、和文化革命代表大会是群众在共产党领导下自己教育自己的最好的组织形式。它是我们党同群众密切联系的最好桥梁。它是无产阶级'文化大革命'的权力机构。""文化革命小组、文化革命代表大会不应当是临时性的组织,而应当是长期的常设的群众组织。它不但适用于学校、机关,也基本上适用于工矿企业、街道、农村。""文化革命小组、的成员和文化革命代表大会的代表的产生,要像巴黎公社那样,必须实行全面的选举制。"问题在于,运动没有开始多久,文革的"对象"们利用手中的权力,根本没有进行巴黎公社式的选举,就把学校的文化革命委员会控制在手,使之失去了群众性,遂被造反派组织所替代;问题还在于,《十六条》没考虑到运动超出各基层单位的范围该怎么办。可见在一两个月之间运动发展得如此迅猛,实际上连毛泽东他老人家也没有预见到。到1966年10月份,从校园开始的风暴,又开始飙向社会,飙向机关、工矿企业,飙向街道和农村。

如果你是过来人,肯定知道那个时期曾经广泛流行过毛泽东青年时代在《湘江评论》发表的一篇文章《民众的大联合》。在那篇文章里毛泽东说:"我们竖看历史,历史上的运动不论是哪一种,无不是出于一些人的联合。较大的运动,必须有较大的联合。最大的运动,必须有最大的联合。"当文革运动走向社会时,出现社会的联合就是必然的了。与省委工作组斗争的各校造反派红卫兵们,为了加强自己的力量,以毛泽东的这条最高指示为理论依据,实行了自己的联合。

据山西红色造反联络站两条路线斗争大事记编写小组(时间)编写的《山西无产阶级文化大革命两条路线斗争大事记》(以下简称《大事记》)记载:

10月26日中央军委总政《紧急指示》已下达二十余天,卫王(卫恒,省委第一书记;王谦,省委第二书记,省长;王大任,省委书记处书记。——作者）集团负隅顽抗，拒绝执行军委《紧急指示》不给（被划为右派、反革命的师生——作者）平反，为了迫使山西黑省委执行中央军委指示，于是太原工学院"红旗战斗队"串联了太原十中"七一""毛泽东思想红卫兵"、省委党校"东方红"、山西医学院革命造反派（山医"红革联"的前身）、太原冶金学校"红卫兵革命造反队"（冶校'东方红'的前身）、太原十二中"东方红"和山西会计学校"井冈山"等七个造反派组织，经过周密研究，于十月二十六日下午到省委造反，清算省委执行的资产阶级反动路线。他们的宣传车勇猛地冲破警卫，开进省委，大造革命舆论，并揪出王大任当场辩论，揭发了省委拒不执行中央指示、破坏"文化大革命"的滔天罪行。革命小将高举毛泽东思想伟大红旗，顶住凛凛寒风，不断高呼"革命无罪，造反有理""下定决心，不怕牺牲，排除万难，去争取胜利""凡是反动的东西，你不打它就不倒"。坚持斗争了十二个小时，打退了王大任的软磨硬抗，最后迫使王大任、武光汤（山西省委书记处书记、副省长——作者）代表省委在五项协议上签了字。其中规定山西省委必须迅速执行中央军委紧急指示，给受迫害的革命群众平反；不准继续耍阴谋，放暗箭，转移销毁黑材料；并对迫害群众的干部层层追究，不得抵赖；给受迫害的群众赔情道歉等。同时迫使省委将此协议印发三万份，发至山西各地。当天晚上参加战斗的造反派组织成立了"山西大中院校红色造反联络站"（后简称"山西红色造反联络站"）。

　　根据当时太工红旗战斗队队长李青山的回忆，红联站是在1966年11月1日正式成立的。他是这样说的："十一月一日，太原红色造反联络站正式成立。地点在大南门工人俱乐部（南宫）旁的省第二招待所（后为太原警备区驻地）。主要下属成员有：太工红旗，太工永红，山西省党校东方红，太原机械学院红旗（简称太机红旗），山西医学院红革联，太原冶金学校东方红（简称冶校东方红），太原十中七一，十二中东方红，山西会计学校井冈山（简称会校井冈山）等，稍后又有山西农学院火炬战斗队（简称山农火炬）等大批组织加入。

各主要战斗队至少派一位负责人作为该队联络员参加联络站工作。太工红旗的联络员是副队长杨保明;省委党校是赵奋天(应为赵凤田——作者)、段立身(应为段立生——作者);太机红旗是崔素花、顾喜贵;冶校东方红是孙发松等等。我队另有李仁武,王解新,葛金堂等作为工作人员常驻红联站。"在时间和人员的细节上,李青山的记忆显然有误。据十中七一马尚文回忆,红联站初次酝酿成立的时间是10月25日,地点是太原工学院的电机系,省委党校东方红的赵凤田、段立生并未参加此次会议,党校东方红参会者是傅翼亭,太工红旗的参加者是李青山、杨保明及赵日昌。

至于为什么叫成"联络站",李青山是这样说的:"我们设想,这个组织,不对各下属战斗队发号施令,而是遇到重大问题,召集各下属组织负责人开会讨论,协商决定。所以其名字不叫某某兵团或某某指挥部,而叫联络站。"这种民主性是红联站与当时其他造反派不同之处。根据原红联站成员的回忆,红联站的领导机构叫勤务站,成立时的总勤务员是杨保明。当时加入红联站的条件特别严格,必须是造反派组织才能加入,必要时还要调查。所以,用当时的语言来说,红联站是全省"响当当、硬邦邦"的造反派组织,许多人以加入红联站为荣。无疑,红联站成为全省最大的学生造反派红卫兵组织。据李青山的回忆,红联站成立时名称是"太原市红色造反联络站",后来才改名为"山西红色造反联络站"。

1966年10月26日,太原还诞生了一支声名赫赫的以中学生为主的造反派组织——山西革命造反兵团(简称兵团)。有资料说山西革命造反兵团是由9月16日建立的炮打黑省委临时指挥部演变而成的。兵团司令部被省委确定设在省一招(山西省政府第一招待所)。当时参加兵团的主要组织有太原五中井冈山、六中32111、七中115师(以八路军115师命名的造反派组织)、十二中红旗、太工瑞金等。据崔吉娃回忆,兵团成立时,由六中的段建忠为总负责人(后因观点分歧,夺权前段被开除出兵团),五中的刘灏,山大的王清英、太工的宋捷、党校的梁振华等为主要负责成员,主要负责成员还有郭宏、李生权(五中)、李金渭、史纪礼(六中)、田大成(七中)、叶积凯

（叶、王属山大八八红旗，但该组织当时未参加兵团）等。另外应该特别提到的兵团人物是山西人民广播电台机电科副科长汤建中。不知其是何时加入兵团的，却是兵团的"小诸葛"式的人物。此人极有头脑，被称为兵团的"高参"，文革中对兵团的决策起着举足轻重的作用。

兵团的政治倾向与红联站相同点在于对卫恒和山西省委的态度，不同点在于对袁振的态度。在对待卫恒和省委的态度上，兵团和红联站都认为他们在文革初期犯了方向性错误。对于这个方向性错误，红联站的主攻方面是针对省委执行的资产阶级反动路线，即将师生和普通干部划分为左、中、右、反四类，"挑动群众斗群众"（《十六条》语），要求省委作出检查并交出、销毁整学生的黑材料；兵团的主攻方向是针对省委转移文革斗争的大方向，把斗争矛头对准所谓"伸手派""野心家"，如袁振等，要求省委说明袁振问题，为袁振平反。在对待袁振的态度上，红联站自认为对袁振不了解，只是提出需要澄清袁振问题；兵团则是提出"支持袁振"的口号。由于有了袁振这位老政治家的支持，兵团的政治行为的老练度显然比红联站要强得多。

兵团和红联站作为山西省政治影响最大的两个造反派组织，其政治观点有过合合、分分、合合的过程。在1967年12月以后，兵团和红联站常被老百姓合称为"兵联站"，其领袖段立生、刘灏、宋捷常被人们联在一起称呼为"段刘宋"。

其实，山西当时还有一支影响很大、人数不多的学生造反派组织，这就是"首都红卫兵赴晋革命造反大队"，简称"赴晋大队"，他们的负责人是朱勇更（北京铁道学院学生）。该组织最多时也就几十人，主要由首都三司（首都大专院校红卫兵革命造反总司令部）几个学校的造反派红卫兵组织（如清华井冈山、北工大东方红、北农机东方红、北京铁道学院等）的学生组成，也有非三司的如北航红旗（属首都二司）的人员参加。赴晋大队在山西文革的前期的批资反路线和夺权中有着很大的影响，尤其是批资反路线是由赴晋大队把火点起来的。从1966年11月13日开始，到17日，红联站在太原市的湖滨会堂（当时已改名"工农兵"会堂）组织召开北京学生介绍北京市"文化大革命"及批判资产阶级反动路线的经验大会，对山西省批判资产阶级反动路线、"一月革命夺权风暴"及后来的山西文革的重大事件起了极大的推动作用。赴晋大队与红联站的联系很密切，在文革中时常并肩作战。

在红联站、兵团及赴晋大队与省委工作组斗争之时，山西省的机关、工矿企业、街道及农村内部也开始了文革运动。可以说，如同学校一样，哪里开展了运动，哪里的领导就会把群众划分为"左、中、右、反"，哪里就会出现造反派和保守派。很快，"工人阶级"、市民及干部就走上了街头，走向了社会，投入了保省委和反省委的乱战。当时的省委、省人委门口和五一广场贴满了各种观点的大字报和大标语，到处是一团团、一堆堆辩论的人群，确实营造了一种"大革命"的气氛。

在省委方面，实际上早开始筹集自己的御林军。

8月20日，山西省委在太原五一广场召开十万人大会，欢呼"8.18毛泽东接见百万红卫兵"，并在大会上成立了跨校的山西红卫兵团。以后没几天又仿效北京成立了太原市红卫兵纠察队（类似北京的"西纠""东纠"和"海纠"）。这些组织成为省委的御林军。红卫兵的总领袖是山大历史系学生刘普德。刘根正苗红，是省"学毛著积极分子"、省学联主席，自然是从骨子里拥护省委。这些御林军像北京的"西纠""东纠"和"海纠"一样，极力转移文革的大方向，成为迫害所谓"黑五类"的急先锋。太原市红卫兵成立不久，太原十中和四中的红卫兵就砸抢了建于1905年的古罗马风格的太原市天主教堂（又名：太原总堂；全称：太原圣母无染原罪主教座堂）。

另一支御林军劲旅是山西革命工人联合会（简称工联），成立于1966年10月份，比红联、兵团稍早些。工联的领袖张志安是山西机床厂的一名年轻工人，也是小有名气的工人诗人。生活道路一帆风顺的张志安当然有理由与省委同呼吸共命运，他领导的"保皇军"工联与红卫兵团联手多次阻碍造反派到省委造反，并冲击批判省委领导的大会。

在造反派方面，由于工人阶级的加入也声势浩大了许多。

后来参加夺权的两支主力工人组织都起源于总部设在太原的冶金部第十三建设公司（简称十三冶），名称分别是"山西革命工人造反决死纵队"（简称"决死纵队"）和"山西革命工人野战兵团"（简称"野战兵团"），这两个组织在单位内部是对立的。十三冶当时有职工一万八千人左右。职工的主要来源也分为两部分，一部分是来自东北支援内地建设的工人，有几千人之多，成为决死纵队的主要力量；另一部分是部队转业的复转军人，八千多人，是野战兵团的中坚。十三冶的大部分机关干部站在野战兵团方面。

决死纵队是山西省成立最早的影响最大的工人造反派组织，成立时人数不多，也就是"七八个人，十几条枪"。决死纵队成立于1966年10月19日，夺权以后决死纵队规模搞得很大。决死纵队的主要领导人有三个，即杨承孝（十三冶七公司电焊工）、王国太（十三冶大修厂工人）及姚恩泉（十三冶七公司工人）。杨承孝敢打敢拼，是山西省著名的文革领袖。杨承孝能从一个普通工人，成为山西革命造反总指挥部总指挥（夺权的总指挥），应该是有着过人的胆量和超强的能力。在山西的文革中，他有着戏剧般的经历，曾经叱咤风云；也有着悲剧般的结局，最终成为政治斗争的牺牲品。

野战兵团的影响没有决死纵队大，在单位内部是保守的多数派。其成立的时间与决死纵队差不多。野战兵团的负责人主要有陈广仁（十三冶五公司科长）、牛发和（十三冶大修厂副厂长、全国学毛著积极分子）、李明山（十三冶大修厂武装部长、转业军人）等人。其中牛发和是李瑞环、张百发那样的劳动模范，工人出身的机械工程师，曾获得全国冶金系统先进标兵，后来担任过太原市委副书记。

11月8日，山西当时最大工人革命造反派组织——"山西革命工人造反兵团"成立，简称"工人兵团"。该组织主要由太原市的大型企业如太原重型机器厂、太原纺织厂、太原钢铁公司的革命造反派组成，其领袖是太重的工人张建国、李宝顺。随后，工人兵团在山西各地县发展了下属组织，如工人兵团的大同军团、长治军团、忻县军团、中条山军团及介休军团等。在其全盛时期号称有五十多万人。

另外，还有两支由省委省人委干部为主组成的造反派组织值得一提。

一支是"七一公社"，持红联站观点。其领袖是1964年从山西省委党校毕业的青年干部李辅。李辅当时在省委政治研究室工作，是省委机关的"笔杆子"。青年干部李辅之所以造反，也有些说法。作为"笔杆子"的李辅经常接近省委领导，这些领导及家属的腐败及霸道作风让李辅特别看不惯。比如说：陶鲁笳书记等在晋祠宾馆开会时每天大吃大喝（在文革中当时的政治局委员夜间补餐也不过是两个馒头片、一碟咸菜，京西宾馆年度招待费用不过十六万元），市里演着现代戏，宾馆演着古装戏，常常打牌夜战，开会简直是一种享受。又比如：省长王谦的夫人吃饺子竟然不吃边、吃馍不吃皮，而且对人特别霸道。省委领导的这些行为，导致了李辅的厌恶。另者，当时省委政研室设在省委党校，由于党校长期的反修防修教育，李辅接受文革的思想理论很自然，李辅在干部中揭竿造反，就在必然之中了。

另一支是"山西东风革命造反兵团"，该组织开始时是由省人委办公厅的秘书和干部组成，运动初期有"保皇"行为。后在刘格平夫人丁磊的引导下，成为夺权时的内应，走上了革命造反的道路。其领袖是1963年毕业于中山大学的黄锐庵，当时在省人委办公厅工作。

演员已经化妆，背景已经布好，道具已经齐备，灯光已经打出，帷幕已经拉开，观众已经坐满，这场"革命"的大剧想不演都不行了！！！

第二章

"一月革命风暴"：山西夺权数第一

文革既然是革命，不可避免地要面对政权问题。

1966年8月8日发布的《中共中央关于无产阶级文化大革命的决定》说："党中央对各级党委的要求，就是要坚持正确领导，'敢'字当头，放手发动群众，改变那种处于软弱无能的状态，鼓励那些有错误而又愿意改正的同志放下包袱，参加战斗，撤换那些走资本主义道路的当权派，把那里的领导权夺回到无产阶级革命派手中"。这是中共正式文件中第一次提到"夺权"，文件中对怎样夺权、由谁夺权及夺权之后的政权形式等诸多问题都没有给出答案，对于夺权本身也叙说的很模糊。不过，这正好说明了革命的无法预见性，也说明了革命是不能"计划"的。不确定性和突然性构成了革命的本质，1967年的一月革命风暴便是在这种情况下发生的。

第一节 山西省委被内外夹攻

自文革开始以来，山西省委就有着策略上的矛盾。建国后，山西省委就一直表现得很"左"，不但能紧跟中央的部署，时不时地还能搞出一些新"花样"（如关于合作化问题的报告）。这一次在并不知道中央发动文革的意图，也不知道中央已经分裂为两个司令部的情况下，由于习惯上的原因，山西省委再次企图紧跟中央。这样一来，他们既得罪了群众，又得罪了省委内部的"革命干部"，结果他们受到了内外夹攻。

1. 造反派的大规模攻势从三干会开始

山西省委的资产阶级反动路线比其他省来得早！来得猛！说明山西省委的整人手段特别老辣。早在 1966 年 7 月份，山西省委就往大、中专院校派出了工作组、联络组，开始在教师和学生中划左、中、右、反，许多教师和学生被批斗。8 月份，省委的御林军老红卫兵们则把大批出身不好的人扫地出门，赶到农村，仅太原市一个城市赶到农村的"黑五类"分子达一万多人，占太原市总人口的百分之一。山西省委好像是压紧了弹力特别大的弹簧，强大的反弹力必将会伤到自己。当中央开始号召批判资反路线之时，山西省委果然受到了群众运动的剧烈冲击。

1966 年 11 月 1 日，山西省委按中共中央指示在晋祠宾馆召开省、地、县三级干部会议（简称"三干会"），部署文化大革命事宜。太原晋祠，原为晋王祠，始建于北魏时期，座落在距太原市区 25 公里的悬瓮山下，风景秀丽，是旅游、赏古及活动的好地方。晋祠宾馆当时是山西唯一的豪华宾馆，曾接待过刘少奇、朱德、彭德怀、陈毅等人。在这么好的地方开会，寓玩寓乐寓工作，本应心情愉快而舒畅，但面对肃杀之气浓重的"政治深秋"和即将到来的"政治严冬"，面对即将形成势力的山西造反派，省委领导实在是高兴不起来。按《大事记》所述："山西省委违背中央指示，把三干会开成了'三推会'，拒不交卫恒七月十八日报告（即揪'伸手派''野心家'的报告——作者），拒不撤销工作组，并变本加厉地把一些工作组组长变成了所派单位的负责人，继续镇压革命群众（把派到市委的工作组组长贾俊变成市委第一书记就是典型代表），甚至跑到'世外桃源'晋祠躲避革命群众的监督，在三干会上继续推行资产阶级反动路线，蒙蔽广大干部"。鉴于造反派红卫兵对三干会的这种看法，各校造反派红卫兵开始造三干会的反。

11 月 3 日，太工红旗第一个到三干会造反。李青山是这样回忆的：

就在这一天（十一月三日），我们得知省委正在晋祠宾馆开三干会，认为是向广大干部宣传文化大革命，宣传批判资产阶级反动路线，宣传我们与省委签订的关于处理黑材料问题的五条协议的好机会，立即于下午开着我们的宣传车赶到晋祠宾馆三干会会场，希望利用他们吃饭时间宣传毛泽东思想。这个要求遭到省委第一书记卫恒，省委秘书长史纪言的拒绝。很显然，已经被文革搞得焦头烂额的他们不想让我们在三干会上再火上浇油。我们据理力争，史纪言、卫恒被问得无言以对，却仍坚持不准我们宣传。我们也不退让。斗争一直到次晨四时。红联站闻知我们在晋祠受阻，立即联络太原冶校，太原十中，太原工学院，山西医学院，十中、三中等下属组织派人分四批前来增援。我太工红旗调来了录音机在辩论现场录音。同学们高唱战歌，高声齐读毛主席语录，斗志昂扬，表现了"舍得一身剐，敢把皇帝拉下马"的大无畏革命造反精神，对三干会震动很大。有一个穿黄呢大衣的干部甚至跑到我们宣传车前，鼓励我们斗争，并指出要讲究策略，提"以卫恒为首的一小撮"，不要提整个省委。

卫恒、史纪言等人没有料到我们会在现场录音，心里紧张，被我们问得十分狼狈，但态度生硬。同学们坚持斗争直到深夜四点多钟，卫恒才被迫答应次日立即组织人员处理黑材料，考虑交出七月十八日的黑报告录音，保证不销毁和篡改七月十八日的黑报告录音。我们认为至此，他们的面目已暴露无遗，没有必要再耗下去。我们将利用录音，大字报，宣传车将它公之于众，把群众动员起来。四日晨五时，我们大队人马返回。

李青山回忆说，当时他们并不是要冲击会议，而是要求在会议人员吃饭时宣传"批判资产阶级反动路线"的材料，遭到拒绝后，才形成了对会议的冲击。

11月7日和8日，太工红旗在太原五一广场广播与省领导的辩论录音，鼓动群众造省委的反，听者甚众，群情沸腾。

11月8日，兵团、赴晋大队和刚成立的工人兵团数百人由兵团司令刘灏率领到三干会造反。余汝信、曾鸣所写的网文《文革："全

国第一夺"》是这样描述当时的情况的:

11月2日至19日山西省委召开三级干部会议,传达中央工作会议精神。造反组织要求解散会议秘书处,另立秘书处。同月8日,山西省革命造反兵团、首都赴晋革命造反大队和当天刚成立的山西革命工人造反兵团共数百人将卫恒拉至山西省第一招待所进行辩论,然后要其在他们提出的八项要求上签字。八项要求是:一、交出卫恒历年来的讲话稿;二、交出整群众的所谓黑材料;三、造反组织召开的批判大会,卫恒必须随叫随到;四、宣布贾俊代理太原市委第一书记是不合法的;五、撤销省委派驻各单位的工作组、联络员和没有卫恒的"卫恒"(意指卫恒的代理人——引者注);六、为被整的群众彻底平反;七、广播车应由造反派调用;八、各造反兵团在省委设立联络站。对此,卫恒给出六点答复:一、对八项要求,我无权答复,省委也不能答复;二、迅速地积极地为被整的群众平反;三、袁振问题是党内问题,材料不能给;四、11日以前撤出派驻太原市委的全体工作人员,贾俊除外;五、要求撤销贾俊职务由省委研究,10日前再给答复;六、录音机去购买,时间不能马上定。他们还要求在太原市五一广场召开大会,与卫恒在大会上"辩论袁振问题",让参加三干会的人员参加。并要卫恒在为此事已经拟好的《海报》草稿上签字。9日凌晨卫恒签字。稍后,省委有的领导人对卫恒提出批评,指出在《海报》草稿上签字是错误的。卫恒随即于10日发表《关于十一月九日〈海报〉声明》,称:"以个人名义同学生签定《海报》是错误的,希望机关干部、职工、市民不要同学生辩论,不要干预学生运动,不要与学生发生冲突"。

11月9日,红联站发动了第二次(如果把11月3日算作第一次的话)到三干会的造反行动,参加行动的有红色造反联络站,山西革命造反兵团,首都赴晋革命造反大队五百多名学生。由于第一书记卫恒不在,当时由王大任书记出面接待学生。据李青山回忆,造反的学生们提出了六点要求:

1)卫恒等人必须彻底交代自己推行资产阶级反动路线,反对毛主席的革命路线，破坏文化大革命的严重罪行，立即严惩迫害革命学生的凶手；

2）卫恒必须撤走以贾俊为首的驻太原市委工作组；

3）省委必须立即惩处拒不执行中央批转的军委总政的"紧急指示"，多次欺骗革命学生的首要分子王大任、李明温。罢李明温的官，令王大任当众做检查；

4）省委必须令卫恒立即交出七月十八日的黑报告录音；

5）必须立即澄清袁振问题；

6）必须有革命学生参加（意思是仿效中央八届十一中全会邀请学生领袖参加三干会——作者）；

王大任书记当然不可能当场作出学生满意的答复，学生们只好宣布造反，开始到各个房间去贴大字报，于是到处出现了一组组学生与三干会干部辩论的情况。到下午 6 时半，整个三干会终被学生们"挟持"到太原召开。

11 月 10 日下午，兵团、赴晋大队在太原五一广场召集大会，就"袁振问题"与省委第一书记进行辩论。据李青山回忆，辩论的主题是"袁振问题是党内问题还是党外问题"。该辩论主题选的很不妥当，袁振是中共太原市委第一书记，自然是党内问题，如果袁振是市长，还勉强可以说是党外问题，问题在于文革的主题就是利用群众运动解决党内走资本主义当权派的问题，所以说辩题有点跑题。实际上卫恒书记说袁振问题是党内问题并没有错，其错在于毛泽东当时就是要把党内问题拿在党外解决，而卫恒书记没有理解他的主席的意图。据当时参会人员估计，到会者至少有十几万人。之所以能聚集如此多的群众，一是因为太原人感到稀罕，从来没见过省委第一书记这样的高官与群众辩论（源于中国人少见多怪，其实外国总统经常参加广播电视辩论）；二是因为实力强大的工联和红卫兵团为了保护省委书记发动了许多群众到会。卫恒一到场，在场的兵团小将们响起了一片口号声："打倒土皇帝卫恒，解放全山西"，"炮轰黑省委"。这种场合与其说是辩论，不如说是批斗。或许是因为兵团小将动作粗野，使得群众反感；或许是因为卫恒的态度可怜，博得群众同情。反正会议没有进行多久，主席台下一片大乱，"要文斗，不要武斗"的口号声此起彼伏。工联主席张志安跳上主席台，夺过麦克风，发表了慷慨激昂的演讲。卫恒见到此状，深怕违背中央指示挑起"群众斗群众"，连忙挣脱扭住其双臂的兵团小将，大喊"同志们，向我开炮，把矛头对准我"。卫恒的这一举动颇有电影《英雄儿女》中王成之风范，使他的支持者的情绪更加激昂。当群众在主席上争吵的时候，卫恒被人保护到主席台下的锅炉房，后由市政府秘书长安排人接走，辩论大会不得不中止。大会虽然中止了，人群并没有散去，兵团的学生们和工联工人群众的辩论一直持续到了晚上九点左右。兵团小将的这次失败，说，明了单凭学生的力量是无法与官方抗衡的。

11月14日，红联站第三次到三干会造反，结果遭到"冷遇"。省委采取了挂"免战牌"的战术，主要领导没有出面，指派了个别领导支支吾吾地应付学生。造反派学生没有什么收获。19日，红联站和赴晋大队，接管了三干会，成立了新的秘书处。省委组织的三干会实在开不下去了，随即解散了三干会。

11月20日，红联站在太原五一广场召开了"控诉以卫恒为代表的资产阶级反动路线滔天罪行"大会。李青山回忆说：

> 这次大会开得很成功。一则口号的提出正符合广大革命同志的心愿，一则有几个同志的发言确实很感人。特别是王玉花在发言中诉说了她受资产阶级反动路线迫害的情况后，几乎所有听会的人都流下了眼泪。尽管北风劲吹，寒风刺骨，来开会的人站在会场上，纹丝不动。

开会中间，卫恒被拉到会场。受迫害的群众怒不可遏，高喊口号，要他站起来，要他低头。

大会最后通过了向毛主席的致敬电，向全国通电。全国通电向山西省委提出七项要求，让省委明日十时前答复。这七项要求是：

1) 立即撤走以贾俊为首的太原市委工作组；

2) 立即解放受资产阶级反动路线迫害的革命同志，立即惩办迫害革命同志的凶手；

3）立即处理拒不执行中央军委"紧急指示",欺骗革命学生的王大任,李明温。罢李明温的官,令王大任当众作检查;

4）立即令卫恒交出7月18日黑报告录音;

5）立即交出不符合毛泽东思想的指示,通知,黑材料;

6）将我们所提供的大会的材料发表于报;

7）以上各项,如不答复,以有意对抗以毛主席为代表的无产阶级革命路线论处。

11月27日,兵团、决死纵队、山大八八红旗在太原五一广场举行批斗卫王王大会,这是山西文革历史上,第一次公开揪斗省级"党内走资本主义当权派"。由于有了决死纵队这支工人劲旅的参加,上次卫恒被"劫走"一幕再未重演。

11月下旬至12月上旬,红联站和兵团的下属几个主要组织进驻山西省委和太原市委,开始与省市委进行面对面的斗争(当时叫"拼刺刀"),太工红旗进驻省委的负责人是于永革。当时在省委工作的李辅回忆,省委大楼各办公室已经住上了学生,乱得无法办公。

12月29日赴晋大队和红联站把前省委第一书记陶鲁笳(时任国家经济委员会第一副主任)揪回太原,和卫、王、王在一起批斗。当时红联站十五中红旗被分工负责管押被批斗对象,常理正回忆了当时批斗大会的一些趣事:批斗大会在太原五一广场举行,被批斗的陶鲁笳和省委的负责人都乖乖地低头认罪,唯独卫恒态度强硬,挺着脖子不肯低头认罪。负责管押卫恒的两个十五中红旗的高中学生,来向常理正请示该怎么办?常理正走到卫恒旁边,对着卫恒的耳朵低声说:"老卫,你看你这是何必呢?别人都低了头,这样的阵势你也硬抗不下去,低一下头也没什么嘛。"卫恒听了常理正的话之后,也低下了头,不过是别的被批斗对象不但低着头,腰也弯着,而卫恒好像点头一样,只低着头,腰是直直的。两个管押的高中生要强行按下卫恒的腰,常理正作了制止,示意就这样吧。卫恒才没有被强行坐"土飞机"。批斗会完后,由于卫恒还是省委第一书记,就有好多群众组织找他签字,批领摩托车、自行车等物品。常理正回忆,虽然卫恒身处恶境,批示群众组织领用的东西还是有原则的,该批的批,不该批的坚决不批,这也体现了卫恒的性格。

由于大势所趋,连工联、红卫兵团这样的组织也被迫进行所谓批判资产阶级反动路线的大会。

《十六条》说:"我们的目的是斗垮走资本主义道路的当权派,批判资产阶级反动学术权威,批判资产阶级和一切剥削阶级的意识形态,改革教育,改革文艺,改革一切不适合社会主义经济基础的上层建筑"。至此,山西的文化大革命基本完成了批判资产阶级反动路线的任务,进入了《十六条》所说的"斗、批、改"的"斗"的阶段。

2. 山西省委的第一次分裂

从现在的眼光来看,我们完全可以理解省委第一书记卫恒"左也不是右也不是"的处境。如果"向左转"的话,他必然要背叛他所在的阶层,遭到省委主要成员的集体反对;如果"向右转"的话,他就必然要背叛毛泽东的革命路线,遭到"灭顶之灾"。山西省委的第一次分裂看来是源于第一书记对造反派的一次小小的妥协。

网文《文革:"全国第一夺"》对这次分裂是这样叙述的:

11月20日,山西革命造反兵团、山西革命工人造反兵团、首都赴晋革命造反大队等组织的几十人,再次找到卫恒进行"辩论",长达17个小时。强烈要求卫恒在他们提出的"八项要求"(后改为"八项协议")上签字。卫恒最终签字。此举可以理解为特定条件的非常之事,因为当时有个对待群众运动的态度问题,虽然华北局指出签字是错误的,但在群众压力下卫恒当时不能不签字。值得注意的是,省委的少数常委竟以王谦、王大任、郑林、武光汤、赵雨亭、贾俊、焦国鼐、史纪言等八人名义,于22日联名给周恩来、陶铸、陈伯达、李雪峰写报告,称'卫恒同学生签署的八项协议有许多是违犯党的原则和中央规定的严重政治错误',并建议撤换卫恒省委第一书记的职务。这种撇开省委第一书记和多数常委,联名写报告的行为实属罕见,实际上是在卫恒的背后捅了一刀!这一点恐怕当事人在那时似乎也有感觉,所以在当日即 1966 年 11 月 22 日召开的省委常委会议上,以八人联合报告作为"省委正式报告,使之合法化。""这次省委常委会议到会的常委 14 人,除上述 8 位常委参加外,卫恒和其他 5 名常委参加了会议。会议批评卫恒在"八项协议"上签字是"严重的组织错误"和"严重的政治错误",会议决定:一、卫恒写一个深刻的检讨,公开印发,省委将转发各级党委引为教训;二、今后不准以个人名义答复与中央指示相违背的或未经省委集体讨论的重大问题。在当时那种情况下省常委理应团结一致应对混乱局面。但是却对卫恒的签字横加指责,实不应该。

签字并非大错,甚至就不是错。在 10 月 26 日,王大任、武光汤曾经代表省委在太工红旗等七个造反派组织的五项协议上签过字。之后,省委既没有批评是"严重的组织错误",也没有指责是"严重的政治错误"。显然省委在同样性质的问题上采用了两个判别标准。

根据李青山的回忆:1966 年 10 月下旬,太工红旗的对立面太工井冈山"秘密策划,要倡议开一个全市性的批判资产阶级反动路线大会,并且这个大会得到省委王大任的积极支持。王大任专门召集他们开预备会,建议他们的会在五一广场大规模地举行,省委将全力予以'帮助'。据说,在预备会上,王大任还点了省委第一书记卫恒的名,说卫恒七月十八日的报告是个黑报告,说卫恒转移了斗争的大方向等等。"按说卫恒的报告是经过省委常委讨论通过的,王大任指责卫恒是没有道理的。可见,当时省委常委的多数急于摆脱自己的责任,把责任推到卫恒一人头上,搞得卫恒左也不是右也不是,确实处境艰难。

事情远不像人们想象的那样简单。山西省委中太行派和太岳派的矛盾、卫恒和王谦的矛盾早已为人们所知。联名给中央写信的八名常委中,有王谦、王大任、武光汤、贾俊、赵雨亭(山西省委书记处书记)、史纪言(省委常委、秘书长)等六人是太行派干部,郑林是晋绥干部,焦国鼐是晋察冀干部,可见这八人与太岳干部泾渭分明。王谦时年四十九岁,比卫恒小两岁,在省级干部中属于年少气盛的狠角色。从职位来看，王谦是太行派的领袖，当是八人报告的发起者和策划者。这八名常委中的中坚是王谦、王大任、武光汤、贾俊等四人，其他人可能属于被迫接受的既成事实。对于处于风雨飘摇中的卫恒，八人联名给中央写信无异于落井下石。当时省委干部中流传的两件事可以看出王谦省长的用心。

一件事是在某次省委常委会上，第一书记卫恒被造反派搞得精疲力竭，有辞去第一书记的愿望。王谦在会上恶狠狠地说："你死也得死在第一书记的位置上"。

另一件事是第一书记卫恒阑尾炎手术后身体不好，为了躲避造反派的"追杀"，藏在省委机要室休息。此事只有王谦和史纪言知道，并握有钥匙。但造反派在机要室找到了卫恒。后来有一种说法是王谦省长事先将卫恒的藏身之处通报了造反派。

山西省委的第一次分裂多少有点"山头"的缘由，在政治问题上没有原则性的实质上的分歧，只是在对待造反派的态度上有程度的不同。所以，当时的造反派还是把"卫、王、王"看作成了一体的。

3. 山西省委的第二次分裂

山西省委第二次分裂体现了省委中对文革态度的不同，是一种实质性的原则分歧。省委中原先就有两部分不太得势的干部，一部分是袁振这样的外来干部，另一部分是被贬到山西的干部。一有风吹草动，这些人可能就是最不安定的因素。

在明面上，袁振是第一个跳出来公开与山西省委作对的省委书记处书记，结果连累陈守中等人一起被打成反党集团，可见袁振是省委中的"另类"。不管当时山西省委把袁振打成"伸手派""野心家"对还是不对（其实哪一个"政客"或政治家能不是野心家？），不到两、三个月的时间，山西省委受到了十倍的"报复"，支持袁振的兵团把省委折腾了一个不待折腾。（不待——方言）

在暗地里，八届中央委员、副省长刘格平、省委常委、副省长刘贯一也在"蠢蠢欲动"。

刘格平，1904年生，回族人。1922年参加革命，很老的资格，也有很倔的性格。1934年4月，在领导河北省庆云县罢河工斗争中被捕入狱，押于北京草岚子监狱（即北平军人反省院）。1936年春刘少奇主持北方局工作，为了增强抗日力量，解决干部缺乏问题，在请示党中央批准后，决定狱中党员履行国民党政府规定的手续（即在《反省声明书》上签字）后出狱。1936年8月到1937年3月，包括薄一波、刘澜涛、安子文等在内的六十一位党员，按党的指示履行手续后分批出狱，这些党员在出狱后为国共合作联合抗日做了大量的工作，有力地推动了抗日统一战线的发展。刘格平在狱中拒不执行组织决定（薄一波说，因刘关押在条件较好的监舍，狱中党组织无法通知），一直到1944年才刑满释放，错过了为抗日出力的机会。解放后，刘格平被定为行政三级，曾任中央人民政府委员、国家民族委员会副主任等职。1958年初，刘格平受党中央派遣，到宁夏筹建回族自治区，担任筹建领导小组组长、工委书记、代理第一书记。1958年10月25日，宁夏回族自治区成立大会上，刘格平当选为宁夏回族自治区第一届区政府主席。1960年，宁夏搞了一场所谓的"反地方民族主义的运动"，据传刘格平与自治区党委书记汪峰因民族服饰问题（如果真是因为此问题产生矛盾，几乎有点可笑）发生矛盾，被打成"地方民族主义反党集团的头子"，进行了数个月的批判，一直到撤职调离，到中央党校学习。1964年刘格平被贬到山西省担任副省长。

刘贯一，1908年生，1925年参加革命，资格也很老，知识分子型干部。解放前，一直从事报刊编辑和高级敌工工作。解放后被定为行政五级，曾任中国保卫世界和平委员会秘书长、第二届全国人大常委会副秘书长。1959年不知何因（估计是有右倾言论）下放至北京机械厂任厂长。1963年贬至山西省担任省委常委、副省长。

刘格平、刘贯一有着相同的命运，如果他们能安于现状，安于担任没有什么权力的副省长职位的话，那他们的后半生应该是安逸而舒坦的。而作为八届中央委员的刘格平，居然没有被通知参加八届十一中全会，只是在广播里听到了开会的消息，显然感到愤愤不平，可见在1966年文革开始时刘格平还是未受中央重视的人物。在周恩来及中央文革按毛泽东的意思，请刘格平起来造反时，他显然坐不住了，开始与其他几位对省委有看法的省领导进行了串联，开始密谋造省委的反。

"堡垒最容易从内部攻破"，这句话是列宁或斯大林曾经说过的，也是古希腊"特洛伊木马"故事的启迪。山西省委这个坚固的堡垒确实是被从内部攻破的。

第二节 夺权前奏

1. 刘格平进京受旨

革命需要领袖，尤其是夺取政权的时候就越发需要领袖，在革命实践需要领袖的时候，这种领袖就自然而然地产生出来了，从省委造反出来的领导干部们就自然而然地充当了这种领袖的角色。

刘格平担任这种角色有天然优势。他没有其他人所具有的强烈的党内派别的色彩；他没在《反省声明书》上签字，在监狱的"世外桃源"享"清福"，躲过了艰苦卓绝的抗日战争，反而成了一种优势；他具有四十多年的党内斗争的经验，善于把握时机，知道"该出手时就出手"。现在，正是该出手的时候了。

香港北星出版社出版的《王力反思录》（王力时任中央文革小组成员）对当时的形势是这样说的：

山西，毛主席很重视，因为山西是老根据地。八路军总部在晋冀鲁豫，中央大量干部是晋冀鲁豫的，晋冀鲁豫以山西为中心。邓小平暂时成为被打倒对象，而山西是邓小平的基地。十二月份，薄一波已被打倒，毛主席、总理都说薄一波手伸得长，他们在山西有千丝万缕的关系。这时已经宣布安子文是反党分子，安子文与山西的关系很密切。山西省委书记卫恒是安子文同志培养的典型,文化大革命开始,卫恒被认为是坚决镇压群众的。毛主席亲自培养的一个人叫解悦,是太原纺织厂的工人,她写的学哲学的文章受到毛主席的赞赏,她在文革中坚决拥护毛主席的革命路线,起来造反,受到山西省委的压制、打击,很严重。所以一九六六年毛主席认为卫恒不行。

毛主席一九六六年很早就决定请刘格平到北京来。毛主席对刘格平的印象很深,少奇同志也同他讲过刘格平的好话,刘格平长期坐国民党的监狱,出狱时刘格平没有签字,没有发表反共启事,他宁可坐满刑期也没签字。他说:"是党中央的指示我也不能执行。"少奇同志对他是很欣赏的,毛主席也是欣赏的。毛主席跟我讲刘格平解放后主持民族工作(乌兰夫到内蒙,刘格平主持),毛主席认为有两件事刘格平做得对,一是新疆,王震同志处理少数民族问题不妥当,搞得很尖锐,毛主席说他要用武装消灭一个少数民族。毛主席认为刘格平当时反对王震的作法,刘格平是对的,王震不对。第二是处理大小凉山彝族问题,西南局李井泉也过火,也已经和将要动武,刘格平反对他们的作法,毛主席认为刘格平是对的。现在刘格平贬官到山西,毛主席说,山西就让刘格平搞吧!把刘格平叫到北京来,了解一下他的情况,过去处分他到底是怎么回事,要他回山西去,把山西的无产阶级文化大革命搞起来。他认为刘格平能掌握局面。刘格平到了北京,本来江青要自己代表毛主席找刘格平谈,可是江青一直没谈,刘格平在北京饭店等了好久。后来主席要我同关锋先去看看刘格平,问问怎么回事,要他回山西。康生是否与刘格平谈了我不知道。

《王力反思录》在山西问题的结尾时说:

当时山西毛主席要刘格平回去,还有一个条件,山西出了个张日清,是山西军区第二政委,他支持造反派,受到攻击。攻击张日清的理由是说他违背了军委紧急通知关于"不介入地方文化大革命"的规定。用这一条攻击张日清,这也引起毛主席的重视。张日清和李再含(时任贵州省军区副政委——作者)不同,李再含只打电报反映情况,张日清真的去支持左派。部队已经介入了。到一月份有个支左决定,其背景就是张日清支持左派的事。当时山西有三个情况,第一有刘格平;第二有解悦,加上陈永贵、李顺达;第三有张日清。有这三个情况,出现这样的苗头,所以毛主席非常重视山西。

十几年以后,刘格平在他的《对山西省委审查结论的书面意见》(1983年3月15日)中也说到了当时的情况,1966年11月23日,刘格平给毛泽东、林彪、康生写信反映薄一波、安子文等人发表声明出狱,而他本人则如何坚持斗争和北平军人反省院的情况。12月(当为10月——作者),周恩来、康生在北京人民大会堂和刘格平谈话。周恩来对刘格平说,毛主席要你站出来,山西省委瘫痪了,你回去找省委的一些同志组织一个小组,把工作管起来,注意要抓紧经济工作,特别是山西的煤炭很重要。当刘格平表示不好办时,周恩来说,不要紧,中央支持你。

山西史志研究院所编的《中国共产党山西历史纪事 1949.10—1976.10》(中央文献出版社1999年8月北京第1版第400页)记述说,在1967年1月4日,中央文革小组组员王力、关锋受毛泽东委派在北京饭店与刘格平谈话(一说是受江青委派)。他们让刘先谈拒绝出狱的问题和受处分的情况,然后要刘格平回山西去,把革命群众组织联合起来,争取革命领导干部,把山西省革命和生产的大权掌握起来。还说毛泽东表扬了张日清,说省军区党委9个常委中,只有他1人主张支左,他是少数,可他是对的。你回去后要取得张日清的支持。

这两个文献所述的情况与王力的反思录所述基本能够对上,应该与事实出入不大。当时王力不知道康生接见刘格平也有周恩来总理参加也是正常的,至于说王力、关锋是受江青委派,是山西史志研究院采用了讹传的资料,这一点王力在其反思录中已经加以澄清,说明当时是毛泽东委派的。

至于说是中央主动,还是刘格平主动,已经不是什么主要问题,因为这是双方的需要。中央多一份打倒刘少奇和彭(真)薄(一波,国务院副总理,经委主任)安(子文,中央组织部部长)陶(鲁笳)

的证据没什么不好；刘格平要东山再起需要有中央的支持，他也如愿以偿地得到了这个尚方宝剑。

2. 夺权策划和五人亮相

1967年1月6日，刘格平奉旨回晋开始策划夺权活动。刘格平在山西没有什么根基，用一个不太恰当的比喻，人家太行、太岳派的矛盾属于"人民内部矛盾"，他只好从"敌我矛盾"和外来干部中来组织其夺权班子。

像袁振、陈守中既是"反党集团"的"同伙"，当然与山西省委是"敌我矛盾"。

后来被袁振"拉入"反党集团的太原市委书记处书记陈守中系河北阜平县人，晋察冀干部，建国后曾任华北局工业部副部长、包钢党委书记，期间与李雪峰结下了很深的"梁子"，后被贬官到山西；刘志兰（原八路军副总参谋长左权将军夫人，时任山西省委农工部副部长）是陈守中夫人，至少也算半个"敌我矛盾"；刘贯一作为外来干部，如果有时机站出来"造反"也会很积极；何英才（时任省委常委，省政协副主席、党组书记），山西洪洞人，早年在太原兵工厂当工人，1926年参加中国共产党，后在太行区工作（曾任太行区组织部长），随刘邓大军跃进大别山后，在湖北工作了一段时间。解放后，一直在北京搞工会工作，曾任全国农业工会主席。不知什么原因1964年到山西工作，当属外来干部；张日清是军队干部，开国少将，福建长汀人，1930年参加红军，没有参加长征，随项英、陈毅等在南方坚持了三年游击战争，后一直在新四军工作，文革时张日清任山西省军区政委。这几个人能凑在一起，也很自然。刘格平与刘贯一都是副省长，住在省府大院，串联起来比较容易；陈守中、刘志兰、何英才是袁振串联过来的。因为陈、刘原来都在包钢，与袁振（原鞍钢党委第一书记）同在钢铁系统，后陈守中与袁振又同在太原市委，又是同一个"反党集团"。何英才则与袁振同随刘邓南下，又同在湖北工作过；张日清是中央指定要串联的对象，过去刘贯一与张日清同在新四军，串联起来比较容易。

网文《文革：全国第一夺》对当时的串联情况是这样说的：

刘格平1967年1月6日由北京回到太原，住进山西省军区招待所。随后开展了紧张的串联活动。经刘贯一介绍，刘格平首先与张日清谈话，策划在山西的夺权事宜。此前，受刘格平委托，刘贯一与张日清联系。刘贯一在省军区招待所与张日清见面时说："我们都是新四军的老同志，彼此可以随便说说心里话。"他继续说："山西的领导权基本控制在走资派手里"，"山西的领导干部虽然派系很多，什么太行、太岳、晋西北、晋察冀，但是基本路线上是一致的。"他还向张日清介绍了刘格平的情况，称"刘格平是个老同志，行政三级，1923年加入青年团，1926年入党，长期在白区工作，在北平草岚子监狱关押的时候坚决斗争，不在反共声明上签字。抗日战争和第三次国内革命战争时期在山东工作。解放后担任过宁夏回族自治区人民政府主席、全国人大民委主任，是受迫害的干部。"刘贯一又说，有几位革命领导干部准备站出来"和群众一起革命"。张日清表示："你们站出来革命，我支持你们，省军区支持你们"。刘贯一还先后同袁振、何英才、陈守中谈话，动员他们"站出来革命"，他们完全同意。当刘贯一、何英才分别向省委书记处书记郑林、朱卫华，省委常委郭钦安表露要他们三位参加造反夺权的意图时，均遭到拒绝。刘格平、刘贯一试图争取一些省级领导干部造反夺权的活动有的成功，有的失败。但刘格平等人并不泄气，遂于1月8日在省军区招待所开会，研究确定行动部署。

据刘贯一在《关于刘格平1967年1月6、7日开会的情况》(1973年8月11日)中回忆：

约一月六日或七日，刘格平同志等返回太原，在未回家的情况下，即直到山西军区客舍找我，他告我，中央已指示他联合一些同志站出来，并组织一领导机构，领导群众运动。我问刘，中央哪位具体领导和你谈的？刘说："你不必问这方面的情况"等语，刘接着问我串联的情况，我都如实地向他作了报告。刘指示我通知以上同志，于翌日上午集合到军区客舍开会，由刘传达中央指示。

据陈守中在《张日清和山西省核心小组的关系》（1973 年 8 月 12 日）中说：

1967 年 1 月上旬（五日、六日或七日，记不起来），刘格平从北京返回太原后，在山西省军区招待所曾有一次集会（参加这次集会的有刘格平、张日清、刘贯一、袁振、续纯实和我），会上刘格平说他在北京见到了总理和康老，说中央领导同志授意他负责组织起来，革山西省委的命。在这次集会上议定两个问题：一是写揭发原省委的大字报；二是成立山西省核心小组。省核心小组由四人组成，即刘格平、袁振、刘贯一、陈守中。当时曾反复讨论了张日清参加核心小组的问题，最后议定张日清不参加核心小组，但以顾问身份参加核心小组的活动。

1967 年 1 月 9 日，刘格平、刘贯一正式亮相，公开树起反旗，在省委、省人委门口和五一广场贴出了反省委的第一张省级干部的大字报。大字报的题目是《走资本主义道路的当权派究竟干了些什么坏事情》，矛头直指卫恒和王谦，把他们定性为"反革命修正主义分子"，并把他们与彭、薄、安、陶这条"黑线"连了起来。大字报号召无产阶级革命造反派联合起来，"必须彻底追查、弄清这一反革命案情"。

1 月 10 日，刘格平、刘贯一、袁振、何英才、陈守中等五人写的题为《请看以卫恒、王谦为首的钻进党内一小撮反党反社会主义反毛泽东思想的修正主义分子在文化大革命中所犯的罪行》的大字报出现在省委、省人委门口（习惯上称"五人大字报"），并打印成传单到处散发。

按网文《文革：全国第一夺》所述，这张大字报分五个部分：一、省委抱着彭真的二月提纲不放；二、省委坚决贯彻执行并进一步发展了刘邓资产阶级反动路线；三、省委纠缠袁振问题使山西文化大革命一错再错；四、省委玩弄"三干会"继续欺骗、镇压干部和群众；五、省委以卫恒、王谦为首的一小撮人是破坏山西无产阶级文化大革命的罪魁祸首。"五人大字报"指控卫恒、王谦等人的种种"罪行",写道:"山西的文化大革命运动,已经不是再检讨什么资产阶级反动路线的问题了,而是属于钻进党内一小撮走资本主义道路的当权派的问题了。"结尾套用了《人民日报》《红旗》杂志1967年元旦社论结束的七个口号并加了"中国共产党万岁"一句。

这张大字报不知是谁起草的,就当时的认识看,水平是很高的,大字报中的"山西的文化大革命运动,已经不是再检讨什么资产阶级反动路线的问题了,而是属于钻进党内一小撮走资本主义道路的当权派的问题了"这句话,把矛盾的性质升级。"检讨资产阶级反动路线"只是一个犯错误的问题,而"党内一小撮走资本主义道路的当权派"已经成为革命的对象了。

不过反过来说,把山西省委打成"走资本主义道路的当权派"还是有点冤。在历史上,山西省委一直很左。

1951年4月17日,中共山西省委向中共中央、中共中央华北局提交了一份题为《把老区互助组织提高一步》的报告,提出了农业合作化的设想。该报告由山西省委书记赖若愚亲自起草,省委扩大会议反复讨论定稿,由时任长治地委书记的王谦亲自呈交主持华北局日常工作的刘澜涛。结果刘少奇对该报告进行了批评,并在该报告批语:"在土地改革以后的农村中,在经济发展中,农民的自发势力和阶级分化已开始表现出来了。党内已经有一些同志对这种自发势力和阶级分化表示害怕,并且企图去加以阻止或避免。他们幻想用劳动互助组和供销合作社的办法去达到阻止或避免此种趋势的目的。已有人提出了这样的意见:应该逐步的动摇、削弱直至否定私有基础,把农业生产互助组织提高到农业生产合作社,以此作为新因素,去'战胜农民的自发因素'。这是一种错误的、危险的、空想的农业社会主义思想。"

山西省委的另一农业极左路线的发明是1958年树立的大寨典型,可以说,这个典型贻害了中国农业至少二十年。如果我们联系王谦在文革后期重新在山西执政后推行的极左农业路线的话,说山西省委"走资本主义道路"显然是不公道的。

"五人大字报"是一份宣言书，是五人亮相的宣言，宣告五人与省委的决裂。"五人大字报"的另一个意义是，山西的文化大革命有了明确的目标，也有了自己的政治领袖。当我们回顾这段历史的时候，才能明白为什么毛泽东无法用行政任免的方法去解决新、旧省委的更替。一个朝廷，或一党制的一个政党，内部的思想永远无法统一，也就是说社会各阶级、阶层、集团的利益和思想一定要一起反映到党内来。朝廷或党内看起来是一个思想，内部实际是"一锅粥"。文革实际上是一锅粥的总沸腾，只有通过"革命"实践来检验每个人的思想和内心活动，而且政治领袖也只能在革命实践中产生。

像"五人大字报"这样省级领导公开造反的事件，在全国都是第一次，当时作为一个榜样，不但在山西有着重大影响，而且在全国也有着示范作用。

3. 造反派组织的分野

"五人大字报"像一场八级地震，它引起的海啸立即冲击了太原的各个角落，各个造反派组织好像也必须在短的时间内对此事件表态，否则在这个十字路口有可能迷失方向。

最早表态的是北京农机学院《全无敌》纵队，在10日当天就发出《致山西革命干部的一封公开信》，为"五人大字报"叫好，称"五人大字报""吹响了决战的冲锋号"，鼓动党政机关干部"站出来，冲上去"，"向卫恒反党集团发起总攻击！"。

次日，山西革命造反兵团散发了题为《目前时局和我们的任务》的传单，赞扬刘格平等人"率众造反"是"大气凛然，斗志大振"。揭露山西省委领导人与"黑帮"彭真、薄一波、安子文、陶鲁笳的"黑线"关系。兵团之支持"五人大字报"与支持袁振有很大关系。1月7日，华北局宣布给袁振平反，当这一消息从兵团驻京联络站传来之后，兵团小将极度兴奋。特别是华北局候补书记张邦英被兵团驻京联络站人员挟持到太原，亲自宣布此决定，这表明他们造反的目的获得了阶段性的胜利。袁振一下子从"坏人"变成了"好人"，能不感激兵团小将？！袁振与兵团小将怎能不共同欢庆，袁振怎能不进一步指导兵团小将下面每一步该怎么办。

也在1月10日，中央文革小组组员王力、关锋在北京《红旗》杂志社接见山西造反派代表，称"刘格平是经过考验的干部，是无产阶级司令部的人，你们要支持刘格平"。在刘格平等五人竖起反旗之后，用现在的时髦语言来说，就是有一个"双向选择"的问题。有一些组织，特别是较小的造反派和运动开始时有站错队嫌疑（即保皇或保守）的组织，有的急于寻找靠山，有的急于改换门庭，就会自然聚集在刘格平的大旗下。但是，那些"响当当、硬邦邦"的造反派就不见得买刘格平的账了。对于刘格平来说，仅仅是军队支持是不行的，因为军队不可能直接参与夺权。因之，刘格平开始寻找各大造反派组织要求支持。

据太工红旗队长李青山回忆：

应当说，刘格平等人的夺权并不是背着当时山西"响当当的造反派"太工红旗进行的。1967年1月7日（8日？）晚，他派人神秘地领我到山西省委西院的一个房间内。在场的除我外，还有几个人，记的好像有我太工红旗省委支队的梁裕权、有太工永红战斗队的队长高祥（高命儿）、俞俊明，好像还有太原机械学院的一个什么战斗队的人。一个老头十分神秘而紧张地对我们说："山西省卫恒、王谦、王大任是反革命修正主义分子，他、五级干部刘贯一、三级干部刘格平、八级干部陈守中、十级干部刘志兰以及何英才，奉中央文革之命，领导山西文化大革命。他们要站出来，写大字报，揭发旧省委的问题。"他说："一旦他们的大字报贴出来亮相，震动将会很大，卫王王一定会疯狂反扑，迫害他们，希望造反派保护他们的安全。"他的谈话使我很吃惊。刘贯一我认识，他原是全国人大副秘书长，当时是山西省副省长，1964年我曾在在湖滨会堂听过他的报告。但现在，他们提出的问题，我完全没有思想准备，对他的话充满怀疑，因为：

第一，他们都是山西本地的干部，刘格平、刘贯一是山西副省长，文化大革命烈火还没有来得及烧向他们，他们本人是不是革命的，还没有经过群众的审查；我们也没有听说他们与卫恒有过什么分歧，做过什么斗争。我们如何能相信卫恒们是反革命修正主义分子，而他们却是革命干部，可以不经文化大革命的审查就直接来领导山西的文化大革命呢？

第二，他们自称奉中央指令，但却没有出示任何证据，我们怎敢轻易相信？中央文革怎能让一个还没有经过文革审查，没有在群众面前亮过相的本地干部来领导一省的文化大革命呢？这在全国没有先例，也不合逻辑；

第三，省委主要领导卫王王，是主要炮轰对象，他们对待文化革命的态度有严重问题，但是否已是反革命修正主义分子，没有足够材料支持，还正在审查之中；高级干部站出来揭发他们，我们当然欢迎，但是复杂的斗争形势使我不得不从多个角度去考虑问题。我需要看看刘格平他们究竟能揭发出些什么材料，能证明卫王王确已成了反革命修正主义分子！

第四：当时的宣传调门是群众自己解放自己。陶铸上升到中央第四把手几个月即被打倒的事实告诉我们，文革的斗争是极为复杂的，处在造反第一线的我们，当时只能相信毛泽东，林副主席，周总理和中央文革，其他人一概不敢轻易相信。对于这样一个政治面目"不清"的当权派，以及他们不合逻辑的举动，我们怎能不保持警惕呢？

由于事出突然，满腹狐疑的我当时只能表示：欢迎并支持他们揭发省委的问题，其他事项待我们商量后决定。

李青山的举动说明他实际上已经不同意夺权，至少不同意与刘格平一起夺权。说明他当时对这场革命认识得不深，至少有三点说明了他的思维的局限性。

一是没有意识到夺权的必然性和急迫性，即革命发展到一定程度夺取政权是自然的和急迫的，以往的革命的实践都证明了这一点。李青山对这一点的解释是：并非没有想到夺权，当时的理解，文化革命要夺的是走资派的权，夺极少数人的权，而不是整个省委、市委的权。

二是革命既不需要奉指令，也不需谁来批准。李青山对这一点的解释是：因为只是夺少数走资派的权，并不是夺整个共产党的权，当然夺权要由党中央来决定、来批准。

三是谁反对革命就是反革命，不需要揭发太多的所谓材料，当时的省委已经明显地反对文化大革命，当然是反革命。这说明李青山的思想的保守，其思维显然落后于当时的革命形势。李青山对这一点的解释是：明显地反对文革之说也不成立，他们也想紧跟，但他们的身份决定了他们是革命对象，是被审查、被火烧的对象，因此处处被动，屡犯错误。犯这样的错误不一定是反革命，好人也可能犯这样的错误。

在和平年代，李青山的解释一点错也没有。在革命年代，这种解释就有了很大的问题。如果每一件事都等待中央发文，革命就失去了主动性，就不会有二十世纪的"北京公社宣言"；再者，毛泽东和中央也不知道谁是敌人，谁是朋友，这决定于各省委自己的行为；又再者，山西省委既不是反革命，各组织为什么把省委主要领导挂牌批斗，这显然不是处理人民内部矛盾的方法；还再者，中央已委派刘格平在山西负责夺权，只是红联站不相信他们的话而已。可见，当时的太工红旗和红联站思想确实是保守了。不过李青山的思想反映了太工红旗多数领导的思想，也反映了红联站的主流思想。

从刘贯一对李青山的话来看，刘格平等人非常希望得到革命造反派们的保护和支持。1966年12月份，各大造反派组织都陆续进驻省、市委，与各级领导进行面对面的斗争，刘格平等人找到他们并不困难。据杨保明的回忆，当时刘格平、刘贯一等人都表示要站出来革命，并要求保护，对于刘格平、刘贯一的这种行动，红联站表示了支持，派遣太工永红进驻刘格平家里保护刘格平；派遣捕猎大队进驻刘贯一家里保护刘贯一。后来红联站没有参加夺权，但太工永红和捕猎大队作为红联站的下属单位参加了夺权，太工永红跟随刘格平，最终脱离了红联站。

工人兵团是一个庞大的造反派组织，太原市几个万人以上的大型国有企业都有它的下属组织。普通工人出身的没有政治管理经验的太重工人张建国、李宝顺有点像隋末农民起义军瓦岗军领袖翟让一样，是否能长期压得住阵值得怀疑。但是工人兵团总指挥张建国倒是一腔热血要对省委的走资派卫王王造反，可能是由于这个原因，使张总指挥痛快地答应了刘格平等人的要求。

有传说决死纵队是由工人兵团分裂出来，也有传说决死纵队是由兵团中分裂出来的，或者两者兼有（其实可能都不是，因为有些资料说决死纵队的成立时间早于兵团和工人兵团）。当时已成为山西四大造反派组织之一的决死纵队支持袁振的态度却是很明朗的，从而支持夺权的态度也是明朗的。十三冶的许多职工来自鞍山钢铁公司的冶金建设公司，在袁振担任鞍钢党委书记（1960年3月）时，曾经推出了著名的《鞍钢宪法》，强调要实行民主管理，即实行"两参一改三结合"的办法（干部参加劳动、工人参加管理；改革不合理的规章制度；领导干部、工人、技术人员三结合）进行管理。《鞍钢宪法》与当时盛行的苏联的《马钢宪法》（指以马格尼托哥尔斯克冶金联合工厂经验为代表的苏联一长制管理方法）相对立，毛泽东曾对《鞍钢宪法》有很高的评价。美国麻省理工学院管理学教授罗伯特·托马斯也对《鞍钢宪法》有很高的评价，认为是"'全面质量管理'和'团队合作'理论的精髓"。上世纪七十年代日本的丰田管理方式，日本的"全面质量管理"和"团队合作"理论，与《鞍钢宪法》的管理思维模式几乎同出一辙。这种加入人文主义色彩的企业管理模式，调动了职工群众的积极性，得到了职工群众的欢迎，也提高了袁振在鞍钢职工群众的威望。谁也没有想到在七年后的文革中此举居然为袁振赢得了一定数量的"选票"。杨承孝的造反与袁振有很大关系却是可以考证的。据当时省人委秘书李玉明撰写的回忆录《卫恒之死》所述：1966年10月，"太原钢铁公司工人郭某（指郭耀忠）和十三冶金建筑工程公司工人杨成效（指杨承孝）专门到了太原市委第一书记袁某（指袁振）家。袁某对他们说，当前有许多工人去北京串联，你们也应该去北京看看形势，也应当发展工人组织。他们俩回家后，过了五六天，杨成效找郭某说：咱俩去北京吧，路费有老袁支援。郭某因没有请准假未去。杨成效和一些红卫兵去了北京。五天以后，杨从北京回来，和一些人于10月19日发起成立'山西革命工人造反决死纵队'（简称'决死纵队'）。杨成效任头头，郭某任组织部长，主要观点是'保袁某，打卫王王'"。

第三节 一月纪事："一月革命风暴"自山西始

包括《人民日报》在内的绝大多数史料都说明，1967年的一月革命的夺权风暴自上海始，当时也得到全国舆论的认可。其实，一月记事将证明，一月革命的夺权风暴自山西开始，最起码是山西与上海同时开始的。

1. 对"走资派"来说，这个冬天特别寒冷

红联站1969年4月编写的山西无产阶级文化大革命两条路线斗争大事记《毛泽东思想指引下的人民革命是历史前进的火车头》（简称《大事记》），记载了山西"一月革命风暴"夺权前的一些主要事件时间和简略过程。

1967年1月1日山西红联站太工红旗在太原有线广播站革命造反派的配合下，夺了"卫王王集团"控制的太原有线广播站（当时由于技术、经济的落后，太原市还没有无线广播）的大权，改名为"红旗有线广播台"，发表了生气勃勃、充满战斗精神的《元旦献词》。在献词中指出："山西省委卫王王等一小撮走资派是一个地方主义、山头主义的反革命修正主义集团"，鼓励全省人民起来造他们的反。这是山西省第一次向卫王王的夺权行动。此次行动拉开了山西一月革命风暴的序幕。

1月4日山西红联站调集党校东方红、太工红旗、太机红旗和赴晋大队近千人，由杨保明、段立生带领，乘坐一辆大轿车和十几辆大卡车，开赴榆次县（当时晋中地委、行署所在地，距太原30公里），

抢缴山西省委隐藏在晋中地委的整学生的黑材料，并且去造晋中地委的反。过程中受到晋中地委干部的阻挠，在红联站晋中分站、轻院东方红及其他晋中造反组织的支持下，排除干扰，缴获了十几个文件柜，运回省委党校东方红公社总部进行开柜检查（开柜后柜内空空如也，事后才知道省委早有准备，将所有黑材料转移到了祁县乔家大院和交城）。这就是震惊山西的"元四事件"。事件后，红联站轻院东方红、榆次地区的革命造反派与晋中的保守派，在榆次的十字街头，就抢夺黑材料等问题，辩论了好几天，而且常常至深夜不肯散去，晋中的文革之火就这样被点起来了。

同日，红联站还抢回了太原市委存放在机要室的黑材料。

1月6日刘格平奉旨回晋策划夺权。

同日，上海工总司等造反派组织召开了"高举毛泽东思想伟大红旗，彻底打倒以陈丕显、曹荻秋为首的上海市委大会"。参会人数当时号称百万（后徐景贤回忆说最少有二十余万）。会上批斗了陈丕显、曹荻秋（时任上海市委书记处书记、上海市市长）等十余位上海市委领导人。会议结束时，由北京体育学院驻沪联络站的一位女红卫兵，代表各造反派组织宣读了三条通令：

1）宣布从即日起不再承认曹荻秋为上海市委书记和上海市长；

2）勒令市委第一书记陈丕显七天内向全市人民交代自己的罪行；

3）请求中共中央彻底改组中共上海市委，命令各级干部坚守岗位。

这次大会后来被认为是上海夺权的标志，其实这次大会并未宣布夺权，反而命令包括陈丕显、曹荻秋在内的"各级干部坚守岗位"。

这个事件对山西的夺权进程起了强烈的刺激作用。

同日，红联站太原七中红旗向学校"党内一小撮走资派"夺权成功，这是山西基层夺权的首次胜利。

1月7日山西红色造反联络站、山西革命造反兵团、山西工人革命造反兵团、赴晋大队等组织在太原五一广场再次联合批斗"反革命修正主义"陶鲁笳及卫、王、王。

同日，山西省军区政委张日清向毛泽东、林副主席及中央军委拍发电报，请示人民解放军支持夺权问题，表示了坚决支持革命造反派向党内一小撮走资派夺权的态度。

1月8日刘格平、刘贯一、袁振、陈守中组成山西党的核心小组，作好了夺权准备。

1月9日毛泽东批示向全国播发《告上海人民书》。《人民日报》在发表此文时加了重要的编者按，其中传出了毛泽东的"最高指示"："这是一个大革命，这个大事必将对整个华东，对于全国各省市的无产阶级文化大革命起着巨大的推动作用"。这相当于毛泽东对夺权发出的总动员令。

同日，工人兵团和山西大学八八红旗共同研究向卫王王夺权的问题。

同日，兵团、赴晋大队等组织在太原并州饭店斗争卫恒。过程中，造反派亮出了工人兵团在卫恒家抄家时抄出的印有蒋介石彩色头像的国民党的传单，还有手臂折断的毛主席瓷像（关于毛主席瓷像问题有关资料说法不一，有说法是在1月12日晚上抄到的，按逻辑上说，应该是这一次抄家一起抄出的），以说明卫恒是道道地地的反革命。实际上，传单和瓷像都说明不了什么。传单是台湾国民党政府用高空气球放飞过来的反共宣传品，是省公安厅报送给省委第一书记的工作资料，是正常的工作程序；至于说瓷像更不是什么问题，即便是再神圣的物品也有损坏的时候，如佛像，如维纳斯女神。但是在这个特殊的历史时代，面对这个特殊的历史人群，卫恒像"秀才遇到了兵"，显得十分无奈，只能愤怒呐喊："政治陷害是吓不倒人的"。说卫恒是反革命，说1938年参加革命的卫恒与国民党有什么联系，应该没有人会相信。此时，卫恒也许想到了当年斗地主富农、斗右派分子、斗右倾机会主义者、斗"四不清"干部的情景，也许那些被斗对象也是"有理说不清"。老的革命者或许总是被新的革命浪潮所淹没，这或许是历史的一种轮回。

据十二中红旗崔吉娃回忆，当时由兵团总部的党校学生梁振华（同时被十二中红旗聘请为指导员，相当于政委）负责卫恒的罪证材料。在回忆上公布的罪证有三个，一是折断手臂的毛主席的瓷像；二是国民党的传单；三是困难时期老百姓吃树皮饿肚皮的照片（意思是批判卫恒污蔑社会主义制度，其实这些照片是下面向省委反映情况的资料）。崔吉娃还订正了一个事实：当时所谓"抄家"抄出的罪证，并不是从卫恒住宅抄出的，而是卫恒的私人办公室抄出的。崔吉娃解释：夺权前卫、王、王的家属都已被赶出省委大院，卫恒住宅已经成为兵团在省委的据点。崔吉娃还说：他很不理解卫恒为何不把破碎的毛主席瓷像处理掉，而是用报纸包起来塞在办公室的犄角旮旯里。

1月10日刘格平、刘贯一、何英才、袁振、陈守中五人大字报亮相。

同日，山西红联站省委党校东方红进驻山西省公安厅，准备开展与卫王王掌握的旧公安系统的夺权斗争。

2. 1.12至1.14：震撼全国的三天

上海的造反派虽然闹腾的很凶，声势也大，并且惊动了中央，继1月11日中央贺电之后，12日《人民日报》转载了上海工总司等三十二个革命群众组织的《紧急通告》和《文汇报》《解放日报》发表《紧急通告》时的《编者按》。同时《人民日报》还发表了社论《反对经济主义，粉碎资产阶级反动路线的新反扑》。但幕后操作的张春桥、姚文元及前台的头面人物徐景贤都是知识分子，没有山西的刘格平那么大的夺权气魄，所以只是在反对经济主义问题上打转转，没有敢公开提出夺权的口号，从而也没有敢走出夺权的第一步。俗语说："不叫的狗咬人最厉害"，就在上海大吵闹的时候，山西的刘格平悄悄地做好了夺权的准备。

1月中旬，山西出现了一种奇特的局面，这是一种真正的无政府状态，三个政治中心正在各干各的事。

山西省委是正统的政治中心。当时山西省委的主要负责人不像上海市委第一书记陈丕显那样气粗，公开宣称：在中央没宣布前，我还是上海市的领导，还是上海市委第一书记，还得负责上海的工作。

山西省委的主要负责人卫恒及其他主要领导采取了"不抵抗"政策，或者说是"逃跑主义"的方法。他们离开省委、省人委大院，撤出了工作岗位，跑到距省委、省人委十几公里外的太原市郊区北营省直机关的一个直属仓库"避难"，留在省委、省人委的只是几个秘书，为他们"探听"造反派的消息。当时山西省委主要领导们的想法已经无法还原，不过，他们既不向中央请示，又不坚持值守的做法，确实令人费解。距太工红旗的张玉峰回忆，后来他在北京学习班时，与省委常委、秘书长史纪言住一个房间，提到了当时的事情。史纪言说，当时省委领导们得知"一·一二"夺权的消息，并得知红联站反对夺权后，曾经考虑集体投靠红联站，只是因为未多几时，他们就被兵团、决死纵队抓走，投靠红联站的意图没有实现。可见当时省委主要考虑的还是"怎样保自己"。

刘格平在省政府的家是一个政治中心，几个要造反的省级革命干部、军区领导及革命组织负责人集中在这里，议论策划夺权的事情。

红联站总勤务站所在的省二招是另一个政治中心，这个全省最大的学生造反派组织的各校负责人集中在这里，考虑和议论着对待夺权的态度问题。

山西省正处于一种政治真空状态，恰恰是这种真空状态孕育着一场前所未有的政治风暴。

1月12日上午刘格平和刘贯一在省军区招待所研究给上海工总司等革命造反团体发贺电的事宜。下午，刘格平、刘贯一在这里和首都赴晋革命造反大队、北京农机学院《全无敌》纵队、太原工学院永红战斗队等造反组织的负责人，商讨山西省无产阶级文化大革命运动的局势与任务，决定当晚在刘格平宿舍召开山西省左派联席会议，研究成立全省统一的造反派组织问题，以山西造反派统一组织的名义给上海工总司等32个组织发贺电，并商讨夺权问题。

1月12日傍晚副省长刘格平住宅充满了神秘而紧张的气氛。刘格平家的周围，布满了荷枪实弹的解放军战士和造反派的队员们。刘格平住宅有点像当年俄国十月革命指挥中心斯莫尔尼宫一样，成了山西一月革命风暴的指挥中心,各类人员进进出出等候和执行指令。刘格平在其家里召集了参加革命的领导干部和群众组织领导人商量夺权事宜。参会的革命领导干部有刘格平、张日清、刘贯一、陈守中、刘志兰。参会的还有刘格平夫人丁磊。据时任山西省人委参事室副主任的李一夫之子李飞飞回忆,其父在晚饭后到刘格平家参加了会议。

参会的群众组织成员有多种版本的说法。据当时参会的太原十二中红旗负责人崔吉娃回忆,参加当晚会议的群众组织领导人有杨承孝(决死纵队,十三冶工人)、陈广仁(山西革命工人野战兵团,十三冶干部)、张建国(工人兵团,太重工人)、梁振华(兵团总部,山西省委党校学生)、崔吉娃(兵团十二中红旗,初二学生)、方培泉(山大八八红旗,山大学生)、黄锐庵(东风兵团,省人委干部)、雷维林(东风兵团,省人委干部)、朱永庚(首都赴晋造反大队、北京铁道学院学生)、邢晓光(首都赴晋造反大队,清华大学学生)。崔吉娃是由梁振华通知参会的。崔吉娃抵达刘格平家时,看见外面有许多解放军把守,刘格平家的院里和家里由山大八八红旗的学生把守。这些学生带着山大八八的红袖章,一个个身强力壮,估计是体育系的。这些学生靠通向刘格平家二楼的楼梯扶手,分成两排威风凛凛地站着。崔吉娃说他从来没有见过这种阵仗,心里真有点紧张。进入开会的地方,已经坐满了人,崔吉娃只好坐了刘格平和张日请之间的沙发的扶手上。

会议由刘贯一主持。刘格平首先发言。在发言中刘格平传达了他从北京带回来的中央精神,重申了五人大字报的观点。刘格平说,今天晚上请来大家,是要研究夺权问题。我们认为夺权这个问题已经迫在眉睫,非解决不行。卫恒等人把山西的文化大革命已经引上邪路了,不把他们手中掌握着的党政财文大权夺过来,山西的文化大革命就会夭折。夺权靠一两家造反组织不行,各个组织必须联合起来,组成一个总的组织,这个组织的名称就叫山西革命造反总指挥部吧。这个总指挥部既是大夺权的领导机构,又是夺权以后的临时权力机构。今天我们向大家宣布,我们几个人,有贯一同志、张政委、袁振同志、守中同志已经成立了一个山西省党的核心小组,这个核心小组代行省委职权。但我们核心小组每个人都不参加总指挥部,我们核心小组是总指挥部的顾问机构,我们当你们的顾问。总指挥部采取巴黎公社的选举办法,由你们自己推选领导人,我们几个人作为个人意见,也可以提一些人名,供你们参考。接着刘贯一讲话。他讲了夺权的意义和当时山西的局势。张日清也在会上讲,表态支持总指挥部夺权。(自中共山西省委党史研究室:《"文化大革命"中山西省"一·一二"篡党夺权事件的专题资料(送审稿)》第121页,1987年8月25日)

网文《文革:"全国第一夺"》还详细说到了会议的其他情况:

会议本来准备在谈论成立总指挥部和夺权问题之后研究给上海工总司等发支持电的事情,但在会议中间刘志兰给了刘贯一一份《关于省委特务活动及黑二、三线人物名单》的揭发材料,刘贯一当众宣读了这份材料。突然太原十二中红旗战斗队负责人梁振华(注:梁振华不是十二中红旗的正式成员,而是作为大学生在中学组织中作指导工作)跑进会场,向与会者出示了从卫恒住宅中抄查出来的所谓"反革命特务罪证":一、一尊全身的毛泽东石膏像,其前臂断掉(该战斗队在查抄卫恒住宅时摔断的——作者注:网文《文革:"全国第一夺"》此释有误,据当时省人委秘书李玉明撰写的回忆录《卫恒之死》所述,该瓷像为1959年介休洪山陶瓷厂所赠,摆在卫恒家中的办公桌上,后因抹桌子时不小心摔断);二、若干张当时台湾国民党当局向大陆空飘的反共传单(系山西省公安厅从本省收集起来作为敌方动态送省委领导人的)。对此他们却深信不疑,顿时对毛泽东个人迷信的狂热情绪笼罩会场。有几个造反组织的负责人提出:"先把黑省委二、三线人物抓起来,抄他们的家"。这一动议即得到与会者的赞同。他们立即调集各自组织的人员,分头查抄卫恒、王谦、王大任、贾俊、武光汤、赵雨亭、刘开基等省委领导人的住宅,并对太原市委书记处书记赵力之、副省长兼省人委秘书长卫逢祺和赵承亮(省人委办公厅干事,代管省人委党组机要文件)实行控制,限制人身自由。

抄家以后,刘格平继续和各造反团体负责人在他的住宅开会。张日清、刘贯一等人论及"敌人的严重情况和夺权行动的迫切性。"张日清说：不能等待了，必须夺权，接管省委、省人委，搜查卫王王和逮捕特务分子。还说，不要看卫恒是军区第一政委，他别想动我一兵一卒。（注：张日清的话多少有点军阀主义，国家的军队是用来保卫国家安全的，不是用来内讧的，应该既不是卫恒的，也不是张日清的）当即经与会者一致同意，决定成立山西革命造反总指挥部，推定杨承效为总指挥，朱永庚、宋捷、张建国为副总指挥。特别是与会者看到了卫恒的所谓罪证之后，一致要求立即进行夺权。当即制定行动方案。调集了1万余人，由造反组织的负责人带领分两路到太原市府东街山西省委和省人委驻地，新建北路太原市委和市人委驻地进行夺权。张日清命令山西省军区所辖的在省委、省人民委员会担任警卫工作的部队全部撤走。夺权的造反组织如入无人之境，查封办公室的文件档案柜，取走印章。但省委机关干部并不承认这次夺权行动，坚持上班。直至19日，省委办公厅办公室主任等坚持逐日向中共中央和华北局电话汇报。为防不测，山西革命造反总指挥部于13日又从其下属组织中调集了五千余人到省委、省人委驻地担任警卫。

过程中出现了山大八八红旗退出夺权的情况。在方培泉回校调集队伍时，山大八八红旗的领袖李大纲、侯光天、王守仁等人却在参加夺权的问题上发生了分歧。也许是山大八八红旗的领袖们与太工红旗一样有着"唯我独左"的思想，也许是与太工红旗通过气，也许两者兼而有之。他们对夺权有着极其相似的看法，都认为存在着刘格平等人亮相不够，夺权队伍不纯，没有中央指示等问题。最终山大八八红旗还是决定退出当晚的夺权行动

关于红联站太工红旗在当天的动向，李青山是这样说的：

1967年1月12日夜，我乘车从省委回太原工学院.一出省委大门，就感觉情况异常，在府西街口、大南门、迎泽大街、迎泽大桥桥头、都有解放军荷枪实弹，架着机枪把守；迎泽大街上，从西到东上百辆大卡车满载工人，一字排列在大街上，气氛紧张，但没人说话，也没人阻拦我们的小汽车。第二天，传来消息说，刘格平他们在新建

路礼堂宣布已经夺了省委省人委的权,把省委党氏兄弟(指保省委的省委干部,他们在写攻击造反派大字报时,都以"党"为姓化名出现,如党育生、党育红、党新生等,故称为"党氏兄弟"——作者)及省委主要领导卫王王和他们的秘书都抓了起来。

崔吉娃释疑了夺权中的几个问题。

一是山大八八退出的事情。他认为还是一个思想保守的问题。当时在中央态度不明的情况下,夺权有可能被打成"反革命政变",就是有个"掉脑袋"可能,大学生们的顾虑很多,所以退出了夺权。

二是宋捷担任总指挥部副总指挥的事情。兵团的一把手刘灏和二把手宋捷都没有参加1月12日晚的夺权会议,代表兵团参加会议的是梁振华和崔吉娃,这显然不是兵团集体商量的结果,而是梁振华自己的决定,论理副总指挥应该是梁振华的。但夺权的第二天,刘灏、宋捷、崔吉娃等人在卫恒的住宅商量兵团的副总指挥人选时,却作出开除梁振华的决定(据段立生说,梁振华曾参加过党校东方红,后来单独在兵团活动。兵团开除梁振华不排除其是光杆司令的因素),为此梁振华很不高兴。当时刘灏提议由宋捷代表兵团担任副总指挥。宋捷说自己是二把手,还是刘灏担任为宜。刘灏则解释说,自己是中学生,在指挥部中不如大学生有号召力。在这种背景下,宋捷担任了副总指挥,后成为第一批省革委常委。按崔吉娃的分析,刘灏的意思是怕万一夺权不被中央承认,兵团有一个退路。

三是夺权的规模问题。崔吉娃说,当时各群众组织都没有多少人,他带领的十二中及其他中学的学生大约有四、五十人,参加省委办公楼夺权的不超过二百人。崔吉娃回忆,由于当时不懂暗锁结构,只好打破门上边的窗户玻璃,从里面开开门,夺取各办公室的图章。

由于是临时动议,调动的队伍也没有后来作家们所写的那么多。可以肯定当晚参加夺权的学生组织有山大八八(后退出)和十二中红旗,两者加起来有一百多人;如果把赴晋大队、太工永红、红联站捕猎大队算上,也不超过二百人。当晚学生最多有三几百人。在省委、省人委机关各部委、厅局夺权的主力是工人,可以肯定参加夺权的工人组织只有三个,即决死纵队、野战兵团和工人兵团。按十三冶野战兵团李明山的说法,野战兵团参加夺权的人员有三卡车,不超过150人;决死纵队当时工人多,没车也没司机,也就是大修厂的王国太会开车,充其量有两卡车人参加夺权,两个组织加起来超不过250人。工人兵团要多一些,工人兵团当时依据的也就是太原市汾河河西的五六个厂的力量,每个厂能出动的人数从几十人到几百人不等,工人兵团的人数最多在两千人左右。当夜真正参加夺权的人数应该不超过三千人。

1月13日太工红旗虽然没有参加夺权,一夜也没有消停。李青山回忆:

这是一个重大事件,作为当时在省城有重大影响的造反派,我们需要及时作出决策,表明态度。但这个夺权如此匆忙,一个省的党委会的主要负责人,就这样被几个下属宣布为反革命修正主义分子,被夺权,被抓,他们有这个权力吗?我认为这应当是中央的权力,而不是他们应有的权力;夺权,应当是中央光明正大的决定,而不应是任由下面几个干部自己宣称。我认为他们的做法不符合毛泽东思想,不符合当时两报一刊社论的精神;但如此离谱的事情,似乎也不是他们几个自己够胆做的。对如此重大的问题,需要召开全队大会讨论。于是,我们立即召开队委扩大会议,研究局势。广大的红旗战士也十分关心此事,参加会议的人很多,讨论非常热烈。经过讨论,决定:

1)立即再派人赴京向中央汇报这一情况,看中央有何指示;

那时我们也知道,到北京去找中央文革不是一件容易的事,但是除了问中央文革外,能问谁呢?能相信谁呢?

2)立即发表文章,表明我们的观点,即A)是否夺权,怎样夺权,夺了权由谁领导,只能由中央决定,中央任命,群众参加,不能由某几个当权派自行宣称;B)提醒全省人民要谨防政治扒手浑水摸鱼;

这是我们发表的第一个告全省人民书,简称"一告","一告"由我执笔写成,太工红旗群众大会讨论通过发表。

刘格平很可能从支持夺权的太工永红那里事先得到了太工红旗辩论夺权的情况，1月13日中午，刘格平紧急召见红联站主要负责人、太工红旗的杨保明，要求红联站支持他们夺权，并说，如果红联站参加夺权，山西革命造反总指挥部副总指挥的位置留给红联站（总指挥由代表工人阶级的十三冶决死纵队的杨承效担任）。

杨保明回到红联站征求意见，未获支持。他又匆匆赶到太原工学院太工红旗队部，劝我们改弦更张，退一步，哪怕暂时支持刘格平。我们召开大会激烈讨论，大多数队员都不同意，所以没有采纳他的意见。

一告于13日下午开始向外界散发和广播。显然，我们的观点实际上是站在了他们夺权行动的对立面。文章一发表，就引起巨大的反响，因为它的论点比较符合大多数人的看法。夺一个省的大权非同儿戏，大多数群众组织对这个夺权持观望态度，有些参加夺权的组织也发生怀疑，持消极态度，给刘格平控制局势造成很大困难。

太工红旗《告全省人民书》的发表，宣告了太工红旗站在了刘格平的对立面，也站在了夺权的对立面，对山西十年文革的格局产生了极其深远的影响。

据省委七一公社的李辅回忆，由于李辅比较了解省委干部的情况，夺权前在太工红旗驻省委联络站，李青山曾经征求过他对夺权的意见。当时李辅认为，刘格平在历史上犯过严重错误，一是生活作风腐化，曾经糟蹋过60多个女性，二是地方民族主义问题，刘在宁夏时企图搞真正的"自治"，把宁夏搞成自己的独立王国。因为这两个问题，刘格平从相当于副总理级的三级干部降到山西担任副省长，刘格平还不如卫恒，建议李青山不要与刘格平这样的人搞在一起，不要参与刘格平等人的夺权活动。不知李青山是不是采纳了李辅的意见，反正是太工红旗没有参与夺权活动，并用"三评两告"的实际行动竖起了反对刘格平夺权的大旗。

太工红旗作为红联站主力中的主力，他们对于夺权的态度对红联站的影响是巨大的。但是，红联站的个别组织还是参加了刘格平的夺权，甚至最终脱离了红联站，其中与太工红旗同校的太工永红就是一个典型。李青山当时可能有点"唯我独革"的思想，从他的博文中可以看出，太工红旗的活动常常独立于红联站。其实，红联站也有"唯我独革"的思想，他们想主导夺权，所以最终拒绝联合夺权。

连续几日，红联站在其总部召集下属各组织负责人紧急会议，讨论山西文化大革命的形势及对刘格平、总指挥部的态度。会议的讨论非常热烈，有的同意参加总指挥部；有的认为总指挥部严重不纯，混入了保皇组织；有的认为红联站是山西最早最大的学生造反派组织，应该与总指挥部并列夺权；有的认为刘格平、刘贯一等人亮相不够，在三干会的表现站在省委一边；甚至有人认为卫恒等人只是执行了资反路线，不见得是反革命修正主义分子，不能由刘格平等几人定性，刘格平等人的夺权是反革命政变。据当时党校东方红的段立生回忆，当时的主流意见是：

1）刘格平本人有严重问题，反对与其合作夺权；

2）即便是夺权，也应该由红联站牵头夺权。总指挥部严重不纯，决死纵队也只是一个单位的组织，根本没有资格领导夺权；

3）夺权绝不是夺几个印章的简单问题，应该迅速夺取公安、舆论等要害部门的权。

4）对于已参加"一•一二"夺权的红联站组织如太工永红、捕猎大队不予制止，采取等待态度，如果中央表态支持"一•一二"夺权，红联站也有回旋余地，如果中央表态反对"一•一二"夺权，红联站则正好在正确立场上。

其实，第四条意见有机会主义的成分，这也是红联站没有后台的表现。

最后反对参加总指挥部的意见占了绝大多数，形成了五条决议：

1）目前向黑省委夺权是斗争的大方向，应立即行动起来，联合夺权；

2）总指挥部中的工人兵团、赴晋大队、兵团、市委红旗等均是与我们共同战斗过的革命造反派，向卫王王集团夺权的大方向正确，故对总指挥部的行动应予支持和配合，把矛头对准卫王王反革命修正主义集团,并且对反动保皇组织"工联""百万雄师"等要马上采取行动。另外应对卫王王集团控制的宣传机构和专政机构要立即进行夺权。

3)总指挥部中有部分组织是最近几天新成立的,对其不甚了解,应立即对其成分进行调查;

4)刘格平、刘贯一在前段文化大革命中没有在革命群众中"亮相",临夺权前几天才有所行动。刘贯一在在前段文化大革命中和刘格平在三干会上的表现都不符合毛泽东的革命路线。对核心小组的这些成员不敢轻表信任,决定派出代表赴京请示中央;

5)决定对总指挥部在组织上不参加,在行动上予以配合。

据太原十中七一负责人王忠强的回忆,红联站当时没有参加夺权的原因还有一条,就是"唯我独革"的思想。许多红联站的组织认为,总指挥部那些小组织,不能与红联站相比,要求在第一号《通告》上红联站与总指挥部并列署名。这个要求没有得到刘格平的同意,红联站就没有在第一号《通告》上署名,等于没有参加夺权。

文革后,杨保明也提到过红联站一开始未参加夺权的原因,主要还是对夺权的认识不足,认为走资派是个别人,省委不是黑省委,要等待中央的表态。

太工红旗作为红联站主力中的主力,他们对于夺权的态度对红联站的影响是巨大的。但太工红旗与红联站的立场还是有些区别的。太工红旗是直接反对夺权的,红联站没有发表声明公开反对夺权,有观望态度。

工人兵团虽然参加了夺权,但在夺权后,与山大八八一起退出山西革命造反总指挥部。他们认为领导干部在夺权前"亮相"不够,总指挥部混进不少保守组织,也于1月13日宣布退出山西革命造反总指挥部。至此,山西最大的工人造反组织和最大的学生造反组织,山西最有影响的两个大专院校的学生造反组织都与刘格平和总指挥部结下了不解之怨。

同日同时,在革命的另一端,工人联合会、太原市红卫兵纠察队及红卫兵团也在商量如何应对夺权问题。工人联合会、太原市红卫兵纠察队及红卫兵团虽然是保省委和卫王王的，但是也是受共产党多年正统教育的，也是愿意跟毛泽东走的，也是要革命的。在保省委和执行毛泽东革命路线发生对立时，他们也是会按毛泽东指引的路线走的。只不过张志安、刘普德等人认为，"一·一二"夺权是右派夺权，是"反革命政变"，这就是令人奇怪的地方，保守派和红联站这样的造反派看法竟然一致！！！于是工人联合会、太原市红卫兵纠察队及红卫兵团立即成立了"无产阶级革命派联合行动委员会"（简称"联动"），在当日仿照上海革命造反派的作法，在湖滨会堂举行了"抓革命、促生产，将无产阶级文化大革命进行到底"的大会，在会上批斗了卫王王等山西省委领导。这次大会被总指挥部和红联站、工人兵团等造反派看作是"假批判真保皇"的大会。但是新华社山西分社采编副主任李希孟给予了报道，并称之为"无产阶级革命派的大联合"。会后联动的队伍进行了大游行。张志安等人拟采取与红联站相同的措施，准备派出代表赴京请示中央，汇报山西"反革命政变"严重情况。

13日晚上，山西革命造反总指挥部下属各组织的代表1000余人在省委礼堂集会表示坚决支持"一·一二"夺权。刘格平、张日清、刘贯一、陈守中在会上讲话，表示坚决和造反派站在一起，夺走资派的权。

1月14日山西革命造反总指挥部发布《第一号通告》，该《通告》是由首都赴晋造反大队邢晓光起草，由刘格平修改后发布的。据刘灏回忆，该《通告》原委托刘志兰起草，刘志兰毕竟是老干部，写出的《通告》火药味不足，造反味不浓，后改为邢晓光起草，完成后刘灏还审核过。《通告》中有两点值得特别注意，一是宣布"原山西省委对文化大革命的一切领导权，自即日起由本指挥部接管"；二是提出"一切权力归革命造反派"。前者应该是全国第一次公开地正式地宣布夺权，比上海《急告全市人民书》和《紧急通告》要明确得多；后者则是革命时期的口号，有点十月革命时期"一切权力归苏维埃"的意思。在一个政权稳定之后，这类的口号执政者一般是不会也不允许提的，可见这样的口号具有革命性。

签署《通告》的群众组织有三类。一类是保袁振的老造反派组织，如兵团、决死纵队等。一类是红联站和与红联站联系密切的老造反派组织，如红联站太工永红、捕猎大队及太原市委红旗等。捕猎大队实际上是红联站住省委（有说是住在刘贯一家的）的一个小分队，有冶校东方红、太工红旗等组织的人员组成，也就是"十几个人、七八条枪"。还有一类是为应付夺权刚成立的一些组织，其中不乏保守派组织（其实造反派和保守派是相对的，也是变动的），如东风兵团就是原省人委保守组织"全球红"在1月9日改名而成，打起反卫王王的旗号，成为刘格平的"御林军"。

同日，红联站意识到了再不能等待了，否则会错失良机，就开始调集队伍，进驻《山西日报》社、山西人民广播电台、太原电讯局、山西省公安厅等部门准备支持本单位造反派联合进行夺权。

同日，《人民日报》发表了山西联动13日举行大会的消息报道，工联、红卫兵团等组织受到极大鼓舞，以此表示反对"一·一二"夺权的正确。但红联站、工人兵团认为此举是支持保皇组织，派人到山西分社造反。还派人到北京新华社要求予以更正。后陈伯达出面干预，新华社在16日《人民日报》发表"重要更正"，称"在元月十四日有关太原问题的报道中有严重的政治错误，应予撤销。"

山西"一·一二"夺权后，在省城太原明显形成了三股势力，即总指挥部下属的兵团、决死纵队等组织的势力；红联站、工人兵团等组织的势力；工联、红卫兵团、百万雄师、山大八一四等被认为是保守组织的势力。相对而言，比起后两种势力来，总指挥部的势力反而要弱一些。由于红联站像首都三司一样，派了许多人员到各地市播撒文革火种，在山西各地市红联站和工人兵团势力要大得多。在1月的中下旬，三股势力的夺权、抢权、反夺权的斗争进行的特别激烈。

同日，山西革命造反总指挥部在太原五一广场召开斗争卫王王等省级领导大会，会上采取了拳打脚踢、坐"喷气式"等当年斗地主的方式。期间，工联、百万雄师、山大八一四等组织，开来大批人马冲击会场。冲会场的组织用广播车上的高音喇叭"要文斗，不要武斗"，以扰乱批判发言，并冲上主席台"保卫首长安全"。在批判卫恒等人的大会后，山西革命造反兵团、太原机械学院第四野战军的负责人趁乱之机率人把卫恒、王谦、王大任、贾俊挟持到上兰村太原机械学院。第二天，机械学院的造反派围攻卫恒。卫恒进行驳斥，并称：刘格平、刘贯一、袁振等人所写的大字报，是政治迫害。他们五个人的底子我们清楚，他们掌权不如我们掌权。现在我还是省委第一书记，要对中央和山西人民负责，你们把我软禁在这里是非法的，赶快放我，我要大摇大摆回省委去办公。可是造反组织成员对他的这番话毫不理睬，坚持要卫恒交出整群众的材料。

同日，红联站派人赴京再次向中央文革请示汇报。中央文革在15日、16日、17日连续三天接见红联站人员，指出应大联合向卫王王夺权。

同日，太工红旗发表《再告全省人民书》（简称"二告"）。至20日又连续发表《评总指挥部一号通告》《二评总指挥部一号通告》《三评总指挥部一号通告》（简称"三评"），继续深化论述《一告》的观点，对刘格平等人提出怀疑。

同日下午，工联、百万雄师、山大八一四、工人红卫兵总部等组织在太原饭店开会，成立了"山西红色革命造反总司令部"（简称"红总司"），以对抗总指挥部。

同日晚，山西革命造反总指挥部在太原市迎新街的一个学校召开下属各组织负责人会议。刘格平、刘贯一、袁振、陈守中等人在会上介绍各自的个人简要历史情况及"受刘邓资产阶级司令部迫害"的情况，再次表态"一定与革命造反派同生死共命运"，企图消除社会上传扬的对他们的种种不利说法，以便进一步取得造反组织的信任。

1月16日红联站、工人兵团联合召开斗争卫王王大会，再次受到工联、百万雄师的冲击。

同日，省委书记处书记赵雨亭在太原新民东街六号给参加省委二线工作的柴守约打电话说："刘格平、袁振他们夺省委的权，我们不能交权。啥时候中央有了指示让交才能交。"同时，赵雨亭还给各地、市委的负责人打电话说："省委的电话随时可能中断。如果你们和省委联系不上，就依靠中央的《十六条》，独立思考，独立工作"。

并称:"现在的情况和战争时期差不多。在第一线的被冲垮,第二线的要顶上。根据实际情况处理问题。总之,不能影响了工作"。当时,正在盂县主持召开全省计划工作会议的副省长刘开基也在会上说:"刘格平、张日清、袁振等人在太原发动了政变,我是做农村工作的,准备上山打游击"。

同日,刘格平、刘贯一、袁振、陈守中等人联名向中央及中央文革小组报送了一份关于省委的材料,标题是:《关于卫恒、王谦等人破坏文化大革命的罪行向中央文革小组并中央的报告》,罗列了山西省委领导人进行"反革命阴谋活动的十二大罪状"。称省委"成立了地下黑司令部、设立了黑据点,在组织上准备和安排了应变对策"。还说:"赵雨亭、武光汤、郑林、焦国鼐、刘开基、胡晓琴、史纪言和副部长以上的大多数干部转入地下,正以全部力量向革命群众和革命左派反扑,成为山西广大革命人民的公敌"。

1月17日凌晨,刘格平、张日清、刘贯一以及山西革命造反总指挥部总指挥杨承孝、红联站总勤务员杨保明等人在刘格平宿舍开会,策划接管省、市公安机关。刘格平、张日清、刘贯一在给中央和中央文革的一封电报中说:"山西省公安厅、太原市公安局现在完全掌握在省、市委一小撮走资本主义道路的当权派手里。已经成为一小撮反革命修正主义分子的御用工具,来反对革命左派队伍。现在革命群众已经包围了公安厅、公安局。我们的意见请中央考虑迅速下令,由山西省军区接管。"会后,红联站立即宣布夺了省公安厅和市公安局的权,张日清到场祝贺,刘格平向中央电话报功,总指挥部表示支持。

从14日到17日红联站和首都赴晋革命造反大队还夺了山西人民广播电台、《山西日报》社、《太原晚报》社以及太原市电讯局的权,总指挥部曾致信祝贺。

同日,中央文革成员关锋在北京接见山西省的群众组织代表,指出卫王王是反革命修正主义分子,肯定了山西夺权是正确的。参会的工联、山大八一四的代表立即把中央文革的精神用电话传回太原,提示本组织:"赶快联合夺权"。当天中午,工联、山大八一四等组织联合组成的红总司，突然袭击已经由总指挥部夺权接管的省人委机要室，进行反夺权。"山西省人民委员会"和"山西省人民委员会办公厅"两枚大印落入其手。同时山西省交通厅等单位也被突袭，五枚大印被抢。

同日，总指挥部发表《紧急通告》，"强烈谴责卫恒死党指使山大八一四等五个组织的部分人反夺权的反革命行为。随后，工人兵团、决死纵队紧急调集万余人进行反击，省人委的大印传说已经夺回，但最终失落在了工人兵团或决死纵队手中。

1月18日红联站按"联合夺权"指示，串联工人兵团、矿山烈火（山西省七大国家统配煤矿之一的西山矿务局的造反派组织）、太重红旗（太原重型机器厂的造反派组织）、首都三司驻晋联络站、北航（北京航空学院）红旗、地院（北京地质学院）东方红、天大八一三（天津大学的学生造反派组织）等二十几个革命组织，筹备成立一个联合的革命造反的总指挥机构。筹备会前，红联站与总指挥部打了招呼。红联站还征求了刘格平的意见，刘格平表示支持，并答应在各组织联席会议上讲话。在联席会议上，刘格平表示："你们可以成立第二指挥部，同总指挥部并肩作战"。会议决定，成立"红色造反总部"（简称"红总部"），并发表了成立宣言。

据杨保明回忆，在夺权时，刘格平曾承诺，如果红联站参加夺权，给红联站一个总指挥部"第一副总指挥"的位置。在夺权后的十几天中，中央未表态支持山西夺权，在山西颇有声望的太工红旗又反对夺权，红联站也未参加夺权，对省内各革命群众组织影响很大。许多组织对刘格平的夺权产生了疑问。当时刘格平亲自到了省二招红联站总勤务站，并戴上了红联站的袖章，力争红联站的支持，并说"你们可以成立第二指挥部，同总指挥部并肩作战"。在中央支持夺权后，刘格平对红联站的态度陡变，说：红联站两面三刀，出尔反尔，一开始表态支持他们站出来革命，后来又反对夺权。

同日，中央人民广播电台广播了红联站、工人兵团、山大八八红旗等组织在16日召开批斗卫王王大会的报道。

1月20日在大同，工人兵团大同军团、红铁军（大同的造反派组织）、太工红旗驻大同小分队夺了雁北地委、行署、大同市委、市人委的权。

同日，在忻县，工人兵团忻县军团等组织夺了忻县地委、行署的权。

同日，在阳泉，工人兵团阳泉革命造反司令部夺了阳泉市委、市人委的权。

1月23日山大八八红旗、工人兵团出动万余人协助其下属组织太原纺织厂红卫兵进行夺权，受到太纺另一组织红卫队的阻挠，并发生冲突，最终夺权成功。由于太纺红卫队是中央文革成员关锋所支持的，山大八八红旗等组织贴出了炮打关锋的大标语。

至24日，太原各基层单位的夺权进行得如火如荼。

红联站所属的山西医学院红革联、十中七一、省委党校东方红、三中红旗、太原工学院红旗、井冈山、东方红、山西农学院火炬、山西财经学院东方红、山西林业学校造反有理、四中前卫、太原铁路机械学校东方红、山西会计学校井冈山、太原冶金工业学校东方红、山西化工学校造反团、八中东方红、十二中东方红、太原第一机械技工学校八二、山西大学附中八一八、十五中红旗、太原钢铁公司中学红旗、太原重型机器厂技工学校东方红、太原铁路局第一中学燎原、九中造反团、十三中红旗、山西矿业学院红矿工、山西劳动大学红旗、十八中反帝反修、太原机械学院红旗、太原重机学院东方红、联总都先后在本校夺权成功。

同时，工人兵团所属太原钢铁公司联合总部、太行仪表厂司令部、山西机床厂机床烈火、大众机械厂红旗、太原铁路局红旗等都先后在本单位夺权成功。

同时，山西大学八八红旗、兵团所属五中井冈山、十二中红旗、山西建筑工业学校二一七、一中赤色、六中32111、团省委大无畏、小学教师黄河、山西省艺术界革命造反指挥部、太原市委红旗等革命造反派组织均夺权成功。

同日晚，中央人民广播电台广播了《山西革命造反总指挥部第一号通告》，表明中央对山西"一·一二"夺权的支持。当时在京反映山西情况的红联站负责人段立生等人，在收到广播后，知道了中央对山西的态度，感觉大事不妙，立即返晋商量对策。

3. 夺权尾声，也是反夺权的开始

1月25日《人民日报》在头版显著位置刊登了《山西革命造反总指挥部第一号通告》，并发表社论《山西省无产阶级文化大革命的伟大胜利》。社论指出：

> 山西省军区和人民解放军部队，坚决站在以毛主席为代表的无产阶级革命路线一边，坚决支持和援助无产阶级革命派，在夺权斗争的关键时刻，毫不含糊地全心全意地支持无产阶级革命造反派起来夺权，为无产阶级文化大革命作出了巨大的贡献。……
>
> 山西省的革命造反派，为全国的无产阶级革命造反派的夺权斗争创造了新的经验。山西省军区的人民解放军部队，为全国人民解放军指战员树立了鲜红的旗帜。……
>
> 山西省革命造反派夺权斗争的大方向是完全正确的。一切无产阶级的革命组织，一切革命同志，都应该热情支持他们的夺权斗争，大力宣传他们的夺权斗争经验。这是马克思列宁主义、毛泽东思想的正确态度。在这样的大是大非问题面前，站在后面指手画脚是错误的，站在旁边冷眼观望也是错误的。

《人民日报》社论即中央的表态，大长了刘格平及总指挥部的士气，大灭了工联、百万雄师等保守派的威风，也使得发出"三评两告"的老牌造反派太工红旗进退维谷。使得退出夺权的山西大学八八红旗及工人兵团很没面子。虽然红联站当时拒绝参加总指挥部，但并没有与刘格平翻脸，并一直与总指挥部配合行动，这就为红联站被迫暂时扭转风向留下了回旋余地。但是反对夺权的造反派组织，无论是山西大学八八红旗及工人兵团，还是太工红旗及红联站，都到了一个历史的坎儿上。工人兵团有点像一座巨大的冰山，遇到大热天很快就冰消雪融了。而红联站虽然有一阵子加入了总指挥部，后由于"道不

同，不相为谋"，终与刘格平和总指挥部分道扬镳了，并且成了他们的强劲对手。

同日，山西革命造反总指挥部在太原五一广场召开《革命派大联合夺权誓师大会》。大会由杨承效主持，刘格平、张日清、刘贯一、袁振、陈守中坐镇大会。刘格平在讲话中表示"坚决和革命造反派奋斗在一起，战斗在一起"。张日清代表驻山西的解放军全体指战员宣布："坚决支持革命群众和革命造反派，如果你们需要部队支持，我们立即派出部队，支持你们，援助你们。"还称："我们坚决镇压反对无产阶级革命左派的反革命分子、反革命组织，如果他们动武，我们坚决进行还击。"在会上，红联站代表发言，提出申请加入总指挥部的要求。同日晚，刘格平向红联站开出"只有开除太工红旗，才能加入总指挥部"的条件。

同日，在长治，"联字号"（拥护劳模李顺达的晋东南的造反派组织）和红联站等造反派组织，对晋东南地委和行署夺权成功。

1月26日山西省军区和21军指战员在五一广场武装集会，支持"一·一二"夺权，刘格平、刘贯一、袁振到会讲话。会后，举行了声势浩大的武装游行。《山西日报》为此发表题为《敌人不投降就叫他彻底灭亡》的社论。

同日，在临汾，晋南地区大中学校红卫兵革命造反第二司令部、职工革命造反兵团、红联站向晋南地委、行署夺权成功。

同日，总指挥部派出人马，由山西省军区配合，奔赴山西人民广播电台进行反夺权，宣布红联站夺省广播电台的权是非法夺权，从即日起，省广播电台由总指挥部接管。并用武器把红联站及首都赴晋造反大队人员逼出了省电台。

同日，省军区派出数十辆汽车，满载全副武装的部队，支持以劳动模范解悦为首的太纺红卫队进行反夺权。并宣布工人兵团下属的太纺红卫兵是"反革命组织"，其"夺权是非法的"，并逮捕厂党委书记杨丕夫、厂长梁俊华、副厂长兼总工程师贾玉琦、太纺红卫兵领袖及其主要成员一百零二人（据杨丕夫夫人张美玉《杨丕夫被抓捕迫害死亡的情况》一文）。如同太纺一样，刘格平依靠军队二月份开始在忻州、临汾、大同等地都进行反夺权，对在一月风暴先行夺权的造反派逮捕关押，这就形成同全国一些省区相同的"二月镇压"。

同日，太工红旗由于中央表态支持"一·一二"夺权，就"三评""两告"反对"一·一二"夺权问题，在太原五一广场向毛主席请罪。李青山是这样描述当时的情况的：

> 《山西革命造反总指挥部通告》一经中央人民广播电台广播，参与夺权的人马精神大振，立即欢呼雀跃。同时，轰击太工红旗的大字报、大标语铺天盖地而来，说太工红旗反对夺权罪该万死；有人揭发，在夺权的时候，走投无路的卫王王在北营仓库曾议论要投奔太工红旗，这表明太工红旗是"假造反，真保皇"。红旗战士实在气愤不过，在太原工学院电机馆前的马路上写下大标语："青山不老，红旗不倒"，被对立面大做文章，说这是吹捧太工红旗的坏头头李青山。山西军区的部队到太原工学院武装示威，山西革命造反总指挥部放出话，红联站不开除太工红旗就休想参加总指挥部。太工红旗遭受到空前的压力。
>
> 面对这种形势，太工红旗首要的工作是应当立即到五一广场去向毛主席请罪，向社会承认错误，表明痛改前非的决心，这是上海反对张春桥、王洪文夺权的一派开的先例；其次是应当立即整风，找出错误根源，痛改前非，争取得到刘格平和山西革命造反总指挥部的谅解和接纳，以便在他们的领导下，继续紧跟毛主席干革命。
>
> 可是我想不通，不知道究竟错在哪儿。在那种情况下，怎样做才能避免犯这种错误？难道我们遵循毛主席关于"绝对不应盲从，绝对不应提倡奴隶主义"的教导去考虑问题错了吗？难道我们为党负责，为文化大革命负责，积极向中央反映情况错了吗？
>
> 无奈之下，队部决定由队委王步祥率领红旗战士到五一广场向毛主席请罪。
>
> 由于请罪不是由我带队进行，山西革命造反总指挥部大为不满，它们的下属组织贴出大标语，说太工红旗是假检查真顽抗，几次请罪都不能过关。

社会上广大群众对太工红旗也非常关心，他们当然不希望这个山西响当当的造反派垮下去。在我们最困难的时候，山西革命造反兵团司令刘灏，在汤建忠（山西广播电台干部，人称他为兵团"汤高参"）的建议下（为连接本句，以上四字由作者添加），到工学院找到我，要我们和他们一起干，我完全明白他的用意和他对形势的估计，但是我婉拒了他的好意，因为我不能无缘无故脱离我们亲手建立的红联站而作它投。不过，我和刘灏、汤建忠成了好朋友，在文革中，经常在一起研究形势。

由于太工红旗在造反派中有着巨大的影响，虽然太工红旗有反对夺权的"三评""两告"，刘格平最终并没有敢把太工红旗打成"反动保皇组织"

1月27日山西省核心小组和山西革命造反总指挥部召集原省直机关各部委副部长以上干部开会。刘贯一在会上训斥与会人员说："如果你们不揭发黑省委的问题，我们就开公审大会审判你们。"刘贯一指着胡晓琴（时任中共山西省委常委、省委组织部部长）说："我给你指一条出路，就是揭发安子文的罪行。"接着又指着卜虹云（时任山西省委文革办公室主任）说："你是省委的大特务，必须老老实实交代你们的特务罪行"。

1月28日太原市革命委员会成立，陈守中担任革委会主任，王承琚（市委红旗负责人）担任副主任。当时毛主席还未有关于"革命委员会"的指示，太原市"发明"出"革命委员会"这个名称，成为"全国第一革"。2月6日的《人民日报》发表文章对此进行了报道，同时表达了认可和支持。文中指出："我们毅然决然地在打碎反革命修正主义统治机构的废墟上，建立了我们无产阶级革命造反派的崭新的权力机构——太原市革命委员会。""太原市革命委员会，现在负责行使太原市党、政、财、文等各种大权。"（引自《无产阶级革命派真正行使大权的开端，太原市革命委员会宣告成立，决定乘胜前进全面夺权，加强无产阶级专政，抓革命促生产，坚决进行斗批改》，《人民日报》1967年2月6日第3版）

在此顺便提及的是，1月22日青岛市"革命造反委员会"的夺权、1月25日贵州省"无产阶级革命造反派总指挥部"（2月20日改称"革委会"）的夺权、1月31日黑龙江省红色造反者夺权委员会（2月23日改称"革委会"）的夺权、2月3日山东省"无产阶级革命造反派大联合革命委员会"（2月23日改称"革委会"）的夺权都被许多史料讹传成了"革命委员会"的成立，实际上这些夺权组织是与山西革命造反总指挥部同一性质的组织。

同日，刘贯一代表山西省委核心小组向中央汇报夺权情况，其中提到红联站时认为是"机会主义者组织"。

同日，太工红旗冒雪在太原五一广场再次向毛主席请罪。

1月30日凌晨，省委第一书记卫恒在总指挥部的关押中，在无人知晓的情况下突然去世。卫恒之死有多种说法。

按杨顺科、李玉明撰写的回忆录《卫恒之死》叙述，卫恒从1月18日起，就被造反派关在山西省团校。在1月22日被决死纵队和兵团揪到晋中榆次体育场批斗后，被兵团的女领袖、山大的王清英转移到了山西荣军疗养院。深夜又被转移到设在太原市迎新街的决死纵队总部关押。29日又移至迎新街的十三冶三公司办公楼310号房间关押，昱日晨去世。至于卫恒去世的原因，当时核心小组刘格平等五人给中央文革小组转党中央、毛主席的加急电报中是这样说的："原省委卫恒十一日畏罪自杀"（如果《卫恒之死》引用的资料为真，不知刘格平等人为何把卫恒去世之日提前了十九天——作者）。省委第一书记之死非同小可，之后，曾把卫恒的有关脏器和胃内容物送至上海卫生局和人民检察院法医检验所进行检验，得出"出血性胰腺炎导致休克突然死亡"结论。至1967年5月，由北京市公安局、中科院实验医院研究所、卫生部药物生物制品检定所、人民解放军总后卫生部药品检验所等单位得出的卫恒死亡结论是："死者卫恒符合于出血性胰腺炎导致休克突然死亡"。卫恒之死还有一个原因。在卫恒去世前一两天，中央专案组派来两个人向卫恒了解情况（也可以叫审问），山西造反派方面派了一人陪审，一人记录。记录的人是太原革命造反司令部（简称"太司"）的郭俊楼。几十年后在郭俊楼去世前，希望能把这次询问的情况公诸于世,以免这段历史真相佚失人间。郭俊楼所述的那次中央专案组询问卫恒的主要内容出乎人们的意料,一般人认为中央专案组会询问卫恒所知道的彭薄安陶反党反社会主义的行为,实际上所询问的主要是卫恒给彭薄安陶等人钱的事。"一·一二"夺权前,兵团抄卫恒家时发现了柜子里有几叠由十元钱(当时的最高币值)扎成捆的钞票,每叠有千元左右,在捆钞票的纸条上写有李雪峰、彭真、薄一波、安子文等人的名字,中央怀疑李雪峰、彭真、薄一波、安子文等人有受贿的行为。当时卫恒对中央专案组的解释是,那时这几个老首长生活困难,省委想给予补贴。中央专案组提审卫恒,形成巨大精神压力,也是导致死亡的一个原因。

2009年9月中央党史出版社出版的《王谦一个省委书记的风雨征程》(简称《王谦》)一书中,时任山西省省长的王谦回忆了这类事情:

"文化大革命"初,大字报揭批卫恒同志,其中有一个问题说什么:卫恒的第一书记是用1000元买的。当时我是听别人说的,知道以后,我也没有相信这回事,因为我了解卫恒同志的品格。记得王大任同志问过我,知道此事不知道。他说:"是不是问一下卫有没有这件事,是怎么一回事?"我说:"你问就是你怀疑了"。我有考虑说:"现在这个情况下问好吗?"事情就没有再谈下去。

但在夺权以后,也就是1月13日或14日,卫恒、王大任(省委书记处常务书记)、贾俊(省委书记处书记)、史纪言(省委常委兼秘书长)等同志和我,还有小蔡(蔡醒民,王大任秘书)、李玉明(卫恒原秘书),以及小干(干丁顺,王谦秘书)、小马(马德保,史纪言秘书)几个人。我们先集中在机械厅新建还没有住人的宿舍楼,然后又到北营省人委机关事务管理局的一个仓库里,一间房子,一盘炕,地下有一台火。卫恒同志蹲在火台上烤火,大任同志在炕上躺着,我在地下凳子上坐着,史纪言同志也在炕上躺着。大任同志突然问:老卫,社会上有大字报传,你的第一书记是用1000元买的,说你给了安子文(中共中央组织部部长)同志1000元,真有这事?是怎么一回事？老卫慢腾腾地说：不是那么回事。那还是在前几年，有一次安子文同志跟我说，刘少白（安子文岳父，省政协副主席）同志在北京住医院，花钱很多，生活困难，让山西给补助一些，当时我没有答应。因为我觉得老刘的级别和我们一样，也是八级，家里能有多大困难？后来，安子文同志又有两次和我说起这件事，第三次说过以后，我和卫逢祺（副省长兼省人委秘书长）同志说，让他考虑处理。给没给，给了多少？我没有问过。这件事卫逢祺同志是知道的。

在"文化大革命"初期的黑风逆浪中，卫恒同志就惨遭不幸，过早地离开了这个世界。但是，对这件事我却一直没有放下，总想把它搞清楚，给死者一个明白的交代。在我重新出来工作，一直到粉碎"四人帮"以后，卫逢祺同志的问题也解决了，开始恢复工作了的时候，有一次我问卫有这件事没有。他说："有，经我手办的。"我问："给了多少？"卫说："是几百？500？还是800？需要的话我可以查一下账。"我说不必查了。

王谦回忆的这件事，不是兵团抄卫恒家发现的那件事，由于是"一·一二"夺权前夕发现的，兵团的大字报不太可能反映王谦那里。而且，王谦所说的是已经付给安子文岳父的钱的事，兵团发现的是还没有给付的款，可见，两者不是一回事。不过，如果卫恒真有私下给老首长钱的事，估计也不会向王谦、王大任这些同事承认。王谦自以为能力很强，资历和级别也不比卫恒差，对卫恒当省委第一书记就很不服气。过了许多年在他当了省委第一书记后，还在向卫逢祺追问这件事，按照王谦其人的品行，当然不是为了还卫恒一个清白。《王谦》一书有许多颠倒黑白的地方，这在以后我们还要说到，就此事而言，王谦在此事多年之后，或在人们已经不知道的情况下，重提此事，其用心可谓良苦！如果此事为假，也损坏不了王谦一根毫毛；如果此事为真，王谦正好证明了当初中组部选择卫恒任第一书记怀有私心，卫恒真是在九泉之下也不会安心。

这件事也说明了卫恒当时的处境，不管是什么原因，给安子文的岳父，或许给其他首长以经济补贴，总拿不到台面上来说。卫恒为人比较谦和而低调，在外部，造反派把他作为主要批斗目标；在内部刘格平等人已起来造反；王谦等人也不配合工作，反而向中央告状。在他受到内外夹攻之时，确实是有点不知所措。再加上给老首长钱的事被揭露，思想压力很大。在这种情况下，发病的概率增加了很多。总之，无论哪条原因，卫恒确因迫害而死。

卫恒去世不久，王谦、王大任等省领导被投入监狱。与他们有工作往来的一大批工作人员也被打成"特务""黑二、三线人物"关进监狱，在押时间有的竟长达两、三年。杨承孝这个不是共产党员的山西革命造反总指挥部总指挥，竟然在大会上宣布开除卫恒、王谦、王大任等省委领导人的党籍。在当时的革命时期，省委都被称作为"黑省委"，反革命修正主义分子人人得而诛之，开除党籍这样的小事，由杨承孝宣布就不足为奇了。

1月30日，经刘格平同意，其夫人丁磊组织了以东风兵团为主的六百人"造反大队"（由三百名学生、二百名工人及一百名干部组成）分赴五专三市（当时山西省行政区划为五个地区和三个省辖市，即雁北地区、忻县地区、晋中地区、晋东南地区、晋南地区、太原市、阳泉市、大同市）进行再夺权或反夺权。

同日，红联站在山西省体育馆召开整风动员大会。

1月31日晋中革命造反总司令部、红联站及赴晋大队等造反派组织，在晋中军分区和驻晋中部队的支持下，一举夺了晋中地委、行署的权。

同日，红联站内部整风，在中央指示和刘格平双重压力下，被迫决定把红联站的创始组织太工红旗开除出红联站，杨保明的总勤务员的职务被免，并选举山西省委党校东方红的赵凤田为总勤务员。

1月下旬，在《人民日报》刊载《山西革命造反总指挥部第一号通告》及发表相应社论后，趾高气扬的刘格平终于拿起了"革命的屠刀"左右挥舞。

刘格平的"左一刀"砍向了工人兵团和山大八八红旗。工人兵团和山大八八红旗在夺权的关键时刻退出的行为，无异于"叛变"。这些"叛徒"比敌人更可恨！刘格平、张日清在1月25日把山西工人革命造反兵团（太纺红卫兵的负责人张锦秀是工人兵团二把手）打成"反革命组织"，先后逮捕了工人兵团的主要领导人张建国、李宝顺、张锦秀等人，不久工人兵团就"树倒猢狲散"了。山大八八红旗则因为"炮打关锋"，被视为反动组织（3月10日被宣布成反动保皇组织），其领袖之一的方培泉等人被捕。

刘格平的"右一刀"砍向了工联、百万雄师及红卫兵团，立即宣布这些组织为"反动保皇组织"，并陆续把其领袖张志安、刘普德等人缉拿归案。

第四节
毛泽东说："这个权力机构名称，叫革命委员会好"

1. 一月革命走到了十字路口

无论是山西的一月革命，还是上海的一月革命，都走到了十字路口。在这个关键的时刻，毛主席和党中央只是说"无产阶级革命派大联合，夺党内走资本主义当权派的权"（引自《人民日报》1967年1月22日社论标题），他们并没有明确指示，怎样夺权，夺哪些权，夺权后采用什么形式执政，权力机构有哪些权力等诸项问题。也许，这就是革命的特征，也就是在动乱的实践中革命者必须自己自然地寻找问题的解决方法；也许，形势发展到如此地步，最高领导自己也不知道解决的方法和运动的走向，只能走着看。

就山西和上海的形势看，到一月底，走资派已经不是"一小撮"，而是"漫山遍野"了。因此夺权的势头也已经是"无处不烽火，遍地是狼烟"了。一月革命不仅仅是夺了所谓"走资派"的权，而是摧毁了十七年建立的政权模式，或者说是摧毁了由斯大林创建的政权模式，并且企图创造新的政权模式。用《红旗》杂志1967年第三期社论《论无产阶级革命派的夺权斗争》中的话来说就是:"向党内一小撮走资本主义的当权派夺权的伟大的群众运动,已经开始创造并将继续创造无产阶级专政国家的新的组织形式。""去年六月一日,毛主席就把北京大学的全国第一张马列主义的大字报称为二十世纪六十年代的北京公社宣言。这时,毛主席就天才地预见到我们的国家机构,将出现崭新的形式。"当面对要创造崭新的国家机构形式的时候,山西和上海却走上了不同的道路。

上海市是一流的大都市,在当时上海的城市规模也达到一千多万人,可排在世界前三位。从二十世纪初以来,上海就是中国工人阶级和市民阶级的最大的聚集地,也是各种思想思潮的聚集地,如果用全球地域概念来比喻,上海就是中国的西欧。如此,上海的一月革命实际上就像法国的革命,必然伴随着各种理想和思想。张春桥、姚文元、徐景贤、王洪文作为上海一月革命的实际领袖,其中三位是理论工作者(也可以说是理论家)。由理论家领导的革命必然偏向于理想化。在1月5日宣布打倒上海市委后,上海的第一书记陈丕显虽然还在行使权力,但权力已经缩小到了"只批报告"的程度。上海也处于一种"革命"状态。但上海的"革命家"们并没有"闲"着,他们一方面在协调各造反派组织之间的关系,力争实现最大的"革命大联合",另一方面在寻找一种新的权力机构形式。从这一点上讲,上海的一月革命像巴黎公社,更像一场"革命"。

山西省是一个不大的省,当时的人口约一千七百万人,省会太原市的人口也就是一百二十万人。山西省基本上是一个农业省,著名的农业和林业模范单位大寨、西沟就在山西。山西的工业主要以煤矿为主,煤炭部管辖的统配煤矿就有七座。山西一月革命的领袖刘格平、刘贯一、袁振都是受过挫折的具有三、四十年"革命"经验的老牌革命家,他们注重的是权力,而不是新的权力机构的形式。他们急于夺权是为了重新获得权力,以发泄多年受压制的情绪。从这一点上讲,山西的一月革命像俄国革命,更像一场"政变"。

不过,无论是山西,还是上海,一月革命还必须继续。

2. 一月革命在继续：毛泽东打碎了上海公社的美愿

上海的一月革命终于在 2 月 5 日结出硕果。根据徐景贤的回忆：

二月五日下午，一百万人争先恐后地来到上海市中心的人民广场，各个组织都打出自己的旗号表示拥护上海人民公社的成立，张春桥、姚文元、驻沪三军的领导人和三十二个群众组织的负责人登上主席台，天空中出动两架飞机撒下了五彩缤纷的传单……

张春桥在成立大会上致词："我们的一月革命，确实是伟大的人民革命……这场胜利，如同一九四九年五月二十七日中国人民解放军解放上海一样，将永远记在上海人民的心里。"姚文元在会上发表演说"上海人民公社是无产阶级专政的新形式。"大会宣读的上海人民公社通令指出："一切权力归上海人民公社临时委员会"。会上发表了上海公社宣言《一月革命胜利万岁》。

徐景贤还比较详细地回顾了上海人民公社的成立和改名过程：

时至一九六七年一月底，上海联合夺权的步伐加快了，几个主要的组织在市委党校成立了夺权宣言的起草小组，执笔者们根据马克思的《法兰西内战》一书，提出要把巴黎公社的革命精神写进上海的夺权宣言，主张"彻底砸烂旧的国家机器"，"公社委员由群众直接选举"，"公社委员是人民公仆，工资收入不得超过普通工人"等等。初稿起草出来以后，命名为"上海人民公社宣言"。

从徐景贤的叙述来看，当时设想的上海人民公社不等于 1958 年的人民公社。58 年的人民公社是自上而下的强令组建的，而上海人民公社是自下而上的，并带有强烈的民主和廉政色彩。所以说，上海公社是一种制度的改变。

2 月 5 日的大会以后，上海人民公社临时委员会的委员们进入了外滩大厦办公，上海终于渡过了近一个月的权力真空的时期。可是，公社委员们等了三、四天，也没有等到新华社和《人民日报》报道上海人民公社的消息，许多人心里开始发毛，担心中央不承认上海人民公社。又过了几天，中央依然没有消息，上海街头出现了质疑上海人民公社的《一问上海人民公社》《二问上海人民公社》……的大字报。此时，张春桥、姚文元也坐不住了，于2月12日赴北京探听虚实。徐景贤在当作张、姚在上海的样子传达张、姚的指示，布置工作。"空城计"约唱了一个星期，张、姚回到了上海，向徐景贤传达了毛主席的指示。张春桥说："主席说，一月革命胜利了，二、三、四月更重要。主席对上海非常关心，对夺权表示支持。但是，主席对我们夺权以后成立上海人民公社这件事有意见，他说，你们把名称改成上海人民公社，原来北京也想建立北京人民公社，如果各省、市、自治区都改名叫人民公社的话，我们的国号就要改，中华人民共和国要改成中华人民公社，还要设立社长。那就涉及到国家体制改变的复杂问题，改变国号，牵涉到外国对我们国家要重新承认，外国大使都作废了，要重新换大使。"张又说："二月十二号那天，我们已经向主席当面作了检讨。毛主席考虑得真细致，连改什么名称都代我们想好了，他说还是叫革命委员会好。"

对"公社"情有独钟的毛泽东在一月革命的当口上显得有点"叶公好龙"，他提出的理由显然是一种托词。从毛泽东的"反帝反修"的思想，就说明了他既不想走苏联的现代社会主义道路，也不想走欧美的现代资本主义道路，从未考虑与国际"接轨"。况且在1958年人民公社红遍中国的时候，他也没有提"把中华人民共和国要改成中华人民公社"的问题。在否定上海人民公社的几年后，他为了不让林彪当主席，不顾宪法，不顾国际影响，一人决定"不设国家主席"，使中华人民共和国没有了"国家元首"，他丝毫也没有考虑"外国大使向谁递交国书"的问题。所以，毛泽东否定上海公社只有两个可能的原因。

一个是在上海群众自发提出成立公社的时候，没有事先或及时请示毛泽东，引起了毛泽东的不快，毛泽东只好小小的"惩罚"了一下上海人。

另一个是毛泽东可能是考虑到实施巴黎公社式的社会组织的现实性。鉴于1958年公社实验的失败教训，毛泽东显然采取了谨慎的态度,他想用临时革命政府过渡一下,使他最终否决了当时社会主义者们向往的公社形式的社会政治形态。

不过,与其他省份不同的是,通过"革命造反"从基层或下层上来的造反派领袖如徐景贤、王洪文、王秀珍等却真正掌握了政权,而且将上海治理得井井有条。在文革的近十年的时间内,上海是出奇的稳定,没有像有"走马灯"式的政权更迭。造反派的"死敌"邱会作(开国中将,文革时曾任中央政治局委员、中国人民解放军总后勤部长。在一月革命风暴中,几乎被以驻地在上海的第二军医大红色造反纵队为首的总后造反派在批斗中打死)对王洪文的评价很高:在邱会作与其儿子对话中曾提到:王洪文是上海滩上的"瘪三",是摆不上台面的人。1970年7月,毛主席知道我们厌恶造反派,总是把造反和动乱视为一体。他说,"你到上海了解一下社会情况吧",要我到上海学习一下。"那一次,王洪文当我在上海'学习'的向导,热情接待,陪同参观。我看上海社会稳定、供应充足、群众对生活满意,比同期最好的北京还要强。我就想了,共产党安排一个省长、市长,要在经历多年战争考验的老干部中选优秀的,才能胜任。王洪文两三年就把上海搞成那个样子,难怪毛主席那么喜欢他、器重他。"(自邱会作之子程光著《心灵的对话——邱会作与儿子谈文化大革命》)

3. 一月革命在继续:山西的刘格平喜欢用刺刀

在上海闹腾公社的时候,刘格平则策划用刺刀统一山西。刘格平显然没有上海人的理想,他只是想进行政权的更迭。

一月革命的结果似乎让刘格平有点吃惊。他没有想到,群众运动的力量如此之大,红联站及工人兵团在一月的后十五天内,不但夺了太原市很大一部分基层单位的权,而且联合本地造反派夺了五专三市的权。相对而言,刘格平的能靠得住的队伍很弱小。决死纵队的势力范围还没有超出太原市,主力也就是十三冶和太钢两个单位的工人;太工永红只是太原工学院的一个战斗队,也就几百人的样子。兵团有一定实力,但常与红联站、工人兵团勾勾搭搭,极不可靠。刘格平急于想要全面统治山西,他要抛弃曾经许诺的公社原则了,也要抛弃中央指示的"大联合"原则了,还要抛弃"自下而上"夺权的原则了。为此,他采取两方面的措施:一方面巩固与军队的关系,用张日清的刺刀反夺权;另一方面利用中央文革的支持,打压和摧垮反对派,在反对派中(不管原来是造反派,还是保守派)"招降纳叛",组织属于自己的队伍。

2月1日刘格平、张日清、袁振、陈守中联名向中共中央发出《关于山西夺权情况及下一步部署》的报告。《报告》讲到夺权的情况时称:"山西这场伟大的文化大革命运动处于生死存亡的关头"。"我们不能不站出来了"。"我们在一月十二日晚上召开了二十三个革命组织代表会议,采取了革命造反派大联合夺权的联合行动"。"当张日清同志和我们几个同志说明敌人当前的严重情况后,特别是看到了卫恒家中搜出的反动罪证,各革命造反组织的代表群众激愤到了极点,一致要求立即进行夺权。我们同意他们这一伟大行动并帮助他们制定计划,调集一万名革命群众立即开始行动,这就是一月十二日夜夺权提前举行的原因"。《报告》讲到下一步的部署时称:"一、在所有机关厂矿中放手发动群众并有计划有步骤进行全面夺权。二、抽调大批的工人、革命学生、革命干部经过深入动员后到地、专、市发动群众夺权。三、将地委权夺到后即到县发动群众夺权,准备在二月底以前初步完成全省县以上夺权任务。"

同日,山西革命造反总指挥部发表《第二号通告》,动员全省的造反派"要迅速返回原地,把省城的夺权斗争情况广泛地进行宣传,配合当地革命造反派向党内一小撮走资本主义道路的当权派,展开全面的夺权斗争"。"对假夺权或反夺权的要及时揭露,及时把权夺回来"。《山西日报》为此发表社论称:"《第二号通告》是向党内一小撮走资本主义道路的当权派全面夺权,彻底夺权的动员令和进军号","把革命的烈火燃遍全省,解放全山西"。

也就在这一天,刘格平派遣首都赴晋革命造反大队的邢晓光、赵卫东和太原市委红旗战斗队的朗秀梅等三人,到北京向王力、关锋汇报一•一二夺权后的情况,请示成立无产阶级专政委员会的问题。王力、关锋肯定了总指挥部派工作队到各专、市、县夺权的做法和准备在二月底以前完成县以上夺权的意见，对成立无产阶级专政委员会表示十分赞赏，说"这又是一个新生事物"，让很快成立起来，总结经验。

2月2日红联站加入总指挥部，在五一广场举行庆祝大会。实际上，红联站虽然加入了总指挥部，仍然没有逃脱"后娘"所养的命运。

2月4日在忻县，刘格平组织队伍进行了反夺权。红联站所支持的工人兵团忻县军团4个负责人和98名骨干被抓。从此在山西开始了"二月镇压"

同日，山西革命造反总指挥部宣布成立山西省公、检、法接管委员会，接管省公安厅、省检察院、省高级法院。同时，省军区也宣布对公、检、法进行军事管制。

2月7日山西革命造反总指挥部发布《第三号通告》。《通告》称："革命造反派大联合大夺权斗争已经由省城发展到地、市、县。地、市、县党内走资本主义道路的当权派所把持的权力正在被革命造反派夺了过来"。《通告》还称"广大贫下中农站出来，大联合，大造反，同革命干部和一切革命力量相结合，挑起革命、生产两副重担。"

2月9日张日清在《山西日报》上发表题为《无产阶级革命造反派大联合展开全省全面夺权斗争》署名文章。文章强调："通过整风要从政治、思想上和组织上整顿我们的队伍，形成一支非常革命化、非常无产阶级化的文化革命大军，夺取新的胜利"。文章最后提出："在夺权过程中，必须加强无产阶级专政"，"建立无产阶级专政委员会"，"建立革命人民法庭"。

2月10日山西省核心小组会议决定增补徐志远、刘志兰、胡炜（21军军长）、陈永贵为组员。

2月13日《山西日报》发表《人民日报》通讯员、记者评述山西造反派夺权的文章。文章一开头就称："山西省革命造反派夺权斗争的重大胜利，在无产阶级文化大革命的史册上写下了光辉的一页。"并称它为全国各地"提供了新的经验"，"作出了新的贡献"。文章评述山西夺权经验是"高举毛泽东思想伟大红旗,实行无产阶级革命派的大联合,实行革命的三结合";"彻底打碎走资派控制的资产阶级专政机构,建立无产阶级革命的权力机构";"充分运用革命的权威,开展全面的夺权斗争"。

同日,太航仪表厂发生反夺权事件,工人兵团太行司令部被军队镇压。

2月15日刘格平在山西革命造反兵团整风动员大会上讲话。他在讲话指出:晋南、雁北、大同的夺权是假夺权,"阳泉夺权了,也有问题","要把权夺回来"。

2月16日山西核心小组和山西省革命造反总指挥部召开全省电话会议,张日清在会上称:"卫恒、王谦、王大任一小撮走资本主义道路的当权派对党和人民犯了滔天罪行,已成为山西人民的公敌。他们从上到下,有一条黑线,上面以彭真、薄一波、安子文等做他们的后台,下面伸向各地,市、县和各大厂矿、学校有他们的爪牙和帮凶。他们临垮台时,搞了一、二、三道反革命防御线,对抗革命派"。又称:"目前以夺权斗争为中心的全省全面的阶级斗争已经展开,已经由省城发展到地、专、市、县和各机关、厂矿、学校,并取得了重大胜利。"在讲到目前主要任务和干部问题时称:"当前的重要任务就是无产阶级革命造反派大联合,大团结,大夺权。""对干部我们要采取一抓、二罢、三保的方法。对反革命修正主义分子坚决地抓起来,坚决专政;对执行资产阶级反动路线的顽固分子,不突出政治的,斗争意志衰退的,犯了严重错误不愿改正的分子,要斗争他们,但不要过早地处理;对站出来的领导干部,要相信他们,和他们紧密地结合在一起。"张日清在讲话中要求,"各地区各单位要根据电话会议精神,研究讨论,安排一下工作,没有夺权的地方和单位,要进行夺权,夺了权的地方和单位要巩固这个权,发展这个权。"

同日,太钢发生反夺权事件,工人兵团太钢联合总部被军队镇压,十余个负责人被抓。

2月19日刘格平、张日清、刘贯一、袁振在北京向康生、王力、关锋汇报"一·一二"夺权情况。在中央召开的关于山西夺权情况介绍会上刘贯一发言，汇报了以下问题：关于夺权的斗争问题：一、夺权前的工作，二、夺权过程中的工作，三、夺权后的工作；关于实行"三结合"的问题：1、三结合在山西是如何产生的？2、三结合在夺权斗争中所起的重大作用，3、三结合在巩固夺权中继续发挥了它的无比威力。参加这次会议的有周恩来、康生、聂荣臻等人。康生认为山西夺权的经验很好，因而推荐他们到准备召开的军委扩大会议上介绍经验。

2月22日在临汾，晋南军分区派兵突袭山西师范学院（校址在临汾），红联站师院"造反大队"学生领袖曹森林和"红教工"的几名负责人被抓。

2月23日山西省核心小组会议决定将小组新增加的成员和分工电报中央审批。上报的名单中包括夺权前成立的核心小组5名成员和新补的4人共9人。分工是：组长：刘格平；副组长：张日清；秘书长：刘贯一；副秘书长：刘志兰；组员：刘贯一、袁振、徐志远（中共忻县地委书记。"一·一二"夺权后任中共山西省核心小组组员，山西省革命委员会常委，中共忻县地区核心小组组长，忻县地区革命委员会主任）、陈守中、胡炜（驻晋部队21军军长）、陈永贵、刘志兰。

同日，太原铁路分局发生反夺权事件，工人兵团铁路红旗被军队镇压。

2月26日陈伯达、王力、关锋将经整理成文的张日清一次汇报发言送林彪审阅时写道，这篇文章"是红旗杂志约张日清同志写的。我们认为很好，拟最近发表，并想建议军委把此文印发军级干部会议参考。"林彪将张日清的文章转呈毛泽东。毛泽东于同月27日10时在陈伯达、王力、关锋的送审稿上批示："林彪同志：可以登报并广播，军队同志就看到了，不必再印发。如你同意，请退文革小组。"张日清的署名文章发表在1967年2月28日的《人民日报》和3月1日出版的《红旗》杂志第4期上，题目是《坚定不移地支持无产阶级革命派的夺权斗争》，署名张日清。文章称："山西省无产阶级革命派夺权斗争的一条重要经验，是实行了革命群众组织、革命领导干部和人民解放军的'三结合',在联合夺权的斗争中,解放军起了很重要的作用"。接着又说:"省委内的领导干部站出来同革命派结合的时候,我们便主动地同他们联系,支持他们站出来揭露党内一小撮走资本主义道路的当权派,并给他们的活动提供方便,同时向革命群众介绍他们的情况,揭露敌人造谣挑拨的阴谋。清除革命群众对革命领导干部的某些怀疑和不信任情绪。这样,就为革命领导干部参加大联合,实现'三结合'创造了有利条件。"

同日,山西核心小组会议决定:一、成立山西省无产阶级专政委员会,由张日清任主任。二、派石珉(原山西省粮食厅副厅长)、许荒田到晋南去联合造反派重新夺中共晋南地委和晋南专属的权。三、对大同矿务局实行军管,派王金贵(原山西体委副主任)、郗晋书到大同发动和组织造反派重新夺中共雁北地委以及雁北专署和中共大同市委与市人委的权。山西核心小组和山西革命造反总指挥部在太原五一广场召开庆祝无产阶级专政委员会成立大会,大会宣扬 山西省无产阶级专政委员会"是无产阶级文化大革命的新生事物,是无产阶级专政史上的创举"。刘格平、刘贯一、袁振等出席了会议,张日清代表省核心小组在会上讲话。他说:无产阶级专政委员会"是山西省无产阶级专政的最高执行机关。它是按巴黎公社的原则产生的,是在斗争中创造出来的,又是由革命群众组织、人民解放军和革命领导干部'三结合'组成的。"会上还宣读了山西省核心小组《关于成立无产阶级专政委员会的决定》和《山西省无产阶级专政委员会通告》,会后,举行了示威游行。

2月下旬至3月上旬,奉中央军委命令,陆军第38军移防河北保定要地;陆军第69军从河北省保定地区移防太原等地;驻山西太原等地的陆军第21军移防陕西省。这次军事调防具有重大的政治意义,38军是原第四野战军的主力,在朝鲜战场被彭德怀元帅誉为"万岁军",文革时号称有十几万人,而且装备精良,被调防保定,显然有加强拱卫北京,保卫文化大革命的意思。69军是原国民党傅作义部队起义后改编的部队(当然解放十七年了,原部队人员已经极少了),不是一个满员的军,当时只有两个步兵师,也就两万余人,显然不适合保卫首都北京的门户保定，调防山西很自然。69 军军长由北京军区副司令员董其武（国民党起义人员，开国上将，曾任志愿军 23 兵团司令员）兼任，董由于年事已高，且为国民党人士，当时并不在岗，由副军长谢振华（开国少将）代理军长统兵。谢在 1958 年志愿军从朝鲜回国时曾任 21 军军长，在山西驻扎过，后调任 69 军，此次再次率部入晋，说明谢与山西有着不解之缘。由于 21 军调离，69 军政委曹中南继任山西省委核心小组成员。

3 月 11 日太原重型机器厂东风野战军（红联站观点）支持的党委副书记李久生等干部被抓。

3 月 16 日雁北、大同、阳泉等地被反夺权，这些地、市的工人兵团的许多负责人被刚刚成立的"无产阶级专政委员会"抓捕。

3 月 18 日晋南地委发生反夺权事件，反夺权行动由空字 027 部队（航校）部队长孟力指挥，航校学员参加了反夺权。

至此，五专三市有三专和两个半市的权握在刘格平手中。太原市革委主任陈守中虽是刘格平任命，但未必全听刘格平的话；副主任王承琚则是市委红旗负责人，完全是红联站观点，所以只能算刘格平掌握了一半权力。至于说晋东南和晋中由于情况特殊，刘格平的反夺权有着很大的阻力。晋东南夺权的联字号中有全国劳模李顺达这杆大旗，又有军分区的支持，反夺权的力量一时难以撼动。晋中总司的夺权干脆就是军分区直接指挥的，想要反夺权必须先反军，想要用刺刀反夺权是不可能的。刘格平也只好先放一放，只能拖后徐图之。

4. 劳模加入战团增强了刘格平的力量

1 月下旬，"全国劳动模范陈永贵（时任中共昔阳县大寨生产大队党支部书记）、李顺达（中共平顺县西沟生产大队党总支书记）、解悦（太原纺织厂细纱车间挡车工）开始策划成立自己的造反组织。2 月 2 日，该三人牵头成立的山西革命造反派联络总站问世，并加入山西革命造反总指挥部，开创了全国劳模造反夺权的先例。为此，在太原湖滨会堂举行庆祝大会。刘格平、张日清、陈永贵等出席大会并讲话。刘格平在讲话中说：'在大方向一致的基础上，团结起来、大联合、大造反、大夺权'。张日清在讲话中强调革命群众组织'要加强无产阶级革命纪律，打倒本位主义、小团体主义、分散主义、非组织观点、极端民主化、自由主义、主观主义'"（引自网文《文革："全国第一夺"》）。劳模是一个金字招牌，有相当号召力，劳模从正统阵营杀出加入战团，无疑是对刘格平阵营的极大加强。

在1996年10月刘建基撰写的《文革中的遭难与见闻——揭露刘格平、丁磊在"1·12"夺权中的暴行》一文中，也对陈永贵的一些"事迹"有所揭露。1967年9月中旬，山西省革命委员会在昔阳县召开了"山西省农业学大寨现场会"，这次会上对省、地、县领导的残酷批斗让他们尝到了昔阳和大寨人的"厉害"，一辈子刻骨铭心无法释怀。这次会上，"大寨大队贾承让、郭凤莲发了言，毛主席的好学生陈永贵作了题为《红太阳照亮了大寨前进的道路》几万字的长篇报告。报告第一部分的标题是'大寨是在同中国赫鲁晓夫及其爪牙陶鲁笳的斗争中成长起来的'。王谦、王大任、赵雨亭、刘开基、王绣锦（省委常委、晋中地委书记）、谢子和（晋中地委副书记、专员）、张润槐（昔阳县委书记）等均被押到大会上进行残酷批斗，陪斗的有晋中地委、昔阳县委的其他一些负责人。"三天的批斗会就像当年批斗地主一样。"赵雨亭说批斗会上首先给他们坐'喷气式'飞机，那种痛苦可想而知，再是给他们戴上高大的纸帽，挂上反革命修正主义分子的大牌子游街示众。游街的时候都得把双手高高举起，不举就打。主持会议的人诬陷山西省委反大寨，诬陷卫恒、王谦、王大任等有反大寨罪行。他们均据理反驳，坚决不承认。得到的是造反派的拳打脚踢，使他们肉体上又一次受到摧残。打的王谦嘴里直吐绿水，这是王大任亲眼看到的"；赵雨亭被主持人用麦克风砸肿了右眼，并被打断了右臂；刘开基被打得受不了，只好大声喊叫你们把我枪毙了吧，从昔阳返回太原牢房后刘开基都无法自己打洗脸水，可见打得伤很重。"9月下旬，晋中地区农业学大寨会议在昔阳召开，晋中地委、专署被揪到会上批斗的有王绣锦、卜虹云（晋中地委副书记、省文革办主任）、谢子和、王荣（晋中地委副书记、纪监委书记）、苗枫（晋中地委副书记兼秘书长)等。"这次会上,卜虹云左手手指被折断。"卜虹云说这次会上打得也很厉害,苗枫是被活活打死的"。这些省、地领导在肉体上受到很大的伤害,其实精神上受到的伤害更大,因为大寨是他们一手培养起来的,如今如此的"忘恩负义",他们确实难以接受。刘建基在文中说道:"以先后主持过山西省委工作的陶鲁笳、卫恒为第一书记、王谦为第二书记的山西省委是坚决树立大寨的,坚决支持大寨的;山西省委是发现培养、总结推广、学习宣传大寨的倡导者;是陶鲁笳同志 1964 年 3 月下旬在邯郸的火车专列上亲自向毛主席汇报大寨和陈永贵的情况以后毛主席才向全国提出'农业学大寨'的号召的;陈永贵的前妻李虎妮患了子宫癌,卫恒很关心这件事,到北京治疗时卫恒又专门给卫生部长写了信,请安排医院、大夫治疗,并派省人事局工资福利处副处长赵掌录陪同到北京。住院、治疗费用由陶鲁笳、卫恒批示给省人事局长李文亮报销的,批示是我送给李文亮同志办的。"刘建基在文中愤怒地质问:"我想九泉之下的陈永贵同志该不会忘记这些吧!"

原太原纺织厂党委书记杨丕夫的夫人张美玉在《杨丕夫被抓捕迫害死亡的情况》一文中,对 1967 年 1 月 26 日杨丕夫被抓时的情况是这样说的:"到下午七时许,抓了杨丕夫(厂党委书记)、梁俊华(厂长)等 102 人。被抓的人全部五花大绑,一律关在'水牢'(地下室内放入半人多深的水),跪在水中。杨丕夫等同志在水中跪到二十七日上午九时许,活活地被仍(应为'扔'——作者)上大卡车,杨丕夫当时就被摔得头破血流。"这是当时太纺红卫队反夺权的场面。

5. 山西省革命委员会在动荡中成立

2 月 27 日山西省核心小组会议讨论即将成立的山西省革命委员会及其下设的各委员会主任、副主任,办公室主任、副主任名单。

3 月 9 日山西省革命造反总指挥部召开常委会议,决定 3 月 12 日至 18 日在太原召开山西省革命组织代表会议,产生山西临时权力机构——山西省革命委员会。

3月10日《人民日报》正式发表毛泽东指示："在需要夺权的那些地方和单位，必须实行革命的'三结合'的方针，建立一个革命的，有代表性的，有无产阶级权威的临时权力机构，这个权力机构的名称，叫革命委员会好。"毛泽东老人家一声令下，这个临时权力机构一下子"临时"了十几年之久！

3月12日，山西省革命组织代表会议在湖滨会堂开幕。《山西日报》为此发表题为《我省无产阶级文化大革命深入发展的里程碑》的社论。参加这次会议的正式代表3993人，列席代表256人。会议期间，刘格平作《山西省无产阶级文化大革命运动的形势和今后任务》的报告；张日清作《普遍深入地开展整风运动，把无产阶级文化大革命进行到底》的报告；刘贯一作《关于山西省革命委员会暂行组织条例草案的报告》；袁振作《狠抓革命，猛促生产，坚决夺取革命生产双胜利》的报告。会议通过了《山西省革命委员会暂行组织条例》，选举产生了山西省革命委员会，通过了山西省革命委员会委员、常委、主任、副主任名单。经中共中央批准，刘格平任山西省革命委员会主任；张日清、刘贯一、袁振、郭永彪（山西省军区副政委）、谢振华（69军副军长）、焦国鼐（山西省委常委、山西省副省长）、陈永贵任副主任。革委会共有245名委员，27名常委。山西省革命委员会的名单体现了一个很大不平衡。就是与上海比较，山西的主任、副主任中的军、干、群的比例不平衡，在上海市革委主任、副主任中军、干、群的比例基本是三三制，即军队三人（驻沪陆海空三军负责人）、干部三人（张春桥、姚文元、马天水）、造反派群众三人（徐景贤、王洪文、王秀珍），而山西省革委主任、副主任中军、干、群的比例是三四一制，即军队三人、干部四人、造反派群众一人（假设劳模陈永贵算群众的话），这说明山西革命的'三结合'的方针实行的不怎么好。这次大会于3月18日结束。

3月19日，在五一广场举行庆祝山西省革命委员会成立大会，刘格平在会上讲话，称："山西省革命委员会的成立，是我省革命人民继'一·一二'夺权之后的又一个伟大胜利"。刘格平在讲到今后的任务时说：要巩固和发展革命的"三结合"，夺取文化大革命的彻底胜利；要加强无产阶级专政；要抓革命、促生产；要开展整风运动。在会上发言的还有郭永彪、张宗文（69军代表）、杨承孝、陈永贵、刘灏。《山西日报》为此发表题为《革命的三结合方针胜利万岁》的社论，祝贺山西省革命委员会诞生。

山西省革命委员会的成立标志着山西一月革命风暴的结束，标志着以刘格平为首的革命造反的干部和群众对旧山西省委斗争的胜利，同时革命还要继续，因之也标志着新政权内部分裂的开始，标志着另一场风暴的开始。

6. 一月革命综述

一月革命风暴，尤其是山西的一月革命风暴，有着太多的历史纠葛和争论，因此，有必要做一个大致的综述。

1）现有的历史资料都证明，一月革命的夺权风暴自山西始。1月12日晚山西夺权前，刘格平曾强调，山西革命造反总指挥部是临时权力机构。它是造反派的一个联合体，具有统一的指挥机构。1月14日，山西革命造反总指挥部宣告，一切权力归山西革命造反总指挥部，宣告已经夺权；而上海迟在2月5日，才宣告临时权力机构——上海人民公社成立，同时在公社宣言中宣告，一切权力归上海人民公社。这个时间比山西晚了二十多天。之前上海的造反派并未形成一个联合体，更谈不上统一指挥夺权的问题。之所以造成上海先夺权的印象，当时中央文革小组成员王力在他的《反思录》中是这样说的：

后来（指一月以后——作者）张春桥说，一月六日的大会以后，上海就夺了权了。姚文元起草的向中央的报告没说得那么明确，只是说"上海市委可以说完全垮了"。后来相当晚的时候，张春桥说上海市已经夺权了。他这样说，一方面是事实上如此（作者按：事实并不如此，当时上海市委还有权)，再者，张春桥怕发明权被别的省拿去。他们起初没用夺权口号，后来山西等地夺了权，他怕发明权落到别人手里。

贺电（指1月11日中央给上海三十二个群众组织的贺电——作者）这一发，等于毛泽东支持上海夺权，不过还没用夺权这个词。当时毛泽东对夺权采取什么形式还没有形成概念。上海三十二个群众组织下命令叫上海市委怎么怎么样（作者按：三十二个不统一的组织怎样能指挥市委？如1月24日三十二个组织中的红革会还发生了自己夺权的事件），但权力机构是什么，还没有定。

2）山西为文革的运动发展提供了"军干群三结合夺权形式"的夺权及政权形式。山西夺权形式是一种自然形成的形式，是全国首创。因为军、干、群式的权力机构，"很像"毛泽东（不管出于什么原因）所津津乐道的巴黎公社。很快为毛泽东所接受，推向了全国。从这个意义上讲，山西成了样板。

3）张日清通过支持刘格平夺权成为全国军队"支左"的一杆旗。从山西省军区开始，军队打破了"不介入地方文革"的规定，成为左右文革走向的重要力量，后来甚至成为对抗文革路线的主力。

4）剧烈的左、右转换是山西一月革命的又一个特征。

作为山西文革历史上最早的红卫兵造反派组织的红联站，从怀疑刘格平和"一·一二"夺权开始，表现的一点也不像造反派，自然而然地走上了与文革主流相违背的道路。后来与红联站造反一样早的兵团也走上了与文革主流相违背的道路。究其原因主要有两点，一是他们中有许多人具有太多的"人性"，不太赞成革命的暴力，最终站在了弱势的被革命者一边，二是他们没有什么背景，自认为反革命修正主义分子是极少数，从而也不认为省委整体是"黑"的，这与毛泽东对形势的判断恰恰相反。这当然是他们独立思考的结果。

许多造反派的学生领袖是很注重政策的，表现出许多人性化的东西。举下面的一些例子。

其一，1966年12月29日，原山西省委第一书记陶鲁笳（时任国家经委第一副主任）被造反派揪回太原批斗。红联站的发起人之一的李青山在博文中谈到批斗会结束后的一个细节："陶鲁笳被拉到工学院电机馆，我去见了他，给了他纸笔，希望他揭发问题。他很少说话，但似乎没有敌对情绪，也许是在北京见过大世面的缘故吧。我们没有为难他. 我告诉我们的人，把我们配的细粮给他吃，我们吃粗粮（当时我们的伙食是粗细粮按比例搭配）。既然批他养尊处优，怕是吃不了粗粮，别让人家说我们把陶饿着了。"在当时太原生活过的人都知道，当时太原市的生活条件很差，肉、蛋、油供应极少，冬菜就是大白菜，细粮（白面、大米）供应比例为35%，人们平时吃的就是窝头加水煮白菜，相比而言，太原在省会城市，生活算比较差的。学生们正在年轻时期，平时都吃不饱肚子，能节省出细粮给陶鲁笳吃，确是难能可贵，也是人道的表现。比较而言，解放十七年了，陶鲁笳长期任山西省委第一书记，把山西治理的比阎锡山（辛亥革命后的山西督军，统治山西三十多年，颇有作为）时代还穷，他的子民还在挨饿，无疑作为封疆大吏的第一书记应该对此负第一责任，他被批斗似乎也是应该加活该的。面对还在啃窝头的穷学生们，陶鲁笳应该感到惭愧，但他没有惭愧。

其二，代表红联站参加山西省革命委员会并担任常委的段立生，在提到当年各校造反派学生与省委领导"拼刺刀"（当时与走资派面对面批判的一种方式）时说，"有一次，我们党校东方红与王大任（分管文教的省委书记）'拼完刺刀'后已到中午，当时山大的造反派学生早已等候准备把王大任带走继续'拼刺刀'。我说：'不行，必须让王大任书记吃完饭后才能带走'。山大的学生不同意说：'王大任是省委书记，又不是你们党校的书记，何况王大任是走资派。'我说：'这是党校的地方，必须我说了算。走资派也是人，不能不吃饭。'结果王大任吃饭后休息了一会才走。多年后王大任对这件事仍然表示感激。"

联系到段立生在运动初期造反的原因，可以看出段立生"与人为善"的性格。运动初期，段只是一个大二的学生，但已是山西省委党校政治系65级三支部的团支部学习委员，因为反对学校某些领导把学生和教工划为"左、中、右、反"四类人，批判"资反路线"而奋起造反，后来成了党校东方红的领袖。当时，被错划为"右派"的中央党校哲学教研室副主任陈仲平（1929年参加革命，行政十一级干部,被杨献珍打成右派)被下放到山西省委党校,他的夫人黄惠容是政治系65级三支部党支部书记,在运动初期遭到批斗,在近期由中央党校出版社出版的《陈仲平传》有这一段时期的一个小故事:

  "文化大革命"开始不久,附设在山西省委党校的山西大学政治系,随着清算"资产阶级反动路线"浪潮的兴起,各支部书记都被扣上了"执行资产阶级反动教育路线的急先锋"的帽子,一个个遭到批斗,游街,陆陆续续关进"牛棚"(注:文革中关押被整对象即"牛鬼蛇神"的地方)。到1966年10月,政治系六个年级20个支部书记,除黄惠容外,都关进去了,黄惠容成了一个特殊的人物。出现这种情况,主要与黄惠容所在班级的学生成立的组织"东方红公社"及其主要负责人段立生有关。"东方红公社"是山西省委党校最大、最有影响的红卫兵造反派。段立生是这个组织的"总勤务员"。"东方红公社"组织和段立生对人对事的态度,具有一定的影响力。黄惠容在政治系绝大多数的学生中印象良好。虽然有少数学生坚持对黄惠容进行批判,要送她进"牛棚",但是对黄惠容的看法和多数同学看法一致。特别是段立生非常同情黄惠容,在他心中,黄惠容是一个善良的好干部,从不急躁、发火,与人说话总是和风细雨,对学生总是母亲般的关怀,在她身上看不到老干部的架子(注:黄惠容16岁参加革命,曾任建国后第一任黄平县长)。段立生也了解陈仲平,敬佩陈仲平的为人和才华。以段立生为首的多数人不同意把黄惠容关进"牛棚"。段立生提出:黄老师的孩子还小,家中又有上年纪的老母亲,如果将黄老师关进"牛棚",家庭无人照看,必然流离失所。于是"东方红公社"和段立生力排众议,只剥夺了黄惠容对支部运动的领导权,让她靠边站,而不关"牛棚"。虽然有人反对,但碍于在造反派组织中占主导地位的"东方红公社"和段立生的影响,其他造反派组织也无可奈何。

  在后来中央解决山西问题的七月会议上,康生、关锋等人亲自点名三番五次指出"陈仲平是杨献珍在中央高级党校的黑帮手""1957年的大右派"。指责东方红公社没有将这等人批倒批臭,置于死地。

康、关还让党校东方红回去后要将陈仲平批倒批臭，但段立生和党校东方红根本没有理睬康生和关锋的"指示"，返回山西后一次也没有组织过对陈仲平的批判。

这个小故事可以说明段立生的为人。

其三，红联站太原十五中红旗的领袖常理正，本身就有着"伸张正义"的性格。在运动初期，出身不好的同学的家长赶到农村。常理正对此行为很看不惯，甚至与两个同学骑自行车到北京去寻求答案，看到北京比太原折腾更厉害，结果无果而归。有一日，常理正初中。时班主任（女）被老红卫兵们罚站在煤堆上批斗，常理正看到后十分愤慨，立即让老师下煤堆回家休息。有些老红卫兵提出抗议，常理正当即批驳：是谁给你们的权力对老师进行体罚的。该老师由于害怕老红卫兵的报复哭了起来，常理正说：你回家吧，此事由我负责，什么时候来学校听候通知。由于常理正平时学习好，为人豪爽，好抱打不平，在学生中有很高威望，再加上是干部子弟，老红卫兵也拿他没办法。之后不久，常理正领导了对该校领导的造反行动。一月夺权以后，常理正发布的第一号通令，就是解散学校"牛鬼蛇神劳改队"（文革初期，校文革指挥老红卫兵把所谓有"问题"的老师看管起来进行所谓"劳动改造"），但是许多被整的老师都不敢相信自己被释放。这些事活脱脱地表现出了常理正的机智、诙谐、人道、豪爽的本性。

其四，红联站晋中负责人、晋中革命造反总司令部司令、原山西省水利厅副厅长李兆田，在文革初期是晋中水利局的一个年轻干部。有一次，晋中地委第一书记王绣锦在被批斗后，精疲力竭，据说很长时间没吃饭，找到了李兆田求援。李兆田立即从食堂打来了烙饼（请注意：当时晋中榆次的细粮定量是25%，比太原市还低10%）、菜和稀饭。王绣锦饱餐一顿后，又在李兆田宿舍休息了几个小时，醒来后说："又可以抵挡造反派的两天的批斗了"。之后王绣锦与李兆田结下了深厚的友情。

其五，山西革命造反兵团司令刘灏，在运动初期也有许多"人性化"的举动。刘灏看不惯校文革和老红卫兵迫害老师和同学的行为。刘灏所在的太原五中号称是文革中连一块玻璃也未打碎的学校，不能不说与刘灏的"治理"有关。刘灏曾经把运动初期被撵回农村老家的老师和干部又重新解救回学校。刘灏也有一个小故事。当时太原六中教导处副主任解华，燕京大学数学系毕业，后又在黄埔军校学习，曾参加中国远征军赴缅甸、印度抗战，在淮海战场起义。远征军这段经历成为解华的历史问题，被刘灏的兵团"友军"六中 32111 关进了"牛棚"。解华夫人闫某（曾代表山西省参加过第一届全运会乒乓球团体赛，在五中是名人）在太原五中担任校医，刘灏得知这一情况后，主动找到六中 32111 负责人说，赴缅远征军本身是抗日，应该不是什么问题。把解华解救了出来。几十年后，解华的儿子、现已 60 多岁的解忠，在谈完此事后，对素未谋过面的刘灏作出这样的评价：真是没见过这样有"人性"的三种人。

其六，十二中红旗的崔吉娃，也在运动中间保护了一些"坏人"。如十二中有一位物理老师叫梁大中，建国前是个资本家，文革中受到冲击，其个人的储蓄账户被太原市革委冻结，后来通过崔吉娃的疏通才予以启封；又如还有一位老师，被怀疑为"国民党特务"，找崔吉娃来说明情况。崔吉娃告诉他：咬你的人已经死在狱中，现在你说什么就是什么，不要有顾虑。结果此人未被打成"反革命"。

在这些领袖的带领下，红联站在一月风暴以后的文革中，与刘格平为首的造反派（左派）进行了激烈的斗争，形成山西文革中的"红联站观点"。有人问王谦是什么观点，王谦回答："红联站观点"。其实当时的许多省市领导都会回答自己是红联站观点。具有讽刺意味的是，当年批评红联站是"机会主义"、曾经与刘格平一起策划"一•二"夺权的刘贯一，在 1967 年七月会议后被关进监狱后，也对看守说："我是红联站的人，放我出去吧"（引自安永录《关于"军管所"一些情况的回忆》）。不但是领导，当时太原市的许多老百姓也是红联站观点。对于老百姓来说，红联站是造走资派反的造反派；对于领导来说，红联站是表示他们支持革命的挡箭牌，在真正的保皇派没有生存空间之后，领导们支持红联站观点是再自然不过了。如果用一句话来说明红联站的行为的话，就是造反派中的保守派，又是保守派中的造反派。三十五年后的 2012 年，红联站的领袖段立生感慨地说，看来"一·一二"夺权以后红联站成为保守派了,而在这之前他一直从心里认为红联站是造反派,从来没有保守过。可以说,红联站在一月革命中的表现,与其在开始造反时的立场有了微妙而巨大的变化。红联站的变化告诉我们,不能用形而上学的静态的眼光看待激烈动态(如革命)中的事与物。当时的群众组织,除了运动初期明显的寿命短暂的所谓"保皇派"以外,绝没有固定的造反或保守派。判断一个人和组织的行为,只能以他或他们对事件的态度来鉴别。

在红联站向右转的同时,许多保守组织也在向左转。工联、百万雄师的许多下属组织及山大八一四在一月革命以后也逐步与转向了以刘格平为首的造反派。其实,保守派转向革命也再正常不过了。这是因为他们中间有许多是听领导话的人。听领导的话本没有错,但盲从领导让干好事就干好事,领导让干坏事就干坏事,就不对了。这类人大多为历次运动的积极分子,盲从是这类人的处世特色,一切行为的始和终都是以个人得失为前提为原则。当他们一旦寻找到有利于自己的靠山时,就毫不犹豫地转向过去。

这种"左"和"右"的转变可以这样解释:一部分独立思考的造反派在革命实践中对极左理论(如"无产阶级专政下继续革命"理论的扩大打击对象,深挖"黑二三线")和极左(如康生、、刘格平等)人物产生了反感,"人性"促使他们采取了反"一月革命"的行动;一部分善于察言观色,一切以个人得失为前提的"革命者",在发现自己跟的人失势时,为保全自己利益,就看风使舵,立即转变立场,重新投靠他们认为的新靠山。经过一场大事件,左右阵营中都有"觉醒者"离开自己的阵营,这本来就是一种历史规律。

第三章

"'四·一四'是一个政治大阴谋"

随着革命的深入，由于革命目标的分散性和不确定性，有人要"继续革命"，有人要停顿下来巩固成果，这就必然导致革命的领导核心发生裂变。裂变时放出巨大的能量，对社会产生，巨大的破坏。

1967年2月，当时执掌中央军委权力的叶剑英表示出了对中央文革的作法的极大不满，领衔四个老帅和三个副总理，发动了对中央文革的抗争（史称"二月逆流"），中央军委和中央文革发生了巨大裂变。随后，毛泽东和中央文革展开了反击"二月逆流"的运动。

中央的斗争不可避免地要反映到地方上来，而新生的地方上的红色政权也存在着分裂的隐患，这种矛盾也必然要反映到中央去。就山西而言，刘格平渴望着绝对权力，却没有绝对威望和能力，特别需要中央文革的支持。山西红色政权内部也存在着对刘格平的作法特别反感的人士，恰巧这些人由于种种原因也为中央文革领导所反感，刘格平也正好用打击这些人士的办法来获得中央文革的信赖。如此一来，山西红色政权的分裂就是不可避免的了。

第一节 核心小组的裂变诱因

1. 两个人的密谋

"一·一二"夺权后的某一天晚上，刘格平约见了省人委参事室副主任李一夫，征求太原新市委和市革委一把手人选的意见。刘格平为何要与李一夫商量此事，这要从李一夫的经历说起。

李一夫，1909年生，山西定襄人，早年曾因闹学潮被当地政府通缉。后在阎锡山军队的随营学校学习过工科和炮科。参加革命时间早于1937年。李一夫在延安抗大、中央党校任军事教官。抗战胜利后在赴东北途中，被吕梁军区领导留在吕梁工作。建国后，李一夫被定为行政十一级，为正厅级干部。在山西任职期间，由于有独立思想、性格耿直、敢提意见，很快在两件大事上得罪了山西省委的主要领导。

其中的一件大事发生在1951年前后，共产党刚夺了天下，各地的封疆大吏都要搞点个人崇拜用以巩固自己的地位，比如：山东康生搞"康生万岁"，东北高岗搞"高岗万岁"，内蒙乌兰夫搞"云泽万岁"等。山西省也不例外，省委组织全省二百余名高干搞了个研讨班，题目是"讨论赖若愚同志的英明"。李一夫上会后很是反感，连夜写一封信，此信提头是"山西省委并中央"。以公开信的形式反对他们搞个人崇拜，内容大意是中共七大曾明确的反对任何形式的个人崇拜，当然李一夫也脱不了他那个时代的痕迹，也提到了要崇拜也是该崇拜马、列、毛、朱等等，但毕竟是为了是非敢与省委叫板的第一人。这一叫不当紧，搅黄了第一书记赖若愚的好事，原定三个月的洗脑会草草收场。（本段内容引自飞飞著的《知天命》一书）

另一件事是在1953年"三反"运动（反贪污、反浪费、反官僚主义）时期，河北出了个刘青山、张子善大贪污案，山西省委也要抢风头，最典型的就是超过刘、张案的"四百亿大煤案"（当时的货币四百亿元折算到现在的货币值相当于四百万元，加上涨价因素，确是一个不得了的数字。刘、张案贪污数字不到四亿元，挪用和浪费数字几十亿元）。正值"打老虎"（"三反"时期把贪污犯叫作老虎）高潮，李一夫调任山西省工业厅副厅长。分管人事的李一夫出任山西"四百亿大煤案"专案的"打虎队长"，上任后发现疑点颇多。李一夫亲自调查一位姓杨的处长（此人后调陕西省任计委主任），有人举报他用贪污的款，买了一个美国进口收音机，一身毛料服，一个暖水瓶，这些东西在当时都是高档奢侈品，因贪污之巨，已定性准备处理。李一夫利用杨处长住单身自己值班的机会走访杨处，用聊天的方式很快就知道收音机是志愿军送给机关的朝鲜战利品，因贵重放在机关怕下班后丢失，因此寄放在他的宿舍，暖水瓶也是一样，而毛料衣服是以旧翻新。还有一个矿长，因惹了县委书记，此书记在矿上任"打虎"分队长，他们用肥皂刻章作贪污伪证，硬把这个矿长送进监狱。矿上技术员的妻子漂亮，这个县委书记就施以强暴，如若不从，技术员便与矿长同案。所作所为令人冷齿，无人敢想新中国的天下还有这样的事情。李一夫到任后很快捋清了头绪，将这些无辜者从死亡的边沿拉回，李一夫夸张并骄傲地说："他们三个月打了十五个老虎，我一夜就平反了八个。"（本段内容引自飞飞著的《知天命》一书）

这两件事惹怒了山西省委，李一夫被排挤出山西，去筹备包钢（任筹备组副组长）。1955年李一夫已到包钢工作，山西省委以一个技术员（是否授意不知）的举报信把李一夫"请"回山西欲将其定为"五反分子"，无任何证据的前提下，在《人民日报》头版发表文章批判李一夫，并准备了一麻袋的所谓"材料"妄图置李一夫于死地。李一夫回并后以理据争，省委无言以对，时任监委书记的卫恒说："我们整了你三个月，难道你一点错也没有吗？"李一夫只好说："是人怎么能不犯点错误呢。"卫："那你犯了那些错误？"李："我不学习《华北建设》（李雪峰任华北局书记时的党刊）。"卫："那我们就结案吧，但会上你就不要说话了"。结案后在《人民日报》四版的一个小角落登了一个豆腐块，内容是鉴于李一夫同志不爱学习（《华北建设》）和歧视一个技术员，给予党内严重警告一次，李一夫由此与山西省委结怨。李一夫在内蒙期间，曾任包钢党委常委、组织部长，包钢白云鄂博矿区党委书记兼矿长，内蒙自治区政协主持工作的副秘书长。1965年回山西工作，由于前述积怨，再加上李一夫是"歇凉凉"的晋绥干部，省委仅给李一夫安排了省人委参事室副主任这样一个闲职。文革开始后，李一夫成为第一个给省委贴大字报的厅级干部，批判省委的任人唯派的"山头主义"和镇压学生资反路线。为之，刘格平视李一夫为"自己人"，在"一•一二"夺权开会时特邀李一夫参加，并在会议上向参会人介绍："这是第一个给省委写大字报的老李"。之后，刘格平把李一夫当作了可信赖的"革命干部"，遇事常与其商量。

当时适合担任太原核心小组组长和市革委负责人的只有袁振和陈守中两个候选人。李一夫给刘格平分析了两人的优劣。李一夫认为，袁振有着很强的势力。兵团是袁振的嫡系部队，决死纵队也听袁振的指挥，而且袁振本人也有相当的能力，很有野心，这一点他自己也在市委大会上做检查时承认了。陈守中长期在包钢工作，因为他不同意华北局第一书记李雪峰关于给时任包钢党委副书记、经理杨维的历史问题平反而受到批判，并被调离包钢。对此，王谦曾称："这样就不错了，没给你们降级处分还不算好！"。（引自网文《文革："全国第一夺"》）到太原市后，一直担任副手，在太原市没有什么势力，本人与各个群众组织也没有什么联系，相对来说，比袁振差多了。正因为如此，陈守中比袁振听话，要好控制多了。李一夫建议由陈守中担任太原核心小组组长及太原市革委负责人。刘格平采纳了李一夫的意见（也许也有其他人有此意见），推举陈守中担任了太原市委核心小组组长兼太原市革委主任。

不管李一夫真正意图是否是为与其共同工作过的陈守中着想，不管刘格平是有意还是无意在袁、陈之间制造矛盾，推举陈守中担任太原核心小组组长及太原市革委负责人的举动，无疑是在袁振与陈守中之间打进了一个楔子，为后来袁、陈的分裂埋下了伏笔。

根据韩贯斗调查，袁振在华北局会议向省委发难后，遭到回击，自己检讨是"伸手派""野心家"。回到太原他又胡说"太原市委有个反党集团，成员有陈守中、李学敏、胡亦仁、彭少林"，被诬陷的同志对袁振非常不满。省、市夺权后组建的班子，袁振因没能到太原市挂帅，心怀不满；陈守中等人对袁振在省里占一据要位也放心不下，陈守中和袁振一起反省委可以合作，但在一个班子长久共事，心存疑虑，担心重受袁振坑害，总想除掉袁振。这种隔阂和矛盾就为新权力分裂埋下了祸根。

2. 第一个宣布要结束文革的人

刘贯一，1908年生，北京通县人，1925年参加革命。刘贯一的学历不详，但从他的经历看，似乎总是以知识分子的面貌出现，其青年时曾经从事过记者、编辑、总编、社长等新闻方面的职业，后在新四军负责敌工工作，常与国民党高级军官打交道，需要一定的风度和礼仪。建国后，历任中国保卫世界和平委员会秘书长、世界和平理事会理事、全国人大常委会副秘书长。看来刘贯一是一个担任秘书长的料。另外，他还著有《帝国主义侵略西藏简史》和小说《流浪》。刘贯一很有才华和思想。在那个禁锢思想的年代里，有思想是很危险的事情，刘贯一正是由于他的思想惹下了塌天大祸。

1967年3月26日，山西省委在太原湖滨会堂召开省级机关干部大会。刘贯一在大会上代表核心小组作了长篇报告，对山西省的文化大革命进行部署。报告指出，在五专三市的许多基层单位还存在着"保皇派假夺权"和"过左夺权"现象，在这些地方，需要重新"反夺权"，以保证政权在无产阶级革命派手中；报告还指出，在完成夺权之后，各革命群众组织已完成历史使命，将在实行大联合后应予解散，夺权后的班子应进行整风，保持无产阶级的革命性；报告最后指出，山西的文革已进入斗批改阶段，拟在三个月内完成斗批改，结束无产阶级文化大革命，向党的生日献礼。

这篇报告具有一定思想性，它按照自己的方式理解了《十六条》，按自己的实际情况部署了山西的文化大革命，其实并没有什么大的错误。关键在于这篇报告太出风头了，犯了与上海私自成立"公社"同样性质的错误，不请示毛泽东和中央文革就擅自作了结束文化大革命的结论，就错误严重程度来说，要比上海严重得多，故而应该要吃比上海大得多的苦头。这个报告既然是代表核心小组作出的，照理应该是核心小组通过的，那就应该由核心小组集体负责，尤其是核心小组组长应该负主责。后来将这个错误归咎于刘贯一一人，是不公正的。不过也难怪，因为报告是刘贯一自己起草的，以致被推出作替罪羊，后来坐的九年牢，算是对他的"思想"的惩罚吧！

刘贯一与康生有旧隙。当年刘贯一在新四军工作，与华东局第一书记饶漱石关系不错，由此得罪了康生。在1967年后一段时间的七月会议上，中央文革顾问康生是这样评价刘贯一的："以后（可能是指夺权以后——作者）刘贯一找我谈话，大反刘格平，刘贯一我很熟，过去他作风很不好，党性很坏，看来没有多大进步。我说刘格平起码有两个好处，第一反对刘少奇叛党的事，第二在华东不满饶漱石。华东区饶漱石反我，华东区分家时我到山东分局，饶把刘贯一当作钉子，做我的秘书长。"由此可见，康生对刘贯一特别反感。如果刘贯一不造反不出头，老老实实作他的副省长的话，康生不一定能找到他。他自己跳出来造反，又做了一个惊天动地的"三·二六"报告，无疑是在飞蛾扑火，自取灭亡。

3. 一个不肯闲着的女人

刘志兰年轻的时候肯定非常漂亮，今天的百度百科把刘志兰称为当时的延安"三美"（刘志兰、浦安修、叶群），又称为"领袖夫人中的头号美女"（其实当时的左权只是八路军副总参谋长，算不上传统意义上的领袖）。刘志兰，生于1917年，北京人，"一二·九"运动（1935年12月9日在北京爆发的抗日救亡的学生运动）时期很活跃，是北师大女附中"民先"（中华民族抗日解放先锋队）队长。刘志兰到延安后，又在组织有意安排下前往晋冀鲁豫边区，1939年4月在太行抗日前线，由朱德总司令介绍嫁了左权将军。1942年左权将军在日寇的"五一大扫荡"中为国捐躯，刘志兰痛失佳偶，6年后刘志兰后嫁给在晋察冀中央分局工作的陈守中。刘志兰红颜薄命，在那艰苦的岁月里，又得抚养她与左权的孩子左太北，又得为左权"托派问题"的平反奔走呼号（令人不解的是，像左权这样的抗日烈士，党中央为何不主动为其平反，非要受害人家属三番五次奔走呼号），还得完成自己的工作，实在是难为了刘志兰这样一个年轻的女子。

多少年以后，刘志兰由一个天真烂漫、激情抗日的少女变成了一个卷入党内斗争的不老练的政治家。她参加让后人难以捉摸正确与否的文革夺权造反活动,说明她准备卷入这场世界上最大的政治漩涡。夺权以后,她又鼓动兵团的学生去收集华北局第一书记李雪峰的材料,鼓动红卫兵去炮轰李雪峰,企图通过这种方式去搞垮她们(刘志兰、陈守中)夫妇过去的政治敌人。刘志兰夫妇与李雪峰的积怨可以追溯到1959年的反右倾运动。当时的包钢党委副书记、总经理杨维由于有"推倒小高炉"的反58年极左路线的言论,被包钢党委打成了"右倾分子"(时任包钢党委副书记、宣传部长的刘志兰可能起了主要作用)。杨维是留苏学生,有名的冶金专家,有较强的工作能力,深受李雪峰青睐。1960年李雪峰担任华北局第一书记后,指示包钢党委为杨维平反,陈守中、刘志兰拒绝为杨维平反,陈守中反而上书邓小平反映杨维的问题,最终由于邓小平的批示杨维未能平反。为此李雪峰怀恨在心,于1965年把陈守中贬至太原市任副职。炮轰李雪峰显示了刘志兰的政治不成熟的特点,这是因为她不了解毛泽东和中央文革的对李雪峰态度,也不了解她的敌人的力量,更没有想到"螳螂捕蝉,黄雀在后",她的敌人的反击来得那样快!那样猛烈!!

刘志兰后来之所以被炮轰,还有一种说法是,江青与刘志兰在延安时期就有过节。说的是抗战初期,江青与刘志兰、浦安修、叶群等三人先后到延安,成为延安老同志择偶的热门对象。1938年彭德怀回延安参加中共六届六中全会,中央组织部有意在四人中为彭选一作偶。时任中共中央秘书长、中组部副部长的李富春以座谈会的名义召集江、刘、浦、叶四人为彭德怀择偶,会后彭德怀未表态,由中组部选中浦安修为彭的夫人。会上刘志兰、浦安修、叶群等三人对江青的张扬的个性看不惯,江青则对年轻貌美的延安三美被重视而有妒意。不管这段传说的插曲是真是假,后来江青嫁给最高领袖毛泽东,显然有了居高临下的极大的满足感。在文革时已经有了武则天初步感觉的江青,应该不会因为些许女人的嫉妒心,去攻讦也许从来就没有成为情敌的"情敌",而影响了她的政治大局。还有一种说法是,江青在延安中央党校时因一些小事对刘志兰"怀恨"在心。据当年与刘志兰一起在延安的人回忆,抗战初期,在中央党校学习时,刘志兰是班里的小头头，由于江青是演员出身，穿戴和生活习惯比较讲究，曾被刘志兰多次批评为资产阶级作风，这种批评则有可能在当时影响江青的政治前途，因而引起江青的"怀恨"。

刘志兰的另一个可能的政治敌人是刘格平夫人丁磊。在1967年的时候，丁磊也就是四十出头，比刘格平小二十多岁。刘格平娶了这个"小老婆"之后，凡事都听丁磊的。凡与丁磊接触过的人都知道，丁磊这个人很有"上进心"（用褒义词说），或者说很有"野心"（用贬义词说），占有欲很强，在文革前是省人委信访局的一个普通干部。"一•一二"夺权时参与了具体指挥，后担任省人事局局长，但常在家里指挥省革委办公厅黄锐庵的东风兵团的行动，她实际上相当于省革委办公厅主任。她对刘志兰的职位（省委核心小组成员、副秘书长、办公室主任、省革委常委）很羡慕，期望取而代之，故对炮轰刘志兰是热心策划，积极指挥。

刘志兰在上、中、下都有虎视眈眈的敌人，其本身还有一个致命的弱点。刘志兰与彭德怀夫人浦安修是北师大女附中的同学，左权与彭德怀同是八路军总部的高级指挥员，当年左权在辽县麻田十字岭指挥部队掩护彭德怀突围，而自己牺牲在了那片黄色土地上，左与彭可以说是生死与共的战友。建国后，刘志兰与彭德怀夫妇保持着密切的联系，由于彭德怀夫妇没有孩子，刘志兰与左权的孩子左太北一直由彭德怀夫妇所抚养，成为彭德怀夫妇的养女。这种关系成了文革中刘志兰的政治弱点。这个弱点很快被她的敌人所利用，成了刘格平、袁振攻击刘（贯一）、陈（守中）、刘（志兰）的突破点。

第二节 炮轰刘志兰的政治背景

1967年4月14日晚，山西革命造反兵团、太原工学院永红战斗队、太原机械学院第四野战军、电业系统红色造反者联盟、山西省歌舞团11.28等组织采取突然行动，在太原市的主要街道贴出大标语

"万炮齐轰刘志兰"。标语的内容出奇的一致:如"炮轰刘志兰""刘志兰是山西的谭震林""刘志兰是埋在山西核心小组的一颗定时炸弹",这使人们感觉到"四·一四"行动与"一·一二"夺权一样可能有着很深的背景。从文革到今天,对于"四·一四"炮轰刘志兰的起因,有着许多种说法。

1. 炮轰反对者红联站的说法

刘志兰不是什么决定山西文革局势的大人物。当时也就是中共山西省委核心小组成员、副秘书长,相当于现在一个省委常委的职务。对于为什么要兴师动众地炮轰刘志兰,红联站始终认为是针对军队和刘、陈、刘的一个大阴谋。红联站《大事记》对"四·一四"行动是这样评述的:

"四月阴谋"的要害是以攻为守保护和发展山西"二月逆流",以次要矛盾掩盖主要矛盾,迂回攻击中国人民解放军。'四月阴谋'的主要矛头对准了坚决站在毛泽东革命路线一边的中国人民解放军山西军区和驻晋部队,并力图再次分裂山西工人队伍,陷害和镇压红联站等山西无产阶级革命派。"四月阴谋"主要体现为刘格平伙同关锋,利用当时山西两条路线斗争中的次要矛盾——刘志兰派人去天津揪李雪峰问题,来掩盖山西两条路线斗争中的主要矛盾——以刘格平、刘贯一为代表的山西资本主义复辟逆流和以红联站、工人兵团为代表的山西广大无产阶级革命派之间的矛盾。

红联站是个独特的组织。文革一开始的时候,红联站造反挺早,几乎云集了山西省所有的大专院校的造反派组织,甚至包括临汾的山西师范学院革命造反大队、太谷的山西农学院火炬战斗队等太原以外的院校组织。到1967年1月,红联站却对旧省委有点"手软",传说在省委的走资派"走投无路"之时,居然有投奔红联站的意图。后来红联站一直站在反对中央文革支持的刘格平为首的山西省委核心小组一边。在反击"二月逆流"之时,红联站又以中央文革支持的刘格平为首的山西省委核心小组为目标,批判山西的"二月逆流"。

后来的历史也说明，红联站总是接过文革的最新口号，站在反对中央文革路线的一边去反对中央文革在山西的具体部署。

1967年3月，山西省委核心小组犯了三个错误，被红联站所揪住。一个是前述刘贯一的"三二六"报告。另两个是稍前时间的刘格平的"三一二"报告和经刘格平签发的《山西日报》"三一六"社论。

刘格平的"三一二"报告是在山西省革命组织代表大会上所作的主题报告，题目是《关于目前形势和我们的任务》。红联站《大事记》是这样评述这个报告的："报告只字不提两条路线斗争，无视毛泽东为首、林副主席为副的无产阶级司令部，否定中央文革、人民解放军的巨大功勋，否定革命造反派的功绩，狂妄吹嘘刘格平、刘贯一等人的'亮相'，并将各地革命造反派一月风暴夺权诬为假夺权，叫嚷要实行反'夺权'。刘格平'3.12'报告是刘贯一'3.26'报告形势部分的原型，实际上是给核心小组的右倾思想定了基调。刘格平'3.12'报告为山西日报'3.16'社论和刘贯一'3.26'报告奠定了基础，是山西'二月逆流'代表作之一。"《山西日报》"三一六"社论的题目是《把整风运动和阶级教育结合起来》，该社论也是针对为参加夺权的造反派组织的。

按《大事记》的记述，从1967年4月2日开始，红联站十中七一开始反击所谓刘格平的"二月逆流"，贴出了"山西日报三一六社论是大毒草"等大标语。次日十中七一又贴出了《山西日报三一六社论必须批判》的大字报，指出"三一六"社论是"二月逆流"的代表作。4月8日，红联站山西矿业学院红矿工首先贴出大字报批判刘贯一的"三二六"报告。红联站十中七一、冶校东方红写出了《性命攸关的26个为什么》，"指出了有刘卿瑞（山西省军区副参谋长）等人把持的军区军训指挥部支左中的严重错误"（引自《大事记》）。正当红联站攥住刘格平为首的核心小组的要害不放进行反击的时候，突发了"四·一四"炮轰刘志兰事件。

对于"四·一四"炮轰刘志兰事件的起因，《大事记》是这样叙述的：

3月20日，刘志兰派兵团五中井冈山、六中32111（还有红联站五中延安战斗队——作者）学生到天津揪李雪峰，破坏毛泽东的伟大战略部署。

4月初，关锋得知中央要反击"二月逆流"，为了保护山西"二月逆流"，私自接见兵团去天津揪李雪峰的战士，授意炮轰刘志兰。

4月13日，刘格平用电话在北京给丁磊作了七点指示，其中有"对太工红旗要坚决摧垮"。（还有要炮轰刘志兰的部署）

4月14日，在红联站等山西无产阶级革命派狠批山西的"二月逆流"斗争方兴未艾的时候，关锋、刘格平、丁磊、袁振等人精心策划了以"炮轰刘志兰"为表象的"4·14"事件。

下午，受关锋密使四月初来山西的××杂志（可能是红旗杂志）记者王志刚与丁磊、杨承孝等研究"炮轰刘志兰"问题。

晚上，山西革命造反兵团作出十条决定即"炮轰刘志兰"的"四·一四"决议。当晚，由兵团五中、六中以及太工永红、四野、省歌1128等在太原市贴满了"炮轰刘志兰""刘志兰是山西的谭震林""刘志兰是埋在山西核心小组的一颗定时炸弹"之类的大标语。丁磊操纵红总站（作者按：山西批刘邓红色造反联络总站的简称，4·14时该组织还未成立，4月27日由主要的'炮轰'组织永红、四野、东风兵团、电业兵团等联合组成）迅速接过兵团"炮轰刘志兰"的口号，成为"4·14"事件的主力。这是关、刘、丁、袁等人为避开红联站反击"二月逆流"攻势的矛头，以攻为守保护和发展山西"二月逆流"而施展的"四月阴谋"的开端。"

4月15日，经丁磊多次修改的杨承孝的"我的第一颗炮弹"出笼。同时杨别有用心地叫嚣："一颗打不响，万炮齐轰才有力量。我早就要搞刘志兰，是刘格平同志压着我。"这说明决死纵队加入了"炮轰"行列。

《大事记》编写于1969年4月，是距"四·一四"时间最近的史料，虽然带有强烈的观点和时代的笔法，也带有当时形势的色彩，但叙述的时间和过程还是准确的，双方阵营还是基本能分清的。如：

1969年4月中央文革正得势，而当时王力、关锋、戚本禹已被打倒，因此把中央文革与关锋区分开来写，实际上在1967年4月时，王、关、戚是中央文革中的当红人物，是中央文革的代表，而刘格平是中央文革在山西的代表人物；又如：刘志兰当时已被中央文革点名打倒，《大事记》只好把刘志兰说成"破坏毛泽东的战略部署"。不过我们还是可以从《大事记》看出事件起因的轮廓来。

《大事记》所说的刘格平"炮轰刘志兰"的目的是为了"舍车保帅"显然不成立，因为关锋代表中央文革出面支持刘格平"炮轰刘志兰"，显然不是为了"舍车保帅"，中央文革似乎也没有替刘格平"舍车保帅"的必要。

从二月开始中央对山西核心小组出现的矛盾就不太满意。"四·一四"前后，刘格平、张日清、刘贯一、陈守中等核心小组成员都在北京讨论解决山西问题，核心小组内部肯定出现了尖锐的分歧，要不然不会到北京解决问题，"炮轰刘志兰"肯定是刘格平的本意，也是中央文革的本意。"四·一四"前省革委的状况比较特殊。刘格平作为一个老革命家，政治上很敏感，能力尚有欠缺。张日清长期在部队工作，有比较强的决断和工作能力，省革委会的主要工作自然落到了张日清肩上。刘贯一、刘志兰工作能力都比较强，作为核心小组的秘书长和副秘书长，也自然地全力协助张日清工作。这样一来，刘格平也自然有被"架空"的感觉，实际上也被"架空"了。刘格平当然有"收复失地"的强烈愿望，从"炮轰刘志兰"到"炮轰张日清"也是他的主观意愿。

对于中央文革来说，在山西他们肯定要保定刘格平的地位，其原因也很明显，一方面就是要支持刘格平这个"六十一个叛徒集团"的"活证据"，作为打击刘少奇的有力武器；另一方面，中央文革"揪军内一小撮"的方针已定，只要张日清成为刘格平的对立面，张日清也会成为必然会成为打击目标。

既然刘格平从北京打电话给丁磊部署"炮轰刘志兰"，也说明了中央文革对刘志兰的态度。"四·一四炮轰刘志兰"的具体部署也可以肯定是由丁磊执行的。至于说中央文革"炮轰刘志兰"的最终目的是否是为了教训一下张日清，由于没有直接证据，真还不能轻易下结论，但中央文革排除动摇刘格平地位的不利因素（不利因素当然包括军队内的因素）的态度已定。

2. 炮轰发起者兵团的现代版说法

兵团是"四·一四"行动主要发起者，下面是兵团负责人对"四·一四"行动的一些记忆。

原太原市作家协会主席孙涛在他的著作《虔诚与疯狂——山西文革及太原五中学生刘灏10年沉浮纪实》（第四次征求意见稿）中引用了兵团六中32111公社李金渭的关于"四·一四"行动的回忆：

刘志兰与32111的几个负责人关系都不错。……刘志兰陈守中对我也很好，我从农村出来（作者按：李金渭是从晋南农村考入太原六中的高中生），那时连香蕉橘子都没见过，是刘志兰教我怎么吃的。陈守中在市委大院的口碑非常好，任太原市革命委员会副主任时，我是市革命委员会常委，陈守中很相信我，让我当市革委第三办公室主任，负责文教宣传，负责太原报社的班子建立和复刊。

刘志兰对华北局书记李雪峰意见很大，她认为李雪峰是华北局资产阶级反动路线的总代表。1967年1月12日山西夺权后不久刘志兰对我讲，李雪峰在华北局会议上把袁振打成伸手派野心家，把河北省委的林铁，内蒙古的乌兰夫打成黑帮。在北京市大搞资产阶级反动路线。山西省委执行的资产阶级反动路线都是李雪峰支持的，我们应该彻底打倒李雪峰，清算他的资产阶级反动路线。

……

大约在67年4月上旬一天，刘志兰把我和刘大康叫到她办公室说李雪峰在北京镇压学生运动被中央撤了职，现在李雪峰又到天津去了，你们到天津去同天津的造反派联合起来炮轰他，揭露他。刘志兰给了我们一捆子印好的传单，又给了300元钱做路费。临去天津我征求袁振的意见，袁振支支吾吾，不置可否。

其实我们对炮轰李雪峰原本不太积极。因为毛泽东和党中央支持山西省 1 月 12 日的夺权,承认山西省革命委员会和太原市革命委员会是合法的。我们支持袁振,陈守中在省市革命委员会中担任领导职务,我们都翻了身,掌了权,已不受压了。学校正在复课闹革命,但刘志兰是山西党的核心小组副秘书长,又和我们很熟,我们也相信她,就接受了她交给的任务。回学校后确定史纪礼和刘建才带人去天津炮轰李雪峰。

史纪礼、刘建才到了天津后迟迟没有行动,刘志兰很着急,几次要我催他们赶快行动。我在太原也不知道天津的情况,不好向刘志兰交代。和兵团司令部其他负责人商量后,又先后有刘灏、叶积凯、李改组、宋树训、刘大康等去天津。他们去了后结果仍然不见行动。后来史纪礼和刘建才等竟然在天津贴出支持李雪峰的大字报。刘志兰知道后非常生气,叫我赶快把他们叫回来。

史纪礼、叶积凯、刘建才回来告诉我,他们先到了北京,有的人北京一转车就去了天津,有的人就去中央文革接待站去了解中央对李雪峰的态度。从中央文革小组知道李雪峰去天津筹备天津市革命委员会是毛泽东派去的,是毛泽东的战略部署。他们到达天津时对此行的目的有了不同的看法。大家住在天津一个纺织厂(这里是天津反李雪峰较厉害的单位)进行了激烈的争论。有的认为就应该炮轰李雪峰,他是华北局的第一把手,华北各省市执行资产阶级反动路线厉害,责任是李雪峰的,北京市委对抗毛泽东就是李雪峰的原因。有的说中央文革小组的话我们应该听。这时一个红旗杂志的记者(作者按:即红联站《大事记》中所提到的关锋密使红旗杂志记者王志刚)找到了他们,一再提醒他们不要炮轰李雪峰,不要干扰毛泽东的战略部署。多数人的看法是刘志兰叫我们炮轰李雪峰是不符合毛泽东的战略部署的,我们不能听她的,不能给李雪峰贴大字报。

山西革命造反兵团的人还在为炮轰不炮轰李雪峰争论不休时,天津的大街上却出现了落款山西兵团司令部"炮轰李雪峰"的标语(此处李金渭记忆有误,当时受刘志兰指挥赴天津"炮轰李雪峰"的五中高一学生陈川生回忆,他们当时大标语的落款是"山西革命造反派",与兵团和红联站都无关,李金渭显然误认为,五中学生冒用了

第三章 "'四·一四'是一个政治大阴谋"

兵团名义——作者)。这一情况促使山西革命造反兵团的人必须立即表态。他们就写了支持李雪峰的声明,落款是山西革命造反兵团,并抄成大字报。在向这家纺织厂索要糨糊准备贴出去时遭到强烈反对,他们不仅不提供,还不许在他们这里再住下去。宋树训和刘建才等人就在天津市最热闹的地方劝业场买了糨糊把声明贴在劝业场的大门上。

声明贴出去后立即在社会上引起强烈反映。李雪峰知道后派人对史纪礼、刘建才等人表示感谢。史纪礼等对感谢不以为然,认为我们只是按中央和毛泽东的路线办。正好天津发生了地震,马路两边楼房不时有东西掉下来,史纪礼、叶积凯认为再呆下去既没有必要又不安全,于是就带着大部分人马回太原了。也有部分学生没有立即回太原而是被邀请到天津市政府去了。天津市政府组织他们去新港等地参观游玩了几天才回来。

史纪礼回来后同我讲了在天津的情况。史纪礼对刘大康听刘志兰的话主张炮轰李雪峰不满意,说刘大康一回来就去了刘志兰家汇报,我没有去,他要我和他去刘志兰家汇报。4月13日晚我就和史纪礼去了刘志兰办公室。刘志兰秘书让我俩在楼下会客室等,刘志兰正在楼上接待客人,当时我们也没有太多的想法,只想把情况向她说明,把旅差费向她交代了就完事了。可是左等右等大约等了两个小时刘志兰一直不见我们,我俩有些不耐烦。这时看到李显东(现在是中国人民政法大学教授,中央电视台《今日说法》的主讲。作者按:应为李显冬)和陈川生(现省机电办部门负责人。作者按:应为省成套局负责人)等五中几个学生从楼上下来,他们就是在天津和我们持相反观点贴炮轰李雪峰大字报的人。这是我俩很气愤,马上拔腿就走。刘志兰的秘书随即追了出来叫我俩回去,我俩不理他,径直走出省革命委员会大门。省革命委员会马路的对面是工农兵医院,楼上有兵团的办公室,我俩就去了楼上的办公室。正好有兵团司令部的人在。我们就把对刘志兰的不满向大家讲了,大家议论了一会儿认为刘志兰派我们去天津是错误的,是破坏毛泽东的战略部署,应该把这事情揭露出来进行批判。我们当即写了炮轰刘志兰的"四·一四决议"。并让兵团司令部的工作人员电话通知下属单位上街贴炮轰刘志兰的大标语。当我们把该决议抄成两张大字报时天已快亮了,一份由其他人去太原市革命委员会去贴,一份由我和史纪礼拿上贴在省革命委员会门口。

贴完后我和史纪礼回到学校时已天亮了。到了中午,袁振的儿子袁南征叫我和史纪礼去他家。一进门袁振就批评我们说炮轰刘志兰是胡闹,要我们立即停止。我和史纪礼不同意袁振的意见,同他进行了争辩。

我俩从袁振家出来骑着自行车到街上转了一大圈,看到炮轰刘志兰的大标语已贴满了主要街道,心里很是惬意。唯一不愉快的是贴在市革命委员会门口的那张四·一四决议的落款兵团司令部被人改成野心司令部。

按李金渭的说法,"四·一四"行动是由刘志兰炮轰李雪峰引起的,而且是一个起源于在刘志兰办公室遭冷遇的偶发事件。而另一位兵团负责人给出了不同的说法:

"四·一四"的背景,说起来就和省核心小组的内部斗争有关系了。因为在四月会议之前,中央曾经有个二月会议。就是67年1·12夺权以后,曾经把核心小组的叫到北京召开了一个二月会议。这个二月会议主要是刘格平、张日清和刘、陈、刘联合起来攻袁振,但是受到中央的批评和阻止。实际上核心小组到北京去给中央汇报工作。这次汇报的主要内容就是攻袁振,当时刘格平和张日清是一起的。包括刘贯一、陈守中、刘志兰他们啊。刘志兰好像没去。具体内容就是告袁振的状,说袁振在山西拉帮结派,搞独立山头。所谓独立山头就是指兵团和决死纵队。

但是在二月会议上,他们受到了中央的批评。中央说,刚刚夺权你们就搞分裂,就不团结。要团结。你们对袁振的那些指责批评不是事实。等于是刘格平、张日清联合起来打袁振的,这一仗没有打赢。……四·一四所以对刘、陈、刘有意见,就和这个有关。起码我是因为二月会议,对刘、陈、刘有看法。在这个背景下就做出了414

决议，炮轰刘、陈、刘。

这位负责人还说：

虽然我起草了这个决议，但是我内心并不同意这样干。或者说，我同意这个决议是有保留的，有局限的。只是要求你们刘、陈、刘支持袁振。你们不能跟刘格平一样攻袁振，要支持袁振。因为在袁振受害的时候，陈守中、刘志兰也受害了。但是陈守中是很有怨言的。陈守中的怨言在哪儿呢？就是说袁振是个软骨头，你承认了反党。不但你承认了反党，还把我们都拉了进去。陈守中一直对这个耿耿于怀。

……刘志兰两口子，包括张日清，对我始终没有一点怨恨。为什么？就是因为做了这个决议的当天晚上，我有一个行动。散了会以后，我就在眼科医院（工农兵医院），亲自给刘志兰打了一个电话，刘志兰亲自接的。因为在此之前，我和刘志兰关系非常好。我说：刘部长，我们都叫她刘部长，我说刘部长，告你一件事儿，我们兵团刚刚做了一个决议。这个决议，就是要炮轰刘贯一，火烧陈守中。好像大致就是这么一个决议，就是要炮轰刘陈刘吧。但是你不要紧张，我们的真正意图并不是要打倒你们。

事后兵团很快就发现上当了。这个决议刚做出来，兵团仅个别学生组织写了大标语大字报，工人还都没有动，第二天总站就哗哗的动起来了。结果是兵团只炮轰了一天，而总站却炮轰了三个月，一直到七月会议。兵团发现被人家利用了就马上停止。第二天或第三天，关于停止炮轰刘陈刘，还专门发了一个声明。

兵团只炮轰了一晚上，第二天马上停，而总站立刻就行动起来了。这就说明兵团内部有人和总站通气。

显然，这位兵团负责人的说法要比李金渭靠谱。无论是李金渭"自发"说及另一位兵团领导人的"上当"说，说明他们都不是事件的核心人物。

李金渭既不知道关锋派到太原活动的红旗杂志记者王志刚的事情，又不知道刘格平给丁磊打电话要炮轰刘志兰的消息，他可能就不是这个事件中的核心人物，或者是他隐瞒了与中央文革关锋等人有联系的事实。也许那天晚上他们在刘志兰的客厅等候的两小时的时间内，丁磊已经通知了兵团的主要负责人即将炮轰刘志兰的消息，他们才有可能在工农兵医院的办公室聚齐，而这是李金渭等人所不知道的。李金渭等人去刘志兰的办公室是偶然的，下来以后到兵团的办公室也是偶然的，按李金渭的说法推理，如果那天晚上他们不去工农兵医院的办公室，"四·一四"行动就不会发动，这肯定是不对的，因为那天晚上，太工永红、太机四野等组织都采取了行动，"四一四"炮轰刘志兰照样会发生，只不过不会有兵团参加罢了。

在当时红联站党校东方红《"四·一四"事件的要害是篡权——再论"四·一四"事件是一个政治大阴谋》一文也提到了李金渭所说的医院的会议："当他们得知刘格平、张日清同志四月三十日要从北京回来时，又急忙于四月二十九日晚，在某医院的三楼十七号开了会议，秘密策划重新掀起炮轰刘志兰的高潮，连夜又刷出了炮轰刘志兰、打倒刘志兰的巨幅标语，而且这些标语集中在火车站、'五一'广场、省革委会和省军区的附近，总之，就是贴到了刘格平、张日清下车后回家的路上。"红联站的这一说法也印证了李金渭之误，他可能把两次会议的时间倒混了。

从李金渭的回忆看，兵团在天津的行为，无异于是对盟友的背叛，或者说是刘志兰结交了一帮"不可靠的朋友"。这种行为违背了人与人的最起码的信用原则。如果不同意炮轰李雪峰完全可以不炮轰，未必要转而支持李雪峰（因为那是天津的事儿），也未必要转而炮轰刘志兰。

兵团的另一位领导人没有说明他们是上了谁的当，兵团内部向总站通气的人是谁。当时总站还未成立，不可能有统一的指挥机构，如果要通气的话，只能是向丁磊通气，这就印证了丁磊开会的事实。

另外，这位负责人也没有说清楚，原来刘格平、陈守中原来是一起反对袁振的，后来为什么刘格平改变了态度，支持袁振来炮轰刘陈刘。

"四·一四"当晚参加行动的除了兵团以外，还有太工永红、太机四野、电业兵团、省歌1128等组织，其势力不小于兵团的几个单位。像这样的统一行动不是兵团司令部能指挥得了的。这一切迹象表明"四·一四"行动是由刘格平、丁磊策划,并且袁振是有参与了的"嫌疑"。

3. 太工红旗李青山的说法

对于"四·一四"事件的起因,太工红旗李青山在他的博客中也有叙述。

1967年4月14日,太原机械学院四野战斗队、太原工学院永红战斗队、电业系统红色造反者联盟、山西革命造反兵团等突然采取联合行动,在太原五一广场、迎泽大街、新建路、五一路、府东府西街等大街小巷贴出大标语,大字报,万炮猛轰山西省革委核心小组成员刘志兰。大字报的主要内容,一:说她是彭德怀线上的人;二:说她是太工红旗的黑后台;三:说她派人到天津炮轰李雪峰,破坏了毛泽东的伟大战略部署。帽子虽然吓人,但没有实际内容。这是山西省革命委员会成立还不到一个月就发生的事,广大群众无不为之震惊,不知道发生了什么问题。当天我到新建路一带,目睹那种阵势和群众惊奇的目光,也百思不得其解。刘志兰是革命老干部,曾是著名的左权将军的妻子。她是不是彭德怀线上的人,难道中央不知道?难道在夺权时,在成立山西省革命委员会前中央没有审查过就匆匆结合她?我不相信中央会如此草率!但如果不是这个原因,那又是什么呢?发生了什么事情导致核心小组公开分裂呢?前面那几个组织都是拥护刘格平的主力成员,他们炮轰不足为奇,山西革命造反兵团为什么也一起行动呢?

第二天晚上,我接到红旗战士单邦杰密报,说刘格平4月14日下午(按14日就开始炮轰刘志兰来看,刘从北京来电应在13日下午或晚上——西风瘦马注。作者按:西风瘦马即李青山的网名)从北京打来电话,指示要立即炮轰刘志兰;太工红旗是受刘志兰利用的右派组织,要在三天之内催垮太工红旗。提供消息的人称,消息来自支持夺权,深受刘格平信任的山西革命造反兵团的下属组织六中32111

战斗队和经常出入刘格平家的山西红色造反者联盟（红总站成立后改名为电业兵团）司令那里，是可靠的。山西革命造反兵团根据刘的电话连夜开会决定参加此次行动。他们希望单邦杰赶快退出太工红旗，迟了后果不堪设想。为慎重计，我让单邦杰将情况详细写在我的笔记本上，全文如下：

"14日下午，据说刘格平给兵团打了个长途电话（后来又讲是打给了丁磊的），内容有要炮轰刘志兰，要摧垮包括太工红旗在内的右派组织。这个内容六中兵团32111的一个负责人记在笔记本上，被高73班兵团的一个老战士看见了。他高（告？）班（里？）我弟弟单邦俊，让他告诉我，小心跟红旗队一起当了反革命，并不准我把内容告诉其他人。这是14日晚上的事。我弟弟回家讲了以后，15日上午我妹妹到工学院把大意告诉我。至于为什么要把红旗摧垮，据说理由是红旗一直受刘志兰利用的。摧垮太工红旗的时间初步决定是三天。兵团四一四决议也就是四一四下午接到电话后，晚上兵团司令部召开常委会决定的。另外据我妹妹的同学杨竹君（系红联的战士）（此处的红联指的是电业兵团红色造反者联盟，不是指红联站——西风瘦马注）讲，她亲耳听红联的老郝（郝庭云）讲，电话是刘格平从北京打到刘格平家的。接电话时（不知是谁接的）老郝就在旁边。内容也是炮轰刘志兰，三天摧垮太工红旗。这也是杨竹君知道她同学单莹的哥哥是太工红旗的，怕当反革命给捉了，跑到我家告诉我妈妈的。我妈妈问她电话可靠不可靠，她讲：老郝是什么人，一天在丁磊家里，这还会错。"

我相信这个情报是真实的，在当时的形势下，没有刘格平的授意，没有人能组织、能发动如此大规模、如此统一的行动，特别是炮轰刚刚上台才几个月的"新生红色政权"的核心人物。我认为事态十分严重，立即召开太工红旗勤务员会议。许多关心我们命运的红旗队员也来旁听。我通报了情报的内容，大家研究了形势，决心迎击这一严重考验。我们准备在他们的大兵压境之下，最坏有400人（没有人确切知道太工红旗有多少人，我当时估计大约为五六百人，积极参加活动的约二三百人——西风瘦马注）退队，但即使如此，我们也决不屈服；

　　文中提到的丁磊，是刘格平的老婆。此人看起来比刘格平小许多，个子不高，是个权欲熏天、不甘寂寞、策划与密室、点火于基层的主。一直受压制的刘格平在山西掌了权，是她在政坛上崭露头角的千载难逢的机会，她呼风唤雨，跃跃欲试，她的家成为山西实际的权力中心，后来山西一系列事件，例如红总站的成立、一系列对红联站下属组织的打砸抢事件、在太原十中发生的九五事件，都有她浓浓的影子。在我看来，红总站4月14日开始炮轰刘志兰，与其说是因为刘志兰派人到天津炮轰李雪峰，破坏了毛泽东的战略部署，不如说在很大程度上是丁磊和刘志兰两个女人之间的较量。刘志兰时任山西省党的核心小组成员，办公室主任。丁磊要想打着刘格平的旗号在山西呼风唤雨，遇到的第一个阻力就是刘志兰。刘志兰是老资格，有文化，又有工作能力，办事果断，锋芒毕露，容不得丁磊这样的人插手政务。另一方面，对太工红旗反对1.12夺权一直耿耿于怀的刘格平一直想借机整垮红联站。刘志兰在别人拒绝接见太工红旗的时候，敢于接见红联站和太工红旗的负责人，也使他们恼火。他们发动四一四炮轰刘志兰，其目的就是想趁中央文革小组康生等人批评刘志兰犯了派人到天津炮轰李雪峰的错误之机，借题发挥，达到既清除核心领导层内的绊脚石，又重创甚至摧垮过去反对过他们，今后也难以指靠的群众组织太工红旗和红联站。实现独霸山西天下的目的。这当然是我后来的看法，在当时，我还没有想到这一层。因为在炮轰刘志兰之前，丁磊的面目还没有充分暴露。大多数人还没有注意到她。也正因为如此，虽然我对刘格平的来电深信不疑，并且做了最坏的准备，但我仍然想不明白刘格平为什么要这样做，百思不得其解。

　　4月21日，我到了北京。立即感受到了全国形势的严峻。介入地方支左的解放军大多支持保守派，因此保守派气焰十分嚣张。新疆、河南、武汉的造反派处境艰难。

　　4月25日，中央文革通知，刘格平将在民族文化宫接见我们。刘格平张日清在北京西单民族饭店10楼大厅接见红联站、太工永红和首都赴晋造反大队部分代表 100 多人。太原机械学院红旗战斗队的王春延在门口接我们。在会上，首都赴晋造反大队的邢晓光、赵景春等人对刘格平等在山西的所作所为进行了严厉的批评。山西军区军训问题、3 月 26 日（作者按：应为 16 日）山西日报社论问题、组训五师和对太工红旗的态度问题等均遭到与会代表的猛烈轰击。有的人干脆就说，山西夺权以后指导思想错了，没有紧跟中央，造反派压力很大。4·14 事件也尖锐地提了出来，刘格平如坐针毡，张日清也始料不及；我在会上没有发言，但我感慨万千，天理自在人心啊！我认为这次接见的发言反映了正确的民意，刘格平应该据此有所反省。我哪里知道，此前中央刚刚开过一个四月会议，在会上，刘格平得到支持，而张日清，刘贯一，刘志兰受到批评。但是无论刘格平方面，还是张日清方面，谁都没有把这次会议的情况透露给我们。当然，即使透露给我们，我们也未必听，因为刘格平此前和以后的所做所为，很难为我们所接受。

李青山在博客中的回忆，与《大事记》的记述有了相互的印证，即"四·一四"行动实际上是中央文革策动，刘格平亲自领导的，丁磊直接指挥的事件。当然这不是像李青山所说仅仅是"丁磊和刘志兰两个女人之间的较量"，很快就会演变成中央文革和中央军委在山西的较量！

4. 省委统战部副部长李一夫的说法

在 4 月 14 日的下午和晚上，丁磊几次电话约见李一夫。在李一夫到刘格平家中赴约的时候，丁磊组织的"炮轰刘志兰"的会议刚开完，丁磊向李一夫传达了刘格平北京来电的精神，告知了即将采取的"炮轰刘志兰"的行动，希望得到李一夫的支持。

李一夫不是一个盲从的人，当然不可能支持"炮轰刘志兰"的行动，甚至认为这是一个"政治大阴谋"。从历史渊源上讲，李一夫在包钢与刘志兰夫妇是同事，没有什么过节；相反，李一夫与李雪峰却有着一段历史纠结。

第三章 "'四·一四'是一个政治大阴谋"

事情发生在所谓"三年困难时期",李一夫时任包钢白云鄂博矿区党委书记和矿党委书记,面对全国性的饿肚子,李一夫采取了特殊措施。其一,给矿区职工干部开荒种地的权利,全区几万人,得到了人均六分地开荒权,一望无垠的大草原,解决了相当一部分干部和职工的饿肚子问题。其二,毕竟也有手无缚鸡之力也无依靠的人,吃不饱,害了浮肿病,李一夫就与医务工作者发明了一种"消肿饼",定期给"病人"发"药饼",这种饼甜甜的少许有些药味,主要成份是以豆类为主的粮食,加点枣粉和少许补药。李一夫是在变相给"病人"发粮食。另外值得一提的趣事就是李一夫把那几年把国家给的特供,每到春节把辖区内五十岁以上工程技术人员和老工人,约二十余人请到家中,由夫人主持厨房,欢聚一堂,猜拳喝六,大吃一顿,以满足众老饕餮的胃口。全区以此共渡难关。由于李一夫领导有方,被评为中国冶金战线"十面红旗"之一。但总有心怀阴暗的人把李一夫告到了李雪峰任书记的华北局。说李一夫是土皇帝,与中央不保持一致,另立纲领:"政治挂帅加山药蛋",李雪峰大怒在华北局大会上点了李一夫的名,说李一夫另搞一套,要派工作组。刘志兰,陈守中之妻、包钢副书记兼宣传部长,出于对李一夫的爱护将这一消息告知了李一夫。三个月后,李一夫发信给李雪峰,大意为:我拭目以待三月有余,你大会上说要派查我的工作组为何不来?!李雪峰没有回音。但怨已结成。

鉴于此,李一夫自然会同意和支持刘志兰派人到天津揪李雪峰,也不会同意和支持丁磊"炮轰刘志兰"的行动。李一夫的说法进一步证明了"四·一四"行动是由丁磊直接指挥。

李一夫是最早持有"'四·一四'是一个政治大阴谋"的观点的老干部之一。

4月28日,李一夫贴出了《强烈要求澄清四一四事件》的大字报,亮明自己的观点,

在5月的一次省革委扩大会议上,李一夫拍案而起,第一个发言谴责了红总站的打砸抢行为,反对"炮轰刘志兰"的行动,反对分裂红色政权。发言结束时,李一夫愤怒地说:我不参加你们这样的会

议了。随后拂袖而去，再没有参加过省革委的会议。

由此，李一夫把自己的命运与红联站联系在了一起。至此，刘格平也与他的"亲密战友"李一夫彻底决裂。

5. "四月会议"之说

在"四·一四"行动之前，刘格平、张日清、刘贯一到北京向中央汇报山西的情况，那时，江青就批了刘志兰。当时，山西省核心小组内部已经发生分歧。按以后事态发展来看，核心小组主要成员中张日清、刘贯一、陈守中、刘志兰是站在一边的，刘格平、袁振、陈永贵是站在另一边的，69军谢振华则是表面上站在中立立场上的。据"四·一四"行动仅仅四天的4月18日，兵团却表现出了对继续炮轰刘志兰的"犹豫"。兵团中的"鸽"派和"鹰"派达成妥协，开会决议：刘志兰的大字报不上街；刘志兰的材料不公开；有关来访不接待。

4月19日，由袁振主持召开的省革委委员会上，传达了刘格平、张日清、刘贯一署名的从北京发来的"三人来电"，表示支持刘志兰。同日下午，省核心小组办公室印发了刘、张、刘"三人来电"和经袁振修改的刘、张、刘、袁"四人声明"。传说，"四人声明"来源于"三人来电"。当时袁振接到"三人来电"时，要求加署自己的名字，遭到拒绝后又重新起草了"四人声明"，加上了自己的名字，表示自己与"三人"一致，以免被动。

按《大事记》记载："4月22日—23日中央召开解决山西问题的'四月会议'，总理、伯达、康生、江青等中央首长，着重批判了核心小组的错误指导思想'整个都是右的'，指出刘贯一'3·26'报告是个原则问题，指出核心小组不团结和相互攻击，并不是在原则问题上，而是在非原则问题上。"当时"四月会议"没有对外公开传达，故而，引起了各方面的种种猜测和解释。

李青山在博客中回忆，"在会上，刘格平得到支持，而张日清，刘贯一，刘志兰受到批评"。如果真是如此，刘贯一受到的批评肯定是"3·26"报告，要结束文化大革命；刘志兰受到的批评肯定是"炮轰李雪峰，破坏毛泽东的战略部署"；张日清受到的批评一直没有公开，据赴晋大队的邢晓光（时为清华大学学生）回忆，张日清反对深挖旧省委的"黑二、三线"（指旧山西省委垮台前布置的"潜伏"人员），说明张的思想是"右的"。不过，张、刘、刘虽然受到了批评，还没有被定为"敌我矛盾"。

由于"四月会议"的内容被刘格平透露给了其夫人丁磊，很快，丁磊指挥社会组织把炮火从"炮轰刘志兰"延伸扩大到了"炮轰刘（贯一）陈（守中）刘（志兰）"，可能是因为张日清的特殊身份，暂时未受到炮轰。不过，张（日清）、刘（贯一）陈（守中）刘（志兰）四人并未接受中央的批评，展开了对刘格平、袁振的反击。

第三节　红联站善文攻，红总站善武斗

1. 红总站开了打砸抢的头

兵团是如此的不可靠，一会儿炮轰刘志兰，一会儿与红联站"勾勾搭搭"，决死纵队又有点太孤单，刘格平和丁磊觉得有必要重组一支力量和决死纵队并肩战斗在一起，与红联站进行对抗。以后的事实证明刘格平和丁磊的做法是正确的，因为没有几个月，兵团就和红联站联合在一起对付刘格平和丁磊了。

1967年4月27日，刘格平旗下的，也是丁磊旗下的34个组织宣布成立"山西批刘邓红色造反联络总站"（简称：红总站）并发表宣言。用红联站的话来说，红总站"以同意炮轰刘志兰为条件，而大量收罗保守组织"，"红总站34个发起组织，大多为原工联，百万雄师，南北纠的变种"（引自《大事记》）。对于红总站，李青山是这样说的："红总站因为大多数成员是各单位各行业的保守派，被群众称之为大杂烩，其中太工永红，山西电业兵团，因其头头高翔、郝庭云

整天泡在丁磊（刘格平的老婆）家里，唯丁磊马首是瞻。"

其实，红联站和太工红旗的说法很不准确。

如果以是不是紧跟毛泽东的革命路线，是不是紧跟中央文革，是不是坚决反对旧省委，是不是紧跟中央文革支持的刘格平，来划分造反派和保守派的界限的话，红总站的四大主力应该说至少有三个是地地道道的造反派，只有一个东风兵团基本上算是造反派。

四大主力的太工永红虽不是红联站的发起单位，也是红联站的老底子之一。以当时加入红联站的严格条件，太工永红当然是造反派。太工永红脱离红联站的原因有二：一是社会原因，太工永红紧随刘格平参加了"一·一二"夺权，与红联站"不参加夺权"和"质疑刘格平"的观点有了原则分歧；二是在校内与红联站的老大太工红旗有了观点上的分歧，且不满意太工红旗的"老大作风"。从文革的观点上看，太工永红是红联站里的左派，太工红旗是红联站里的右派，太工永红坚持了"继续革命"，由于红联站中的"拒绝继续革命"的右派占了主导地位，最终导致太工永红脱离了红联站。太工永红在"继续革命"的道路上，特别推崇刘格平，崇拜刘格平达到了迷信的程度。后来在1967年9月，太工永红出了一本歌颂刘格平的小册子，书名为《踏遍青山人未老》。书中有刘格平在北平军人反省院中的照片，大树特树了"毛泽东的好学生"刘格平在山西的绝对权威。太工永红自"一·一二"夺权后一直伴随在刘格平、丁磊周围，"四一四"之后，他们把组织范围扩大到了社会上，建立了"永红司令部"，成了刘、丁最得力的嫡系部队。

四大主力的太机四野的领袖虽不怎么出名，但太机四野也是"老造反"。太原机械学院是一所兵工院校，原名"太行工业学校"，由当时的国民革命军第十八集团军（即八路军）副总指挥彭德怀提议，1941年在太行根据地建立。也许是兵工院校的缘故，"第四野战军"这个名称起的就有点"杀气腾腾"。太机四野在对旧省委的斗争中，观点激进，手段激烈。1967年1月15日至17日，曾把卫、王、王等省委领导挟持到位于太原市上兰村的学院本部进行"拼刺刀"，搞得卫恒精疲力竭，这在当时对于单独一个单位的组织来说也很少见。

第三章 "'四·一四'是一个政治大阴谋"

太机四野后来也扩充到社会,成立了"第四野战军",成为红总站的别动队,"打砸抢"的主力,被老百姓称为"手野、脚野"的"四野",确也毫不奇怪。

四大主力的东风兵团的骨干人员在运动初期虽然保守了一阵子,但在"一·一二"夺权时做了"内应",造反的功劳也不小。之后刘格平夫人丁磊成为东风兵团的顾问,东风兵团成为刘格平、丁磊的"大内部队"。东风兵团司令黄锐庵任省革委委员,省革委办公厅副主任,相当于刘格平、丁磊的大内总管。东风兵团的重要性已经凸现出来了。

四大主力的电业兵团,在"一·一二"夺权时名称是"山西省红色造反者联盟",排在夺权单位名单的第五位。由于电业兵团是四大主力中的唯一的工人造反派组织,电业兵团司令郝庭云成了红总站的总指挥。

至于说到红总站"大量收罗"的"保守组织",用当时的时髦说法,就是"革命不分先后,造反不分早晚"。这些保守组织,虽然在运动初期有点保守,或者很保守,但转变立场,投向革命和造反,就是"造反派"。公正地说,正像最早的造反派不能"一辈子"顶着"造反派"的光环一样,最初的保守派也不能"一辈子"挂着"保守派"的牌子。总的来说,红总站应该定义为造反出身,并坚持"继续造反"的组织。

至此,"炮轰刘志兰"方面的组织已经整合为四大社会组织,即兵团、决死纵队及红总站,还有一个组织叫"太原市革命造反司令部"的组织,影响和规模都不是很大。其中兵团以学生为主,决死纵队以产业工人为主,新生的红总站则是一个有工、有学、有干有商的高度跨行跨业的组织。

新成立的红总站"血气方刚""朝气蓬勃"、急于立功。成立的第二天(4月29日),在红总站顾问丁磊的精心策划下,太机四野就采取行动,突击砸抢了省委机关的革命组织七一公社,抢走了大量批判材料。

七一公社早就是刘格平、丁磊的眼中钉、肉中刺。在"一·一二"

夺权时，七一公社就揭了刘格平"生活作风"和"地方民族主义"的伤疤，还影响了一些组织反对刘格平，抵制"一·一二"夺权，使刘格平十分恼火。"四·一四"时，又带头反对"炮轰刘志兰"。李辅及七一公社处处与刘格平作对，刘格平和丁磊认为七一公社有整理刘格平的所谓"黑材料"（其实没有），"卧榻之侧岂容他人鼾睡"，所以把七一公社当作了第一个开刀的对象。

1967年5月1日，太机四野对七一公社进行了第二次砸抢行动。红联站十中七一闻讯后，立即派人前去制止，过程中，太机四野的汽车还碾伤了十中七一的中学生。刘格平在省委大院目睹了这场事件。晚上红联站代表见到刘格平要求他发布制止武斗的通知，被刘拒绝。实际上，红总站、决死纵队的武斗行为似乎得到了刘格平的支持，或许还是指使。

5月2日，太机四野对七一公社进行了第三次砸抢行动。这次行动较前两次有了很大的升级，太机四野把七一公社的负责人李辅抓走游街。后又把李辅挟持到山西医学院，伙同红总站山医工学干、太工永红一起围攻李辅，并对红联站山医红革联进行挑衅，双方发生冲突。太工红旗（当时还未重返红联站，但始终在一起战斗）闻讯后出动了人员和宣传车前去救援，结果宣传车被围攻，形势十分紧急，太工红旗又急向红联站求援。

几十年后，当年十五中红旗的领袖常理正这样讲述了当时的情况：

1967年5月2日，太原十五中"八一五"红旗公社（当时十五中最大的造反派组织）和几个小战斗队联合组成十五中"红旗"，正在举行成立大会，人员正好非常齐备。突然接到太工红旗的电话，说在山西医学院太工红旗的宣传车被太工永红、太机四野所抢，请求紧急支援。太原第十五中学校位于现在的水西关街，按现在的公交路线，距位于新建南路的山西医学院只有两站路，可以说是距山医最近的红联站的据点，记得当时新建南路还是石子路。我接到电话后，立即带领二、三百参会人员跑步赶到山医。那时文革还未发展到武斗打人的地步，我们到现场时，看见太机四野的人在揪着李辅在辩论似的，双方人员在推搡。太工红旗的宣传车中挤满了人，似乎在争抢之中。十五中红旗的生力军到场后，双方力量立即发生了根本性的转化。李辅被救出，宣传车被夺回，太工永红、太机四野被驱散。李辅得救后，并不知道救他的是哪个学校的学生，但他发表了即席演说，感谢同学们的援救，谴责了太机四野、太工永红的野蛮行为。我当时还是中学生，不怎么会在正式场合讲话，听了李辅的讲演，挺佩服李辅的讲演风范和领导气质。

1967年5月3日、4日、5日连续三天召开省革委委员会议。会上永红、四野、东风等组织头头在刘格平、袁振的默许下，借炮轰刘志兰，提出所谓'新型'保皇派的论调，矛头直指红联站。实际上相当于红总站向红联站的宣战。

2. 红联站一论：《"四·一四"事件是一个政治大阴谋》

从"一·一二"夺权开始，在刘格平及其势力的压迫下，红联站从不自然地站在刘格平、丁磊、袁振的对立面，逐渐发展到了自然地站在了刘格平、丁磊、袁振的对立面。红联站当时批判刘贯一的"3·26"报告也是在寻找刘格平政权的"破绽"。"四一四"行动以后，刘格平、丁磊发动"四一四"行动的目的之一也是为了摧垮太工红旗和红联站。红联站自然也放弃了对刘贯一"3·26"报告批判，矛头指向了刘、丁、袁的"四·一四"大阴谋。

4月下旬，红联站开始对"炮轰刘志兰"的行动进行反击，在太原市的大街小巷贴出了"'四一四'是一个政治大阴谋"的大标语。

红联站和赴晋大队在5月份开始了大规模反击。

在"一·一二"夺权中曾鼎力支持刘格平的首都赴晋造反大队的邢晓光高调参加到对刘格平的批判中。5月2日左右，在五一广场的一次群众集会上，他以愤怒的语调，猛烈抨击刘格平分裂红色政权和深挖"黑二、三线"的所作所为。大会用扩音器广播，很多人驻足收听。这是山西夺权以来头一次有人敢在这样的群众大会上公然点名尖锐地批评省革委主任刘格平。若非邢晓光在刘格平夺权时立过汗马功劳,刘决不能允许他如此"放肆"。邢晓光用大喇叭说出了广大群众想说而不敢说的话,对刘格平阵营不啻是一颗重磅炸弹。

《红联站大事记》曾有这样的记载:"5月3日,红联站总勤务站经过几天的形势讨论,按照毛主席革命路线,认真分析了山西1.12夺权后,尤其是四一四事件发生以来两条路线斗争的新形势。明确指出:①刘(格平——作者)周围有坏人;②当前保守势力死灰复燃,牛鬼蛇神蠢蠢欲动;③四一四背后有问题,要做社会调查,要捍卫红色政权,对刘志兰暂不表态。"

从现在的眼光看,没有后台的红联站的学生娃子们实在是太天真了。他们不像兵团的李金渭与中央文革关锋有"交情",五一节能在天安门城楼受到关锋的接见和指导;也不像决死纵队和红总站能得到刘格平的内部消息;更不能得到关锋的代表、红旗杂志记者的"秘密指导",所以他们只能根据官面上的文件瞎猜毛泽东的革命路线是什么,他们不知道毛泽东的革命路线实际上是毛泽东的政治需要,完全与理论无关。他们当然不知道中央文革炮轰刘志兰的指示就是毛泽东的革命路线(不管刘志兰有没有错误),捍卫中央文革支持的刘格平就是捍卫新生的红色政权。因此他们走向中央文革的反面是必然的。

从太工红旗被迫离开红联站后,山西省委党校东方红公社开始挑起红联站的大梁,替代太工红旗担负起红联站的领头作用。党校东方红是一个人才云集的地方,既有理论家,又有秀才,故而他们计划采用上世纪六十年代初中、苏两党论战的时候,人们津津乐道的九评"苏共中央公开信"(当时中苏两党就国际共产主义运动总路线的问题发生重大分歧,苏共中央发表了苏共中央致中共中央的公开信,把中苏两党的矛盾公开化,中共方面发表了九篇评述苏共中央公开信的文章,俗称"九评"。由于九评的笔锋犀利,被中国人当作批评类文章的典范。后来的实践证明,九评的论点、论据都是不正确的。以九评为起点,国际共运发生分裂,最后导致国际共运的崩溃)的方式,九论"'四一四'是一个政治大阴谋"。

第三章 "'四·一四'是一个政治大阴谋"

5月6日，红联站省委党校东方红发表第一论，即《"四一四"事件是一个政治大阴谋》。太原五一广场成了一个非常热烈的场所，聚集了大量的群众，像当年倾听中央人民广播电台广播《九评》一样，在倾听党校东方红宣传车上的播音员慷慨激昂地播送《"四一四"事件是一个政治大阴谋》的广播。

下面是这篇文章的主要内容。

"四·一四"事件绝不是刘志兰可不可以炮轰的问题，而是要达到什么政治目的的问题。这是问题的实质。如果看不到'四·一四'事件的政治目的，不抓"四·一四"事件的核心问题，本质问题，而只是在刘志兰同志可不可以炮轰这个问题上纠缠不休，那就是马大哈，那就是糊涂人。

"四·一四"事件是有它的政治背景的（作者按：依当时的眼光当然不可能看到我们现在所看到的政治背景，即与中央文革的关联），四月一日戚本禹同志《爱国主义还是卖国主义？》（作者按：这是一篇借批判电影《清宫秘史》批判刘少奇的文章）文章发表以后，全国掀起了向党内头号走资本主义道路的当权派（作者按：当时在官方文件对刘少奇还未公开点名，以此为代称）及其黑《修养》（作者按：指刘少奇的著作《论共产党员的修养》）的大批判和总攻击，我们山西的无产阶级革命派和全国一样，闻风而动，紧紧掌握斗争的大方向，把批判党内最大的走资本主义当权派和批判卫、王、王以及本部门本单位的斗、批、改任务结合起来，正要掀起高潮的时候，"四·一四"事件的策划者错误地估计了形势，乘刘格平、张日清等同志到北京开会不在的时候，导演了一幕"四·一四"事件的罪恶丑剧，扭转了运动的大方向。把许多群众一下子引入了迷途。

文章愤怒地从六个方面对"四·一四"事件提出了质疑。

首先，那些别有用心的人策划炮轰刘志兰，扭转了运动的大方向。正如有的革命领导干部说：我们山西批判刘、邓的大方向，几乎奄奄一息了。

对于我们的说法如果你们不服气的话，那么，请回答：

为什么戚本禹同志的文章发表以后，在我们山西不是掀起批判刘邓的高潮，而是掀起了批判刘志兰的高潮？

为什么你们的组织打起批判刘邓联络站的旗号，对刘邓的批判却那么冷淡，而对刘志兰的批判竟那么热心？

为什么"四·一四"事件后，有的组织不是紧紧掌握斗争的大方向，而是在炮轰刘志兰的口号中连续发生"四·二九""五·一""五·二"等多次打、砸、抢革命组织的严重事件？难道打、砸、抢符合大方向？

第二，那些别有用心的人，策划炮轰刘志兰，目的是通过炮轰刘志兰，打击革命领导干部，企图把他们一个一个地打下去。

对于我们的说法，如果你们不服气的话，那么，请回答：

为什么在炮轰刘志兰的同时，有人公开扬言刘格平同志和张日清同志要往中央调？

为什么在炮轰刘志兰的同时，却贴出了"炮轰陈守中"的大标语？甚至还说"绝不给陈守中平反"？

为什么在炮轰刘志兰的同时，却在下面积极收集刘贯一同志的材料？

第三，那些别有用心的人策划炮轰刘志兰，目的就是要一口一口地吃掉革命造反派，摧垮或挤垮他们的组织，把山西的无产阶级文化大革命打下去。

对于我们的说法，如果你们不服气的话，那么，请回答：

为什么在炮轰刘志兰的同时，有人假借刘格平同志的名义，让太工永红摧垮太工红旗？

为什么把那些不想盲目地跟着指挥棒转的革命组织统统戴上保皇派的帽子？

为什么给没有参加炮轰刘志兰的许多革命组织扣上反对袁振、替卫、王、王翻案的莫须有的罪名？

为什么没有参加炮轰刘志兰的许多革命组织就受到法西斯暴徒的打、砸、抢？

第四，这次炮轰刘志兰，肯定是一些别有用心的人，经过长期的精心策划导演出来的。

对于我们的说法，如果你们不服气的话，那么，请回答：

为什么在四月十三日，有人在自己的家里召集一些人开会策划炮轰刘志兰的问题？

为什么在四月十三日，有人假借刘格平同志的名义，给下面传达了所谓的"七点指示"？

为什么在太机四野、太工永红打、砸、抢革命组织时，有人给他们提供交通工具和其他物质条件，为虎作伥？

为什么有人利用职权签字给太机四野印刷那个臭名昭著的"造反声明"？

第五，"四·一四"事件是阶级敌人所欢迎的，这就说明它的政治目的是和阶级敌人一致的。

对于我们的说法，如果你们不服气的话，那么，请回答：

为什么一听说炮轰刘志兰，反革命修正主义分子王谦、王大任特别高兴？

为什么一听说炮轰刘志兰，地地道道的反革命修正主义分子王中青、黑省委的爪牙郑林、葛植青等人特别活跃？王中青还说什么："我和刘志兰是敌我矛盾。"说什么："北京已有人给林彪贴了大字报，形势很好。"在这里我们还要问：王中青哪里去了？是谁吧他藏起来了？是谁为他准备翻案材料？

第六，"四·一四"事件使得一些保皇组织借尸还魂，反攻倒算。

对于我们的说法，如果你们不服气的话，那么，请回答：

为什么臭名远扬，早已被摧垮的保皇组织1128团在"打倒刘志兰"的口号声中，死灰复燃，高喊"平反""平反"？为什么有些保字号组织在"打倒刘志兰"的口号声中，特别猖狂起来，向革命派反攻倒算，并进行反夺权？

为什么不少被无产阶级专政委员会取缔的反动组织有蠢蠢欲动，叫嚣翻案？

党校东方红的这篇文章在社会上引起了巨大的反响。文章虽然没有点名，但谁都知道矛头直接指向了丁磊、袁振，间接指向了刘格平。并且为红联站的舆论攻势统一了口径。

3. 红联站《再论"四·一四"事件是一个政治大阴谋》

党校东方红的《一论》亮明了红联站的观点，5月10日到15日，红联站和首都赴晋造反大队三次在太原五一广场召开形势报告会，进一步亮明红联站在四一四问题上的观点，指明"炮轰刘志兰"1背后是右倾复辟翻案妖风。5月16日，对红联站具有巨大贡献的太工红旗正式重返红联站。这一行动说明红联站在一月革命后被迫与刘格平进行有限的合作的分裂！

5月18日，红联站党校东方红发表了《"四一四"事件的要害是篡权——再论"四一四"事件是一个政治大阴谋》，即《二论》。这篇文章用五个小标题深化了《一论》的观点。

第一个小标题是"对刘志兰同志搞突然袭击"。

第二个小标题是"对陈守中同志采取了顺藤摸瓜的手段"。

第三个小标题是"对刘贯一同志明拉暗打"。

第四个小标题是"对刘格平同志施出了挟天子以令诸侯的伎俩"。

第五个小标题是"对张日清同志采取先孤立后打倒的办法"。

4. 红联站《三论"四一四"事件是一个政治大阴谋》

在《二论》以后的5月19日，"一·一二"夺权后被打散的工人兵团的一些骨干组织，又重新聚集起来，组织成立了"太原地区工人代表大会筹备委员会"，简称"市工代会（筹）"。太原工代会（筹）不是后来大联合时官方组织的工代会，它是在陈守中支持下，自下而上组织起来的一个组织，相当于革命造反派组织。5月28日，市工代会（筹）发表重要声明："坚决反对袁振、丁磊等坏人继续破坏工人运动，决心要走自己的路"。这样一来，红联站方面的力量得到了加强，有了一支产业工人为主的同盟军，在太原市形成了二（红联站、太原工代会）对四（决死纵队、兵团、红总站、太司）的局面。

为了遏制反刘格平、丁磊、袁振力量的发展，在5月30日，红总站的核心组织东风兵团召开常委会议，作出了向红联站方面基层单位反夺权的战略计划："凡是大权不在东风兵团手里的，要赶快夺回来。东风兵团夺了权的要巩固。当权派站在我们对立面的就打倒，凡是同意我们观点的，就帮助他们站出来。"

针对红总站的反夺权的计划和行为，红联站党校东方红于6月1日发表了《究竟谁在反夺权——三论"四一四"事件是一个政治大阴谋》。

《三论》篇幅较长，近一万字，主要是反驳了红总站批评红联站的三个观点，批评了丁磊等人的所谓"反夺权"行为。

《三论》反驳的第一个红总站的观点是："你们没有参加'一•一二'夺权，所以你们不是革命组织"。

文章不承认红联站没有参加"一•一二"夺权，文章认为，"'一•一二'夺权的胜利是伟大的毛泽东思想的胜利，是毛主席的革命路线的伟大胜利，是用毛泽东思想武装起来的革命造反派长期浴血奋战的结果。""究竟什么叫'一•一二'夺权呢？毛主席教导我们说：'世界上一切革命斗争都是为了夺取政权，巩固政权。'这就是说，夺取政权包括着夺权前的长期革命斗争和夺权以后艰苦的巩固政权的斗争。只有那些对革命一窍不通的蠢人和政治投机商们才把夺权斗争看作是'一个早上'就可以取胜的儿戏。"

文章列举了红联站及其下属组织从1966年8月就开始造旧省委的反，并且一直站在批判旧省委的资反路线最前列的事实；还列举了红联站在"一•一二"夺权前、后派了大批学生到各基层单位和各地、市发动当地的革命造反派批判资反路线和夺权的事实。文中问道："试想没有广大革命造反派在夺权前的长期英勇斗争，能有'一•一二'这一天夺权的胜利吗？"

文章还认为，红联站参加的公安厅、电台、报社等部门和各地市的夺权都是"一•一二"夺权的一部分，因之，不能说红联站没有参加"一·一二"夺权,相反,省革委办公厅的东风兵团在夺权前非但"寸功未立",而且大有保皇之嫌疑。而且,没有参加"一·一二"夺权的组织不一定不是革命组织,如太纺红卫队、大寨红卫兵;参加了"一·一二"夺权的组织不一定是革命组织,如山西反修兵团、山西农民造反兵团(这两个组织在"一·一二"夺权时总指挥部第一号通告中分别排名第22和第24位,后不知为何被摧垮和取缔)。

红联站的自我辩解,乍看起来好像还有些道理,其实却很牵强,有偷换概念的意思,或者多少有些诡辩的意思。该文作者故意把一月革命风暴夺权运动(甚至整个文革)的总体概念,与"一·一二"夺权这一具体历史事件的概念作了混淆,令人觉得很可笑。按这个逻辑,大多数"老革命"们都可以宣称自己参加过任何战役,这显然是荒唐的。其实,没有参加过"一·一二"夺权也没什么,大可不必拉扯上太纺红卫队、大寨红卫兵这样的组织以证明自己的"革命"。太纺红卫队、大寨红卫兵的情况和红联站大不一样,太纺红卫队只是一个厂的组织,开始是保旧省委的保守组织,只是由于关锋的"赏识",才成为"革命"组织,红联站本身一直都耻于与其为伍;大寨红卫兵倒是造反派,不过是外地一个村的小组织,当时正在昔阳县闹腾,不可能跋山涉水到省城来参加"一·一二"夺权。红联站是一个省级的庞大组织,与他们比较没有什么意义。

《三论》反驳的第二个红总站的观点是"你们在'一·一二'夺权时犯了错误,你们反总指挥部"。

文章承认:"不错,在'一·一二'夺权时我站个别组织的某些负责同志由于对革命的'三结合'这个新生事物认识不清,革命的三结合夺权山西是首创,对刘格平等杀出来的革命领导干部在夺权中的重大作用很不理解,再加上山头主义等非无产阶级思想作怪,因此在革命形势急剧转变的复杂情况下犯了错误。但这是革命者前进中的错误,和他们的功绩比起来仅仅是十个指头中的一个指头。这与形形色色的保皇派和各式各样的投机商的错误比较起来有本质的区别,二者根本不能相提并论。正如文化革命的先驱者鲁迅先生说的那样,'有缺点的战士总归是战士,完美无缺的苍蝇毕竟是苍蝇'。"文章还说:"当《人民日报》发表社论完全肯定和高度评价了山西'一·一二'夺权时,太工红旗战士很快地认识了自己的错误。他们万分痛心,在五一广场向毛主席请罪,他们进行了一个月的严肃整风,向'私'字夺权!会上几百人痛哭流涕,使本来砸他们的革命工人群众也感动得掉泪。他们很快地改正错误,又勇敢地投入战斗。他们没有宣传车,就推着小平车宣传毛泽东思想,他们没有汽车坐,就徒步闹革命。他们刻苦学习毛主席著作,他们的革命精神是多么感人!他们比那些坐小卧车指挥打砸抢的政治流氓不知道要高大多少倍!他们要比那些坐在汽车上耀武扬威地叫喊'打倒刘志兰,气死保皇派''坚决支持太机四野太工永红(打砸抢)的革命行动'等反动口号的人不知道高大多少倍!太工红旗等革命左派组织正是在一百个错误后面,建立了一万个伟大功勋的响当当的革命造反派。"

《三论》对红总站的第二个观点的反驳并不符合实际。如果当时反对"一·一二"夺权,反对总指挥部,反对刘格平为首的革命的三结合这个新生事物是"错误"的话(当然从现在流行和官方的看法"反对"是正确的),从红联站和太工红旗的行动看并没有真正认识错误。"一·一二"夺权时,红联站和太工红旗自认为是"在一百个错误后面,建立了一万个伟大功勋的响当当的革命造反派",看不起总指挥部而犯错误,那是不自觉的,可以原谅的。但在明知党中央及中央文革支持刘格平和总指挥部的情况下,红联站和太工红旗仍然坚持反对刘格平、采取了不与总指挥部麾下的决死纵队、太工永红、太机四野等组织合作的态度,当然是自觉地走上了坚持"错误"的道路。应该说,这不仅仅是一个对刘格平的态度问题,而令人怀疑红联站是不是有意与中央文革作对?

《三论》反驳的第三个红总站的观点是"红联站召开5·3黑会,说核心小组是中间派掌权,这是为反夺权制造舆论准备"。

文章承认:在5月3日的红联站的队长会议上说过"山西由于在卫恒的把持下,文化革命推迟了两个月,致使资产阶级反动路线批判得不彻底,不充分,这就造成了阶级阵线不大分明,因此一些单位出现了左派不香,右派不臭,中间派得势的不正常现象,革委会中也混入了一些中间派组织。""但混进我站的奸细却肆意歪曲我们的观点，胡说什么我们说过'山西是中间势力掌权'。那些昼夜梦想摧垮'红联站'的混蛋们可算捞到了一根救命稻草，他们招摇撞骗，到处游说，妄图把'红联站'搞臭，扫清他们篡权的障碍。"

红联站大可不必为说一句"核心小组是中间派掌权"的话而进行自我辩解。当时核心小组的主要成员刘贯一、陈守中、刘志兰已经被红总站所炮轰，张日清即将被炮轰，用红总站的观点来看，核心小组何止是"中间派掌权"，简直是"右派掌权"！？文章的后半部分既然把丁磊说成是"政治大扒手"，把杨承孝说成是"政治流氓"，按红联站的观点，革委会都混进了"政治大扒手"和"政治流氓"，说句"革委会由中间势力掌权"又何妨？

《三论》写得不怎么精彩，原因是自我辩解太多，距离"'四一四'事件是一个政治大阴谋"主题太远。自我辩解是一种消极防御策略，也是"心虚"的表现。揭露一个"大阴谋"需要一个更积极的策略，以后的《四论》对杨承孝的批判就比《三论》要积极得多。

第四节　七月会议前的最后一战

1.《四论》：横扫以杨承孝为代表的牛鬼蛇神

据《大事记》记载："按照东风兵团'5·30'会议决定，红总站重院'红旗'纠集保守组织重院'东风''四野'等盗章反夺权，并非法单方成立'革委会'，受到刘格平、丁磊的支持和赞助。使之能肆无忌惮地对重院造反派实行资产阶级专政。重院大规模武斗开始。在6月1日——11日短短十天中，就有重院、水利厅、钢网厂、线材厂等十三个单位的革命派，被东风和红总站下属组织盗印反夺权。"这些行动使得红联站与红总站、东风兵团的矛盾迅速激化。

中国古代一向对印玺很重视，有时已经达到崇拜的程度，文革时期的夺权就变成了夺印。"一·一二"夺权时,省委和省人委下属单位很多,参加夺权的组织也多,各组织曾用麻袋来装印章。由于夺权时指挥混乱,许多组织把印章带回到了本单位,遗失较多,据说省委、省人委的大印至今未找到。《大事记》中所说的"盗章"反夺权不知是什么意思,按字面理解,应该是"偷"的意思。但各单位夺权后,因为有一些"反夺权"的先例,对印章看护很严,一般难以"偷"出。"盗章"反夺权作为贬义词,按当时的实际情况,有两种可能的含义。一种是"抢印反夺权",完全靠武力的强大,趁对方不注意时进行突袭;另一种是"废章反夺权",这要依靠上级组织的力量,下文件通知对方的印章作废,自己新刻印章使用。由于这两种方式都属于"不义"的行为,故称为"盗"。太原重机学院可能就属于第二种情况,红联站重院联总的对立面重院红旗与几个小组织联合,在刘格平、丁磊的支持下,趁成立重院新权力机构"革命委员会"之机,用重院"革命委员会"的新印章,替代了"太原重型机械学院"的旧印章,夺得了权力。这一系列行动使得红联站与红总站、东风兵团的矛盾迅速激化。

据《大事记》记载,1967年5月11日,刘格平在与参加了"一·一二"夺权的北京航空学院播火兵团谈话说:第一,"红联站对自己作了不好的事情,什么都不承认,有些政客的手法,像杨保明就是这样";第二,"我们过去,现在都没有执行,将来也不会执行资产阶级反动路线"。并说:"有些左派搞了些打砸抢,不能整他们(作者按:指整'搞了些打砸抢的左派'),有人说我态度暧昧,整他们就不暧昧了?我不能那样干。"说句公道话,刘格平一直把红联站看作是全省最早的革命造反派组织,在"一·一二"夺权时以及以后,也一直想把红联站这支力量最强大的学生造反派组织争取到自己麾下,无奈红联站像上海红革会不买张春桥的账一样,不买刘格平的账。刘格平也只好设法把它搞垮。

面对严峻的形势,红联站党校东方红于1967年6月15日发表了《横扫以杨承孝为代表的牛鬼蛇神——四论"四一四"事件是一个政治大阴谋》。《四论》是一篇"讨杨檄文"。"四一四"事件以后与红联站发生摩擦的主要是红总站的东风、永红、四野等组织,红联站把主要目标对准了杨承孝,其中必其深意。红联站肯定成立了决死纵队和红总站主要人员(包括杨承孝在内)的专案组,对杨承孝的历史作了详细的调查,认为杨承孝是对立方面的薄弱点。另外,杨承孝与丁磊关系密切,想要攻击丁磊,显然应该从杨承孝下手。

《四论》先从杨承孝的历史下手:

> 杨承孝出生在一个极其反动的家庭里,杨承孝继承了反动阶级的衣钵,他怀着对社会主义制度的刻骨仇恨,一贯为非作歹,到处流窜,从事破坏活动。仅在一九五一年至一九五三年就先后多次被我人民政府逮捕。一次劳动教养十个月,一次判刑二年。一九六五年,杨承孝从鞍钢调到太原不久,就又招降纳叛,网罗地痞流氓和社会渣滓组织了一个定名为"八大金刚"的反动流氓集团,制定了"打倒山西人"的反动政治纲领,专门从事破坏活动。杨承孝自称是"座山雕",他的同伙称他为"老头黑帮"。

> 政治上堕落,生活上就必然腐败。杨承孝不仅是一个土匪,而且流氓成性,在鞍钢时曾残忍地奸污八岁的幼女,无恶不作。今年四月,竟然又在光天化日之下,在喧嚣的大街上,肆无忌惮地把某个女同志推进厕所,然后把门关上,当我们不得已摆出这些事实时,实在担心弄脏了我们的纸笔。作为山西省革命委员会常委的杨承孝竟然如此欺凌群众,如此践踏无产阶级专政,真是骇人听闻!这是确凿的事实,难道还用怀疑吗?

《四论》对杨承孝文革前期的造反行为进行了鞭挞:

> 有人说:杨承孝等一小撮人是"革命的闯将",是"打倒卫、王、王的急先锋",这完全是弥天大谎!地、富、反、坏、右、牛鬼蛇神,和党内走资本主义道路的当权派,本是一丘之貉。他们根本成不了什么"革命者"、更成不了什么"革命的闯将",难道事实不是这样吗?在"一·一二"夺权以前杨承孝之流跟黑省委内的一小撮走资本主义道路的当权派卫恒、王谦、王大任完全勾结在一起,串通一气,狼狈为奸,疯狂地镇压无产阶级文化大革命。杨承孝这个二级半的电焊工

在卫恒不惜老本的浇灌下突然变得"阔气"起来了,你看他,穿起了"省委书记"的大衣,戴上了"省委书记"的手表。他还恬不知耻地告人说:"王谦给我的东西一房子也放不下,他给我摩托车,我没要。""在这里我们还要想一想,在抄卫恒家时,杨承孝把一卡车东西拉到'决死纵队',至今下落不明,这是为什么?"

《四论》对杨承孝"反军"的行为进行了指责:

在为党内一小撮走资本主义道路当权派翻案的同时,杨承孝之流又疯狂攻击伟大的中国人民解放军。一月廿三日,在杨承孝的指挥下,杨的黑干将、职业特务、现行反革命分子车成林一马当先,袭击了晋中专署公安处,抢走手枪、照相机、绝密文件和军上衣等等。当车成林被晋中军分区逮捕之后,杨承孝率领打手多人,猖狂冲击晋中军分区。破口大骂、野蛮殴打我解放军战士多人,并杀气腾腾地叫嚣要跟张日清同志算账。他对坚定地支持左派的山西军区和军区首长张日清同志恨之入骨,扬言要和张日清同志"十天内见高低",并计划好冲击军区。特别是近日来杨承孝大反解放军简直达到了登峰造极的地步。六月六日革委会常委会上,杨承孝赤膊上阵,咆哮如雷,拍桌大骂张日清同志和省专政委员会副主任兰敏同志'不是无产阶级专政',大吼大叫'他也要抓人'。真是狂妄至极,这是杨承孝反动本质的再次大暴露!

《四论》还列举了杨承孝组织和指挥打、砸、抢的"罪行":

他专门纠集一伙地痞流氓,组成了一支法西斯主义的反革命复仇队,血腥镇压革命组织,残害革命群众,专干打、砸、抢、抄、抓的罪恶勾当。其血淋淋的罪恶事实,罄竹难书!下面我们仅举几件:

第一件:抢、砸红卫兵战果展览馆。杨承孝经常叫嚣:"我是总指挥,想逮捕谁就逮捕谁。"一月三十一日傍晚,在杨承孝指使下,一伙暴徒突然袭击,并非法逮捕了该馆工作人员七人,直到二十一日才先后释放。

第二件:袭击燃化所。二月十九日凌晨二时,在杨承孝指使下,这一伙暴徒，闯入燃化所办公楼、机要室，并恶毒地撕毁我们心中最红最红的红太阳毛泽东像。随后又劫走保险柜，造成严重失密。对革命派进行残酷的绑架、拷打、审讯，造成严重的流血事件。

第三件：毒打白玉明。二月二十日在榆次辩论，在杨承孝指使下，这一伙暴徒把反对他们搞武斗的白玉明等三同志抓回太原，私设公堂、酷刑拷打，杨承孝亲自动手，打断复转军人、共产党员白玉明的胳膊，造成残废，惨不忍闻。

第四件：毒打袁××。二月十二日夜，在杨承孝指使下，这一伙暴徒越墙闯入省物资局×处，把值班员×××等三人拳打脚踢，打得鼻青脸肿，满面流血。

第五件：毒打孟××。二月初，孟代表"决死纵队"在××小学会上表态支持某组织夺权，杨承孝知道后，把孟抓到"决死纵队"总部毒打一顿，打得满面流血，并强迫二人高举双手向他"请罪"，一直从夜间两点跪到次晨七点半。

第六件：迫害十中"七一"小将。五月一日，太机四野砸抢"七一公社"，并残忍地将三名"十中七一"小将用卡车碾伤。当夜，"决死纵队""东风""永红"等出动数千人，彻夜围攻、殴打"七一"小将。杨承孝乘坐小吉普，亲临现场指挥。

第七件：打、砸"爱武装兵团"。在杨承孝指使下，这一伙暴徒，先后在五月十五日、五月十六日、六月四日三次围攻殴打"爱武装"战士。

第八件：毒打人民警察李希哲。四月二十日，李给杨承孝贴了大字报，当晚杨纠集打手多人，对李推、打、站板凳，并撕走了帽徽、领章。六月四日，又密谋绑架李，后被群众救获未遂。

……

够了！够了！大量铁的事实表明，杨承孝就是一个打、砸、抢的黑司令，是血腥镇压革命群众的刽子手。然而滑稽的是，这样一个'武斗司令'竟然装扮成道貌岸然的正人君子，披起法衣去充当什么"制止武斗办公室"副主任。这和小偷偷了人家钱包，又去当法官审判被偷者有何两样？真是岂有此理！"

《四论》的最后是这样说的：

我们还需要明确指出："决死纵队"的绝大多数群众都是革命的好同志，牛鬼蛇神只是那么一小撮。杨承孝之流根本不是"决死纵队"广大革命群众的领导，而是"决死纵队"广大革命群众的敌人！事实也正是这样，现在就是在"决死纵队"，杨承孝之流也已经成为过街老鼠，人人喊打，臭不可闻。"决死纵队"越来越多的革命群众已经看透了杨承孝的反革命嘴脸，起来大造这个牛鬼蛇神的反了！这个反造得对！造得好！造得有理！我们坚决支持！

我们有年青的红色政权，有强大的国家机器，我们衷心希望核心小组、革命委员会、省无产阶级专政委员会，充分发挥无产阶级专政的权威，放手发动和组织群众，立即撤杨承孝的职，罢杨承孝的官，专杨承孝的政，把他逮捕法办，在五一广场审判斗争，批倒斗臭，让他永世不得翻身！"

《四论》把杨承孝骂了个狗血淋头，由于时间已经过了四十多年，《四论》所说的许多具体事实已无法考证，或者是考证起来很麻烦，但至少有两点与事实有一定出入。

一是杨承孝的出身。在稍后举行的中央解决山西问题的七月会议上，中央文革顾问康生亲自为杨承孝的出身问题"平反"，专门出面解释。康生说，那个父亲是反动警察所长的杨承孝是河北人，不是来自东北鞍钢的杨承孝，即此杨承孝非彼杨承孝也。两人同名同姓，红联站把两人倒混了。中央文革出面替一个人解释出身问题，可谓绝无仅有之事，不知是政治上的需要，还是杨承孝真的是出身没啥问题。在《"七·二三"布告》发布后，枪决杨承孝之前公布的杨的罪状中，又确认了《四论》所说的杨的"反动出身"。不过此事至少说明了中央在需要的时候，并不像下面那样重视血统。红联站揪住杨承孝的出身不放，颇有"老子反动儿混蛋"的血统论的味道，当然这是一种无所不用其极的手段。

二是杨承孝与旧省委的关系。《四论》所列举几件事情都没有说服力。《四论》指责杨承孝"跟黑省委内的一小撮走资本主义道路的当权派卫恒、王谦、王大任完全勾结在一起，实际上这不合逻辑。全国第一夺——山西"一·一二"夺权是刘格平、袁振、刘贯一、杨承孝、丁磊等人策划和实施的，他们是旧省委卫、王、王的死对头，杨承孝当然不是其中的"另类"，要不然杨承孝不会得到刘格平、丁磊、刘贯一、袁振等人信任，也不会得到中央文革的信任。原山西省人委办公厅秘书刘建基、赵承亮（作者按：赵承亮系原山西副省长赵力之之子。1967年1月后，刘建基、赵承亮被当作"黑省委的特务"，与王谦、王大任、贾俊等省市领导一起，关进了太原市中级人民法院看守所）在文革后编了一本小册子，书名是《记述刘格平、袁振等在山西"1·12"、太原"1·28"夺权中镇压迫害干部史料》，刘建基在《文革中的遭难与见闻》一文中详细叙述了杨承孝等人殴打前省领导的情况。1967年8月30日下午，被关在太原市中级人民法院看守所的省市领导长时间没有水喝，开始大声要求改善生活条件，其中有人叫骂刘格平等人，被看守人员看作是王谦、王大任煽动"造反"，违反了"监规"，立刻反锁牢房。刘建基回忆说：

牢房屋顶，加岗加哨，子弹上膛，刺刀出鞘，空气骤然紧张起来。傍晚一伙暴徒突然冲进了监狱，我一听狂叫声，就听出来是杨成效（作者按：应为杨承孝）、姚恩泉（作者按：决死纵队副总指挥）这两个打砸抢分子，因为从"1·12"夺权起我同他们打过多次交道。杨成效、姚恩泉手持手电筒对着每个牢门上的小孔照射，按着他们同他们主子商量过的既定名单搜寻他们要打的"走资派"。王谦揪出来了，贾俊揪出来了，卫逢祺揪出来了，赵力之揪出来了，杨丕夫揪出来了，梁俊华揪出来了，刘贯文揪出来了。杨成效一边打，一边狂叫："你们看看太原市乱成了什么样子，你们还在这里造反；你小子懂不懂无产阶级专政，这就叫无产阶级专政"。赵力之也住在南监牢房，同我是隔壁。杨成效这个流氓、恶棍在院中间抽打他的时候，还骂着不堪入耳的话，打了几个耳光使他失去了听力的功能。之后又单独把王大任拉出监狱打了一顿。拉他出去的时候我是从我住的牢房后墙上的窗户看到的。后来王谦、王大任均告过我他们这次被打的情景。

王谦说我一听叫喊声，就知道是杨成效这小子来了。杨成效打他的时候，他首先用两只手捂住脑袋。打手们用钢筋鞭打了他十四下，身上有十四处发了黑青，之后四个年轻打手抓着他的手、脚从院子里一下扔进牢房的土炕上，他就什么也不知道了，也不知道过了多长时间才慢慢醒过来。他说多亏他心脏没有毛病，不然那次就完了。王大任说那天晚上九点多快十点，把他单独拉出牢房，蒙上眼睛用吉普车拉到省物资局大楼（后改为第四招待所）的"决死纵队"总部。如同座山雕审问杨子荣的架势，杨成效座（作者按："坐"之误）在中间，两边站立两行打手，强迫他爬在地上，四个打手踩着他的手和脚，用钢筋鞭在他的背上、屁股上抽打，还质问他为什么要造反。他穿的衬衣、裤衩上全是血迹。他说至今也弄不清为什么要把他单独拉出去毒打、审问。刘贯文当时被关在北监，杨成效、姚恩泉等四个打手打的他右脚发紫色瘀血肿胀，三个多月好不了，上厕所都蹲不下去，实在痛苦。这次镇压不仅使这些同志肉体上受到痛苦，而且给不少人身体终身留下了伤痕和后遗症。"

刘建基在书中愤怒地说："他们是世界上最不要脸的人，什么坏事都干得出来。"这一看法竟与当时的红联站惊人的一致！卫、王、王的人和红联站的人一样，都对杨承孝恨之入骨，可以说到1967年4月以后杨承孝是红联站和卫、王、王的共同敌人。

2. 兵团与红联站初次对决：袭击党校东方红

红联站省委党校东方红的《四论》，与《三国演义》上的《讨操檄文》有异曲同工之妙。国人自古最忌数典骂宗，按《四论》所描述的杨承孝应该是对党校东方红大举"讨伐"，活捉段立生游街示众，以泄心中之恨。但是杨承孝并没有这样做，可见杨承孝不是一个简单的"牛二"式的流氓、恶棍，也不是没头脑的不听人言的楚霸王的人物。党校东方红没有等来杨承孝的决死纵队，却等来了"昔日的战友"、比决死纵队更不讲理的兵团六中32111的袭击。

这次袭击显然是有预谋的，这从下面几点可以看出。

第一是找到了红联站和党校东方红的弱点。这次行动明面上是为了揪斗党校副校长葛莱。葛莱其人，首提"一分为三"的哲学理论。想来葛莱出身于马列主义经典理论的家族，他的"一分为三"的哲学理论也超不出唯物辩证法的范畴，只不过是为了描述矛盾演化过程的中间状态而创造了一个新名词而已，葛莱在文革前就受到了批判。在文革中，这个"新发明"就成了反毛泽东"一分为二"哲学思想（其实毛泽东本人也承认"一分为二"是对立统一规律的通俗叫法，并不能反映对立统一规律的全貌）的大逆不道的东西。问题在于葛莱是党校东方红"结合"进临时文革委员会的革命干部，这就成为党校东方红的"阿喀琉斯之踵"。不过问题还在于，经过上级批准的，党校东方红自己都没有"在意"的"葛莱问题"，六中32111是怎样知道的。唯一的解释是"上级"（所谓上级当然是核心小组的刘格平、袁振和丁磊）策划了这次行动。

第二是选择打击党校东方红应该是"上级"的安排。六中32111与党校东方红和葛莱并没有什么深仇大恨。党校在太原市的最南面，已经出了当时太原市的市区，而六中在太原市的老城区，两者之间几乎没有发生直接冲突的可能性，应该说六中32111与党校东方红八竿子也打不着。况且太原市的"坏人"和走资派很多，六中32111不揪别人单揪葛莱，应该是兵团的"上级"袁振蓄意安排。原因是当时的党校东方红是红联站的中枢。山西省革委唯一的红联站常委是党校东方红的段立生；时任红联站总勤务员的是党校东方红的赵凤田；党校东方红又是"论'四·一四'事件是一个政治大阴谋"的中心，可以说选择打击党校东方红就是打击红联站的神经中枢，也可以说是杨承孝间接报复了红联站，这正是红联站敌人的"可怕"之处。

第三是选择六中32111作为突击队应该是袁振的"杰作"。在1967年5、6月间，太原市的武斗还不盛行，没有理由的大规模的调动红总站和决死纵队的工人队伍太扎眼，用学生对付学生，尤其是用中学生对付党校那些大学生，是再合适不过的了。这样的主意只有如同袁振这样的政治老手才能够想得出和做得到，兵团六中32111和五中井冈山都是支持袁振的，是刘格平和丁磊所指挥不动的。兵团到社会上其他单位闹事,这似乎是第一次,预谋的"痕迹"是很明显的。选择六中 32111 作突击队还有另外的原因,这就是六中 32111 与红联站下属组织六中古田公社有点"苦大仇深",他们在六中内部是"对立面",而且古田公社一直揪住袁振不放,在六中 32111 炮轰刘志兰的第三天,即 4 月 16 日,古田公社就发表了《袁振问题声明》,宣告要"炮轰袁振",好像是故意与 32111 作对似的。

时任山西省革命委员会常委的段立生回忆,1967 年 6 月 20 日上午,六中 32111 少数学生,在他们个别头头的带领下,以揪葛莱为名,到党校挑衅。由于葛莱是山西省委党校"三结合"(军、干、群)的权力机构临时革命委员会的"结合干部",党校"临革"中的支左军代表靳部长(军队上的职务)出面阻止,六中 32111 来党校闹事的人与靳部长发生冲突,继而推打军代表。见此状后,党校东方红的部分同学也加入了争论,谴责六中 32111 攻击人民解放军的恶劣行径。因事情发生在党校,东方红的实力当然大大超过了 32111,六中 32111 立即陷入了被动。六中 32111 见势不妙,立即打电话调来了事先准备好的预备队五中井冈山、十三冶决死纵队约 5、6 百人前来支援。这些人群聚在党校,对党校办公楼、学生宿舍进行了打砸,并抓走了葛莱。事件一直持续了三、四个小时,省革委常委吴春久才姗姗来迟,来制止武斗。吴春久一下车,就被段立生质问:"你们搞什么武斗"。党校东方红的同学非常愤怒,围住吴春久要求给个说法。事后,针对这次六中 32111、五中井冈山及决死纵队对党校的打砸抢的行为及造成的后果,党校及时进行了展览,对这种打砸抢行为进行了揭露。

红联站《大事记》对此事件是这样记载的:6 月 20 日晚,"发生了有丁磊策划指挥的,杨承孝等红总站及 32111 等头头亲自指挥的血洗红联站党校东方红的'6.20'事件。"

3. 红联站的一次漂亮战役:活捉杨承孝

1967 年 6 月 20 日下午,在兵团和一部分决死纵队还在省委党校闹腾的时候，红联站策划了一场更有影响的大行动，这就是活捉杨承孝的行动。

据省委七一公社李辅回忆，当时是段立生给他打电话，请他安排了人员侦察杨承孝的行踪，相机抓捕杨承孝，以减轻党校东方红的压力。上午十时左右李辅派出的侦察人员在解放副食大楼发现了杨承孝，得到这一情报，李辅立即给十中七一打电话，让他们派人去抓捕。十中七一负责人王忠强，立即广拊紧急集合人员，迅急带领人马到解放副食大楼，与七一公社侦察人员会合，从一楼开始逐层搜索围堵，缩小包围圈。

红联站十五中红旗的负责人常理正详细地回忆了活捉杨承孝的情况。常理正记得当时天很热，太工红旗派人骑着自行车来到太原十五中，通知常理正前往解放副食大楼捉拿杨承孝，并说那里有人接应。。常理正立即召集了一、二百人的队伍，连走带跑前往解放副食大楼去抓杨承孝。

解放副食大楼是太原市最大的副食商业大楼，座落在太原市解放路的中段，当时是决死纵队的一个重要据点。杨承孝在解放副食大楼里参加决死纵队商业分团的一个会议，除了杨承孝以外，决死纵队的其他重要人物都不在场。常理正指挥队伍拥入解放副食大楼，自己进去的少许晚了一些。待常理正进去后，发现了一个意想不到的情况。杨承孝的人马已和十中七一等红联站的队伍对峙。由于解放副食大楼大多数是女职工，决死纵队的女队员们手挽手、臂挽臂排成三、四行，阻挡在楼梯口前，当时正值盛夏，女同志们都穿着短袖，十五中红旗都是十七八的高中小伙子，从来没有见过这种架势，毕竟"男女授受不亲"，一时不知该怎么办，局面一下子僵在那里。那时的形势非常紧张，对方的增援部队随时可能赶到，常理正当机立断，一声令下："拉开"，对手毕竟是女同志，很快被高中生们拉开，常理正带着队伍直上三楼。

杨承孝确实在解放副食大楼三楼西南角的一个会议室里，聚集着十几个人。当常理正带人闯入会议室时，杨承孝一下子站了起来。杨承孝当时留着淡淡的小胡子，穿着一件海魂衫，人显得消瘦精干。

常理正回忆，他也不认识杨承孝，于是大声喝问："谁是杨承孝？"杨承孝更不认识常理正，也不知道来的是哪里来的队伍，应声答道："我是。你要干什么？"面对上前抓他的人，杨承孝口称："暴徒"，极力挣扎，旁边的人也帮忙阻止十五中的学生。此时的局势异常紧张，十五中红旗的中学生有些迟疑。常理正自觉机会稍纵即逝，生怕对方增援部队赶到。其时已容不得半点迟疑，常理正立即上前给了杨承孝两个耳光，厉声喝道："干什么？抓你！放老实点！"一下子镇住了现场，随即命令部下："抓起来！"不由杨承孝分说，几个小伙子一拥而上，把杨承孝扭下了楼。这时室内决死纵队的人还完全没有反应过来。

令常理正奇怪的是，当他们下楼出来的时候，从解放副食大楼门口到解放路的马路边，不知是红联站哪个学校（后来证实是十中七一的队伍）的人，已经臂挽臂形成了通往马路边的甬道，甬道的马路一端的马路边上，停着一部华沙20型的小卧车。在十中七一的掩护下，常理正率领十五中红旗的队伍，顺利地把杨承孝押到了小卧车旁，交给了小卧车上的人。至此，活捉杨承孝的行动在十五到二十分钟内，干净利落地解决了战斗。

常理正后来评述这次行动时说，具体参加行动的人不知道行动的最终目的，好像行动也是临时决定的，没有什么统一的指挥，但参加行动的每个单位分工是那样的明确，行动的时间是那样的准确，每个环节进行的是那样的丝丝入扣，堪称严密有序。抓人易，放人难。当时，绝死纵队派出多路人马营救杨承孝。红联站把杨承孝先押到省林校，后又辗转了几个国有林场，还在山西农学"火炬战斗队"关过。这真是一个烫手的山芋。红联站曾想组织"人民法庭"审判杨承孝，并已通知七一公社派速记人员参与审判。后来由于中央核心小组成员召到北京解决山西问题，红联站主要头头都去了北京，其他事都顾不上了，只好把杨承孝释放了。

这是漂亮的一仗，但未必是策略的一仗。应该说，兵团制造的党校事件和红联站活捉杨承孝事件，进一步激化了各革命组织间的矛盾。

第五节　图穷匕见：可以不可以炮轰张日清？

1. "四一四"行动促成军队支左态度的大转变

据有关资料（如杨顺科、李玉明所著《卫恒之死》）披露，"一·一二"夺权的时候，山西省军区党委，并不支持刘格平的夺权行为。在军区党委常委会上，十三名常委中有十二名常委认为，张日清支持刘格平等人夺权，事前未经党委集体讨论，也未同党委任何人商量，就如此单独行动，有违中央规定精神，也怕造成群众组织冲击军区的情况。军区党委常委内部形成了"12比1"的状况。不过，军队和地方不一样，部队不是以党委内部少数服从多数的原则来实行领导的。"军人以服从命令为天职"可不是一种形式，若不如此，军队的指挥岂不乱了套？！张日清作为山西省军区的党的最高领导（省军区第一政委一般由省委第一书记兼任，由于省委书记是地方干部，而军队的实际指挥权在中央军委，中央军委并不直接给省委书记下军队调动的命令，所以省委书记并不实际指挥军队）力排众议，坚持了支持刘格平等人的夺权行动的意见，在"一·一二"夺权中起了至关重要的作用。但是，张日清在"支左"中以支持不支持"一·一二"夺权来划线，对一些当时不支持"一·一二"夺权的造反派组织进行了镇压（如工人兵团等）和压制（如太工红旗、山大八八红旗等），对一些当时支持"一·一二"夺权的保守派组织进行了支持（如太纺红卫队等）和扶持。当然，这里所说的造反派和保守派指的是在运动初期的习惯称谓，并不带有褒贬的意义。当时造反和保守的阵营实际上也不可能区分的那么清楚，除了红联站和兵团的骨干组织外，许多组织（尤其是工人和干部的组织）在单位是造反派，可能在社会上（指对省委和市委的态度）又是保守派；反之亦然。所以，军区以"一·一二"夺权划线，也是可以理解的。

一直到1967年4月份，军区的支左态度发生了逐渐的变化。这是由于张日清与刘格平产生了根本性的分歧，还是中央军委有了新的指示，人们是真的弄不清。不过两者之间真是没有太大的差别，都是军队跟不上革命形势发展的需要，对文革产生了抵触情绪。之所以说军队对文革产生了抵触情绪，是因为张日清明明在四月份受到了中央（文革）的批评（批评对刘格平支持不够），还要与中央（文革）的指示对着干，反对"炮轰刘、陈、刘"，改变"支左"态度。对于这种改变，省军区党委却一反对待"一·一二"夺权的态度，给予了张日清集体支持。

其实，为了对抗刘格平、袁振，张日清在早3、4月间，就支持成立了与决死纵队对立的工人组织"山西爱武装决死兵团"。爱武装决死兵团负责人是十三冶的李明山。李明山是河北藁城人，高中毕业后参军，曾在山西省军区党委秘书处工作，与张日清很熟，1965年转业到十三冶。李明山回忆，当时张日清认为陈广仁太软，希望他能组织一支工人队伍来对抗决死纵队。李明山联络了十三冶野战兵团、太原化工厂、化工部第二建设公司、建工部八局第二、第四建筑公司等单位的复转军人，组建了"山西爱武装决死兵团"以拥护张日清及省军区。李明山用这样的话来形容爱武装的强大：游行时，爱武装的卡车能从太原迎泽大桥排到军区大院（约七、八公里）。李明山还解释了"爱武装"为什么叫"兵团"，因为，按原部队编制，"纵队"是军级单位，"兵团"比"纵队"高一级，叫成"兵团"就是为了压决死纵队一头。

事实是，在山西问题上，当时的红联站和张日清有了相同的观点，这个观点就是不同意继续追查旧省委的"黑二、三线"，也就是反对刘格平"继续革命"的主张。代表红联站观点的首都赴晋造反大队的邢晓光，在五一广场红联站组织的形势报告会上，公开宣称反对继续揪"黑二、三线"；张日清也在一些场合表示了相同的观点。这也是军区改变支左态度的重要原因。这说明红联站和张日清自觉不自觉地站在了一种"保守"的立场上了。

红联站《大事记》记载："5月（指1967年）中旬，山西军区开始纠正支左中的问题，并在太铁一中和太原制药厂进行调查总结。从5月23日—7月13日，先后举行了一千余人的支左训练班。批判了刘卿瑞等人的错误，明确承认军区在太钢中学，太铁一中，太行仪表厂，太原制药厂，太原工学院，太原钢铁公司等处支持错了。接着，军区统一认识，从太工撤出组训五师并解散之。支持红联站，市工代会等革命派。山西军区公开表示站在反复辟一边，同69军一起成为山西反复辟力量的坚强后盾。这就引起刘格平、丁磊和袁振的不满，从此，刘、丁、袁等人进一步将矛头主要指向了伟大的人民解放军。"6月1日，张日清还对某组织负责人说："不能以炮轰不炮轰刘志兰来划分革命派与保皇派。党内走资本主义道路当权派掀起一股反革命逆流，妄图实行反夺权。"另外，在改变支左方向的同时，张日清为主任的省无产阶级专政委员会还抓了一些革命造反派，如兵团的王清英等人。

1967年4月至7月间，两支抵触（或抵制，或反对）中央（文革）在山西路线的重要力量，山西省军区和红联站终于握手结成了反刘联盟。驻晋的野战军4642部队（69军军部代号）虽然一直对山西文革没有明确表态，但由于其军部与省委党校距离很近，党校东方红经常与其交换意见，两者对山西文革的看法也基本一致，观点一直倾向于红联站。军队和红联站终于成了"一家人"。

2. 刘格平酝酿炮轰张日清

刘格平确实很恼火，当他按中央（文革）的意图"炮轰刘、陈、刘"之时，不但受到红联站的阻击，而且受到"昔日的战友"张日清的反对。69军似乎也不怎么支持。刘格平一方面酝酿炮轰张日清；另一方面自己计划"从军"，替代张日清指挥军队。

1967年6月1日，在山西省体育馆举行的第四野战军（以红总站太机四野为核心的社会性组织）成立大会上，刘格平像毛泽东一样，神采奕奕，身着绿军装，手执纸扇，在解放军进行曲中，绕场一周，向群众招手致意，以显示自己的"军人"身份。

6月上旬，在中央文革的"督促"下，中央军委任命刘格平为北京军区政治委员，山西省军区第一政治委员（代替了卫恒的职务）。

当晚，红总站敲锣打鼓，报喜庆祝，欢欣若狂。张日清的反对派、省军区政治部副主任张益三（文革前军衔为上校）说："刘格平同志现在已是我们最最敬爱的首长了，从今天开始，谁反对刘格平同志就是反对伟大的中国人民解放军，谁就是反革命。"袁振说："刘格平同志是最大的解放军。"东风兵团的黄锐庵说："刘格平同志是山西最高最正确的领导。只要得到他的支持，我们就能无敌于天下。"那时候的人有点像小孩子，颇有点自欺欺人的"精神胜利法"。他们也许真的不知道，共产党的"党指挥枪"的原则只对中共中央军委主席毛泽东这个"中国最大的解放军"一人适用，对于省委书记们并不适用，他们兼任的军区政委职务只是个"虚职"。如果不是虚职，卫恒怎能眼睁睁地让刘格平把"权"夺走？刘格平这个北京军区政委、山西省军区第一政委能指挥动得的部队，也只有空字025部队这个航校的学生造反派组织（即025军团）的学生军。

在下面各革命组织间越斗越烈之时，刘格平和张日清也在力争主动。

6月20日，省军区党委正式作出决定，为太行仪表厂司令部（原工人兵团下属组织）平反。

同日，刘格平在电信局发放《毛泽东选集》大会上讲："4642部队（指69军）在支左中有很大成绩，但也有些问题。"实际上是对69军支左工作不太满意，只是不能同时得罪省军区和69军两个军级单位。

6月21日，张日清、刘贯一、陈守中、李文亮分别给中央打电报反映山西问题。

6月22日，郝庭云在红总站队长会议上讲话："要树立刘格平同志的绝对权威。""刘格平同志是最高的马列主义者。""张日清是红联站的后台，我们一定要把他揪出来。"（以上引自红联站《大事记》）

6月23日，据《大事记》记载："红总站、东风、四野、兵团32111在省革委门口围攻绑架张日清同志，又被广大群众和解放军制止。"

6月24日，张日清再次给中央打电报，反映山西问题的严重性。报告揭露刘格平树立个人权威等六个问题。

同日，刘格平在接见025军团时说："张日清这个人在省革委会上受到严肃批评，不改正错误，违抗中央指示，专政委员会由军区控制，核心小组四分之三是他们的"。

6月27日，刘格平赴京，可能是就即将召开"中央解决山西问题的会议"与中央文革交换意见。

6月28日，025部队部队长（航校校长）霍冰沉打电话给中央文革成员关锋："张日清可不可以炮轰？"关锋回答："可以炮轰，四大嘛！"

中午，六中32111在山西省专政委员会门口再次围攻张日清。

晚上，有点像"四一四"之夜，太原市的大街小巷又贴满了炮轰张日清的大标语。内容有："万炮齐轰张日清"，"张日清是山西复辟资本主义的总后台"，"炮轰张日清，解放全山西"等等。炮轰还波及了69军政委曹中南："曹中南不投降，就叫他灭亡"。对红联站的标语是"山西的土联动——红联站必须解散"等（作者按：联动指的是1966年12月由首都中学红卫兵"西纠""东纠""海纠"成立的老红卫兵组织——"首都红卫兵联合行动委员会"）。同时，025军团还贴出了歌颂刘格平的大标语："树立刘格平在山西的绝对权威"等。斗争的焦点又聚到了张日清身上。

6月29日，刘贯一、刘志兰分别以核心小组办公室名义给中央打电报，汇报太原的形势。

6月30日，红联站、市工代会贴出了大量支持张日清和69军的大标语，反击反军风潮。

7月2日，省核心小组成员张日清、刘贯一、袁振、陈守中、刘志兰赴京，准备参加中央解决山西问题的会议。

孩子打了架，找大人告状和评理，这种告状和评理就在中央（文革）召开的解决山西问题的七月会议上开始了。

其实都是中央文革的部署。

从现在的史料看，"四一四"策动"炮轰刘志兰"应该是中央文革的意图。自1967年所谓"二月逆流"之后，从中央到地方，文革运动的推进遇到了极大的阻力。这个阻力主要来自于军队。中共是经过长期的战争夺取政权的,地方干部和军队干部密不可分,许多地方干部都是从军队转过来的,当地方干部受到文革运动冲击之时,军队干部当然不能坐视不救,况且,许多军队干部也受到了激烈的冲击和批斗。这样一来,军队干部必然站在了所谓"走资派"一边,中央文革也必然把矛头对准"军内一小撮走资本主义道路的当权派"。不久后的七月,就掀起了"揪军内一小撮"的高潮。

面对即将开始的"揪军内一小撮"的高潮,即将在七月会议上较量的双方的心情可能大不一样。

对于红联站来说,想法有点天真。红联站这支在运动初期大多被打成"右派",后来奋起造反的队伍,一直认为自己是响当当的革命造反派,一直认为自己在坚持毛泽东的革命路线,也一直希望坚持毛泽东的革命路线。但是,他们又往往在坚持自己的独立思想,从而往往似乎脱离了毛泽东和中央文革的主流路线。他们反对刘格平的过去,也反对现在的刘格平"土皇帝"的做法,他们认为紧跟人民解放军肯定不会有错。再者,他们认为有中央文革的"红人"首都三司的支持,肯定有把握在七月会议上取胜。他们唯一没有想到的是,中央文革根本不讲"理",只讲"政治需要",红联站反对"炮轰刘志兰"和"支持张日清"的行动早就违背了这种"政治需要",他们不知道底牌已在对手手里。

张日清、刘贯一、陈守中、刘志兰可能心情很复杂,他们应该知道中央文革对刘格平的态度。但他们不可能知道中央文革对他们的态度,他们尤其不知道中央文革即将采取的"揪军内一小撮"的行动。所以,他们准备在七月会议上进行最后一搏。当时,太原五中学生陈川生回忆:"当时,我记得大字报出来后,我曾幼稚地问刘志兰,请叶群(林彪副主席夫人,刘志兰昔日的同学和朋友)帮一下,刘没有说话只是惨淡地笑了一下。好像是你不懂。"刘志兰没有回答陈川生,意思不知是指你不懂政治,还是找叶群不起作用。这也反映了刘志兰当时没有把握的凄苦心情。

刘格平、袁振及红总站、兵团、决死纵队应该对七月会议很有把握。刘格平提前到北京,可能就是与中央文革相互交底。7月2日,中央文革成员关锋与红总站太纺红卫队负责人解悦谈话时说:"你好危险啊,你怎么能听张日清的话,去做陈永贵的工作啊!",还说"为什么张日清独管专政委员会不请示中央,《人民日报》登了张日清的照片有问题……我们是支持刘格平。"实际上这相当于中央文革已经对刘格平、袁振及红总站、兵团、决死纵队打了招呼。

可以说,在七月会议没有开始的时候,张日清、刘贯一、陈守中、刘志兰及红联站就注定要失败了!

第四章

"七月会议"上的较量

各省在夺权后,军队支左中支持的地方造反派组织,与中央文革的意图相悖。特别是当时在中央文革中的极左派(如关锋、戚本禹等)又在鼓动"揪军内一小撮"。在这种背景下,中央文革开始考虑"剃"军队的头,找军队的茬,以抑制军队在政权中的地位和威望。一九六七年中央解决山西问题的"七月会议"就是在这样的背景下召开的。在"七月会议"中间发生在武汉的"陈再道事件",就是中央文革在这一战略部署中最有说服力的体现。

第一节 康生主持会议

从 1967 年 7 月 4 日到 8 月 5 日,中央解决山西问题的山西省委核心小组扩大会议在北京人民大会堂进行了 32 天。会议由中央文革顾问康生主持,参加会议的有中央文革有关人员、山西省委核心小组成员、相关军队人员、红总司(山西从来没出现过的组织,可能是由红总站、兵团、决死纵队为参加会议临时组成的组织,名称是"红色造反总司令部")代表 60 余人、红联站代表 60 余人、晋中核心小组人员及晋中群众组织代表。七月会议的大、中、小会有几十次,小会是中央文革有关人员与核心小组人员内部会议,中型会议是省革委常委扩大会议,大型会议有各群众组织的代表参加,重要的核心问题实际上在小、中型会上已经解决,大型会议只是形式上让各组织申诉一下自己的意见。其中中型会议约有十一次(7 月 4 日、5 日、6 日下午、晚上、8 日下午、9 日下午、晚上、10 日下午、晚上、11 日、

14日），大型会议有五次（7月12日、13日、15日、23日、8月5日）。许多经历过七月会议的红联站人员至今都对康生和中央文革的"不讲理"（当然，革命时期实际上也无理可讲）记忆犹新。

1. 会议的两个焦点

七月会议的焦点集中在两个有关联的问题上，一个是由军区控制的无产阶级专政委员会的问题，另一个是晋中的任（井夫）、王（振国）、张（怀英）问题。这两个问题都是指向省军区政委张日清及军队的。在我们叙述会议过程之前有必要先把这两个问题搞清楚。

专政委员会的问题源于抓了几个到晋中公安处抢任、王、张档案的兵团"革命小将"，而任、王、张问题又源于晋中"十月事件"的平反问题，所以我们要从晋中"十月事件"说起。

晋中"十月事件"发生在1964年。事件的主角张怀英时任文水县委书记；任井夫曾任晋中地委委员、平遥县委第一书记；王振国时任晋中地委副秘书长。

作家陈大斌在《为"十月事件"翻案》一文中对晋中"十月事件"有详细的描述：

> 1961年，一直在昔阳工作，任过多年县委书记的张怀英被调出昔阳，到文水县任县委书记。原盂县县委书记张润槐接任昔阳县委书记。张润槐上任后，正是全国纠"大跃进"之偏，反对"五风"（共产风、命令风、浮夸风、瞎指挥风和生活特殊化风）的时候。作为新任县委书记张润槐，必然要去"纠"前任工作中的偏，反前任工作期间刮过的"五风"，这就不可避免地要开罪前任领导及当地上上下下一大批干部，必然会引起当地某些人的不满。昔阳是革命老区，干部头脑中的自豪感和地方观念较强，所以有的人说，这里的干部有点"排外"情绪。张润槐其人为人直率，工作认真，但文化不高，作风粗放，说话时常有"走火放炮"的事发生，天长日久，与当地干部之间的积怨日深。慢慢地在昔阳县委和县政府的干部里形成了事实上的反张和拥张的两派。

当时陈永贵还只是大寨党支部书记，后来才被选为昔阳县委候补委员。但他在昔阳是位有影响的模范人物，与前任县委书记等老昔阳的领导干部，关系密切，感情较深，平时又爱"掺和"政治纷争，自然也卷进了斗争的漩涡。

陈永贵在"文化大革命"中说张润槐"反大寨"，上任7天就到大寨搞"小三查"。历史上这件事是有的。在当年开展的反"五风"过程中，张润槐曾带过几个人到大寨查土地、产量是否实在，查有没有搞浮夸。

吴思在《陈永贵沉浮中南海》一书中记述了张润槐初去大寨的情况：

张润槐问陈永贵：这些年"你究竟整出了多少地来？"

"二三十亩吧。"陈永贵说。

"到底是20亩还是30亩？"张润槐追问。

陈永贵不明来意，揣摩着这位新书记的心思，想他应该喜欢大数，就说："30亩。"其实，20亩、30亩都不是真实数目。陈永贵留着一手呢。

没想到这位新书记不是来问农田基建、改土造的成绩的，他是来反浮夸的。他把新造的30亩往原来的地亩数上一加，再拿粮食总产量来一算，大寨粮食亩产600多斤一下子就降到了500多斤。张润槐吩咐陈永贵："以后你不论到哪里开会，要讲我给你安排下的这个数字。"

陈永贵当时只有点头答应。可是，回到家里后，越想越觉得窝囊。辛辛苦苦造了地，反而要把粮食亩产拉下来？1961年正是大饥荒的年代，粮食亩产是衡量一个地方生产水平高低，一个社队先进与否的极其重要的指标。陈永贵咽不下这口气，就找了一位某报驻晋中的记者，让他代笔写信向上级告新任县委书记张润槐的状。陈永贵在信里说："全县扩大地亩上不上账？全县上我们也上，全县不上我们也不上。"那位记者代陈永贵写了信，又直接找晋中地委书记反映了陈永贵的意见。

说，算啦，大寨的地亩不变，还是照旧吧。新修的地不加地亩了。

这件事就这样结束了。但陈、张不和的种子也就种下了。之后，陈永贵越看张润槐越不顺眼。他老爱拿张润槐与前任县委书记张怀英相比，觉得前任书记在时一切都好。前任书记在昔阳时，每年总要开劳模会，会上还要征求陈永贵、王殿俊、张老太等老劳模对县委工作的意见。日常工作中，贯彻某项新政策，开展某项新工作，前任书记也时常征询陈永贵等劳模看法。陈永贵对自己能参与县领导层决策感到高兴，可是张润槐上任后根本不搞这些了。"怀英在时不断问我，老张不问我。"陈永贵说。1963年在一次县委召开的会议上，他专门拿张润槐与前任县委书记做比较，对张润槐对自己的轻慢提了若干条意见。

陈永贵与张润槐的根本分歧，说到底还在执行当时农村工作的方针政策上。陈永贵向往"一大二公"，坚持集体经济。张润槐执行上级指示，大力纠"五风"，在困难时期，鼓励社员的"小自由"。陈永贵认为张在方向道路上有问题。张润槐上任时，昔阳正闹饥荒。他到安坪大队搞调查，发现这里的小块地开得很红火。社员们在安坪河的大荒滩上开出一块块私人小片地，种了庄稼蔬菜。有一位老汉开了三分荒地，种一分麦二分菜，解决了自己的口粮问题。张润槐十分兴奋，也顾不上回县，在安坪公社开了一次现场电话会议，要求各公社推广那位老汉开小块地的经验，他号召社员们每户要种一分麦二分菜。

一个老汉闹单干，开小块地倒成了先进典型？陈永贵感到愤怒！

张润槐对大跃进的态度，更使陈永贵和昔阳县的许多干部大为不满。

大跃进中全国出了那么多荒唐事，昔阳也不例外。陈永贵就曾狂热地鼓吹过共产主义很快就会实现。而外来的张润槐上任后就调查昔阳大跃进中的问题，调查的结论说：大跃进搞得民不聊生，社员有六大不自由，八大对抗，基层干部有47种刑法，大跃进中某些干部比国民党、日本人还要坏。这一骂，骂到谁的头上呢？昔阳大跃进的虚火早已熄灭了，但"大跃进"中办过错事的昔阳各级干部都还在，大跃进中也曾非常激进的陈永贵也在听着呢。于是，陈永贵便公然反击了,说:"1958年以来成绩是主要的。老张把昔阳成绩和缺点颠倒啦。"

昔阳原来的一批领导干部,对张润槐的看法基本上与陈永贵相同。他们在一起时,经常议论张润槐的错误,发泄自己的不满。前任县委书记张怀英虽然早已调出,身在数百里之外,心还在昔阳,积极地通过信件往来等方式参与了这里的一些纷争。他还给陈永贵等写过信,鼓动他们对张润槐提意见。

1963年9月,昔阳县领导层内的矛盾终于暴发。导火索是县党代会的选举。

9月25日,中共昔阳县第五届党代会召开。在选举县委领导人员时,一些对张润槐不满的人私下串联,不投张润槐的票。选举结果张润槐虽然当选,却少得20多票。这在当时是了不得的"重大政治性事件"!

张润槐将选举结果上报晋中地委后,地委书记等大为恼火,说:"共产党不选共产党,这不是反党么?"随即派人到昔阳来调查。

1964年9月,在"四清"运动中,山西省委和晋中地委将昔阳定为四清运动重点县,决心利用这个时机查查昔阳县委的问题。1964年9月26日,晋中地委召开扩大会议解决昔阳县的"宗派活动问题"。昔阳县委常委们参加了这次会议。陈永贵当时只是县委候补委员,但他已是全国有名的劳模,又与此事有不少关系,便也被扩大了进来。

这次晋中地委扩大会议,连开了40多天,气氛颇为紧张,形成了舆论一边倒,批判以张怀英为首的昔阳反对张润槐的那些人,并给他们戴上了"反党性质的宗派活动"的帽子。中共晋中地委一位副书记训斥张怀英:"你们不就是仗一个陈永贵么?陈永贵有什么了不起?亩产500斤的村在全国有的是,多如牛毛!你们想抱这个粗腿?抱不上!"通过这次地委扩大会议,给"昔阳县反党宗派活动"定了案。全案涉及300多人,张怀英被撤销党内外一切职务,28名在昔阳的县委、县人委中担任领导职务的人被调离昔阳。这事发生在1964年10月,故称"十月事件"。

"十月事件"对昔阳的政局产生了很大影响。揭发、批判和后来的组织处理中，有些偏颇，出现了扩大化的倾向。"文化大革命"开始后，那些被整的人便以"十月事件受害者"身份"杀"了出来，成为昔阳造反夺权、掌权的主力。

对单纯的"十月事件"处理显然是扩大化了，像任井夫、王振国基本与昔阳的选举事件没有什么关系，也没有组织上的联系，可能只是属于"大跃进"派的一个思想体系罢了，不应该按"十月事件"处理。另一方面，对"十月事件"的平反也"扩大化"了，借"十月事件"而平了反的人，也是五花八门的人，有工作和生活作风不正派的，有"四清"中的"四不清"人员。还有当时的办案人员。比如，任井夫虽然是在"十月事件"中受到了一些牵连，但他的主要问题却是"生活作风"。据说在平遥任职时，男女关系方面很不检点，为此任井夫被判在忻州劳改砖厂进行劳改。

飞扬军事网有一位陈永贵拥趸的网文，整理了陈永贵文革中的几篇讲话，其中注释中也谈到了"十月事件"。该网文说：

"十月事件"是一个反革命复辟大惨案。原山西黑省委陶鲁笳、卫恒、王谦、王大任和晋中黑地委等一小撮反革命修正主义分子，为在山西反党、反社会主义、反毛泽东思想、复辟资本主义，曾发现贫下中农出身的任井夫、张怀英、王振国三人给毛主席写信揭发他们的罪恶，于是心怀不满，唆使打手，动用全省专政工具，从一九六四年八月起，用十六个月时间，炮制了一个骇人听闻的反革命事件。这个事件恐慌全省，北至太原，南至灵石，东至昔阳，西至文水、交城等县，把七百余名革命同志进行了残酷的迫害。上至八十岁的老人，下至四岁的幼儿，凡是和任、王、张吃过一顿饭，说过一句话的人，都列入打击对象，男女老幼分别被打成所谓"反革命""反党分子""坏分子"等等。轻者开除回家，重者法办坐牢，有的精神失常，有的双目失明，也有的双耳失灵，还有的失迹无讯，死得不明，就连毛主席的好学生陈永贵同志也受到了迫害。然而制造这个迫害大惨案的干将是些什么人呢？地委付书记卜虹云，地主家庭出身，其父被我们镇压,抗日战争时是个大叛徒,文化大革命中是黑省委的特务头目之一。地委付书记兼专员谢子和,富农家庭出身,美帝教会学校学生,当过防共团团长,是个反共老手。地监委书记王荣,是个变质分子,吃、喝、嫖、赌、抽的大流氓,是镇压革命同志的刽子手,他亲手镇压革命群众数以千计,实属"大阎君"。地委付书记苗枫,原名苗思吉,大地主家庭,防共团团长,阎匪区长,杀死共产党员数人,是屠杀共老手。由此可见,晋中十月事件确实是一场资产阶级复辟和无产阶级反复辟的阶级斗争。任、王、张,这是杀出来的革命领导干部。任井夫同志,贫农出身,原任过地委委员、常务副专员、平遥县委第一书记。王振国同志,贫农出身,担任过地委副秘书长、文水县委书记。张怀英同志,贫农出身,原是昔阳县委书记、后任文水县委书记。文化革命开始先后,这三个同志给毛主席和江青同志三次写信揭发黑省委和黑地委的罪恶。卜虹云等混蛋们,怕任、王、张继续揭露他们的罪行,于是在华北局会议上密谋策划,定了调子,列了名单重新大搞什么"晋中的三家村"。生事捏非,横加罪名,炮制了小册子,印发全省各地,大造反革命舆论。华北局会议,一面指使道德败坏、腐化透顶的忠实走卒黑地委宣传部长刘松青,炮制重新镇压任、王、张等同志的大字报。另一面亲自出面,大小会议点名,同时派大叛徒卫逢棋到文水县,大刽子手王荣到平遥县坐镇指挥。同时煽动不明真相的干部和群众,去劳改队唆使劳教队折磨任井夫,烂脚跟,骨格变形,还把张怀英从医院的床上揪回文水,用七种刑法,打得死去三次,企图把这些革命同志,置于死地而后快。乌云遮不住太阳。去年冬季至今年春季,这三个同志在江青同志指示、广大革命群众的帮助下,他们杀将回晋中,六次揭发黑地委问题和革命左派搞文化大革命,现在是中共晋中核心小组成员。然而,就这样的革命领导干部,却有人用当年整任王张的材料,用当年整任、王、张的人马,用当年整任、王、张的办法,依占势力、蒙蔽群众,掀起全区性的一股反革命复辟逆流围攻斗争,炮轰火烧,反动气焰十分嚣涨。

极左派的阶级斗争观点也挺有意思,除了任、王、张以外,当时山西省和晋中地区的共产党的高级干部都几乎成了地主恶霸出身的十恶不赦的大坏蛋！

晋中"十月事件"很复杂，体制内和体制外有多种不同的看法。

从现在的眼光看，毛泽东倡导的大跃进本来就不对，后任的昔阳县委书记张润槐"纠大跃进之偏"当然是正确的。张润槐是第一个"反大寨"（如果他是有意的话）的人，或者是第一个"被反大寨"（如果他是无意的，而被陈永贵"诬陷"的话）的人。虽然大寨那时还没有那么红，但被陈永贵和大寨人记了仇，在后来的文革中张润槐被大寨人批斗的"灵魂出窍"。其实，在那个全党"昏头"、全国"虚报"的年代，大寨虚报点土地（没有虚报粮食总产量，因为土地数量不同，造成了亩产量的不同）也没什么，要追究应该先追究中央、省、市、地的政策和路线的问题，真是没有必要追究大寨的这些小问题，而是应该帮助大寨逐渐改正问题。

从民主的角度看，昔阳县委的选举是符合《党章》原则的，而晋中地委和张润槐的作法是违背《党章》原则的。如果地委书记真的说过"共产党不选共产党，这不是反党么"这句话的话，那真是对昔阳县委的选举罗织了"莫须有"的罪名。中共昔阳县委的选举本来就是党内的选举，何来的"共产党不选共产党"？如果"十月事件"真是牵连了那么多人的话，"十月事件"实际上是用文革式的整人手段践踏党内民主。自然，当时文革还没有开始，问题在于，这种文革式的整人手段并不始于文革，在许多政治运动中，都有过类似文革式的整人手段。从苏区肃反开始，经过延安整风、反右、反右倾、四清等运动，一直到文革，哪一回都是采用的文革式的整人手段。只不过因为文革距现代最近、涉及的范围最大、受害者最终"复辟"使被迫害的手段得到揭露，从而让文革及"文革手段"在现代人思想中印象最深罢了。如果说"十月事件"是冤案的话，责任无疑是以为首的晋中地委的。但是，党内政治生活的不正常从建党开始时有发生，难道要一个小小的晋中地委来负责？历史就是这样矛盾，"害人不浅"的"大跃进"派却用民主手段（不管出于什么目的）来维护自己的利益似乎也没有什么不可以，所以说"十月事件"很复杂！

就是这个难解的晋中"十月事件",成了七月会议上晋中文革、乃至山西文革斗争焦点的源头。

2. 在晋中任、王、张被炮轰

晋中是距山西省省会最近的一个地区,晋中地委和行署所在地榆次县离太原市只有三十公里,按说应该是受省城影响最大最快的地市,但实际情况恰恰相反,晋中是山西一月革命风暴中夺权最晚的一个地市。

1967年1月18日,晋中曾发生过一次假夺权。在一月最后一天的晚上,晋中的造反派针对假夺权,宣布成立"晋中革命造反总司令部",刮起了一月的夺权风暴。这次夺权是在部队支持下进行的。是以首都赴晋造反大队晋中支队的李玉昌、鲁半农为核心的晋中总司在张日清授意、策划下发起的。晋中地区参加夺权的主要群众组织有:地委和行署的干部造反队伍"卷巨澜"战斗队、榆次晋华纺织厂"东联"(当时晋华纺织厂改名"东方红纺织厂","东联"即"东方红纺织厂革命造反组织联络站")、山西轻工业学院东方红兵团、榆次一中虎山行、决死纵队、杨家岭等战斗队。"晋中革命造反总司令部"类似于"山西革命造反总指挥部"。由于没有革命干部,晋中总司与军分区是一种"两结合",而不是"军、干、群"的三结合。2月下旬,野战军4655部队(69军107师)调防晋中后,晋中总司一直受到晋中军分区和4655部队两支部队的支持。

红联站《大事记》记载:"2月5日,晋中总司等无产阶级革命派热烈欢迎王振国、任井夫、张怀英等人返回晋中,担任、王、张拒绝参加总司工作。另行拼凑了成分复杂的'硬骨头兵团',打起为十月事件平反的旗号,向革命派实行反夺权。"

任、王、张是拿着刘格平的"令箭"回晋中建立党的核心小组,并伺机建立革委会的。但任、王、张气量太小,"唯我独革",其行为很像小说中描写的地主"还乡团",有极强的报复心理,看见穷人就不顺眼。任、王、张也是对原地委、行署的领导怀有极强的报复心理,看见原地委、行署的人员就不顺眼。《大事记》所说的"成分复杂的"硬骨头兵团就是由晋中"四清"（主要是十月事件）中因形形色色的原因被整的人员组成的，"硬骨头兵团"这个名称是为了说明任、王、张等人在黑地委的镇压下没有屈服。《大事记》用"成分复杂"这个贬义词来形容硬骨头兵团似乎也不贴切，《大事记》编写者忘了红联站也是有文革初期被整的"成分复杂"的右派组成的，只不过红联站这些学生们没有那么极端的报复心理而已。另外，任、王、张对晋中军分区政委崔冰也不怎么"感冒"，认为崔冰是"黑地委"的常委。由于晋中总司与军分区是"一事的"，任、王、张也认为，晋中总司也有许多组织是"黑地委"的保皇派（事实也如此），因而拒绝参加"总司工作"。

同样，军分区和晋中总司对任、王、张似乎也不"感冒"，认为他们不是正派干部。

1967年1月23日，决死纵队和兵团的一部分人在车成林、王清英、郭宏的带领下，赴晋中行署公安处机要室，去抢当年整任、王、张的"黑材料"（作者按：应该是任井夫的材料，因为只有他受过劳教或劳改，其他二人的材料属于党内或行政处理，不应在公检法部门），计划为任、王、张平反做准备。结果遭到晋中军分区的阻止，并抓了车成林等人。这表明了晋中军分区对"十月事件"的态度与"黑地委"是一致的。

据晋中总司负责人李兆田回忆，任、王、张返回晋中后，非常张扬，好像被旧晋中地委打成"反党集团"十分光荣，以此作为资本，要职要权要待遇，作派很不靠谱。尤其像任井夫在生活方面要求很高，以当时的眼光看来很腐化。晋中的干部和群众对任、王、张的作派很是看不惯。晋中总司还有一种看法，认为任、王、张回来是"摘桃子"的。任、王、张在"一月革命"中寸功未立，用李兆田在七月会议上的话来说，就是反卫、王、王的人不一定是好人。4月16日，晋中总司开始炮轰任井夫和张怀英（后来又加上了王振国）。不久，总司发生了分裂，榆次一中虎山行等组织开始支持任、王、张。7月23日，任、王、张组织成立了晋中批刘邓联络总站（简称：晋中总站）与晋中总司相对抗。晋中总站的主要革命群众组织有榆次一中虎山行、山西轻工业学院八一八、晋中农校八二五等。

"四一四"炮轰刘陈刘与"四一六"炮轰任王张，在时间上有点巧合。不少的人认为，两者之间有着必然的联系。甚至连刘志兰也搞不清楚产生了误会，她曾经因为炮轰任王张批评过晋中总司负责人李兆田。实际上，从根子上讲，炮轰刘陈刘是刘格平导演的，是中央文革支持的；炮轰任王张是张日清导演的（或者是张日清的部下崔冰导演的，从逻辑上讲，崔冰不可能不向张日清汇报），不是中央文革的意图。由于刘格平支持任王张，所以炮轰任王张必然导致中央文革的反对。按当时的标准，任、王、张显然是"革命"的。在七月会议上，晋中任王张问题成为投向张日清的一枚重磅炸弹。

另外，应该提一下陈永贵。在"四一四"炮轰刘志兰时，陈永贵还有点摸不着头脑，或者是在观察风向。不知是应该支持刘格平，还是应该支持"亲人"解放军。按《大事记》记载：甚至在"7月5日，陈永贵在京接见了红联站和首都赴晋造反大队，表示同意和支持红联站在'四一四'中的观点。"但陈永贵在晋中问题上的态度一直是坚定支持任王张的，这是因为他本人就是"十月事件"的涉事者。陈永贵受刘格平委托回晋中时，曾经担任过晋中总司的副总指挥。陈永贵在1967年5月7日凌晨2时15分，在任井夫同志宿舍门前，接见轻院东方红、井岗山、红色暴动委员会、晋中革命造反总司令部造反团（作者按：以上的组织是陈永贵的反对派）曾讲话说："我参加了总司，但我没有得到总司一个通知，一个指示。虽然我人是参加了总司，但得不到指示，不知做什么，我也没有做什么。"这句话的意思表示了对晋中总司的不满。陈永贵在这次讲话中说："我从文化大革命一开始，自始至终是支持'十月事件'受害者的，我是支持'十月事件'受害者的急先锋。在黑省委、黑地委的统治下，只'十月事件'中，就有七百多名革命干部被打成了反革命。""王、任、张回晋中来，他们对情况是了解的。但是，他们的亲信对王、任、张也是了解的。王、任、张回来他们就不能活，没有他们的天下了。这样，他们是不是还要把王、任、张赶下去。"最终，陈永贵还是"告别"了

"亲人"解放军，坚定地站在了革命的中央文革、革命的刘格平、革命的"十月事件"受害者一边。

3. 专政委员会问题

1967年2月26日，根据山西省委核心小组的决定，山西省无产阶级专政委员会成立，刘格平、张日清、刘贯一、袁振等参加了成立大会。《山西日报》在显著位置给予了报道。山西省无产阶级专政委员会由张日清担任主任，兰敏（山西省军区政治部副主任）担任副主任。随后的3月上旬，太原市及各地、市、县无产阶级专政委员会相继成立。甚至有些基层单位如太原纺织厂也成立了无产阶级专政委员会。

无产阶级专政委员会是山西的发明，源于2月1日王力、关锋的一次谈话。该日，刘格平派遣首都赴晋革命造反大队的邢晓光、赵卫东和太原市委红旗战斗队的朗秀梅等三人，到北京向王力、关锋汇报"一•一二"夺权后的情况，请示成立无产阶级专政委员会的问题。王力、关锋肯定了总指挥部派工作队到各专、市、县夺权的做法和准备在二月底以前完成县以上夺权的意见，对成立无产阶级专政委员会表示十分赞赏，说"这又是一个新生事物"，让很快成立起来，总结经验。山西核心小组和山西革命造反总指挥部在太原五一广场召开庆祝无产阶级专政委员会成立大会，大会宣布山西省无产阶级专政委员会"是无产阶级文化大革命的新生事物，是无产阶级专政史上的创举"。张日清代表省核心小组在会上讲话。他说：无产阶级专政委员会"是山西省无产阶级专政的最高执行机关。它是按巴黎公社的原则产生的，是在斗争中创造出来的，又是由革命群众组织、人民解放军和革命领导干部'三结合'组成的。"会上还宣读了山西省核心小组《关于成立无产阶级专政委员会的决定》和《山西省无产阶级专政委员会通告》，会后，举行了示威游行。

无产阶级专政委员会与法国大革命时期的"公安委员会"十分相似，或者说与俄国革命时期的"契卡"（全俄肃反委员会）很相似。

它是集公、检、法于一身的革命机器，用大白话说，就是无法无天想抓谁就抓谁。无论在哪个时代，专政委员会的作法都是违法的，只有在革命时期这种形式才能存在。从某种意义上讲，革命必然违法，甚至违革命者自己所定之法。山西省专政委员会在还没有成立的时候，它的前身就抓了许多人。这些人中间包括革命的对象，像王谦、王大任、武光汤、贾俊等省级领导及他们的秘书和勤务员（即所谓"特务"），也包括保皇组织的负责人，还包括山西革命工人造反兵团的负责人和骨干分子（即反对"一·一二"夺权的造反派）。抓了这些刘格平同意抓的人，专政委员会就是革命的，是专了资产阶级的政。可是，抓了刘格平的人，就犯了刘格平的大忌，就惹了大麻烦。

惹出大麻烦的还是任、王、张问题。

一开始接触任、王、张问题的是红联站和首都赴晋造反大队。李青山回忆："十二月一日（作者按：指 1966 年），我队（作者按：指太工红旗）由于永革，王哲明带领，南下榆次调查所谓任王张反党集团事件。所谓任、王、张事件，是指原晋中地委副书记任井夫，原昔阳县委书记张怀英和祁县的县委书记王振国等人在一九六四年十月被打成反党集团的事件，所以又称晋中'十月事件'。我们认为这是一个大事件，可能会关系到揭开省委阶级斗争的盖子，我们决心搞一搞。我们派出的人冒着生命危险，到劳改队里，和十月事件的受害者任井夫，王贵科等联系，动员他们起来干革命，揭发省委的问题。任王张在山西 1.12 夺权后被平反，其中张怀英在文革中受到重用．这是后话。"据传说，任井夫能够从忻县劳改砖厂释放出来，是由红联站和首都赴晋造反大队打了借条"借"出来的，据太工红旗的于永革回忆，任井夫是他亲自从忻县劳改砖厂接出来的。1967 年 1 月 4 日，红联站和首都赴晋造反大队到晋中地委抢黑材料时，可能也包括原省、地委整任、王、张的材料。1 月 12 日之后，红联站自顾不暇，没有时间和精力去管任、王、张问题了。在这种条件下，晋中"十月事件"问题就由决死纵队和兵团接手了。后来的事实证明，红联站和首都赴晋造反大队解救任王张的行动是"搬起石头砸了自己的脚"。

1967 年 1 月下旬，晋中还没有夺权，晋中政权正在风雨飘摇之中，晋中军分区就像一个看守政府，看守着一些重要的部门。23 日，决死纵队和兵团为了给任、王、张平反，发动了前述的抢晋中行署公安处机要室的行动。当时车成林被晋中军分区羁押，第二天，山西革命造反总指挥部总指挥杨承孝为救车成林率领决死纵队冲击了晋中军分区（可见当时晋中军分区采取了不与总指挥部合作的态度）。3月初，省专政委员会成立后，以冲击国家机要部门的名义抓了王清英、郭宏，追查冲击机要部门的后台。当时省革委还没有成立，刘格平、张日清似乎还团结得很紧，不知刘格平是需要张日清的支持，还是也同意抓王清英等人，反正没有对省专政委员会的抓人行动提出异议。袁振也没有提出异议，在这一点上，袁振显示出了他的政治老练性。结果，"抓革命小将"的问题在七月会议上成为攻击张日清的突破口。

第二节　连续四天的会议：张日清与红联站遭当头棒喝

　　从 1967 年 7 月 12 日晚上开始，山西省委核心小组连续召开了四天大中型会议。在这之前，山西省委核心小组一直在开小会。在一系列小会上，张日清因为专政委员会问题受到严厉批评，刘贯一、陈守中、刘志兰被定性为"敌我矛盾"，刘格平、袁振已经取得决定性胜利。后来开的大型会议只不过是一种企图体现"民主"气氛的程序和形式。

　　文革时期中央召开的一些中央文革参加的会议老在晚上开，据说为了适应毛泽东的生活习惯。毛泽东早晨不起，晚上不睡，养成了与人不同的"阴阳颠倒"的作息习惯。中央政治局、中央及国务院主要部门负责人只好按毛老人家的习惯"昼伏夜出"，执行"美国（美国的白天是我们的夜间）的作息制度"。

　　主持会议的康生，1898 年生，中共党内极左派的代表人物，著名理论家，又是书法家、画家、鉴赏家，多才多艺。康生在党内有很高的威望,被称为"康老"。在中共十届一中全会上,曾被选为中央副主席,据《邱会作回忆录》回忆,连江青都怕他几分。所以,文革一般解决各省问题的会议,由康生或周恩来主持。

由于每次会议的纪要都很长,我们不可能将所有纪要公诸于此,只好将两次主要会议的纪要照录如下,供文革的研究者参考。

1. 第一次大型会议从控诉开始

《大事记》记载:1967 年 7 月 7 日,"红总站查封专政委员会。七月会议上,关锋、刘格平和丁磊上欺中央,一手导演了王××'控诉'丑剧,把丁磊逮捕王××的罪责加在张日清身上,把在王力、关锋支持下,由刘格平和核心小组决定组织的专政委员会,说成是张日清一人搞的,把全部责任推到张日清身上。

7 月 10 日,红总站查封《山西日报》,污蔑张日清控制了报社,把军管的解放军赶走,特别是非法印刷了《山西日报的斗争》,成为山西"反军"的最大喉舌,为刘格平搞独立王国大造舆论。

7 月 12 日,首都红代会(作者按:指实现了革命大联合的红卫兵代表大会,类似于工代会、农代会的组织)清华'井冈山'、地院'东方红'等三十八个组织对山西问题发表声明,坚决支持红联站和市工代会进行的反资本主义复辟斗争。"

《大事记》所说的第一次大型会议的时间不一定准确,因为前几天的会议是连续召开的,可能是内部会议(即小会)的内容被刘格平等人传回了太原,红总站才有可能"敢于"采取查封专政委员会和《山西日报》的行动。红联站和当时中央文革的嫡系首都红代会则一直蒙在鼓里,直至开会前夕的 12 日白天还在发表毫无意义的声明。

第一次大型会议于 1967 年 7 月 12 日晚 9 时至 13 日 3 时 15 分在人民大会堂安徽厅举行,由康生主持,出席人有关锋、杨成武、吴法宪、郑维山、曹轶欧、中共山西核心小组全体成员和山西省其他有关领导同志、红总司和红联站赴京代表团等,列席人员有首都赴晋代表朱永根等五人。会议主要控诉了专政委员会的罪行,矛头直指副主任兰敏。以下是纪要片段：

康老：我们接到王庆英同志的一个材料，她要见江青同志。江青同志今天身体不太舒服，还有其他事情，今天不能来。王庆英（注：山西大学学生，兵团代表）同志来了没有？（答：来了）王庆英同志先讲一讲，我们把她的意见转告江青同志。

王庆英：我首先有个要求，要求山西省军区政委张日清和专政委员会副主任兰敏在场！

康老：都在这里！

下面是王庆英同志愤怒地控诉专政委员会和张日清对她的残酷的政治迫害。当她谈到张日清先打电话支持他们，但又背后指使专政委员会逮捕她时。

关锋：共关了多长时间？

王庆英：共关了三个多月，差一个星期就四个月，从三月九日晚到六月三十日晚。

当王庆英同志谈到专政委员会共审问她二十多次，逼她供出和袁振是什么关系，和杨成效是什么关系，刘浩和袁振是什么关系？并给她戴上手铐和背铐时。

康老：（十分激动地）这个应向山西同志们说明白，专政委员会用手铐背铐来对待革命同志，这是法西斯的东西！这种野蛮的手段是从哪里学来的！如果现在山西专政委员会还采取这种残酷手段，应立即打电话回去，告诉立即停止（红总站同志异常激动地呼口号：毛主席万岁！毛主席万万岁！）这种情况不仅是山西，全国其他地方也有。

关锋：（气愤地）这是二十几岁的年轻人嘛！

康老：（站起来说）不管是什么人，就是我们过去对待反革命也没有采用过这种办法嘛！那种残酷手段以前罗瑞卿他们用过。今天你们为什么要用？那是没落阶级的东西，我们对在无产阶级专政情况下出现这种手段绝不能容忍！即使是反革命，也不能采取这种刑法。

当王庆英谈到专政委员会在狱中拿出大铁链威胁审讯她时，

关锋：谁审问你的？知道吗？

王庆英：知道，省军区保卫处的刘处长。

当王庆英同志控诉到后来对她的态度忽然改变并放她出，又假惺惺地说什么："早该放你出去，你家庭出身好，但就是觉悟太慢，我们不知道给你戴手铐背铐，放你出去，第一不给装档案，第二对你一生没有影响"时。

康老：谁去和你说的呀？！

王庆英：是山西军区法院院长李焕恩。李还说放你出去后什么也不要说，有人问就说被军管了几天。

关锋：把人还军管？这是什么军管？！

康老：还有把人军管的？！李是什么人，把名字记下。

（下面王庆英继续用铁的事实控诉专政委员会对她的惨无人道的迫害，和她对他们的斗争以及对毛主席对党的无限忠诚，无限热爱时，在场好多人落泪。）

康老：这样子，我们听了这个同志讲话后，且不说专政委员会到底是什么性质的，也不说王庆英是什么样的人，但我们要问一下，专政委员会有没有这种刑罚？！

兰敏：对这个事情我们不清楚。

康老：（生气）什么？！你是专政委员会的负责人，为什么不清楚呢？！我只是问有没有这种刑法？有没有反手铐？

兰敏：我对此事还不大清楚，还得查一查。

康老：你回答问题嘛！我是问有没有这种刑罚？

兰：我们专政委员会还不清楚，我们回去查一查。

康：你敢保证没有吗？！

兰：我不敢保证下边没有。

康：你不敢保证，那你是赞成了？！

兰：我不赞成！

康：你反对过吗？！

兰：反对过，有一次下边抓了一个反革命，用了这种刑法，我就不同意！

康：你不要兜圈子嘛！你对我这个问题的回答是不敢说有，也不敢说没有。

兰：我们从来都教育下边……

康：都是下边？你对这个问题不敢保证，又不知道，那么就是瞎干！

关锋：一讲就是下边的，下边的，这个问题就怪了！

郑维山：什么问题都是下边的，自己没有责任？！

康：你这个专政委员会副主任是睡觉的？什么都不知道，你是大官僚主义呢，还是骗我们呢？专政委员会是严肃的问题，关系到人的生命问题，你像话吗？我再问，王庆英同志是谁批准抓的？

兰：此案我知道是张日清批准的。

康：呵，张日清批准的，好了，现在叫张日清讲讲。

关锋：（对张日清）你的权力太大了！

兰：这个说起来就长了，当时拘留……

关：（质问地）拘留？关了四个月怎么还说是拘留呢？我们知道的不比你们少。

兰：是拘留，我们很多情况从夺权后到现在都没有处理完。

康：说拘留就能减轻你们的错误了？如果开始是拘留，关了四个月更增加你的错误了！拘留为什么要四个月？你想拿这个来辩护你的错误，这不是骗人？！张日清讲讲。

（张日清没有吭气。）

兰：此案与杨成效的案子有关系……

关：杨成效也成了案子了！是案子为什么不报告中央？

兰：决死队的车成林他父亲是汉奸，他本人有反党言行，攻击刘格平下山摘桃子，攻击毛主席，他要血洗晋中，搞枪支……

康：搞了多少？

兰：他们准备行动就把他们抓起来了。

关：格平同志，核心小组讨论过没有？

刘格平：没有，核心小组没有处理过。

康：这是谁批准的？

兰：过去凡是属政法方面的都请示张日清。

当兰敏说车成林和王庆英还偷听中央给刘格平同志的电话时，

关：处理时为什么不和刘格平同志商量！你问刘格平同志没有？

兰：讲过。

刘格平：没说过，我不知道偷听我的电话。

兰：关于偷听电话的问题，我们是处理过的。

关：刘贯一你听着啊！

康：关于王庆英问题谁报告的？

兰：晋中有个报告。

关：对了，你们就是相信晋中公安局的报告。

兰：我们还调查过。

康：谁调查的？都核实了？确实有这么回事吗？

兰：核实了，我以为是比较符合事实的。

康：怎么能说以为呢？你想怎样就怎样？车成林承认了吗？

兰：承认了。

康：有口供吗？

兰：有。

康：你把核实的材料拿给我们。

关：晋中军分区坚决支持左派我看不见得，对晋中核心小组为什么不支持不保护呢？任，王，张受到攻击，陈永贵受到围攻！

康：你讲一讲和杨承效有关系的情况吧！

兰：革命委员会成立时，有人反映杨承效出身有问题，我们了解确实有这么一回事。

关：你们就整他啦？

兰：杨承效的父亲原来在东北担任过警察所所长，警法司长，警卫队长……。革命组织代表会议时群众检举……

王庆英：不是，你们在三月九号抓我时就说杨承效是反革命分子，这次放我时，我问他们杨承效是反革命为什么不抓他，他们说，我们不抓他，革命组织已经抓了，我们没把他搞臭，社会上已把他搞臭了。

关：杨承效是你们山西上报中央的，是革命委员会常委，中央批准的，你们对杨承效进行侦察，报中央了没有？

刘格平：对核心小组不报告嘛！

兵团一同志：首长，我说几句。三月二十五日左右，兰敏亲自批准抓杨承效的。

康老：先别说杨承效的问题，要先问一下，专政委员会是在革命委员会之上，还是在革命委员会之下？

兰：组织条例上规定得很清楚，是在下面。

康：别说组织条例，条例当然罗！我问的是实际。抓杨承效为什么不通过革委会？

兰：按照一般惯例，都是和有关人员商量。我和谁有关系就和谁请示。

康：这是组织决定的，不能个人决定嘛，你是专委副主任，连这个常识都不懂吗？你告诉我们，专政委员会所用的旧职人员有多少？总共有多少人？委员会有多少人？

兰：公、检、法共有六百多人，专政委员会有二十九个委员。……军队四个，公检法三个。还有北京赴晋大队各专政口的八个，还有开除的……共有七个常委。

康：为什么都不清楚，糊里糊涂的，七个常委中那么就是四个军队三个老公检法的。

兰：对。

康：那么革命小将一个也没有了。三个老公检法的名字叫什么？

兰：赵耀仁，检室副主任。崔人凤，公安处副处长，秦连生检察院副处长……。

康：这都是卫恒时代的人吗！

兰：站出来的，是群众批准三结合的。

康：什么三结合，二结合么，就没有革命小将吗？

兰：原来第一次常委会决定，常委必须是党员。

康：噢，以党员为标准！那不是党员的革命小将就没有资格参加了。你就不管他是革命的不革命的，也不管执行不执行毛主席革命路线，只要党员就行。你是党员吗？（兰敏不语）你执行毛主席的革命路线吗？

红总站一同志：以前委员有党员的，兰敏也开除了！

兰：名额我不知道是核心小组确定的还是谁确定的。我再谈杨承效的问题，他父亲……

康：你还是谈谈文化大革命的问题吧。查三代嘛，每个人都可以查。

兰敏还是极力歪曲杨承效的家庭历史情况，当他谈到杨承效做群众领袖，他想不通时。

康：这是政治问题，不是法律问题，你的权力有多大？

兰：我只是考虑政权掌握在谁手里的问题了，考虑捍卫红色政权问题。

康：你说的是另外的政府，另外的政权了。

关：山西的革命委员会成立以后，特别是四月份会议以后，更引起了我们的注意，感到里面有问题。

康：你们捕人都有证据吗？都有证据吗？

兰：都请示过张日清。

康：张日清签过字吗？

兰：都签过字。

张：没有。

兰：起码也是张日清口头同意的。

康：拿出证据来，口说无凭嘛！口说怎么行呢？

郑：你们这样搞下去是很危险的。

康：你们抓了多少人？

兰：开始时很乱，二月份专政委员会成立以后好了一些，共抓了三十六个人。

关：光太原市的？

兰：这是指由省专政委员会直接处理的，当时乱得很。

康：全省抓了多少？

兰：共一千一百多，包括夺权时抓的在内，中央精神下达后，陆续放了一些。

康：放出来的平反了没有？

兰：平反了。

康：怎么平反的，有手续吗？

兰：一般抓错的，放时给本人说清楚了。

关：就这样平反的？

康：平反为什么只给本人讲？单凭空话还能行？

关：刚才讲话那个女同志（指王庆英）你给她平反了吗？

兰：这个女同志没有给她定罪。

袁振：你们给她定的罪！

康：（对兰敏）你是什么时候入伍的？

兰：三八年。

康：什么时候入党的？

兰：三九年。

康：在什么地方入党的？

兰：在延安抗大。

康：在抗大你参加什么生产工作？

兰：在煤矿。

康：井下的？

兰：井上。

康：看你就在井上。毕业后到哪？

兰：到晋绥。

康：在晋绥那个部队？

兰：在晋绥军区政治部。

康：干什么的？

兰：干保卫工作。

康：你是个老法律工作者嘛，那更应该懂得法律了。

关：我们有个建议，红总站的也好，红联站的也好，都不要把枪口对准群众。山西文化大革命的问题不怪群众，主要在上面。

红联站党校东方红段立生发言。当他谈到要加强专政委员会；而不能削弱专政委员会时，康：同志，你说的是要加强那个无产阶级专政委员会？

段：（一时回答不上来，接着辩解）我说的是要加强无产阶级专政。

当段立生谈到"四·一四事件"以后，红总站和兵团炮打"革命的领导干部"时，

关：你讲的革命领导干部是指谁？

段：刘格平、张日清同志，曹中南、陈永贵同志。

关：还有谁？

段立生没有直接回答，继续讲下去。当他谈到红总站和兵团要炮轰，打倒"革命的领导干部"，要"革命领导干部""靠边站"时，

关：你说说他们炮轰谁，打倒谁，要谁靠边站？

段：他们要打倒刘贯一、陈守中、刘志兰，说张日清是走资本主义道路当权派，曹中南不投降，就叫他灭亡，陈永贵是大老粗，对文化大革命不理解……

当段立生极端恶毒地攻击刘格平同志没个完时，

康：内容要注意压缩一下，下边还有什么问题？还有很多同志要说话。

康：雷维林同志讲吧！

当雷维林讲到专委会整理袁振等革命领导干部的黑材料时，

康：嘿，好家伙！专委会完全置于革委会之上，还整了核心小组成员的黑材料，实在无法无天！

雷维林同志用大量的事实说明在张日清和兰敏的支持下，专政委员会所干的罪恶活动，对革命派实行资产阶级专政。当他谈到最近他们绑架杨成效等同志，害怕群众，就又把已经作废的专政委员会军管的布告贴出来时，

康：专政委员会是不是军管？

兰：是军管，一直没有宣布撤销。

康：怎么专政委员会也军管？革命委员会已成立了嘛！军管谁？还不是接管革委会的权？事实上，军管就是腐蚀革命委员会的权力。

（《中央解决山西问题扩大会议纪要汇集》，山西日报军支革命造反

总部编印，1967年7月28日）

在第一次大型会议上，康生显得很"人性"，实际上他应该是最没有资格谴责专政委员会"暴行"的人，因为他是党内发明和制造类似"专政委员会"之类的整人机构的鼻祖之一。康生一贯"忠于革命忠于党"，有很强的党性却没有人性，这就是革命的"怪物"的特点。正是这个革命的"怪物"在七月会议上，把他的"指鹿为马"的手段发挥得淋漓尽致！

例如，康生和关锋在会上对兰敏的指责就没有多少道理。

1967年3月9日抓王清英等人的时候，省革委还没有成立，核心小组掌握着绝对权力，刘格平、张日清还是"铁板一块"。他们"合伙"抓了许多人，其中有工人兵团的领袖、太纺的领导和工人、山大八八红旗的革命小将，这些人的反革命性质的严重程度，远没有冲击机要部门那么重。且不谈抓冲击机要室的人对不对，那个时候发生这么严重的事件，抓的人又是袁振支持的群众组织的骨干，肯定不是小小的兰敏能够决定的。即使刘格平及省革委主要负责人在抓人的当时不知道，他们也有能力在事后把王清英等人营救出来，除非他们也认为王清英等人有"罪"。

据五中学生陈川生回忆，在会上刘格平连专政委员会成立的事也不承认了，刘格平说成立专政委员会的事他都不知道，是张日清背着他搞的。第二天，作为红联站代表团成员的陈川生，拿了一张刊载有"刘格平等领导参加山西省无产阶级专政委员会成立大会"新闻的《山西日报》，在会议厅的进口处等待康生的到来，准备把这份刘格平说谎的证据交给康生。令陈川生没有想到的是，在他心目中"德高望重"的康老，在接到报纸后，只是随便翻了一下，根本没有采信这份铁证的意思，继续发挥他的"指鹿为马"的手段。从此陈川生对康生就没有什么好感了。

"手铐和背铐"问题真不是兰敏的责任。审讯时加"手铐和背铐"等刑具这种"侵犯人权"的作法，不是专政委员会的发明，更不是兰敏的发明。追根溯源，这是中国的封建传统作法。按说到了民国时期,这种传统应该是结束了,但似乎这种传统并没有得到遏制。到了共和国时期,这种传统似乎有增长的趋势,自己制定的宪法和法律都得不到尊重,长期"疑罪从有"或"无罪从有",用各种方法整人的风气越演越烈,像遇罗克、张志新、林昭受到的残酷的刑罚,远远超过了"手铐和背铐"问题。这是康生等最高层的责任,真是怨不得下面一个小小的兰敏!? 再者,兰敏长期从事军队的政治工作,真不一定了解基层公检法的手段。

康生说兰敏:"看你就在井上",纯粹是找茬儿。延安时期抗大和部队大生产,是为了渡过暂时的困境,不是长期的工作,井上工作和井下工作是革命分工的不同,也是"组织"的安排,并没有高低贵贱之分,也没有光荣和可耻的区别。不知康生是什么意思,难道是说井下工作光荣,井上工作可耻吗?说起来这些极左派的强词夺理的理论真是自相矛盾的有点可笑!

在会上兰敏顶的很硬,致使刘志兰有点担心。刘志兰深知党内斗争的残酷性,知道大局已坏,于是吩咐陈川生:"请告诉兰主任,不要顶的那么硬,态度要好一些"。兰敏是个军人,在会上的态度可能也不由自己。七月会议后被残酷批斗,后调到内蒙古军区任政治部副主任。

不过,康生还是有"原则性"的。一是无论对错他都站在革命造反派一边,很符合革命原则;二是他的矛头始终对准的是上层的领导和干部,对于红联站革命小将的错误也只是"爱护性"的批评而已。

2. 第二次大型会议:核心是叛徒问题

1967年7月13日晚9时至14日3时举行了第二次大型会议,参会人员有康生、关锋、吴法宪、曹轶欧、刘格平同志并中共山西核心小组全体成员和山西省有关方面的同志、红总司和红联站赴京代表团等,列席人员有首都赴晋造反大队朱永根等五人。红总站与红联站进行了激烈辩论,继续围攻兰敏,并着重提到了叛徒问题,以下是第二次大型会议纪要片段:

康老：北京列席的同志要求讲话。你们有讲话的机会，还是先让山西的同志讲，你们不是今天讲。下来关锋同志会介绍一下山西问题的解决情况。山西的问题中央解决过两次，红总站的同志不知道，红联站的同志也不知道，北京的同志更不知道。两次中央会议的情况都还没有传达下去。

现在红联站的同志先发言。

（红联站代表段立生站起来说："现在轮到我们发言，我们不发言，让给北京邢晓光同志发言"时）

关锋：不是你让他发言，而是我们安排发言的。

康：邢晓光的材料我们接到不少，他以后有机会发言。

关：不要说你让他发言，是我们安排发言的。这个会不是今天就结束了，还要继续开，大家都有机会发言。

（下面红联站太工红旗杨保明发言，当杨保明同志谈到参加夺权的有党校反修兵团时）

关：党校什么组织？（杨答：反修兵团）

（当杨保明同志已谈了一个钟头，红联站的同志还要不断插话补充时）

康：你们让他讲完好不好？他已讲了一点钟了，不要插话，要压缩一下，时间不好分配。

（当杨保明同志谈到红总站和兵团说党校东方红的后台是葛莱时）

关：党校东方红的同志在场吗？

段立生：在。

关：党校东方红的同志，你们结合了葛莱是不是？你们结合葛莱不够慎重。

康：他有个"一分为三"嘛，"一分为三"是什么问题？

段：我们知道，已经注意这个问题。

关：你们注意就好啰，但是你们不够慎重。一九六四年批判杨献珍的"合二而一"时，他提出了"一分为三"，这是反毛泽东思想的，反对主席的"一分为二"，这是个大问题呀！

段：这篇文章我们知道。我们正在调查。

康：没有比这个更大的问题了！这是反毛泽东思想的问题，党校同志要注意这个问题。

关：这和杨献珍是一样的。在批判杨献珍时，他否认事物斗争的同一性。毛主席领导下的革命派和杨献珍的斗争是长期的。当时，刘少奇、彭真包庇杨献珍，支持杨献珍。六四年，批判杨献珍的"合二而一"，这是一场很大的斗争。党校东方红的同志结合葛莱不够慎重，要注意这个问题。

要注意杨献珍在山西党校安插的人。注意他通过党校系统安插的那一套，特别是在山西、西北等地。杨献珍是大叛徒，有他的一帮，一贯是反毛泽东思想的，是从政治上、世界观上彻头彻尾的反毛泽东思想，是反革命修正主义分子。我们现在跟你们打个招呼，你们要注意这个问题。

康：关锋同志说了，我就不多说了。关于党校问题，刘少奇、彭真、安子文、杨献珍、侯维煜、王从吾、林枫、刘仁等人操纵的高级党校是个什么组织？那是个长期的、有系统的反毛泽东思想的顽固堡垒，这个反动堡垒，在各省的党校都有他们的直接的帮凶，直接的爪牙。包括五八年刘志兰搞的那个北京市委党校在内。这是从四八年以来，刘少奇一手抓的反毛泽东思想的顽固堡垒。他的这个堡垒在全国都有影响，在外地的中级党校都有他的爪牙，北京、西北、太原、新疆的党校，又是这个党校系统的反毛泽东思想的中坚。山西党校的同志在文化大革命中要特别注意这个问题。这是一个非常顽固的堡垒，从四八年开始，到这次文化大革命，才真正把问题揭出来。如果有时间，党校的同志最好请党校现在的同志介绍一下，看看党校到底是怎么回事。从高级党校到各省的党校，都是刘少奇把持的，十八年来反毛主席。一句话，那是长期的、有系统的反毛泽东思想的顽固堡垒，有很多是叛徒领导的。党校的同志要注意这个问题。

各省的党校问题，通过安子文、郭××向各省党校输送他们的帮凶，我们跟他们斗争十九年了，我们反下一个，又上来一个，反下一个，又上来一个，搞不动，因为上边有刘少奇，他们是通过彭真，安子文几条线一起搞的，你们要注意。

山西批判刘邓不要空洞，要具体地搞。你们在这方面还要做很多工作。你们党校结合了葛莱，说明你们这方面工作做得很不够。但是不要紧，今后继续斗争嘛！党校的斗争不是文化革命才开始，已经斗争了十几年了。

段：我一定把首长的指示带回去……

（杨保明发言完了，红总站郝庭云同志发言。他首先举几个例子说明红联站造谣。接着，用大量事实说明张日清到底是那个司令部的人）

（杨成效发言。当他谈到张日清打击和迫害革命派同志，王庆英同志被折磨得神经失常时）

康：这点我们看出来了，开会前在我们那儿，很痛苦，神经受到了很大的刺激，这一点专政委员会，特别是兰敏同志应好好检查，为什么把青年人糟蹋成这个样子，你们专政委员会到底干了那些坏事！这个我们感觉到，感到很不安。

（当杨成效同志谈到兰敏肆意歪曲他的历史，说他出身大官僚家庭时）

康：这一点，我想问一问兰敏，你说的对杨成效同志的材料，你调查的十分清楚，而且有证据，说他出身于什么反动官僚家庭，但你晓得不晓得杨成效是个极端贫苦的雇农的孩子，后来卖给人家的？你调查了吗？

兰：不，他是监狱里一个女犯人生的。

康：你是专政委员会么，你对他的悲惨遭遇，你不调查，你反而把他说成是反动官僚家庭出身的，这是不公平的！他不是现在父亲的儿子，而是贫苦人的儿子，不管这个人好不好，你不公平么！你调查不能片面，应该两面都调查么。你说你调查的很清楚，你为什么不报告中央？你是个法官么！你做保卫工作，能这样做吗？这个专政机关在你手里，大家对你当然不放心了。随你个人的意志来判案子，那能这样子呢！我还想问你一下，省专政委员会常委七人我还不清楚，到底是哪些人？昨天你说有四个军队的，一个是你，一个是张日清，另两个是什么人?

兰:有一个是××军保卫处处长。

康:还有一个呢?

兰:常委七个,部队三个,地方四个,昨天说错了。

康:那一个是什么人?

兰:市委红旗战斗队的,是农村办公室政治部主任。

康:旧市委的。

兰:是。

康:你向我们反映情况,只反映一面,没有说杨成效同志有很悲惨的遭遇,反而说是反动官僚家庭,住过二年我们的监狱,你的材料可靠吗?

兰:是住过,少年所的班子。

康:你的党性保证的材料可靠不可靠呢?

兰:我是否把材料拿来给首长看一看。

陈永贵:(生气地)叫你说么,为什么拿材料!

康、关:陈永贵同志也说话了。

兰:我可以汇报。

陈:(激动)你有材料全可汇报,晋中问题的报告你全拿出来!你全拿出来!

康:你把材料调来看看你的党性怎么样?你怎么搞呀,谁敢相信你这个专政委员会呢!

关:你不是拿党性保证了么!那好了,你要保证!第一,材料你要全部保存,不许销毁。第二,山西的犯人是活档案,少了一个你要完全负责!自杀也好,被杀也好,死一个,就是你有意灭口!

康:还有被抓的要保证安全!

关:对!不管有人上吊跳河,这些都是活材料,活档案,你都要全部负责,一个不能少!

兰:他们都在监狱。

关:不管在那里,你都得负责!不管人在那里,少了一个你全部负责!

（红联站观点的段建忠同志发言。当他谈到兵团出了个传单叫《康生论袁振》，问康老有无此事时）

康：这个问题我讲几句。前几天在核心小组的会议上也谈过这个问题。在刘贯一、刘志兰所掌握的斗批改动态报上，说袁振是叛徒。我们认为袁振同志在华北局会议上的问题，不能说是叛徒。

关：当卫、王、王把袁振同志打成"野心家""伸手派"后不久，我们就去调查了解这个情况，去年八月，我就从华北局把袁振同志的档案调来看了，当时，我还不认识袁振同志。"八年总结"，"反对折中主义十二条"，我都看过了。袁振同志在华北局会议上的问题，我们在去年就表了态，不能说是叛徒。当然他没顶住，是个缺点，是个错误。

康：华北局会议上有压力，袁振同志没有顶住，这是错误的。在华北局会议上他给省委提的六条意见是对的。在文化大革命中，有这样的同志站出来反对卫恒是好的。这次会议上打击袁振同志是不对的。袁振同志是受害者，不能说是叛徒，没有顶住是个错误。刘贯一、刘志兰领导斗批改小组，它的动态报上说袁振同志是叛徒。文字的东西这样说很不好。"叛徒"这两个字要注意，不要轻易用，这不是一般的意识形态问题，不是"无政府主义"，"冒险主义"等等，这是枪毙一个人的政治生命问题。这一点刘贯一完全懂得，上次会议上也完全说了。

（当段建忠同志歪曲事实，说袁振同志拿中央首长讲话"压群众"时）

康：那是另外的问题了。我是讲叛徒这两字，革命小将不要随便用，这不是意识形态问题，是政治生命问题。彭真的问题，搞了一年多才搞清楚。一开始，我们认为他可能是叛徒，但还没有足够的证据，只是从履历表上怀疑。后来我们调查了这个问题。一个月以前，他自己供认了，说他被捕后，不仅自己叛变了，而且还带着特务去抓革命同志，还向敌人下跪，这是革命的叛徒。这样，证据确实了，我们才给他下了三反分子，反革命修正主义分子，叛变投敌的大叛徒。这样讲了你们就清楚了，这不是"保守"，"打砸抢"等等，不是这样的问题。轻易在斗批改动态刊物上用这两个字就不好了。天津"八、一八",北航××组织了抓叛徒的组织,得到我们的同意。我们也告诉他们,要调查材料,没有确实证据时,就不要在大街上公布。这样一公布,就有利于真正的叛徒。不要以为一调查到材料就有了政治资本,就公布材料想压倒对方。但真正的叛徒就会叫老婆孩子到街上看,他们就会想办法对付我们。

关:这样做政治影响也不好,材料一出来,就泄密了。

康:你们也可以作这样的调查工作,你们调查到材料就交给我们,我们去研究,证据确实了才公布。我们跟天津"八·一八"和北航的同志谈过这个问题。关于这个问题,中央有个指示,你们看过了没有?

关:是"关于抓叛徒问题的通知"。

康:关于叛徒的问题,是个很严肃的问题,有关一个人的政治生命问题。一方面我们不要麻痹大意,丧失警惕;另一方面也不要捕风捉影,草木皆兵。这就好像是刀尖上跳舞一样,稍一疏忽就会伤人的。革命小将在这方面做了很多工作,他们也到山西去调查太原陆军监狱的问题。这个问题牵连很广,案子很大。

关:死档案不能少,活档案也不能少!

康:叛徒问题涉及到好几个监狱。实际上是刘少奇指示叛徒写反共启事出狱,安子文,薄一波就是根据刘少奇的指示出狱的。薄一波又根据刘少奇的指示,让太原陆军监狱的叛徒出狱,这里关系到乔明甫、龚子荣、王若飞等人。这件事希望你们革命组织也关心关心。这方面的材料收集得还不完备,这个案子还不宣布,从敌伪档案查也比较难查,所有阎锡山的活档案,兰敏要好好保护!

兰:专政委员会已经给封了。

关:监狱可以保护起来嘛。告诉你们,山西的档案已经被烧了一大批。现有这些活反革命,活档案非常宝贵。

康:我们自己警惕性不高,我们知道彭真、安子文是有计划地抓这个东西,烧了有关他们的东西,在这个问题上我们吃了亏的。四九年,安子文一进城就搞这个东西。这个我们警惕性不高,他们注意了，安子文派人到全国各地，到太原、南京、上海、苏州、天津、北京、西安等地去调来档案销毁。太原陆军监狱的档案我们弄不到，就是安子文四九年派人到太原销毁了的。

（当段建忠同志发言完后）

康：会议快开到三点了，通过今天会议，我有个建议，同志们发言事先计划一下，要讲主要的，时间有限，讲话要集中一下，首先讲当前山西文化大革命运动的问题，讲今后怎么办，要向前看提出具体意见，关于历史问题可少讲或给我们送材料，就恐怕同志们没准备，关键问题讲不出来，希同志注意，顶多用十分钟二十分钟，把自己的观点讲清楚。

第二，要从大方向方面讲，从毛主席革命路线，从大问题上考虑发言，希望同志们，把自己的思想提高一些。

第三，我觉得昨天段立生同志有一句话，半句还是对的，记得他讲，山西文化大革命问题，群众问题好解决，关键是要解决核心小组的问题。当然，他说的核心小组问题是另一回事了，我只是欣赏他的关键问题在核心小组这个讲话，从两条路线的斗争大的方面讲，可以节约时间。现在散会。（大家起立鼓掌）（《中央解决山西问题扩大会议纪要汇集》，山西日报军支革命造反总部编印，1967年7月28日）

第二次大型会议还激烈地批判了刘贯一，并且东拉西扯了许多事情，好像都不是什么问题的要害。直到扯出了袁振的"叛徒"问题，才露出了中央文革处理山西问题的实质，这就是要支持刘格平，以巩固刘少奇叛徒集团的证据。

刘贯一问题实际上不是什么事儿。刘贯一在中央军委组织的各大军区会议上所作的关于山西夺权经验的汇报，可以肯定是代表山西省委核心小组的。由于山西是第一个"军、干、群"三结合夺权的省份，中央军委邀请山西省委核心小组派人介绍三结合夺权的经验应该是很正常的。山西的经验与上海相比，主要是军队参与了夺权，其实都是中央文革策划的（虽然康生和关锋在会上否认山西夺权是中央文革的安排，但王力在《王力反思录》上对这一事实进行了披露),其经验也不过是吹捧吹捧五人大字报和军区支左成绩。这些经验应该是集体讨论总结或认可的,绝不会是刘贯一一个人的发明。刘贯一倒霉在他是核心小组的秘书长,是核心小组主要成员中唯一的"大知识分子",夺权的书面总结只好由他来做了,介绍经验也只好由他来出面了,因之这个"黑锅"只好由他去背了。再延伸到刘贯一的要结束文革的"3.26"报告,其实也不应该是他个人的报告,其中的内容如解散革命群众组织、斗批改等,在一年后的1968年都陆续得到了贯彻,刘贯一的报告并没有错,根本谈不到什么"复辟资本主义",只不过他不识时务地早于毛泽东提出"结束文革"的部署,给人抓住了把柄而已。康生与刘贯一应属个人恩怨,康生是借机报复。康生说刘贯一与饶漱石是同伙,当属子虚乌有。刘贯一与饶漱石最多是比较亲近一些的上下级关系,如果刘贯一真是高饶集团成员,1954年康生就不会放过他(近年来的许多资料证明,饶漱石与高岗并未形成集团,且高、饶案,尤其是饶漱石案很可能也是一个冤假错案)。

葛莱问题更可笑。"一分为三"即便是错误,也不过是某一哲学问题上的认识错误,根本提不到"反毛泽东思想"这么高的纲上。按当时对毛泽东思想的定义,毛泽东思想是包含哲学、政治经济学和科学社会主义的庞大体系,一个小小的哲学命题谈不到是"反毛泽东思想"。就一个小小的葛莱本人来说,借他几个胆也不敢反对毛泽东。其实杨献珍等人也不见得是要反对毛泽东思想,因为所谓"一分为二"的对立统一规律并不是毛泽东的发明,把对立统一规律完整系统地纳入辩证法的源头的人是黑格尔,如果说是"反"的话,反的是黑格尔。所以,杨献珍等人也是在做哲学问题的研究。并且"一分为三"和杨献珍的"合二而一"的观点根本就是对立的,至少他们不可能在学术上形成"一伙"。葛莱之所以"倒运"在于,他作为"引子",引出了杨献珍,引出了叛徒集团系统。

如袁振及"叛徒问题"。按康生的说法:"我是讲叛徒这两字,革命小将不要随便用,这不是意识形态问题,是政治生命问题。"问题在于,康生们要求革命小将不要随便用"叛徒"二字,而中央文革的革命老将们却把"叛徒"二字到处"随便"用,用得最随便的地方是把刘少奇打成了"叛徒、内奸、工贼"。毛泽东和中央文革为了打击刘少奇,把中央为了抗战营救干部的决定说成是刘少奇个人的决定,即便薄一波等六十一人不是叛徒,也必须打成"叛徒",这样刘少奇才能成为叛徒的总后台,这是一种"指鹿为马"的随便。袁振则是自己承认是"反党集团"头头,并把市委的好几位领导拉了进去。袁振向"黑省委"投降行为,不是叛变,也是一种变节,对山西的文化大革命起了很大的"促退"作用,应该说斗批改小组动态报的对其行为说法没有多大出入。相比较而言,"现行叛徒"比"历史叛徒"危害要大得多。但是康生们恰恰支持了对"革命"事业危害最大的"现行叛徒",这当然是有原因的。

实际上理由也很简单,就是要把毛泽东的敌人刘少奇打成"叛徒"集团的总后台。中央文革对刘格平的支持,就是源于刘格平是刘少奇指示六十一个"叛徒"叛变的"活证据",而袁振又是刘格平在山西的有力助手。与刘少奇这个文革的最重大的问题相比,其他问题(如刘格平为自己树碑立传、刘格平搞独立王国、袁振叛变、杨承孝的出身等)都不是问题。这一点康生在会议上拿捏得很准,在对方一说到刘格平的问题时,或采取回避态度(如红联站在要求刘格平回答问题时,康生说:"不是所有的问题都要回答的");或采取"顾左右而言他"的态度;或采取反击张日清的态度(如红联站说"红总站大肆吹捧刘格平,山西要树立刘格平同志的绝对权威。"康生说:"你说得简单点好不好?你说的两边都有。你们在北京就贴出大标语,向张日清同志学习,向张日清同志致敬。")中央文革显然是公开庇护刘格平。七月会议教育了红联站的年轻人:政治没有道理,只有需要。

几十年后的2011年,在邢晓光与当年红联站的领袖重聚的时候,透露了一个他保守了几十年的秘密:在这次会议的会间休息时,关锋给他讲,在会上不让他发言,是为了保护你们这些首都造反派红卫兵小将,这次会议是要解决军队问题(意思是刘格平不管对错中央都是支持的,刘陈刘是敌我矛盾已不成为问题,主要解决的是张日清的问题),红联站的小将不知道情况。邢晓光透露的这个秘密,说明了中央文革早已为七月会议定了调子,就是"揪山西的军内一小撮"。

第三节　七月二十三日会议：打倒陈再道，警告张日清

红联站似乎没有搭理康生茬儿的意思，7月18日，党校东方红上街贴出了"炮轰刘格平""打倒袁振"的大标语，以对抗"七月会议"。不过形势对红联站越来越不利。

1. 厕所里传来的"最高指示"

文革时期，把毛泽东的话称作为"最高指示"，把毛泽东最近发表的话称作为"最新最高指示"。7月19日，从北京传来了毛泽东关于山西问题的"最新最高指示"，并刊登在红总站控制的《山西日报》的替代报刊《山西日报的斗争》上（当时《山西日报》已停刊，《山西日报的斗争》不是正式报刊）。这条最新最高指示的内容是：

六十九军在山西文化大革命中地位很重要，要和六十九军同志们说一下，要站在刘格平同志一边，坚决支持刘格平同志。

这条最新最高指示的来源挺奇怪，传说是康生在七月会议某次会议休息期间上厕所时，与同时上厕所的曹中南讲的，也有一说是和袁振讲的。真实情况应该是，毛泽东委托康生向六十九军的同志传达的，曹中南是六十九军政委，康与曹讲是很正常的。不过，曹中南不可能那么快把这条指示从北京传达给太原的群众组织，所以可能是袁振从旁边听到之后传回太原的。这条最新最高指示从来没有正式发表过，也没有在毛泽东批示过的《七月会议纪要》上有过引用，正因为如此，红联站一直公开宣传是伪造的。实事求是地说，这条最新最高指示应该是真的。一是当时谁也没有胆量正在中央开会的情况下伪造"最高指示"；二是七月会议正在召开，包括红联站在内没有人在会上向康生澄清这条消息，都默认了这条最新最高指示；三是六十九军也没有出面辟谣。

令人不解的是，康生为什么不在七月会议上正式传达此项指示，且六十九军也没有认真执行这一最新最高指示的意思，这应该与毛

泽东说的时候有点随便、康生传达的也随便有关。七月会议以后，六十九军态度仍然很暧昧，甚至驻扎在晋中的 4655 部队即六十九军 107 师，在晋中军分区瘫痪之后，接替地方部队支左后，依然支持反对任、王、张的晋中总司。看来野战军和地方部队是一家，军分区的悲惨命运使野战军有"兔死狐悲"之感。

军队没有认真执行这条最新最高指示，红总站则利用这条最新最高指示发动了猛烈进攻。同日，红总站山大八一四所属的反逆流勇进兵团和重院新生力量兵团砸了山西省委核心小组办事机构，抢走了印章。

2. "七·二零"事件使张日清陷入被动

1967 年 7 月 20 日在武汉和太原发生了两个事件，使张日清陷入了极度被动。

第一件"七·二零"事件是震惊全国的武汉革命群众组织百万雄师围攻、绑架中央文革代表王力和谢富治的事件。

"天上九头鸟，地下湖北佬"，说明了湖北人的厉害。1967 年 7 月的武汉，文革运动进行的如火如荼，似乎比其他省份折腾得更激烈。武汉的两大派组织为"保"或"反"湖北省委第一书记、中南局第一书记王任重发生了激烈的武斗。

反王任重的一派是"三钢三新"，即钢工总（毛泽东思想战斗队武汉地区工人总部）、钢二司（红卫兵革命造反司令部）、钢九一三（毛泽东思想九一三战斗兵团，以武钢工人为主造反组织）、新湖大（湖北大学学生造反组织）、新华工（华中工学院学生造反组织）、新华农（华中农学院学生造反组织）。"三钢三新"像运动初期的山西的红联站、兵团、工人兵团，是运动初期资反路线打成"右派""反革命"的学生、职工及干部为主体组成的造反派组织，他们也得到了首都大专院校及全国各地（如河南二七公社、湖南湘江风雷）红卫兵赴鄂造反组织的支持；保王任重的一派是武汉地区无产阶级革命派百万雄师联络站（简称百万雄师）。据当时的说法，百万雄师是当时著名的保省委的保守派组织。

当时的武汉军区司令员兼湖北省军区司令员陈再道上将，与王任重当年同在晋冀鲁豫边区冀南区工作过，再加上王任重兼任武汉军区第一政委，两人之间应该对文革形势及看法有很多的交流，因而，陈再道对王任重、湖北省委及百万雄狮给予了坚决支持。据说，在陈再道的授意下，当时湖北省军区独立师部分干部和战士及公安人员（当时公安系统已军管）都穿便装参加了武斗，由此，百万雄师的力量得到了极大的加强，造反派"三钢三新"在武斗中遭到重创，死伤了不少人。据1967年8月1日出版的《新华工》报报道：5、6两个月间，"三钢三新"方面，"已知死亡的一百五十八人"，"受伤人员住院治疗，已查出姓名的就有一千零六十二人。如果加上散失在各单位和街道居民中的伤员，估计在三千人以上。"另外，"三钢三新"方面的有40万成员的工人总部早已被打成反革命组织，其主要领导人朱红霞、胡厚民被抓。首都北京也有了许多"湖北告急""武汉告急"的传单。武汉出现的大规模武斗和众多武汉造反派的上京上访引起了中央的重视，6月22日中央曾去电支持"三钢三新"。在毛泽东和中央文革正酝酿"揪军内一小撮"之时，陈再道"支左"支错了方向，算是撞在了枪口上了。

当时，毛泽东、周恩来都在武汉。毛泽东委托周恩来多次召开会议，要求陈再道转变"支左"态度。陈再道十分固执，甚至对周有所不敬，要见毛泽东的签字才转变态度。不知为什么毛泽东一直未直接出面解决问题，而是委派时任国务院副总理、公安部长的谢富治、中央文革成员王力及空军政委余立金，到武汉解决湖北问题。谢富治、王力到达武汉后，按中央指示公开表态支持反王任重的"三钢三新"，并要求陈再道释放被抓人员，一下子惹怒了湖北省军区的部队和百万雄师。7月20日，军区警卫部队、独立师和百万雄师群众数千人，冲击谢富治、王力住所武汉东湖宾馆，围攻谢、王二人，中间推打了王力，撕破了王力的衬衣，并把王力劫持到军区，企图逼迫谢、王改变态度（警卫部队的干部和百万雄师的负责人还是有些理智的，没敢挟持谢富治，百万雄师的群众显然认为，支持"三钢三新"只是中央文革的态度，根本不是毛泽东的意见，那时的武汉街道传遍了百万雄师编造的毛泽东语录："百万雄师大、纯、好，要爱护它"。

当时毛泽东他老人家就住在武汉东湖宾馆梅岭一号别墅，谢富治、王力的态度和作法正是毛泽东的指示。毛泽东为何不在北京指挥他亲自发动和领导的无产阶级文化大革命，而去武汉旅游休闲，至今都是一个谜。据说百万雄师冲击东湖宾馆时已经到达梅岭一号别墅（谢富治等人住在百花二号别墅）几百米的地方，这下子惊了毛泽东的大驾，似乎威胁到了毛泽东的安全，留在北京的林彪、江青等人乱成了一锅粥。

当时是周恩来、杨成武处理的武汉事件，陈再道最终也没有敢举旗造反，毛泽东和中央的指示一公开，百万雄师立即土崩瓦解。

23日，中央文革碰头会向全国发出紧急通知，要求各地三军联合行动，进行武装游行，声讨武汉百万雄师的反革命暴乱事件。

25日上午，中央文革在北京天安门广场举行三十万人大会，欢迎中央代表团胜利返京，愤怒声讨陈再道和百万雄师的反革命暴乱行为。一般不参会的林彪出席了大会。

26日，经毛泽东批准，武汉军区发表《公告》承认错误：七月二十日在武汉发生的事件，是"明目张胆地反对我们伟大领袖毛主席、反对毛泽东的无产阶级革命路线、反对党中央、反对中央军委、反对中央文革的叛变行为"，"而王任重和陈再道则是上述行为的罪魁祸首"。

至此，武汉"七·二零"事件算是勉强平息了，武汉事件造成了全国军队的极大被动。

第二件"七·二零"事件是红联站部分人冲击山西省军区的事件。

红联站《大事记》记载：7月20日，"由于关王戚（作者按：指关锋、王力、戚本禹）极'左'思潮的影响，也由于红联站中小资产阶级意识的发作，在关王戚刮起一股揪'军内一小撮'的黑风的时候，红联站部分下属组织不执行总勤务站的决定，错误地冲击了山西军区。"

对于这一事件，李青山在博文中回忆：

第四章 "七月会议"上的较量

红联站在太原的头头和广大群众,对北京的会议情况已有耳闻。他们心急如焚,天天在冶金学校大楼(1.12夺权后,红联站总部迁到这里)开会,打听消息。据说赵日昌(作者注:太工红旗负责人之一,参加七月会议红联站代表,回并通报会议情况)一回到太原(似乎这是25日的事),就被叫到在冶金学校的红联站总部去介绍情况。在发生武汉7.20事件,北京大叫要揪军内一小撮的大气氛下,他的介绍不啻是一把烈火。愤怒、痛苦、无奈而又走投无路的红联站部分群众情绪立即失控,他们不再听从任何的指挥和劝告,冲出冶校,奔向山西军区,……

红联站冲击军区的消息立即由在太原的领导人用电话报告了在北京的红联站头头段立生,但时值半夜,我们又不住在一起,段也无办法。当第二天早晨,当我听到段告诉我说你们太工红旗冲了军区时,我大吃一惊,问:"为何不早告诉我?"当时我以为仅仅是太工红旗一家冲了军区,如果及时告诉我,相信我是能够制止的。我立即向太原打长途电话,要求派人来京汇报详情,并一同找张日清说明真相。

太工红旗在太原的负责人白燕三,也知闯了大祸,立即连夜乘火车赶赴北京向我们报告;次日(27日?)大约中午时分,山西军区政委张日清在我们驻地(我们当时似乎是住在三里河国家经委招待所,记不清了)附近一条小马路边接见太工红旗头头。在京参加会议的杨保明、于永革、贾诚和我,还有从太原赶来的白燕三参加接见。张日清很生气,说你们太工红旗怎么搞的?过去反对一·一二夺权,现在又冲了军区!我报告说,我们怕出事,专门派人回去告诉家里,不要乱动,不知为什就冲了军区,张立即说,既然你们主要头头都不在太原,不知道这件事情,你们赶快发表一个声明,表明冲军区与你们无关。不然中央追查下来,你们头头要负责的。说完就匆匆走了。

我知道,张日清是为我们好,我们太工红旗是犯了反对一·一二夺权错误的组织,现在又犯了冲军区的错误,那不是往刘格平枪口上撞吗!冲军区在全国都是一件大事,中央如果追查,那还跑得了吗!张日清是一个很好的人,在七月会议上,他在受到那样巨大的压力的情况下,他还想尽办法保护我们,我们真的很感谢他。

但是我却不同意发表那样的声明。我认为我们是战斗队的头头,出了这样的事,即使不是我们干的,我们也得承担责任,不能一推六二五。如果刘格平抓住不放,如果中央要追查,那就追查吧,我也认啦!白燕三等也都同意我的意见,这个声明没有发。

在尔后(28日晚?)的大会上,康生虽然谈到了山西军区被冲的事,但却似乎没有要追查我们的意思。也许他认为红联站大势已去,由刘格平回去收拾就可以了,没有必要在北京七月会议上搞,或者他不愿被这件事冲淡了对山西军区的压力。

也许是时间久远,李青山的记忆肯定有误。根据有关资料,红联站冲击军区与武汉"七·二零"事件发生在同一天。一个资料是红联站的《大事记》;另一资料是当时整理的中央解决山西问题扩大会议纪要(之五),此会是在7月23日晚召开的,关锋在会上已经提到了红联站冲击军区的问题。这就是说,红联站冲击军区与武汉事件无关。不过,李青山所说的冲击军区的原因应该是对的,就是在并的红联站部分领导在了解七月会议的情况后,急于表现红联站与中央的一致,做出了冲击军区的行动。关锋在23日的会议上给红联站冲击军区另一种说法。关锋提到,红联站冲击军区,"到张日清办公室打开了保险柜,抢走了材料,我们怀疑。这些材料必须归还听候处理。冲军区的这二百多人可能不了解情况,不论出于什么样的动机和想法,这样做都是错误的。抢走的材料必须交出来,我们很怀疑这件事。"这使张日清和红联站更加被动,好在之后不久,王、关、戚就被安上了"反军"罪名而垮台。

3. 第四次大型会议:康生再发威

1967年7月23日晚11时至24日5时20分,第四次大型会议在人民大会堂安徽厅举行。在第四次大型会议上,康生的"不讲理"发挥到了极点。康生的"发威"是从原太原市委干部王承琚开始的。王承琚是太原市委红旗战斗队的负责人,曾经参加了"一·一二"夺权,后任太原市革命委员会副主任。六月末,与陈守中一起发电报给中央告刘格平的状,惹下了塌天大祸,与刘、陈、刘一起被打成了坏人。以下是那次会议的纪要片段:

康生:前几天有人写信给我,要在这样的会上听听军区同志的意见。本来张日清同志已做过一些检查,大家还是不满意的。为了满足大家的要求,今天由张日清同志检讨,请同志们冷静地听,有什么意见当然可以提,等他讲完再提吧,现在请张日清到这来讲。

(张日清检讨)

当张日清讲到五月份以来他大反刘格平同志,来京前发了电报时,康生同志插话说:"这点王成琚,陈守中,刘贯一签发的,刘志兰同意的电报,大伙集中起来攻击刘格平同志,同时实际上是攻击文革小组,这样的情况,在各省,各军区,大军区,我们没有见过。"

这个问题红联站同志们不要蒙在鼓里了。为什么我们一次,两次召集你们开会,问题不是那么简单的。

张日清谈到他站在刘贯一反对无产阶级司令部一边,并做了他们的防空洞时,康生同志插话:这一点你要特别注意,你反对的是好人,如刘格平、陈永贵,你联合的是坏人,如刘贯一、陈守中、刘志兰、王承琚。

当张日清讲到回去以后要清算"专政委员会的错误"时,康生同志说:"兰敏同志,你拿党性保证说杨承效的材料最可靠,可是你把人搞错了。你的材料不是一个人的,是两个杨成效。"

关:差六岁,你材料上的杨成效是河北人,当时解放军判过刑。

康:看看你们的党性到底怎么样?如果是别人的材料你还可以申辩,这是你自己调来的材料,用党性保证的材料。

当张日清检查完时。

康生问:"完了?"张答"完了"。

康:我希望你对武汉问题表示一下态度,赞成也好,反对也好,对武汉百万雄师叛乱行为是什么看法?(张回答了)

康:王成琚来了没有?

红联站:"回去了!"

关:可以那么自由主义?

红联站:他出去一会还回来。

康:联络员叫他来,据说他带着枪参加会议,他过去是不是个军人,他过去有没有枪,有人说张日清给他的枪,是不是?(张答:"不是。")陈守中在不在?王成琚是不是党员?什么时候入党的?(陈守中:"不知道")你们成天混在一起怎么不知道?(陈守中:"知道他是党员,不知道是什么时候入党的?")

关锋:你知道他有枪没有?

陈:有枪。

关:在太原还是在这儿?

陈:在太原有枪,在这里我不知道。

关:谁给他的?

陈:不知道。

关:他是多少级干部?

陈:十八级。

红联站群众:不是十八级,是技术员。

关:文化大革命中按规定枪要收回。

康:他写了一个信,也不给我,是给关锋说他很荣幸,作为红联站的代表。他只能做为列席。我看红联站不能要这样的当代表。你们叫他当你们的代表?

红联站:他不是红联站的。

康:他多大年纪?陈守中:三十多了。

群众:三十七。

康:他在解放前做什么?

陈:不知道。

关:你的老部下嘛。

康:这样的外交词句,荣幸地作为红联站的代表。

关:他是不是红联站代表?

红联站:不代表!他没有枪,他来北京没带枪。

关：在太原有？

红联站：在太原有没有不了解。

康：这个同志是那个单位的？（没回答）

关：他在太原带不带枪？在太原带枪也是犯法的。

康：刚才证明的是那个单位的？

红联站：我叫李善良，太工东方红的。

康：枪是一定要收的。

李善良：在北京，我没发现他带枪，我们好几天都睡在一个屋里，有枪早发现了。

康：他什么事都告诉你吗！

关：你说的比较妥当，没有发现他有枪。

康：你没有发现他有枪，到底有没有你也不肯定，青年人不要这样。你是学什么的？

李：学机械。

康：你还是学点辩证法好，头脑不要太机械了。

杨成效：王成琚现在太原有枪。

康：军队同志来了几个？还有那个军要发言？前几天写了条子，刘卿瑞要发言，刚才我接到两个条子，都是工学院的，一个说刘卿瑞是受张日清迫害的，一个说刘是三反分子。是为卫、王、王翻案的。不管是那一种，既然来了都可以发言。

（刘正发言中，王成琚赶来了。）

康：王成琚来了没有？

王答：来了。

康：你怎么随便来，随便走呀？

关：你就可以罢会了！王辩解。

康：我想向你调查一个事情，你这次来北京带着枪没有？有没有这回事？

王：关于这个问题我可以向康老报告，我没带枪来。

康：你在太原有枪，谁给你的？

王：找人家借的。

康：借谁的？

王：借专委会的。

康：又是专委会，专委会谁给你的！

王：郭有富。

康：他是部队上的不是？

关：他怎么有枪？

康：市专委会可以发枪？

王：当时我请示过袁振，因为夺权后太原市比较乱，有人要抓我。

关：你带枪干什么？有人抓你就开枪。

王：袁振写信交给了专政委员会处理。我自己找一个专委会借的。

康：不管那个委员，就讲你！

王：找郭有富借的。

康生：霍去病的霍？（作者按：康生没听清，把"郭"误为"霍"）你这次来北京带着枪没有？

王：没带，交给市核心小组驻军了。

康：交给驻军的什么人了？

王：我也叫不来什么名字。

康：叫不来名字是什么人吗？

王：警卫班。

康：什么时候交的？

王：交了很长时间，具体时间记不得。这次是来北京前十天，以前陆陆续续交过。

康：以前陆陆续续交过。那是你的保险库吗，保管库嘛。那不叫交。你不是说有人要抓你吗，你有枪陈守中知道不知道？

王：我没有正式告诉过他，是自己借的。

康生：噢，是私自借的。你是党员，什么时候入党的？

王：一九五五年。

康：在哪儿？

王：在太原工学院。

康生：什么人介绍的？

王：孟凡联和×××

康：现在两个怎么样？在太工哪个组织？

王：在太工红旗。

刘卿瑞：孟凡联是坏分子。

康：解放前你做什么？

王：读书。

康：参加过什么组织？

王：从没有参加任何反动组织会道门。

康：在哪儿读书？

王：在北京上中学。

康：山西人怎么到北京上中学？

王：我不是山西人，是河北人。

康：河北什么地方？

王：定县。

关锋：家庭什么成份？

王：中农。

关锋：中农能上北京读书。

王：我们是十三岁跑到北京来的，要是讲讲家史的话。

康：不用讲家史。你高中毕业了没有？

王：高中毕业。解放后党一手培养又让我上了大学。

康：你开始在那里工作？

王：在石景山钢铁厂。

关：做什么？

王：公安警卫部队。

康：罗瑞卿那个系统？

关：解放前你工作了吗？

王：工作了。

关：在哪儿？

王：就在石钢。
关：做什么？
王：抄写。
关：抄写什么材料？
王：就是一些汇报材料。
康：职务是什么？
王：算工人。
康：还有抄写工人？
关：你当时多大？
王：十七岁。
关：工资多少？
王：十八块。
关：什么钱十八块？
王：好像是十八万块。
康：是法币，还是日本钱？
王：法币。
康：我再问一下，你讲了一次话，你说你还坚持你那个电报的观点？你现在是什么看法？
王：我现在重新认识。
康：你给我一个信了。说以 32111 为首的兵团和红总站抄了你的家，说如果这次为了解决山西问题，荣幸的作为红联站方面的代表，你是红联站的？
王：不是，是红联站方面的。
康：红总站一方面，红联站一方面，你是红联站的。
王：我的观点和红联站一样，我是红联站观点的代表。
康：观点的代表？代表谁？
王：代表市委红旗战斗队。
康：选举你的？
群众：红旗战斗队早把他开除了。
关：红旗战斗队我们是了解的。去年冬天接触过。

康：你说"荣任"红联站的代表，人家红联站不承认你的代表！？

王：来的时候我们住在一起，因为观点一样，大家推选我当代表的。

康：谁给你的荣幸？但是不幸的是你发了一次言，这个我记得，我很记得你的那个发言，给我的印象是很深刻的。因为你发了言就是个不幸了？你说你的观点变了，但是你的这个信没有变。

（王解释他的信，说他的观点变了。有人说到他和康老拍了桌子。）

康：我倒不怕你拍桌子，我还准备你打倒我，写标语打倒了。你那个方面打倒我了。你只讲人家，不讲你自己的错误啦。当然可以，但是你要知道你的那个发言，引起人的义愤，他们的行动由他们负责，中央在下面是经常批评的，你的发言引起人的义愤，当你了解了中央的意图以后，还坚持陈守中的反动路线，你的观点还没有变，这封信还是这个观点。

关：你还可以坚持，你有你的观点。

康：刚才我讲了一句话，不知你在不在？我说张日清反对的是好人（刘格平，陈永贵），联合的都是不好的人。刘贯一、陈守中、刘志兰、王成珺。我讲了，我是负责的，我是准备你打倒我的，你自己不出面，让别人来打倒我。

王：请康老相信我。

康：我不能相信你。

……

康老念红联站传单中骂批刘邓红总站一小撮混蛋时说，你们不要生气呀，气量大一些。又念到矛头指向刘贯一同志时说："刘贯一不应该指向吗？刘志兰不能指向吗？陈守中不能指向吗？张日清不能批评吗？我感谢山西的革命小将，使我开了眼界。刘贯一的万言书，是资本主义复辟的宣言书。"

康生：刮翻案风的尖端。

关锋：以他们村为例，每人平均不到两亩地，要分一亩作自留地，私人地比集体地要多，还有什么集体经济。我感谢山西革命小将，刘志兰、陈守中在党校有账，党校要拉去斗争，我们说不要拉了，这里要开会，刘贯一北京机械厂要拉去斗。（康生：已经拉去了，我们说要开会，又给要回来的。）他们的账慢慢算，有什么算什么。对他们三个人，我们也讲一点希望，希望交代你们的问题，希望揭发彭真、彭德怀、浦安修、饶漱石的东西（康生：还有杨献珍），我们这个希望会不会落空，希望不要落空，对他们不说什么路线问题，把核心小组办成什么样子，刘贯一是秘书长，刘志兰是副秘书长兼办公室主任。刘格平给关锋打个电话也要报告，给康老写个报告其实是给毛主席转中央文革的。他也要查。难道不能给关锋打电话吗？不能给康生写报告吗？

康生：毫不知耻地说他派人去查了刘格平打了多少分钟的电话，在中央的工作会议上报告这样的特务活动，毫不知耻！

关锋：普通群众也不能查，有通信自由吗？在他们眼里哪有核心小组，那有核心组长，第一政委。张日清同志犯了那么多错误，批评怎么不可以，批评不好吗？照他那么走下去是很危险的，不管怎么样，山西文化大革命是会取得胜利的，但要走很多弯路。要剥夺掉刘贯一、陈守中、刘志兰欺骗群众的资本。刚才红联站一个同志写信说，太原告急，告诉你一个消息，今天是山西工人决死纵队，山西革命造反兵团和红总站一些组织，开所谓控告张日清大会，口号是"打倒陈再道警告张日清"，"张日清是山西的陈再道"，署名山西爱武装联络站。这用不着告急，我们认为第一口号很好。打倒陈再道，警告张日清，警告实在应该，我们警告过好几次，这是爱护张日清，赶快刹车。张日清是山西的陈再道，这个口号也是警告的意思吧。

张日清同志今天做了检讨，这个检讨还是很不够的，帽子不用戴那么多，主要把思想弄清，检讨我们是欢迎的，特别是核心小组，军区的同志，要对他进行帮助，能检讨到六十分，七十分，也不要求一百分，回去改，搞通七十分也好。主席讲支左工作中支错了，改了，是认识问题，不改，坚持错误是立场问题。张日清同志的检讨，希望能掌握大方向，不在乎戴几个大帽子，有些大帽子可以不戴。航校的二个校长，旗帜鲜明，认识明确，六十九军同志可能刚去，情况不明，经过这次会议现在他们明确了，坚定不移地站在无产阶级革命路线一边，坚决支持刘格平同志。他们在小型、中型会议上发了言，作了适当地自我批评，这很好，不了解情况嘛！认识问题。陈金玉同志也在中小会上发了言，也是好的。

康生：六十九军同志要注意，这个错误思想是不是在部队中有影响，要注意对部队进行教育。

……

关：自己严格要求自己，多作自我批评。另外，刚才接到一个材料，是核心小组办公室搞的材料，还剩下一个角，还看到一点点"揪出刘格平的黑后台"。核心小组办公室的材料不能转移，烧毁一张，由刘贯一、刘志兰负责。专政委员会的材料也不准转移，不准烧毁一张，由兰敏同志负责，兰敏也干的太不象话，至今没有看到检讨，听候处理。

康：有些材料转移到军区，军区首长要负责。张日清同志负责。

关：前天发生的一件事情，我们可以告诉大家，就是红联站下属的一个组织二百多人冲了军区，到张日清办公室打开了保险柜，抢走了材料，我们怀疑。这些材料必须归还听候处理。冲军区的这二百多人可能不了解情况，不论出于什么样的动机和想法，这样做都是错误的。抢走的材料必须交出来，我们很怀疑这件事。

回去，红联站同志要讨论，红总站也要讨论，多进行自我批评。

小型会议，刘格平领导，继续开下去，研究回去怎么办。

康：为什么关锋刚才讲，打倒陈再道，警告张日清，群众这样提，是有道理的。我几次讲过，你们的报纸不是好讲山西的形势吗？形势一方面是大好，四·一四不是资本主义反动路线复辟，象张日清同志对有些群众组织所讲的。是不是红色风暴，我们不一定这样提，我们认为把存在的两条路线揭开了，这好得很，所以这样子的时候，张日清同志应该认识矛盾是掩盖不了的，矛盾揭开了，是向正确方面前进的推动力，四·一四把矛盾揭开，是好得很！所以山西无产阶级文化大革命形势是好的。王××讲了半天说，四·一四之前是大好形势，我们的看法和他正相反，说：四·一四之后形势更好。

关：受点损失也不要紧。林彪同志讲了："文化大革命损失是最小最小的，收获是最大最大的。"要想想这个最大……

康老：十七岁的郭宏说，把你山西军区内部的问题暴露出来吗！暴露出来才可以去支左，也支自己。

关：山西存在一种危险的可能，你们两方面革命的同志都注意：

（一）是有人煽动军队，特别是煽动独立师，煽动军区司令部，"拥护张日清，反对刘格平"，把新的红色政权分裂，搞瘫痪，这是很严重的。部队煽动起来，这把火玩不得。武汉就是这样，把部队煽动起来，自己也控制不住。

（二）军分区、人武部支持保守派，压制造反派，以至打到陈永贵同志头上。

（三）已经有这个问题。革命委员会、核心小组分裂，影响社会群众组织，这也是应该看到的。

（四）军分区、人武部动员农民进城。

（五）张日清同志依靠的是公检法，反对的好人，联合的不好的人，是坏人。因为从有的地方不但是很危险的，象晋中、大同（我们只谈了一个晋中，其他地方类似的还多，问题也不少），有的地方已经动员农民进城，不过没进太原城就是了。

你们想想：煽动军队在山西是存在的；依靠公检法是存在的；支持军分区、人武部打击革命派是存在的，调农民进城存在的；问题是刚刚发生。武汉把独立师一部分干部、战士煽动起来。

依靠公、检、法、人武部，机关保守组织，你们那里有没有？我看到一个东西。你们的苗头和武汉一模一样的。我们为什么要一再批评张日清，为什么群众要警告张日清，是要警告的，有这个迹象。对公检法、人武部要及时煞车！你们那里有人大力支持百万雄师，我是对你们讲啦，和大街上那四个字不一样，"百"是白匪的"白"，"万"是完蛋的"完"，"雄"是行走的"行"，"师"是死尸的"尸"，实行白色恐怖的要完蛋的行尸，但是它走到山西去了，王任重的黑手伸到山西，刘邓的反动路线的黑手伸到山西，武汉还有荣复军，也可能伸到山西。

张日清的错误是危险的，不但内部敌人，外部的敌人也在伸手。同志们要对自己的缺点多作自我批评。所有的革命干部，所有的革命同志要在毛泽东的革命路线上团结起来。实现革命的大联合，可以制止那种危险。如果拖延下去，扩大开来，我们就很难保证武汉的事不在你们山西重演，演也不要紧，他们是行尸走肉，他们是小丑跳梁，纸老虎也不如，是纸老鼠。

（《中央解决山西问题扩大会议纪要汇集》，山西日报军支革命造反总部编印，1967年7月28日；一九六七年八月十八日《晋京烽火》）

康生不像一个高级领导，居然和一个太原市委的普通干部纠缠一些低级问题。出身中农、到北京上高中、当抄写员都成了问题。最可笑的是，参加公安武警部队也成了问题，说是罗瑞卿系统的。武警部队是国家的，不是哪个团体或哪个个人的，康生这种说法本身就是错误的，按康生的说法，数十万武警战士岂不是都成了罗瑞卿的"黑部队"？再者，一个小小的武警战士，根本和罗瑞卿搭不上界，况且本人参军时也没有选择余地人。

这次会议肯定了"打倒陈再道，警告张日清"的口号，把山西"揪军内一小撮"运动推向了最高潮。

第四节　最后的会议，最后的纪要

1. 最后一次会议：红联站、晋中总司铩羽而归

最后一次会议在1967年8月5日0时至5时30分召开，出席会议的人员有康生、关锋、吴法宪、郑维山、曹轶欧并刘格平，山西

方面有关同志，红总站、兵团、太原市造反司令部、红联站等组织的赴京代表等。山西的"正面人物"都表了态，关锋做了总结发言，空军司令员吴法宪、北京军区司令员郑维山也发了言。最后一次会议纪要片段如下：

会议开始，刘格平同志发言。接着是谢振华、袁振、李佐玉同志发言。李佐玉同志发言完毕，关锋同志做了重要讲话。

关锋：同志们，山西的问题，大会、中会、小会开了多次，在中会、大会、小会上都听到一些很好的发言，我也受到了教育。现在我来讲几句话。错的地方请康老、吴法宪、郑维山同志纠正，请在座的同志们纠正。

当前，全国的无产阶级文化大革命形势好得很，山西的无产阶级文化大革命形势同样好得很。有的同志要问还有什么好的呀？什么省什么省怎么乱，山西也乱起来了。这个同志，要用辩证法来看。按毛主席的教导，乱和治是辩证的，那些地方乱得透，那些地方问题就解决得彻底。前几次会上，有人说四·一四以前，山西形势大好，我们的看法恰恰相反。我们认为四·一四以后，山西形势大好，而且越来越好。不经过四·一四有刘贯一、陈守中、刘志兰在里边，山西红色政权能不能不变色？不经过四·一四，揭不开山西核心小组内两条路线斗争的盖子，张日清还要犯更大的错误。经过了这场斗争，山西的文化大革命就更有希望，更可以搞好了。

下面谈几个问题。有些话已经讲过了，这里简单一些。

第一个问题，是核心小组内两条路线斗争的问题，简单说一下。刘格平、袁振、陈永贵同志，还有几位同志，他们支持四·一四，支持炮轰刘陈刘，大方向是正确的，是执行毛主席的革命路线的。张日清同志在夺权时，站出来支持左派夺权，是做出了很大成绩的，是不能抹杀的。成绩是成绩，错误是错误。张日清同志在夺权后，犯了方向路线错误，专了革命小将的政，有一些他自己负责，有一些不是，但与他指导思想有关。《山西日报》搞得不像样子，突出个人，特别突出他自己。没有支持炮轰刘志兰，有几篇社论有严重错误。张日清同志不但不支持炮轰刘陈刘，相反支持刘陈刘。在晋中张日清同志不支持陈永贵、任王张，而支持军分区的错误做法，等等。这是方向性、路线性的错误。

这里要说清楚的，张日清同志和刘陈刘是有质的区别的，张日清同志在一个时期内犯有方向路线错误，改了就好了。刘陈刘就不是这样的问题。夺权以后，他们恶毒地挑拨离间，不但有老账，还有新账，老账是很多很严重的。山西革命派要他们交代和邓小平、彭真、彭德怀、安子文、杨献珍等人的关系，是完全正确的，我坚决支持。他们几个人我就不讲了。希望大家把张日清同志的犯错误和刘陈刘区别开来。当然，张日清同志错误是严重的。但是是属于犯错误，按毛主席的教导，改了就好，改得越快越彻底越好。

上次张日清同志检讨了，我们欢迎。我们就不要扣那么多大帽子，要谈具体问题。八月一日，他又写了一分检讨交给我和康老，写得很好，很长，这里就不讲了，刘陈刘我们不管了，交给山西的革命群众去搞。对于张日清同志，我们在大中小会都批评了，但我们还要保他，不要打倒。但是，群众喊打倒，你也不要打击报复。希望你不要让我们犯错误。叫我们检讨。（问张日清同志）不会吧？希望张日清同志彻底的改，坚决的改，改了，群众就会信任。不要灰溜溜的，不要摆套子，摆套子就会犯错误。革命小将要给以时间，欢迎他改正错误。军区几个同志批评了你，不管提得多高，也不能打击报复，如果打击报复，那就错上加错了。那就严重了。也不要拒绝群众对你的批判，听听有好处。军区其他领导同志，更不要灰溜溜的，在"三支"两军中是有成绩的。在张日清同志的影响下，犯了错误，不要紧，改了就好。但是要改，坚决的改，真正的改。刚才几个同志的发言，你们鼓了掌，很好。六十九军同志的发言，刚去不了解情况，检讨自己旗帜不鲜明，检讨自己思想水平低，风格不高。当时，他们也有不少正确的地方。这次来参加会议，很快就明确起来了，这很好。航校两位校长旗帜鲜明，应该受到表扬。我们在小会上也讲过几次了。

第二个问题，革命群众组织之间的矛盾问题。刚才讲了，四·一四好得很，红总站，兵团，还有其他同志炮轰刘志兰，好！对山西文化大革命作出了贡献，我们坚决支持他们。但不要以为你们都对了，错了的就要改，特别是不要骄傲，骄傲起来就要犯错误，方向错了，我们就不能支持了。不要作出一点成绩就冲昏了头脑。

不知是那个组织，据说大街上有这样的大标语，说红联站是反动保皇组织，不要这样，这样是不对的。你们搞了协议书，很好嘛，你们大方向一致，要团结起来嘛！当然，红联站的一些同志在这个问题上犯了错误，也可以说是犯了方向性的错误。不过也是可以理解的，由于一方面刘陈刘在那里煽风点火，欺骗你们。另一方面张日清对他们说了许多错话，把他们引上了错误。你们有个简单的逻辑，认为核心小组是中央批准的，就不能炮轰，你们炮轰我就要保，如果是这样，还是好的，但不能用这种简单的逻辑看问题。当时，中央对刘陈刘是有数的，但考虑到可以考验考验他们。但是，不久他们就跳出来了。当时我们感到不好，刘贯一抓了个秘书长，刘志兰抓了个副秘书长，这个东西很重要，可以搞很多名堂，刘贯一还抓了个党校校长。当时我们就提醒刘格平同志要注意。刘陈刘的材料，在山西已经印了，红联站的同志就不能用那样简单的逻辑看问题了，同志们看看刘贯一的万言书就知道他是什么问题了。

这里，对党校东方红，我想批评几句，上次没有批评，忘记了，回去心里很不安，感到对不起这些革命小将，党校的革命同志要充分注意阶级斗争的复杂性，充分认识山西党校的阶级斗争，党校系统一直是刘少奇的死走狗杨献珍在那里抓，在那里搞。王力同志跑了几个省问题都很大。山西、西北几个党校，是杨献珍比起全国其他地区的党校控制的最紧的，杨献珍散布了许多恶劣的影响，安插的许多钉子，党校革命小将如果在这个问题不提高警惕的话，你们还要犯错误。以前我们说过，你们错误地极不慎重的结合了葛莱。你们有个声明，署名是省党校东方红勤务组。从声明文字看，基本上是好的，检讨了错误，表示以实际行动支持以刘格平同志为首的省革命委员会的正确的领导，表示要斗争刘陈刘。检讨都是好的，但有两个问题，提出来希望考虑。声明中第三条说"四•一四以来兵团革命小将……"点了兵团没说红总站，说一个没说两个，这是不是一个问题。还有一个问题说"我们一如既往，坚决反对打砸抢"，我们希望是文字的疏忽，不过你们是不是还有个苗头，是不是今后还要和红总站干仗，是不是还要闹对立，闹磨擦，点了兵团，为什么不提红总站，你们都检讨了吗？都拥护刘格平同志，你们大方向一致了，你们还认为红总站的大方向对不对。你们一如既往反对打砸抢，人家就不一如既往？其实，打砸抢大家都有一点，只是多一点少一点而已。这两个我有点意见，希望是文字的疏忽。

党校东方红的小将要高度警惕党校的坏人，否则就会被人家牵着鼻子走，自己还不晓得。你们要很好地搞好党校的文化大革命。党校的阶级斗争盖子充分揭开了没有？杨献珍等人安插的钉子找出来了没有？斗臭了没有？你们对反修兵团的政策对头不对头？这都需要很好的考虑。如果说全是批评了红联站下属的一个组织，那更应该批评党校东方红。党校东方红勤务组的同志们，最少你们警惕性不高，嗅觉不灵。我讲的这些话兵团、红总站的同志们不要拿这些话去整他们，他们大多数是革命的，他们会自己解决的。在这里，说到红总站、兵团他们四·一四大方向是正确的。我提一下，丁磊同志我曾经建议刘格平同志把丁磊同志调出来，到北京或者到其他地方，他接受了调了出来，但有人抓辫子，后来我们接到一些信，说不能调走丁磊同志，如果调走了，就等于承认红总站东风兵团犯了错误，这个意见是对的，还是叫她回去。我曾经说过，丁磊同志是有毛病的，但是她和东风兵团、红总站一块战斗大方向是正确的。同志们对丁磊同志严格要求，格平同志对丁磊同志严格要求，对他进行教育是应该的。

张日清是"中将"，四十来岁的人，犯了方向路线的错误，我们也要保他。何况是"小将"呀！错了改了就好，在大方向一致的前提下团结起来。

第三个问题，是晋中问题，本来可以不讲，刚才接到一个条子，是两个委员送来的。晋中总司赴京代表×××同志到会了没有？（答：没有）不知是学生还是干部？（答：一般干部）。（关锋同志念条子他说：会议为什么拖得那么长，问题没有得到解决，更恶化了。为什么支持任王张，群众思想问题没有得到解决，是不是卫王王打击的人就是好的，希中央派人来站在公正立场上说话）。

他这种说法是错误的。这个干部不清楚事实，思想不通，这里一时没法说，这不用多谈，我们不是每天解决山西的问题。今天来电说，平遥调四千农民进城，大概这就是所谓恶化吧？那不是恶化，是问题暴露了，好得很。武汉不是很凶吗，但矛盾充分暴露了，得到了解决，比其他地方解决的更彻底。会议为什么要拖那么长？长是长一点，不经过那样的过程，问题是得不到解决的。为什么要支持任王张，他说群众说不出个道理来。我不相信，群众是说出道理来的。陈永贵支持任王张，刘格平支持任王张。我们支持任王张。红旗杂志发表了他们的文章就是支持，报纸要转载，电台要广播，为什么要支持任王张？因为他们是革命的。晋中军分区犯错误是不应该的。晋中问题是很明确的，卫王王反对，迫害的人现在你们还要反对，迫害吗？说要派公正的人到晋中去调查。我们可能到山西去，但不一定，我个人决定不了。陈永贵同志几次发言很好，我们受到很大教育，问题非常明显，调农民进城，调民兵进城，调四千农民进城还是第一次吧？没有军分区、人武不支持，不可能调动的，进城谁给他工分，谁给他钱？没有一定权利的人是不可能调动的。

于振群同志认识不对的，他认识了也会改正的，但主要责任要由军分区以及人武部负责。希望军分区立即采取措施，刚才张日清同志发了个简单的电报，制止农民进城。很好，我们支持。但如果有人一定要这样搞，也不要紧，他们调人开枪镇压革命派，结果是搬起石头砸自己的脚，武汉的陈再道怎么样？广大群众要协助驻军，军区用各种手段坚决制止。这是第三个问题。晋中问题本来可以不讲，看了这个条子，一个电报还是讲一讲。

第四个问题，希望各革命群众紧紧掌握斗争的大方向，加强团结实现革命的大联合，红总站和兵团你们不要闹矛盾，闹矛盾就不好了。矛盾是不可避免的，但要正确对待，俗话说十个指头不一般齐吗！你们和红联站也要联合起来，共同对敌，刚才看了你们的协议书很好嘛，你们签了字没有？签了要通过革命的大批判实现革命的大联合促进革命的三结合，你们要批判卫王王。还要批判彭真，彭真的老家在山西吗？彭真、薄一波、安子文、陶鲁笳等人要把山西作为复辟资本主义的基地，你们不批判还行吗？

彭真、彭德怀、罗瑞卿人民日报已点名，薄一波、安子文在省报可搞一点。陶鲁笳怎么样？你们可以考虑。他们在西北，特别在山西大搞经营。邓小平、李井泉经营的是西南，你们要注意，批判他们恐怕就与刘陈刘联系起来了，联起来联不起来就要看事实了。

听说红总站、兵团有打内战的苗头，这就不好了，不要受人挑拨，这样弄不好会出现更大的曲折，敌人就高兴了。你们不要打内战。要团结起来共同对敌。跟红联站，大家要按协议书办事，俗语说，大水冲了龙王庙。自己人认不得自己人。

我老家有句俗话，不挨骂长不大，有点道理。骂不外乎两种：一种是自己人骂，另一种是敌人骂，人家骂对了提醒自己警惕，好改；人家骂错了就帮对方改！你们应该以全国的文化大革命全局为重，以山西的文化大革命全局为重，希望各群众组织认真学习毛主席著作，不要听信谣言。不要听马路新闻，听这些东西就上当了。我再说一次有个谣言要辟，有人说叶群同志打电话刘志兰是个好同志，这完全是谣言。这个谣言传单是刘志兰批的，千万不要听信谣言。

第五个问题，山西省驻军、军区，在支农、支工、支左、军管、军训中是有巨大的成绩的。我们应该看到这一点，不能认为有个别同志犯了错误，有的单位支错了就否定了成绩，那是错误的，支错了的改了就好。部队里要加强教育，消除坏影响。一些人武部不好也要加强教育。教而不听态度要鲜明，对公检法要高度注意，罗瑞卿搞了多年，有很多坏人安插了进去，好人也受到影响。……要帮助公检法的同志肃清过去的坏影响。山西夺权后没有注意这些问题。所以在这方面专政委员会搞的不象话。

军队支错了的要改，越快越好。但地方上的同志要给予时间。不能一下子就要求改过来，下边同志的错误要做工作，给予改整工作的时间。

听说红联站下属组织冲了军区，是不是这么回事（红联站答：是），你们要制止。抢的文件要交回来。

有些地方军队支错了要改，地方的同志要支持他们，要拥军爱民，军队支持左派是最大的爱民，左派受压制是支持他们就是最大的爱民。地方上要支持部队改正错误是革命的行为，改正错误是革命行动。给部队提意见，支持他们改正错误，这就是拥军，不要不准改正错误。《阿Q正传》中就有一条不准革命。我们不要这样，我们报纸发表了社论：武汉无产阶级革命派大团结万岁，就是要大团结嘛，武汉独立师犯了错误，简直是犯了罪，但也不能把独立师搞得灰溜溜的，广大战士还是毛主席的好战士嘛！我们部队就有个好传统。错了就改。他们还要为革命立新功，立新劳。对部队同志的错误，不无限上纲，不要随便说这里的陈再道那里的陈再道，不要到处抓陈再道，前段到处抓武老谭，但话也要再说回来，领导同志也要有这样风度，不要追求这个。……人家喊两句打倒就把人抓起来，那又犯大错误了。

我们相信，山西的广大革命群众，革命干部，我们的人民解放军，一定能够增强团结，在毛主席的革命路线的指引下胜利前进。（《中央解决山西问题扩大会议纪要汇集》，山西日报军支革命造反总部编印）

在整个七月会议上，红联站没有多少说话的机会，晋中总司最后也就是由关锋代念了一个纸条子。晋中总司的纸条子虽然简单，却是质问中央文革："是不是卫王王打击的人就是好的，希中央派人来站在公正立场上说话"。这个纸条子是晋中总司俞振祥写的，这个纸条内容表现出对中央文革的极大的不信任，说明了康生和关锋才是真正的"机械论"。毛泽东有一句著名的语录是："凡是敌人反对的我们就要拥护；凡是敌人拥护的我们就要反对"，康生、关锋正是按这一条语录办事的。这句话本身是反辩证法的，敌人的敌人不见得是我们的朋友，就按当时的世界局势而言，我们的敌人"美帝国主义"反对的"苏修"，我们就没有加以拥护（我们和苏修还同是社会主义），毛泽东也没有按他老人家自己的"最高指示"办事。即使毛泽东的这句话对的，那也是针对某一问题说的，并不是普遍真理，康、关到处套用这条语录至少也有他们自己所批评的"机械论"之嫌。俞振祥挺有勇气,直接指出了中央文革的"不公正"。

1967年8月20日,中共中央以正式文件的形式,下发了七月会议纪要(中发〔67〕263号),毛泽东批示照办。全文如下。

中共山西省核心小组扩大会议纪要

(一九六七年八月六日)

中共山西省核心小组,在中央、中央文革指导下,于一九六七年七月四日至八月五日,在北京召开了扩大会议。省革命委员会常委、省核心小组成员和军区、驻晋部队的负责人、"红总站""兵团""太司""红联站"革命群众组织代表等共百余人出席了会议。会议以大中小和个别谈话相结合,充分发扬了民主。会议期间,中央负责同志多次做了重要指示。到会同志受到了深刻的毛泽东思想教育。会议开得很好。

会议进一步揭开了省革命委员会、核心小组内两条路线斗争的盖子。这是一次高举毛泽东思想伟大红旗的会议,是毛主席的无产阶级革命路线胜利的会议。现纪要如下:

一、会议认为,山西省两条路线斗争极为尖锐。会议肯定了刘格平、袁振、曹中南、陈永贵、徐志远等同志执行了毛主席的无产阶级革命路线,支持革命小将和广大革命造反派炮轰刘贯一、陈守中、刘志兰,大方向是正确的。会议也肯定了张日清同志参加夺权,站出来支左,做出了很大成绩。但是后来,他犯了方向路线错误。特别是四·一四以来,他没有把矛头对准党内走资本主义道路的当权派,他反对挖卫恒、王谦、王大任的二三线,错误地支持刘贯一、陈守中、刘志兰,压制革命群众运动,甚至在军队内进行反对刘格平同志。在晋中问题上,他不支持陈永贵同志,不支持王振国、任井夫、张怀英等同志,反而支持军分区少数执行错误路线的负责人。尤其是四月中央解决山西问题的会议后,张日清同志没有接受中央对他的批评及时改正错误,使错误越来越严重。

会议上，中央和中央文革的领导同志及与会同志，对张日清同志的错误，进行了严肃的批评，耐心帮助。张日清同志已认识到了错误，进行了检讨，并表示坚决改正。大家欢迎他这种态度，希望他认真改正错误，并且积极工作。

鉴于张日清同志的错误，在部队和群众中已造成了很坏的影响，会议认为，张日清同志应到部队、机关和广大革命群众中，公开进行检讨。

二、会议肯定了四·一四炮轰刘志兰是革命行动，大方向是正确的。四·一四揭开了省核心小组和革命委员会内两条路线斗争的盖子，对于保卫毛主席革命路线，对于揭发批判刘贯一、陈守中、刘志兰，巩固红色政权，起了重大作用。四·一四使山西无产阶级文化大革命出现了更好的形势。那种认为"四·一四是扭转斗争大方向""是反动路线""是个政治大阴谋""是反革命复辟逆流""要揪后台"，等等，是完全错误的。

会议一致认为，刘贯一、陈守中、刘志兰等人的错误很大，会议完全支持广大革命群众对他们进行批判和斗争。

三、山西军区和驻晋部队，遵照毛主席关于"人民解放军应该支持广大左派群众"的教导，在"三支""两军"中作出了巨大成绩，同时暴露出了一些问题。军区和某些军分区、武装部的少数负责人，犯了一些错误，有的犯了严重错误。例如支持了一些保守派，打击了革命派，有的甚至调民兵进城，大搞武斗，问题很严重。会议认为山西军区应该迅速采取有力措施加以制止。

会议认为，张日清同志在支左工作中同样犯了方向路线错误；应当指出广大干部和战士是没有责任的。

会议认为，空军〇二五部队（总部）和〇二七部队在支左中，旗帜鲜明，立场坚定。会议号召大家向他们学习。

军队对支左工作，由于情况不熟悉，没有经验，有的支错了，这是难免的。应该按照毛主席的教导："只要认真改了，就好了。"改正错误，是革命行动，不允许人家改正错误，不允许人家革命，是错误的。

广大的无产阶级革命派和部队的全体指战员，必须坚决响应毛主席"拥军爱民""拥政爱民"的伟大号召，加强军民团结、军政团结，把山西省的"三支""两军"工作搞得更好。

四、必须正确对待两大派群众组织。"兵团""红总站""太司"是革命左派组织，大方向是正确的。要坚决支持他们。会议希望他们认真贯彻中央、中央文革的指示，要谦虚谨慎，千万不要骄傲。"红联站"是革命组织，在四•一四问题上犯了方向错误，责任不在他们，应该由刘贯一、陈守中、刘志兰负责。张日清同志也要负一定的责任。对"红联站"的广大革命群众，要积极热情地帮助和团结。会议希望"红联站"的广大革命小将根据中央、中央文革指示，总结经验，吸取教训，提高阶级警惕性，注意坏人，如省党校葛莱之流。

两大派，都要活学活用毛主席著作，进行整风，多作自我批评，紧紧掌握斗争的大方向，把斗争矛头集中到批判党内最大的走资本主义道路的当权派及其在山西的代理人，在革命的大批判运动中，高举毛泽东思想伟大红旗，实行革命的大联合。

双方八月三日在北京达成的协议，应共同遵守执行，要停止打内战，要停止武斗，要坚决制止打、砸、抢、抄、抓。

五、会议认为无产阶级专政委员会由于它的主要负责人执行了错误路线，在实际上颠倒敌我关系，无视党纪国法，乱抓、乱捕革命小将、革命群众，甚至严刑逼供。另外，还乱放坏人。对革命小将、革命领导干部竟进行非法侦察，整理他们的黑材料。以致唆使群众抓捕省革命委员会的常委，会议认为应该立即撤销专政委员会，改组公、检、法机构，对错捕、错判的革命小将、革命群众和革命干部，要立即释放，公开平反，赔情道歉。

六、会议认为，在晋中问题上，必须坚决支持陈永贵同志，坚决支持王振国、任井夫、张怀英等同志，坚决支持给"十月事件"受害者平反，坚决支持"晋中总站"等左派群众组织。

七、必须坚决执行毛主席无产阶级的革命路线，高举革命的批判大旗，彻底批判党内最大的走资本主义道路当权派及其在山西的代理人卫恒、王谦、王大任。会议认为，反革命修正主义分子彭真、薄一波、安子文、陶鲁笳长期以来妄图把山西经营成资本主义反革命复辟的战略基地，他们在山西干尽了坏事。必须集中一切力量，把他们批深批透，批倒批臭。会议建议在山西地方报刊上点名批判彭真、薄一波、安子文、陶鲁笳等反革命修正主义分子，彻底肃清他们在山西的流毒。

八、为了保证贯彻执行毛主席的无产阶级革命路线，会议认为必须支持站在毛主席革命路线一边的刘格平同志。拥护以刘格平同志为首的核心小组和革命委员会的正确领导，要突出革命委员会的作用，扩大革命委员会常委。增加核心小组成员（名单另报），精简办公机构。在核心小组和革命委员会，要认真实行集体领导，认真实行民主集中制，充分走群众路线，放手发动群众，相信群众，依靠群众，遇事和群众商量。逐步召开和成立以左派为核心的工代会、农代会、红代会、。

九、会议完全拥护毛主席、党中央处理武汉"七·二〇"反革命暴乱事件的指示，愤怒地声讨了王任重、陈再道的反革命罪行。并且决心从武汉事件中吸取教训。

十、会议决定迅速在全省范围内召开各种形式的会议，原原本本的传达这次会议精神，动员广大革命群众和革命干部认真贯彻执行。

为了取得山西省文化大革命的彻底胜利，会议强调必须响应林副主席的号召、认真"读毛主席的书，听毛主席的话，照毛主席的指示办事，做毛主席的好战士。"在斗争中活学活用毛主席著作，破私立公，改造世界观，增强阶级斗争观念，增强两条路线斗争的观念，永远地站在毛主席的无产阶级革命路线一边，谦虚谨慎，戒骄戒躁，团结一致，为完成毛主席、党中央所赋予我们的光荣任务，为把山西省建设成为红彤彤的毛泽东思想大学校而奋斗。（中共中央办公厅秘书局一九六七年八月二十三日发出，山西省革命委员会办公厅翻印）

2. 红联站：深深的不解、失望及反思

七月会议的结果，使红联站的许多人感到不解和失望。幸亏红联

站是公认的老造反派，才弄了个"革命组织"当当，比起没有造过反的反而被御封为"革命左派组织"的红总站，红联站真是不服气。不过，不服气也不行，没有像武汉"百万雄师"一样被打成"反动保皇组织"已经够不错了！

李青山的博文就体现了这种不解和失望：

> 七月会议对我的影响是巨大的。原来按两报一刊社论办事并不可靠！"中央首长""中央文革小组"原来就是这样领导文化大革命！在报纸上说的是一套，实际做的是另一套。如果说1.12夺权使我产生了很多想不通，而我总是努力去想通，总是在自己身上找原因的话，那么，七月会议的现实使我对文化革命小组，特别是康生、关锋等人产生了深深的怀疑，怀疑山西的文革完全是他们几个一手操办的。有他们这样一些大人物在上面颠倒黑白，混淆是非，我们怎么能跟得上呢！所谓文化革命，所谓群众运动，完全是他们这些'大人物'定好调调，运动群众！这样的文化大革命我们无法搞，也不能搞。对文化大革命的复杂性，危险性有了全新的认识。
>
> 不开会的时候，除了研究形势，研究对策，也到处走走。七月二十六日，我在西单看到北京学生游斗彭德怀、张闻天的场面，两人被押在卡车上，挂着牌子，被按低着头。心中不是滋味，不管怎么说，彭德怀也是立过大功的人，何以要这样对待他？我也看到一张传单，登着中央对武汉军区公告的复电，上面称陈再道为同志，说对于犯了错误的同志，包括你们和广大群众要打倒的陈再道同志在内，……仍然可以站起来，参加革命行列。
>
> 我清楚地知道，喊打倒陈再道的，除了武汉军区和"广大革命群众"，还有林彪（作者按：其实林彪并未真正要打倒陈再道，据《邱会作回忆录》似乎林彪参加群众大会也是被迫的，倒是毛泽东支持的"三钢""三新"导致了武汉事件）。毛泽东和他的副统帅观点也有不同？为什么这种不同要暴露在广大群众面前？
>
> 我暗下决心，文化大革命是不能再参加了，要准备退兵的策略了。

太原五中学生陈川生也说到了当时的情况。在七月会议还没有结束时，刘志兰已经知道无力挽回局面，就把一些材料交给陈川生，要他把这些材料交给刘志兰指定的一个可靠的人，以免这些材料在红总站抄家时丢失。陈川生回忆，他当时也不知道是什么材料，后来才知道是左权将军与刘志兰的来往书信。刘志兰还嘱咐陈川生，让他赶快回内蒙的家，千万不要回太原，可能有生命危险。从此，陈川生和李青山一样"脱离"了文化大革命。

现在的人往往把文革看作没有思想政治内容的派性纷争，或者看作毛泽东领导的一场"群氓"的动乱，这种割断历史的看法当然是不对的。

我们翻开七月会议详细纪要，七月会议上真是真正的充满了（用时髦的语言说）"两条路线"的激烈斗争，刘贯一等人不管有意无意，确实有些"独立思考"的思想距离毛泽东思想甚远！

被康生、关锋等人批判的刘贯一的"思想"，可以说纯粹是"资产阶级思想"。刘贯一"扩大自留地"的思想被康生指责为"你那办法不是包产到户，比那还进一步，是复辟"（作者按：意思是比刘少奇的三自一包还厉害），"包产到户是使用权问题，你那扩大自留地是解决土地所有制问题"。关锋则批判说，一个村人均二亩地，一亩地成为自留地，土地私有制超过了百分之五十，这不是"复辟资本主义"是什么？如果康生、关锋所说属实的话，刘贯一就成了中共党内主张"土地私有制"的第一人。还有刘贯一希望文革尽快结束的思想也超越了毛泽东，反映了人民群众不希望"将革命进行到底"的意愿。

葛莱，是值得一书的人物。不管他是有意无意，被人说是在1964年就跟着杨献珍反对毛泽东，也算是个人物。他的"一分为三"的哲学论点，超越了当代的毛泽东，难怪要被批判。一个庞大的思想体系，肯定可以有这样那样的解释，所以它的分裂是不可避免的，辩证法体系和马克思体系也是如此。黑格尔之后，他的体系就分成了几个流派，马克思就是青年黑格尔流派的成员；马克思之后，他的体系就分成了考茨基主义和列宁主义。在中国，辩证法体系分成杨献珍的

"合二而一"、毛泽东的"一分为二"及葛莱的"一分为三",也应该毫不奇怪,只不过是从不同的侧面理解和说明辩证法罢了。问题是毛泽东他老人家只许他有思想,不许别人有思想,葛莱的悲剧在于他生活在二十世纪五、六十年代的中国。

我们不了解刘志兰,不知道她有没有思想。然而她的问题在于是结交的"坏人"太多,这些"坏人"都是反毛泽东思想的。在七月会议上似乎在一一追查这些"坏人"。第一个"坏人"是彭德怀的夫人浦安修。康生说:"庐山会议以后,浦安修在师大的表现很不好,和彭德怀站在一个立场上。"康生夫人曹轶欧说:"我还听到一个传说,就是说浦安修和彭德怀离婚是刘志兰帮助,听说离婚是假的。"当刘志兰提到浦、彭离婚李贞(作者注:甘泗淇夫人,开国少将,新中国第一位女将军,也是文革前唯一的女将军,任最高人民检察院军事检察院副检察长)也同意时,参会的杨成武说:"李贞是个坏蛋,甘泗淇(作者注:开国上将,曾任中国人民解放军第一野战军副政委兼政治部主任,总政治部副主任等职,1964年去世)就是一个反党分子,……李贞的少将是彭德怀给的"。当刘志兰说到帅大姐(作者注:指帅孟奇,中共内有名的"老大姐"之一,曾任中组部副部长)时,康生说:"什么帅大姐啊!帅孟奇死保反革命分子安子文。帅孟奇是彭真、安子文扶的。"曹轶欧:"帅老太太和浦安修的关系很好哩!"康生和曹轶欧夫妇俩一唱一和,一路追查和批判刘志兰的各种关系。刘志兰与浦安修之间还有许多事情,如:在彭德怀出问题后,浦安修在刘志兰、陈守中家里住了好几个月;又如:1965年,浦安修到太原,想去她与彭德怀战斗过的地方、八路军总部所在地武乡县看看,由于没有车,刘志兰在一次会议上请示卫恒,搞了辆车送浦安修到武乡看了一下;又又如:有一段时间浦安修想到山西工作,刘志兰积极地替她出主意。从刘志兰与浦安修的关系,我们可以看出刘志兰的为人。在别人巴不得远离倒运的彭德怀夫妇的时候,刘志兰仍然不离不弃,可见刘志兰的品德还是值得称道的。

从七月会议的内容来看,文革的斗争不是没有内容。文革可以说是土地改革、公私合营、反右、三面红旗、反"右倾"、四清等一系列社会主义革命运动的最高潮。以上每进行一次运动，打击面就扩大一次，直至扩大到中共的最高层领导。同样，打击面的扩大，抵抗面就越大，直至在文革中使得大多数干部和军队也成了抵抗面。革命最终失去了自己真正的目标。随着革命核心的日益缩小，它必将产生一个强大的"反革命"阵营。随着革命手段的日益残酷，这种对绞肉机的抵抗就越强烈。这种抵抗不但是对绞肉机手段的反抗，而且在其中必然萌发出了闪亮的新思想。

康生们太轻视"革命群众"了，也太轻视军队了，以为通过一个会议的高压，就可以使所有的"革命群众"和军队服服帖帖跟着他们走了。七月会议在山西文革史上有着重要的意义，它使许多人决心"脱离"文化大革命（像李青山、陈川生的想法一样），也是更多的人铁了心要与康生们继续斗一斗。无论是"留下"的人，还是决定"走掉"的人，其实都有一定程度的"觉悟"。按觉悟程度的不同，有的"看破红尘"绝尘而去；有的认为康生们蒙蔽了毛泽东，而等待着毛泽东的"觉悟"；有的认为林彪、周恩来、陈伯达与康生们有分歧，等待着转机；有的离开了毛泽东思想，到马克思、列宁那里去寻找"真理"；更有甚者干脆设法到了海外信仰了民主自由。正是有了七月会议的"启蒙"，才有了后来的围绕大寨问题的斗争、"张赵反革命集团"事件、"共产党员不选共产党"事件及山西"四五"运动等在全国也有重要影响的山西文革中的重大事件。

第五章

八月大扫荡

1967年7月到9月间,毛泽东巡查了华北、中南及华东地区,发布了最高指示:"整个形势比以往任何时候都好。"毛泽东丝毫没有把全国范围内的血淋淋武斗场面看作不正常,反而认为"形势大好,不是小好",难说他老人家是不是要推行"国内革命战争"的构想,把文化大革命推向"武化"大革命的"新"阶段。

1967年7月22日,江青在北京接见河南二七公社代表时,针对武汉"七·二〇"事件提出"文攻武卫"。当时由于保守派受到各省市领导和军区、军分区的支持,势力一般比造反派要大,在武斗中造反派往往吃亏。在这种情况下,为了不使处于少数的造反派吃亏,在没办法制止武斗的情况下,赞成"文攻武卫"也无可厚非。

即使没有江青的"文攻武卫",仅以毛泽东对革命的定义,也多半会导致战争(武斗),这是为许多历史和现实所证明了的,以往的革命如此,文化大革命也是如此。用"文攻"无法镇服对手,就只好用武力消灭对手,这是一个很浅显的道理。七月会议后山西出现的剧烈武斗的局面,就是由于有中央文革支持的实力强大的红总站意图"剿灭"红联站及山西各地市支持军队的势力所造成的。

第一节　急转直下的局势

1. 提前进行的"武斗"

未等七月会议开完,红总站、决死纵队、兵团就迫不及待开始了

"剿灭"对方的战斗。

1967年7月26日,太原市第一场大武斗在太原重型机器厂展开。

太原重型机器厂是国家的特大型企业之一,在太原市是排在太钢、西山矿务局之后的第三大企业,有一万多职工。重机厂很早就分成两派,一派是太重红旗,拥护厂长罗枫奇;一派是太重东野(东风野战军),拥护党委副书记李久生。

罗枫奇是晋冀鲁豫干部。1944年时,袁振担任冀鲁豫军区水东军分区(第十二军分区)政委(师级),罗枫奇在其手下任第二大队政委(团建制),两人关系应该不错。在袁振、罗枫奇的影响下,太重红旗在工人兵团解体后,选择了支持刘格平的立场,与决死纵队打得火热。

李久生是原南京军区转业干部,曾为某师副政委。李久生与太重东野一直持反对刘格平的态度,一月革命后李久生曾被抓过,支持李久生的太重东野与反对夺权的红联站持相同观点。

7月26日之前,太重厂内因罗枫奇的问题曾发生过多次争执,以至于在社会上流传着关于太重红旗的一则民谣:"太重红旗真稀奇,打着红旗反红旗。上保刘少奇,下保罗枫奇,你说稀奇不稀奇。"据说,太重红旗的武斗主力是一批六十年代上半叶入厂的上海徒工,都是二十出头的年轻人;太重东野的主力是它的七七支队和九九支队,该两支队全部是从南京军区某部侦察营集体复原到太重的侦察兵,有三、五百人,李久生曾是他们的首长。传说,七七支队和九九支队的怪名字,是按阿拉伯数字的形状,隐含拳打脚踢之意。

太原市民流传,在以往用拳打脚踢的武斗中,红旗的小徒工们只会瞎打,有时也会打得对手头破血流,显得很厉害,但对方多为硬伤;东野训练有素的战士们却有着侦察兵的风范,专打人的软肋,形成内伤,让人久治不愈。当武斗升级到冷兵器阶段时,七七支队和九九支队更是如鱼得水,头戴柳壳安全帽,手执长矛,腰扎军用皮带(实际是战士用的帆布制的腰带),斜跨军用挎包,挎包里放着石子。每逢战阵,七七支队和九九支队以班为伍,三三制队形,远掷近刺,锐不可当。其他队伍面对这支劲旅是一触即溃，或望风而逃。当时社会上关于九九支队（不知为何，当时社会上只传说九九支队，而七七支队却不甚有名）的传说真有点邪乎！

太重红旗和太重东野各占据一座楼，焊上钢门铁窗作为据点。随着拥刘派在七月会议上取得决定性的胜利，太重红旗认为时机已到，决定端掉太重东野的据点。太重红旗在平时武斗时就打不过东野，所以自觉力量不够，于是就联络了武斗最厉害的决死纵队、矿山烈火等组织数千人，于7月26日包围了东野大楼。

在发动宣传攻势无效后，决死纵队作为先锋，开始了进攻。不料，东野大楼中突出了九九支队，展开反攻。决死纵队的武斗队员们从来没见过这种阵仗，双方一接战，决死纵队的队员就只有招架之功，毫无还手之力。未几时，决死纵队就败下阵来，出现了几百人追逐几千人的场面。这个场面让我们想起了拿破仑曾经描写过的，骑术不精而纪律严明的法国骑兵和骑术精良而纪律不严的孟美留克骑兵之间的战斗过程。拿破仑说："两个孟美留克人无疑胜过三个法国人，一百个孟美留克人同一百个法国人势均力敌，三百个法国人多半胜过三百个孟美留克人，而一千个法国人则总是能够打败一千五百个孟美留克人。"按拿破仑的原则推理，几百个战斗技术精良而纪律严明的九九支队的战士，打败几千个战斗技术差劲而纪律不严的决死队员应该是毫不奇怪的。不过，当时场面虽大，死、伤还没有成百上千（见到过的太原市民说，在山大二院的太平间躺着七名决死纵队队员，太重东野无阵亡），因为毕竟还不是正规战争，用的冷兵器。武斗不过是从斗殴到战争之间的一种过渡，尤其是开始时的武斗还没有那么残酷，工人们毕竟胆子还不大，攻者虽占优势，却也"手下留情"；守者见势不妙，也会"走为上策"。经此一败，决死纵队士气全无，无法再战，再加上七月会议未完，各方主要领导都在北京开会，"讨伐"太重东野似乎也"名不正、言不顺"，只好收兵了事。

在8月5日举行的七月会议（虽然最后一次会议是在8月开的，人们一直称之为七月会议）的最后一次会议上，康生提到了这次武斗说："最近重机发生了严重武斗事件，要坚决阻止"，说明康生也不主张武斗。但由于那次武斗是康生支持的拥刘派挑起的,不知康生是准备用哪种方法来"坚决阻止"武斗,后来的事实证明,用武斗的方法去阻止武斗,只能使武斗演化成战争。

这个事件是山西省大规模武斗的前兆,预示着七月会议后得更加严酷的局势。

2. 一纸空文的协议书

虽然毛泽东对全国大规模武斗毫不在意,但中央文革还是不希望出现大面积混乱的局面。在中央文革的主持下,山西省双方赴京代表团于1967年8月1日签订了"临时停战协定"。

就像抗战之后国共双方签订的"双十协定"一样,这份协议实际上是双方都不愿意执行的协议,也是一份没有实施条件的协议。

对于红联站来说,这个协议无异于"城下之盟"。"拥护刘格平,斗倒刘陈刘"是红联站极不情愿的,这样就否定了红联站"一·一二"夺权及以后的所有作法;七月会议确定了红总站是"革命左派组织",红联站也不情愿与红总站搞"以革命左派为核心的大联合",这样就会被红总站等"革命左派"所支配,也等于承认了红总站是"革命左派";"拆除一切武斗工事、交出武器、凶器、取消宣传车和高音喇叭"这一条红联站应该也不能接受,红联站如果交出这些东西,在强大的红总站面前,刘格平掌握的政权不向着自己,武斗和文斗的武器也都没有了,就成了"待宰的羔羊"。

对于红总站来说,这个协议有"放虎归山"的成份。红总站是一个跨行业的庞大组织,如果"严禁调人调车参加外单位武斗",红总站就不可能"剿灭"在大、中学生组织中占优势的红联站,更不可能"剿灭"类似太重东野那样的训练有素的职工群众组织,红总站不喜欢这一条款是很自然的;在中央文革"揪军内一小撮"的战略部署下,红总站自然特别不"喜欢"解放军,他们特别痛恨山西省军区,七月会议还没有开完,他们就摩拳擦掌准备批斗张日清、赵冠英(省军区副司令员)、崔冰及各军分区、人武部领导。山西驻军69军也不讨红总站的好，69军入晋以来没有明确支持刘格平和红总站，要不然毛泽东也不会发指示要69军站在刘格平一边。山西唯一真正支持刘格平和红总站的"军队"是吴法宪麾下的两个航校，即十航校（025部队）和十二航校（027部队），这两支"军队"非但不是正式军队，而且人数很少，没有武器，实际上是军校的群众组织。

至于说到协议执行的监督小组，协议写明了监督小组有省军区和驻军代表参加，实际上相当于中间的牵头人和仲裁人，但协议未写明调停人的权力和职能，等于没有赋予仲裁权力。而且省军区已经在七月会议上被中央文革批得很臭，红总站肯定不会听省军区的仲裁，省军区的代表难以牵头和仲裁，另一方面，按协议，监督小组的四方，由省军区、69军及红联站三方观点一致，而红总站显得很孤立，这样的结构在实际操作时很难组建。总之，协议的监督没有可操作性，协议本身就是"一纸空文"。

可以说，这个协议是在中央文革的督促下签署的。中央文革的政客们有点天真，认为凭着中央文革的权势，签订一个协议就可稳定刘格平地位，平定山西的"内乱"。相比之下，年轻的造反派领袖们却要"清醒"得多。他们深知此协议的"虚伪性"，他们按各自对以后形势的理解和预判，去做应付以后形势的准备工作。

第二节 "扫荡"与反"扫荡"的准备

红总站方面和红联站方面对七月会议以后的形势基本上都有清醒的判断。得势者准备大"扫荡"，失势者准备反"扫荡"。

1. 红总站的准备

红总站方面为进行大"扫荡"进行了舆论上和组织上的准备。七月会议还没有结束，得到中央文革支持的红总站的下属组织就大量印发了《山西省核心小组扩大会议大中型会议纪要》，在舆论上完全压倒了红联站。党校东方红的《九论"四·一四"是个政治大阴谋》也只写到了《六论》而被迫停止。

据《大事记》记载：

7月24日，刘格平作所谓"十二点指示"，暗示红总站搞"揪军内一小撮"。

7月27日，东风兵团总部召开紧急会议，黄锐庵传达了刘格平对东风兵团的指示："先找刘灏谈，看他态度如何，第一手准备在桌面上解决，第二手准备干，叫他和红联站一样下场。""在权的问题上，我们要寸权必争，我们要先动，掌权的要巩固，不掌权的要争取夺过来，""红联站还有几个点没有摧垮……。"并做了一系列武斗准备。

8月2日，晋中总站成立了"晋中揪崔冰联络站"。

8月4日，红总站山西机床厂（军工单位，代号247厂）"永红烈火"等组织，在刘格平、丁磊支持下，成立了"山西机床厂揪斗军内走资本主义道路当权派赵冠英联络站"。同日，闯入××重地绑架了山西军区副司令员赵冠英同志，扣押长达56天，施加非刑，多次揪斗，并作为批斗张日清时的陪斗。

8月12日，在刘格平、丁磊和袁振的支持下，极左思潮的产物"山西揪军内走资派联络站"成立，它由红总站和兵团部分骨干组织组成，其明确的政治纲领就是要打倒张日清，把山西军区这面支左旗帜砍倒。

8月18日—25日，由刘格平、袁振策划片面召开了"山西省革命委员会第二次（扩大）全体会议"，这次会议实质上是向伟大的中国人民解放军和山西无产阶级革命派夺权的大会。它把四六四二部队、省军区参加革委会工作的干部几乎全部赶走。给红联站仅50名代表，另一派竟达1750个代表。这次会议竟公开作出决议，"对于张日清所犯的方向性路线性错误，必须在全省范围内认真批判，彻底肃清流毒"，将刘格平的"肃清张日清的流毒"的私货，以省革委文件形势法定下来。

正是在这次会议上，刘格平、袁振等对省革委常委和委员进行了大幅度的调整，使自己方面的势力占到了压倒性的优势。兵团的主力五中井冈山、六中32111、十二中红旗都有人（刘灏、李金渭、崔吉娃等）进常委，而红总站似乎进常委的人更多，蒋健、郝庭云、高翔等都入了"常"。

当时兵团和红总站基本上还是"团结一致"对付红联站的，矛盾并没有人们（主要是红联站的人们）想象的那样大。在七月会议上，关锋曾经提到"听说红总站和兵团有打内战的苗头"，并说"打内战就不好，你们不要受挑拨，打起来了，敌人就高兴了。"关锋的讲话不是"空穴来风"，说明红总站和兵团之间有了一定的矛盾，不过，当时无论是红总站，还是兵团都是很听关锋和中央文革的话的。刘格平当然也不希望自己的阵营立即分裂，刘格平也不太可能对袁振旗下的兵团如此"咄咄逼人"，老政治家刘格平还需要利用兵团，如果把"天不怕地不怕"的兵团"逼反"，对他也没有什么好处。尤其是让兵团"和红联站一样下场"，似乎在政治上和"军事"上都不现实。

当然，刘、袁一方做出了对自己很有利的组织调整，不过其间好像有点"分赃不均"，此时也传出了兵团和红总站两家"不甚和谐"的传闻，到"九·五"事件时兵团内部也产生了意见分歧。

2. 红联站和晋中总司的准备

在红总站方面一片歌舞升平、弹冠相庆的同时，红联站方面却是一片凄风苦雨。

几十年后，红联站的一些重要人物有对当时情况的回忆。

红联站太工红旗领导人李青山在博文中说到：

遭到重大打击的红联站，本来对七月会议的结果难以理解，听到红联站下属组织连续被砸，心中十分气愤。部分情绪激昂的红联站战士，聚集在省革委对面的十中，用大喇叭对着省革委和大街，表示抗议，表示坚强不屈，战斗到底的决心。

我预感到，山西的"文"化大革命要结束了，而"武"化革命将很快开始。我虽然十分理解聚集在十中的红联站战士的心情，但在刘格平和红总站携七月会议中央文革全面支持之威，正在寻找摧垮红联站的可乘之机。我认为我们不应当作无谓的牺牲，但我无法控制当时红联站战士的行动。我也知道：因为我们太工红旗反对过一.一二夺权，而摧垮我们早已是刘格平的既定方针，我们不能鲁蛮行事，我们需要暂避其锋芒。所以我决定立即将我队的广播器材和重要物品坚壁清野，并告诫我们的队员不要参加武斗，或者暂避一时。我自己则决定与未婚妻回贵阳市我父母亲那里暂避。

曾经曾任平遥县委书记的李辅在他的回忆录《所思所忆七十年》中也谈到了七月会议后"家乡避难"的原因。他说：

杨承孝知道"七一公社"参加了抓捕他的行动，所以七月会议以后，杨承孝派人几次到省委机关搜捕我。幸亏我回了老家，要不然很可能和李希哲一样被害死。李希哲是十三冶金建设公司的一位保卫干事（作者注：李辅记忆有误，李希哲是太原市公安局迎新街派出所的户籍民警），在东北时就知道杨承孝的生父是被公安机关镇压的。所以杨承孝造反当了山西革命造反总指挥部总指挥、山西省革命委员会常委，到处搞打砸抢，李希哲认为这是沉渣泛起，借机报复，一直揭发杨承孝。一九六七年四月，李希哲找我，让我帮助印发过一张揭发杨承孝家底的传单。七月会议以后，李希哲被杨承孝抓捕，严刑拷打，最后打开了高楼的窗户，对李希哲说，"给你一条出路"，李希哲在无法忍受折磨的情况下，纵身跳楼身亡。这一命案，导致一九七零年杨承孝被依法判处死刑。山西农学院火炬战斗队第一把手王守全，在八月九号杨承孝攻打平遥后，返回太原的路途上，攻打山西农学院时被杨承孝抓捕后，和李希哲关押在一起，曾经见证过这一惨案。

作为红联站方面的代表参加七月会议的李辅，在接到父亲的急电后，没有回太原，于8月7日直接由北京返回老家应县避难。

和太工红旗一样，红联站和晋中总司的许多所属组织也没有按毛泽东他老人家的教导"站在刘格平同志一边",反而做好了被"打、砸、抢"的准备。

一般的学生组织都转移和掩蔽了重要文件和物资,如单位印章、油印机、纸张等。重要的领导人和骨干成员都做好了撤走的准备。

个别势力大的学生组织和无法撤走(因为职工的家都在厂里,跑了和尚跑不了寺'事')的企业的职工组织都在加固自己的据点。据点的大门一般都改造为了铁门,一层的窗户都用砖作了封闭。守据点的武器也做了充分的准备,长矛、砖头、滚木、礌石自不必说,还有些准备了土制的燃烧瓶、有异样气味的"臭弹"(类似于催泪弹)。对于即将到来的"大扫荡",这些组织已经在"严阵以待"。

不管怎么说,该来的都要来!8月,军区、军分区、红联站及晋中总司终于"迎来了期盼已久"的"大扫荡"!

第三节 八月"大扫荡"

1. "大扫荡"从平遥开始

平遥县,属山西晋中地区,距省城太原九十公里。明代建造的平遥古城,至今保存完好,已成为著名旅游胜地。平遥古称平陶,北魏年间,因北魏太武帝拓跋焘的"焘"与"陶"同音,为避讳改为平遥。平遥曾是晋商的发源之地,但二十世纪六十年代后半叶的平遥古城已经没有了一点点商业气氛,反而在浓浓的杀气中爆发了所谓"八·七"反革命暴乱事件。

省委七一公社领导人李辅后来曾任平遥县委书记,曾参与过"平遥事件"平反工作,对"平遥事件"起因和过程比较了解,他在回忆录《所思所忆七十年》中是这样说的:

平遥是文革中斗争激烈的县份之一。一九五八年,任井夫曾任平遥县委书记。十二级干部担任县委书记,在全省并不多见。他在一九五八年搞了浮夸，六O年又搞了虚报，当农村开始饿死人的时候，省委发现平遥县虚报造成了存粮库亏，将导致大面积死人，问题严重，省委当即采取组织措施，撤销了任井夫的县委书记职务。任被撤职后，与另外两个犯错误的县委书记张怀英、王振国放在一起，成为晋中"任王张反党集团"。一·一二夺权后，这三人站出来造反，成了"革命领导干部"。张怀英原在昔阳当县委书记，和陈永贵关系好，陈永贵坚决支持他站出来。任、王、张的命运扭在了一起，陈永贵由于支持了张怀英，也把任、王搅在一起。任井夫插手了平遥的夺权，有一派反对。七月会议以后，陈永贵专程到了平遥，支持任井夫一派，引起了混乱，说是围攻殴打了陈永贵，并将虚假情况电告中央，中央把这件事定成"反革命事件"。立令营救陈永贵。由此，决死纵队攻打平遥，许多群众由此家破人亡。平遥受压的群众一直不服，十一届三中全会以后平反冤假错案，中央下达文件认定陈永贵去平遥是搞派性活动，群众并没有围攻殴打过他，定性"反革命事件是完全错误的"，给予彻底平反。平反文件下达的时候，正好我在那里当县委书记，所以比较了解平遥事件真相。

还有许多历史资料都谈到了平遥事件，下面是一些资料所记述的详细过程。

8月1日，红联站和晋中总司观点的平遥总司召开庆祝中国人民解放军建军四十周年大会。本来庆祝建军节一般是军队上的事，最多地方领导参加一下。这次平遥人武部和平遥总司军民合作，把会议规模搞得特别大，有向七月会议的"揪军内一小撮"的康生、关锋、刘格平示威的意思，也有向平遥联络站示威的意思。在平遥总司开会的同时，平遥联络站也在召开"农业学大寨"会议，抬出陈永贵和大寨与有军队支持的平遥总司对抗。会后，双方都进行了大规模游行。双方的游行队伍在古城中狭窄的街道中相遇，马上发生了直接冲突。当时县城的武斗还没有达到省城的冷兵器水平，双方开始相互推搡，后又拳打脚踢，旗杆相交，最后拿些砖头瓦片，混战了一场，无胜负而收场。

8月3日，双方都进行了一定准备，组织队伍手持钢钎、棍棒、砖瓦等，在县城南门再次开战。战斗中，总司的一个武斗队员从屋顶掉下摔成重伤，次日死亡。这进一步加深了两派进行"你死我活斗争"的决心。

8月4日，县人民武装部部长连一民调动各公社基干民兵进城参战。传说，进城的民兵一天两毛钱补助，同时村里给记满分，民兵进城后连一民又发放了枪支（没发子弹），还有一挺马克沁重机枪。如此平遥总司方面的实力顿时得到了很大的加强。在平遥总司优势兵力的打击下，中学生居多的平遥联络站方面显然不敌，一次战斗中有两个参战学生被打，从城墙上掉下来，一死，一重伤。联络站的武斗据点多处失守。城内只剩下城隍庙和与之相连的平遥一中。"联络站"派人火速赶赴北京，控告县人武部及总司挑起武斗，镇压造反派的罪行。当"平遥告急"的消息传到了已近尾声的七月会议上后，晋中军分区和各人武部再次受到严厉批判。

8月6日，七月会议刚刚结束，陈永贵奉中央文革小组指示，同军分区、中共晋中地区核心小组、晋中总站组成"三结合"小组，前往平遥处理武斗问题。

对于陈永贵到达平遥后的情况，历史学家余习广在网文《文革真迹红色割据战》中是这样说的：

8月7日，陈永贵等到达平遥后，县武装部、县革委的一些人以及"总司"头头，本来就是反陈派，于是集合数千名农民和带枪的民兵进城，凭借坚固的城墙固守，不让陈永贵等人进城。而陈永贵的到达，对"联络站"派则无营于是大救星。于是"联络站"派人迎接陈永贵，被阻。后经交涉，陈永贵到达平遥一中，随即通过"联络站"的高音喇叭发表讲话，明确表态支持"联络站"。"总司"派群情激奋，遂派人围住"三结合小组"，绑架前来解围的解放军战士，枪杀随行人员，并出动武斗大军包围了平遥一中，从而导致了大规模的武斗流血事件。吴思在《陈永贵浮沉中南海——改造中国的试验》中说，陈永贵到达平遥县城后，他径直到了"联络站"的大本营平遥一中，并通过"联络站"的高音喇叭发表讲话,明确表态支持"联络站"。而《山西通志》对平遥事件的记述采用了此说。无论陈永贵多么为本文作者所憎,但作为历史学家,尊重事实是基本原则。据考证,作者认为:陈永贵一行先受阻,后进入平遥一中,发表讲话。"总司"头头对该武斗事件,也有不可回避的责任。春秋无义战。当天下午5时许,"总司"派对平遥一中发起总攻。在总攻开始后,"联络站"派人将陈永贵转移至城隍庙隐藏。据当时的材料称:这次武斗事件,双方动用了重机枪、钢炮、土枪、步枪、硫酸和带钩和长矛等武器。据称,武斗中死伤50余人,还将被枪杀者的尸体堆在一起作反面教材。而《山西通志》则称:在平遥事件中,武斗双方都未使用武器。当晚21时55分,陈永贵派人通过祁县驻军,向中央和省核心小组发出急电,称:陈永贵等"下午6点到平遥城,进城10分钟,总司开枪打伤6人,把六道城门封锁,通信联络中断。经了解完全是由人武部和公安局的一些人操纵的。请采取措施"。8月8日零点过,新华社记者在平遥城外借用铁路电话,向新华社山西分社报告"陈永贵在平遥被围"。该分社即报告北京。陈永贵被围困和平遥如此严峻的局势令中央震惊。随即,周恩来电令69军军长解(作者注:应为"谢")振华,要保证陈永贵的安全,把他接出来。解振华当即率一个武装营和一个徒手连,乘数十辆军车赶到平遥。部队一枪未发,让陈永贵换上军装,混在战士中乘车撤出平遥。为解救"三结合小组"和平遥之围,山西省革委会出动十三冶的钢铁工人,头戴柳条帽,手持铁棍,由"红总站"头头杨承效亲自率领,乘坐20辆10轮大卡车,前往支援。与此同时,太原和平遥附近各县"红总站"派的武斗队伍"共约万人以上",到达平遥。8月9日晨,解振华率部陪陈永贵重返平遥,"制止武斗","解决两派冲突"。上午9时许,在陈永贵等人指挥下,"红总站"的武斗队伍包围了"总司"的所有武斗据点,随即发起进攻。至下午2点左右,"总司"除部分人员突围外,其余全部当了俘虏。武斗基本平息。而武斗中的被俘者,均"押送受审",遭到毒打。支持"总司"的武装部领导人被抄家,受到处理;武装部全体进"学习班",另外成立"八二五"战斗队,接替武装部工作。全县对各公社"总司"派进行大清洗,各公社、机关、厂矿还对部分"总司"派人员实行开除、抄家、游斗,办"学习班"。10日,陈永贵等人回到太原。次日晚,山西"革命造反派兵团"、山西"批判刘邓红色联络站"、太原"革命造反派司令部"及解放军驻晋部队,在太原市五一广场召开15万人参加的"声讨平遥反革命叛乱大会"。省革委会主任刘格平、副主任袁振等出席了大会。陈永贵在会上"汇报了"解决平遥问题的经过。各造反派组织也纷纷在大会上表态,支持以刘格平为首的省革委会,谴责平遥流血事件的制造者。

著名作家吴思所著的《陈永贵:毛泽东的农民》是这样叙述的:

8月7日上午,陈永贵到达两派战犹酣的平遥县城。两派的首领听说陈永贵代表中央来了,都想把这位钦差大臣接到本派大本营落脚。陈永贵没有采取在这种情况下常用的和稀泥手段,甚至也不肯摆出表面上的中立来,他径直到了联络站的大本营平遥中学,正如对立面攻击的那样,一屁股坐在了联络站一边。联络站大喜,马上在大喇叭里喊了出去,号召平遥人民不要受欺骗,要分清是非,实现无产阶级革命派大联合。总司在被动之中只好硬着头皮宣传陈永贵不在平遥,说联络站造谣可耻。这时陈永贵亲自站出来讲话了。他的声音当地人都熟悉,果然老陈在联络站派的大喇叭里表态支持联络站,而且旗帜鲜明得无法做任何曲解。陈永贵说:"我们要团结在一起,战斗在一起,胜利在一起!"总司方面的群众被激怒了,对立情绪暴涨,大批人马将平遥中学团团围住,架起高音喇叭大喊:"叫你们死亡在一起,埋葬在一起,腐烂在一起!"是日,总司派的平遥县武装部部长连一民号令民兵进城,进城者一天两毛钱补助,同时村里给记满分。民兵进城后连一民又发放枪支。尽管他没敢发子弹,但是马克沁重机枪一架,明晃晃的刺刀一上,那阵势也极是唬人。总司的围困者围着平遥中学叫骂,呼喊着要把陈永贵拉出来杀掉。陈永贵听了,倔脾气一冲,居然自己就站了出来,拿起喇叭叫道:"死了我一个,还有后来人!"总司方面的人倒一时愣住了。叫喊了半天,真的有机会抓住陈永贵打死了,又没人敢下手。愣神之间,联络站方面已经将陈永贵拉了回去。此时中午已过,陈永贵被困在平遥中学已逾半日,午饭还没有吃上,晚饭也没有着落。眼下冲又冲不出去,食物又送不进来,联络站其他据点的战况似乎也不妙,真是兵家所谓的内无粮草、外无救兵,陈永贵陷入困境。陈永贵被围的消息迅速传出。昔阳的领导集团大恐,火速商议对策。商量来商量去,除了派人前去探望慰问之外也拿不出什么妙策。这时当天晚上,北京方面也得到了新华社记者传来的消息,周恩来总理下达四条指示,电令驻晋的69军军长谢振华接陈永贵出来,保证陈永贵的生命安全。谢振华虽然在心里倾向省军区和红联站,但是他明白陈永贵的性命非同小可,立刻遵命派出一个营荷枪实弹的军人奔赴平遥。红总站的干将,二级半电焊工杨承效也听到了陈永贵被围的消息。这位专啃硬骨头的武斗先锋与陈永贵关系不错,闻讯后立刻召集红总站武斗的精锐部队,十三冶的炼钢工人紧急出动营救陈永贵。只见20辆十轮大卡车满载头戴柳条帽,手持铁棍的精壮汉子向距太原不到200里的平遥扬尘而去。武装部队赶到平遥时已是凌晨。总司方面围困平遥中学的势头未减,叫骂声依旧。这一个营的军人把机枪架在卡车上围着平遥县城团团转,同时又有一个连徒手的军人拿着《毛主席语录》,站在三辆卡车上,呼喊着毛主席万岁的口号驶入城中。见到这些正牌野战军来了,本来就与军队关系不错的总司并没有阻拦,也未必有胆量阻拦。军人进入平遥中学,见到陈永贵,请他换上军装,上了军用卡车,蹲在高呼口号的战士中间撤出险境,退到四五十里外的祁县住下。当夜,昔阳方面派出的李韩锁、郭凤莲赶到祁县探问,知道老陈安然无恙才放下心来。次日,来自太原的一万多人的武斗队伍开进平遥,将总司方面痛砸一顿,赶出了县城。杨承效20卡车的骁勇的炼钢工人在平遥的攻坚战中大显身手。在归途上,杨承效又顺手拔掉了几个红联站的据点,砸了太谷农学院。红总站声威大振。从此平遥易手,红总站暂时占据了统治地位。平遥事件解决后,县人武部部长连一民被捕,枪支收回,重机枪血衣等摆出来展览。陈永贵凯旋般地返回昔阳。1967年8月13日下午,昔阳两万多群众敲锣打鼓欢迎陈永贵处理平遥事件归来。县委核心组组长王贵科陪着陈永贵以检阅的姿态穿过欢迎队伍,来到十一广场。王贵科宣布欢迎陈永贵同志胜利归来大会开始,然后郑重其事地致了欢迎词。次日,昔阳将原晋中地委的负责人揪来,在两万人大会上狠斗一场,抹黑脸挂牌子,痛痛快快地出了一口恶气。陈永贵在这次批斗大会上做了动员报告。无论昔阳怎么为陈永贵贴金出气,陈永贵自平遥事件之后在山西的声望终归是下降了。本来中央派他去平遥是解决矛盾的,他不但没有解决了矛盾,反而激化了矛盾,自己也碰了一鼻子灰。这不能不使陈永贵无所不能、一贯正确的形象受损,也使派兵救他出来的谢振华颇看不起他。在背后谢振华与人谈到陈永贵时从不直呼其名,只管他叫"白毛巾"。恐怕这不仅仅由于陈永贵总在头上裹一条白毛巾,平遥事件处置失当也应该是产生轻视的原因之一。平遥事件的另一个后果,就是陈永贵更深更公开地卷入了山西两派的斗争。"

  李辅是文革的亲历者,他的回忆应该符合实际情况。吴思与余习广两位作家虽然对平遥事件的过程叙述的比较详细,但他们并不知道山西的实际情况,不知道武斗有个发展的过程,难免对事件有夸大的成分,也难免有对人物的定位不准确的成分。

  平遥事件中所谓武斗的状况没有后人描述的那么激烈。双方从8月1日武斗到8月7日,伤亡总数不详,两方各死一人。死亡人员不是作战而死,而是从高处坠落死亡。总司方人员是从房屋顶上掉下来重伤而亡,联络站人员是从城墙上坠落而亡。可见武斗的状况并不激烈,双方只是推来拥去,实非故意杀人;数千民兵围攻平遥一中也不见得属实,如果数千民兵再加上马克沁重机枪,断没有攻不下平遥一中弹丸之地之理;平遥总司阻碍陈永贵进城之事也不见得为真,数千民兵也不可能挡不住陈永贵一行几十人,陈永贵之所以能进城并进入平遥一中,只能解释为是武装部做工作放进来的;平遥总司并没有组织群众围攻殴打陈永贵。当时的实际情况是陈永贵说平遥总司是保皇组织后,总司群众包围了平遥一中来讨说法;最后杨承孝的队伍能够顺利"攻入"平遥城,肯定是兵力上有优势,这从另一方面说明县武装部并没有动员多少基干民兵进城,或者是县武装部已经动员基干民兵各自回村，要不然数千受过训练的民兵怎么会守不住城墙完好的平遥城？事件之所以造成现在这么大的影响，完全是由于陈永贵的身份造成的。也有当时联络站方面有意扩大事态影响，外围的记者不了解情况，向中央汇报"不实"的原因。

搞得规模那样大，与太原方面派遣队伍的规模有关。据吴思所述，决死纵队出动20辆大卡车，按每辆卡车50人计算，共1000人；据太原铁路局革委会主任程采新所说，红总站出动一列专列，按每个车厢200人计算，20节车厢可运载4000人；据组织兵团队伍驰援平遥的负责人太原三中遵义战斗队李改组所说，兵团出动250辆大卡车，按每辆50人计算，共12500人。决死纵队、红总站、兵团三家的总兵力达到了17500人。兵团的兵力可能有一定的虚数，但决死纵队和红总站的人数距实际有点少，按距当时最近的资料《大事记》记载："8月10日，由杨承孝、贾克明等指挥红总站、决死纵队、工人新总部等三万余人武装包围红联站山农火炬，浇洒汽油，纵火烧楼，残酷殴打审讯'火炬'战士，实行武装反夺权。"《大事记》记载的这个事件，是太原发动的大部队在征战完平遥事件后，在回程中"顺道"到太谷县山西农学院时发生的。这应该是除去坐火车回并人马外的包括兵团在内所有兵力（《大事记》的撰写时间在1969年，那时红联站和兵团已结成同盟，故隐去了许多兵团与红联站作战的事实），以此推论，太原方面出动平遥事件的总兵力应该在34000人（加上红总站专列运载人员）以上。对于当时每个县只有十几二十万人口的山西省来说，这样的兵力到哪个县都可以把他们碾为齑粉！

历史学者吴思把平遥县武装部部长连一民定位成"总司派的"，可能是不十分了解山西在文革中的一些特殊情况。县人民武装部是中国人民解放军地方部队团级的基本单位，直属军分区领导，就像军区不属于省政府领导一样，它并不是县政府的组成部分。武装部部长属于现役军人，武装部部长和武装部承担县里的"支左"任务，按中央军委的命令他们不能参加地方上的"派别"。当时晋中地区及所属各县（除昔阳县外）均在晋中军分区及各县人武部的支持或"指导"下，由晋中总司派夺权，在新生的红色政权受到任、王、张威胁的时候,军队有责任去保卫她。连一民不是群众组织的领导,他的行为受到其上级的制约,或受到军队组织的领导,即使他调动民兵进城也不见得是其个人行为,很可能是军分区的指示。再者,人武部并不能领导地方,给进城农民记"满工分"的事,存在的话也应该是地方政府的事,军队是管不了的。

杨承效也不应该定位在"红总站的干将"上。且不谈杨承孝是不是"红总站"的人,即便是的话,也应该定位在"总指挥""副总指挥"之类的位置上。杨承孝虽是决死纵队的总指挥,不过这次行动应该是省革委的官方行为,杨承交々入应该是作为省革委的领导出面的。由此就出现了只有文革中才有的特奇现象,这就是省革委出面组织队伍攻打县革委,即省政府派兵攻打县政府。这次行动开创了山西政府组织武斗的先例,也是跨地区武斗的先例。

对于平遥事件,历史学家余习广记述的也不符合实际,他在网文中说:"据考证,作者认为:陈永贵一行先受阻,后进入平遥一中,发表讲话。'总司'头头对该武斗事件,也有不可回避的责任。"实际上,在陈永贵进城后,两派并未再发生武斗,只是由于陈永贵"偏向"一方,并发表一边倒的讲话后,总司一方"人员觉得陈的讲话派性太重,有必要向陈永贵陈述自己一派的意见,陈又不肯接见总司的人员,总司群众包围平遥一中只是向陈永贵'要说法',实在不该说"'总司'头头对该武斗事件,也有不可回避的责任"。

用"春秋无义战"这个词来形容平遥事件似乎并不恰当,只有在传统的经典理论框架的束缚下才有这种解释。从今天的角度来看,就像第一次世界大战的起因是不是奥国(奥匈帝国)皇太子被刺已不重要一样,平遥事件是由谁发起的似乎也已不重要了。问题在于,平遥事件无疑是中国基层干部(包括军干在内)及农民群众对"农业学大寨"的最原始的激烈反抗,也应该是群众组织第一次自发的反对陈永贵的事件。体现出广大群众对"农神"的否定,不管这次事件是有意识的,还是无意识的;是自觉的,还是不自觉的,它在文革史上的意义却是极其重大的。

2. 军队和晋中首当其冲

任、王、张问题的焦点在晋中,在七月会议上军区、晋中军分区受到严厉批判,《七月会议纪要》上晋中总司连个"革命组织"的称呼都没有得到,在七月会议后的大扫荡中,军队和晋中立刻成了焦点。

《大事记》记载:"8月13日,按照所谓'肃清张日清流毒'的方针,刘格平等人分派025军团和红总站等组织下到各专市宣扬'平遥事件经验',大抓'张日清的黑爪牙',砸抢了全省90%以上的各县武装部,揪斗从武装部长到民兵战士。仅晋中一地,被揪的军分区、人武部干部达223人,占总数的50%,被抄家的64人;专职武装干事508人,揪斗258人;晋中军分区张尔祚同志(作者注:应为榆次县人武部政委)竟被斗三十余次。全省95个人武部,被冲砸者达89个。"可以说,山西的解放军的地方武装系统基本被"歼灭"。

晋中地区所在地榆次县的许多群众目睹了晋中军分区政治委员崔冰、榆次县人民武装部部长政委张尔祚及晋中总司司令李兆田等被游斗的实况。崔冰等人被押在解放牌大卡车上,领章、帽徽被撕掉,脖子上挂着大牌子,上面写着他们的名字,名字上用红笔打着叉,两个大汉在左右两边扭着胳膊,每个车上有二三十个戴着红袖章的晋中总站的人员押车壮威,车队有宣传车领头,不停地领着群众高呼:"打倒刘邓陶!""打倒彭薄安陶!""打倒卫王王!""打倒王绣锦!""打倒崔冰!""打倒张尔祚!""打倒李兆田",在榆次的大街上游街示众。最狼狈的是张尔祚,被歪戴着军帽,满头大汗,胸前的大牌子上写的不是"张尔祚",而是写着"张尔猪"。这些应该都是陈永贵、任井夫、王振国、张怀英指导下的"杰作"。

时任驻晋部队69军副军长的谢振华在《难忘的回忆》也提到了当时的情况。他说:"在武汉'百万雄师'事件之后,山西形势和全国一样,又掀起了'揪军内一小撮'的浪潮。其目的是搞乱军队,扫除篡党夺权的主要障碍。于1967年7月由康生和王(力)关(锋)戚(本禹)主持在北京召开了山西两派群众组织头头会议。他们把一派说成'革命的左派',把另一派贬为'保皇派'并说军分区、武装部是'保皇派'的后台,其险恶用心是挑动群众斗群众,把矛头引向军队,尤其是地方武装系统,果然,会议没有结束,山西的形势就急转直下,造成了两派组织更大规模的武斗。并在太原召开了'声讨山西省军区走资派张日清罪行大会',省军区的副司令员、副政委及参谋长、主任等领导层全被列为揪斗之列,许多军分区和武装部被封、被砸、被抄抢。主要干部被抓被斗无一幸免。如离石县武装部政委被打致死,部队十几个连的枪支弹药,仓库的被服被抢夺用于武斗,解放军人员被打伤数百余人。"

据《大事记》记载,8月13日,在忻州和大同也发生了冲击军分区和大规模武斗。

至8月上旬,晋中总司所有学生组织被砸抢,组织中的负责人和骨干包括老师和学生或回家、或投亲靠友、或集中到了最后的据点。晋中总司在榆次只剩下两个企业的据点,都是因为晋中总司的势力在这两个工厂占绝对优势。一个是地区建筑公司(即专建),组织名称叫"专建指挥部";另一个是晋华纺织厂(当时已改名为"东方红纺织厂"),晋中总司方面的组织名称叫"东方红纺织厂革命造反组织联络站",简称"东联"。由于晋华纺织厂是一个近万人的大型企业,总司许多学生组织和职工组织的骨干都集中到了那里,准备做最后的"顽抗"。

任、王、张及晋中总站计划先把相对实力较弱的专建指挥部据点作为首要的进攻目标。专建指挥部据点是一个二层的小楼,一层的窗户都已堵上,8月中,晋中总站调动经纬纺织机械厂联合兵团、晋华纺织厂捍卫毛泽东思想兵团等组织数千人包围了专建指挥部据点的二层小楼。据说,双方的拉锯战进行了一白天,中间专建指挥部一个小伙子在反击中,突入敌阵太远被对方包围,结果被几支长矛捅死。次日凌晨,当时正值天热,据点二楼窗户打开,当人们瞌睡疲乏之时,晋中总站把一块五、六米的长条木板从楼背后的食堂顶上,搭在了二楼的窗台上,从空中开始偷袭。当总站的武斗队员弯腰碎步走到近窗台时,被对方发现,只好跳到地面撤回。第二天白天,东联赶来支援，专建之危遂解。

晋中总司只剩下两个孤零零的据点。

3. 扫荡到省城

虽然红联站在七月会议上被定性为"革命组织"，但在1967年8月的遭遇比"不是革命组织"的晋中总司还要惨。原因是红联站按中央精神坚持不跨行业发展组织，一直是一个"纯"学生组织，以至于"迂腐"的红联站在与工人组织的对抗中，无论是人数，还是装备都处于下风。

对红联站的扫荡是先从扫荡红联站观点的省委干部开始的，李一夫之子李飞飞回忆了当时的情况：

> 九五那天我正在太原，我家一邻居男的是一处级老干部，女的也是个政府的副处长，铁杆红联站观点，大女儿成××是十中初一学生，也是马尚文的兵，一会到我家报告一下十中被围攻的情况，一屋子人围在家中等待最新消息。最可气又可笑的是，七月会议后没几天，我家已被红总站多次进行破坏性的抄家，家里的东西又摔又砸，有一次，一个戴眼镜着一身军装、长得挺墩实的青年人还乘机拿走我大哥的手表，我与他们以理据争：难道手表也是黑材料？他们才不得已归还，仗着人多势众顺手还给了我一拳。抄家的主要有四野、永红，背后是某位政协系统的刘格平派干部，我父母都知道他的名字，与我讲过可惜我忘了。在最后一次抄家后，父亲随即被他们抓走关了起来，后听父亲讲除了被他们批斗外，还多次行刑，包括老虎凳（说到此处父亲讲了个笑话，说上刑的人不会用老虎凳，最下边的皮带勒的位置不对，腿架的很高但并不十分疼痛，他也顺势呻吟，打手们看到如此高度怕腿弄断也就作罢了）。关押期还被打断一根肋骨。可是在九五那天刘政府的大喇叭却说十中藏有苏修特务＋美蒋特务＋日本特务李一夫（当时父亲在关押中）。父亲可曾是他造反路上最亲密的战友之一啊！可见刘氏为达目的卑劣手段。

《大事记》中对 8 月的情况是这样记述的：

"8 月 16 日，红总站重院'红旗''东风''四野''新生力量'和决死纵队等近千人，围攻红联站重院'联总''东方红'和兵团重院'韶山'大楼，将其赶出校门。在此前后，太机、十五中等红联站下属组织亦先后被砸。"

"8 月 26 日，刘格平、袁振调十几万人围攻太重'东野'，'东野'闻讯撤走。事后刘格平和任井夫（时已负责公安厅）签署决定，派出人员到全国各地追捕'东野'负责人。"

当时红联站唯一可以依靠的实力比较强大的工人组织太重东野，在寡不敌众的情况下被迫撤走了。这里还有一个有趣的情节。当时经历过的人回忆，在太重红旗、决死纵队、矿山烈火包围了东野大楼时，楼上东野的大喇叭还在播送着音乐，当太重红旗、决死纵队等组织的突击人员攻入大楼时，大楼内已空无一人。东野在撤走前预设了一个"空城计"，留了一个人在楼内一直不停地播放音乐，在对手临攻打前，这个人也撤出了大楼，用留声机自动播放了二十多分钟音乐，迷惑对方。东野以"空城计"成功撤出，精锐的七七支队和九九支队整体回到南京军区避难。

"8 月 30 日，红总站山医'工学干'在决死纵队武力支持下，对红联站山医红革联实行武装反夺权。'七月会议'后一个月内，红联站下属组织几乎被刘格平、丁磊支持的红总站、决死纵队砸遍，利用废章和武力普遍实行反夺权，一月革命风暴革命成果被篡夺。"

第六章

血染九五

　　红联站有点"死脑筋"，到了最危险的时候，还与中央文革和刘格平顽抗。到 8 月下旬，红联站在太原市区各校组织的据点都已被决死纵队、红总站拿下，大多数学生回家避难，骨干中的骨干或是撤离市区到了边缘地区，或是集中到了红联站最后的据点太原十中七一大楼。至 9 月 4 日晚，红联站总部所在地冶校东方红被攻克，该校二百多人撤至十中，坚守十中大楼的人员增至四百人左右。这些人至少是摆出了"视死如归"的架子。

第一节　最后的堡垒

1. 与刘格平及其御林军的对台戏

　　太原市第十中学（现山西省实验中学）位于太原市解放路中段，坐西朝东。十中斜对面是山西省革命委员会（文革前是山西省人民委员会，即当时的省政府所在地。清代时是山西巡抚衙门，民国时是山西督军府）的西门；北面是人民市场；南面是省府宿舍；西面一墙之隔是三桥街小学。十中的南、北、西三面被住宅区、学校、商店所包围，只有东面的校门是开阔的解放路。十中的教学大楼与省府内的梅山遥遥相望，也就几百米的样子。

　　由于这个特殊位置，十中的学生也比较特殊。十中是太原市干部子女最集中的三个学校之一（另两个学校是太原五中、山西大学附属中学），十中旁边的省府宿舍十七号院（解放路修成前为府东街 17

号，人们习惯称呼为十七号院)、坊山府省府宿舍、东后小河省府宿舍及省府里面的宿舍都离十中很近，省委、省府的高、中、低级干部的子女，在十中上学的很多，省委第一书记卫恒、省长王谦的孩子都在十中上学。这就使得学生们"政治"水平很高。

十中还有一个特殊的地方，就是外地的学生也很多。十中的高中是省城少数招收外县学生的中学之一，由于对外县的学生中考的成绩要求很高，这些学生虽然有些"土"，但绝大部分却是各地区的尖子生，脑筋灵活不说，也不乏舞文弄墨之才。

十中的初中也招收附近学区许多来自各行各业市民的子女，这也把下层的思想带进了学校。所以说十中是一个精英荟萃的地方，也是一个鱼龙混杂的地方，一个学校反映了社会的各个层面上的事物。……

十中七一领袖的组成也挺有意思，正好反映了十中学生的几个来源。

马尚文，高二学生，来自山西西部最贫困的吕梁地区（当时属晋中地区）的临县小山村。那时晋中的平原地区贬称临县、中阳、离石为"西三县"，以示其"穷"。临县是抗日革命老区，自然条件恶劣，真是像歌里唱的一样："灰毛驴驴上山，灰毛驴驴下，一辈子也没有见过那好车马"，"吃的是莜面栲栳栳、还有那山药蛋"。马尚文，一看知道年青时候一定是挺机灵的小伙子，父辈肯定是村里的能人，如果没有两下子也不会从那么穷的地方考出来。这样出身的人能成为学生领袖，也说明有优良的品行、很强的能力，要不然学生们不会信服他。

田仿余，高三学生，来自山西长治地区。长治，古称"上党"。这个地区有着太多的历史文化沉淀，历来为兵家必争之地。晋东南也是抗日革命老区，但长治及其周围地区并不穷。田仿余生长在这块土地上，自然有这块土地的乡绅老练之风。再加上十中七一的四大领袖中田仿余年纪最大，颇有长者之风，循规蹈矩之举，被同学们称之为"老田"。像老田这样的老练之人，按说不应造反，但他却被"逼上梁山"了。

王忠强，高三学生，来自太原一个企业职员的家庭。能考到十中，想来学习不错。王忠强凡遇事要找逻辑和理论根据，有一定组织能力，并能说会道，是一个典型的班干部的形象，也许就是一个班干部。想来王忠强的造反应该是按照《红旗》杂志和《人民日报》社论来的。

王海军，高中学生，来自省府办公厅的一个十三级干部家庭。有独立思想，能言善辩。据说在课堂上常与老师辩论，搞得老师也没办法。能把十中的老师说住，说明王海军确实有一定的逆向思维能力。

在运动初期，由王海军挑头并起草，田仿余、马尚文等七人签名的第一张针对十中党总支书记的大字报，扭转了校领导整普通老师和学生的局面，开创了十中革命造反的先河。不过，王海军在1967年3、4月份之后，与十中七一分道扬镳，成立了十中子弟兵，加入了红总站，成了十中七一的对立面。

正因为有这样的领袖人物，十中成为太原市造反最早的学校之一，十中七一和毛泽东主义红卫兵也是最早杀上社会的造反派红卫兵组织，并成为红联站的七个发起单位之一。十中七一的战斗力很强，竖在十中教学楼顶上的"七一"广播台的大喇叭，在卫王王时期，把卫王王搅得心神不安；在刘格平时期，这个大喇叭又把刘格平和丁磊搅得睡不好觉。1967年4月以来，十中七一的"七一"广播台与对面的省革委东风革命造反兵团的"全无敌"广播台，每天都在进行着激烈的宣传战。尤其是七月会议以后，"七一"广播台作为红联站唯一的宣传喉舌，坚持战斗在最前线。

住在距十中几百米的太原市中级人民法院看守所里的原省委的"走资派"们，也深受"七一"广播台的"干扰"。原省人委办公厅秘书刘建基曾以"黑省委特务"的身份陪同"走资派"坐牢，他是这样回忆"七一"广播台的：

> 监狱的环境还算安静，就是一度时期太原十中造反组织的广播高音喇叭响得太厉害。十中与看守所是近邻，它们的广播声音又高又大，白天广播，晚上也广播，骚扰我们休息。不过对我们这些与世隔

绝的人还有点作用，什么十中学生孟玲玲被省人委梅山上的冷枪打死了；什么梅山上升起了土太阳——山西出了个刘末老（指刘格平）；什么《踏破青山人未老》（即后来看到的"太工永红战斗队"编造的所谓刘格平同刘、邓资产阶级司令部的斗争史）；什么北京"七月"会议，揪出了刘（贯一）、陈（守中）、刘（志兰）；什么刘格平不平，张日清不清，也不知道是真的，还是假的，我们都能从十中的广播中听到。

听到这样的广播，"走资派"们应该高兴，至少有人在反对把他们赶下台的刘格平，这对他们来说是一件好事。据后来与王谦、王大任、史纪言等人走的比较近的杨保明等人回忆，王谦等人在狱中得知这些消息后，还商量出狱以后要投奔红联站的事情。

"七一"广播台的宣传攻势，对于刘格平和红总站来说如鲠在喉，早就想把它拔掉了，其实也已经试图拔过至少一次。

2. 红联站的拱卫军：马路兵团

曾几何时，太原市的街头出现了许多伙红联站的支持者和同情者，人们称之为"马路兵团"。马路兵团在红联站游行的时候，或走着，或推着自行车，熙熙攘攘地跟着走在队伍的后面，一起喊着口号游行；红联站在广场作形势报告时，马路兵团的群众是最忠实的听众。不知其他省份如何，在山西省这是一道独特的风景线。不知是何原因，七月会议以后，马路兵团的数量是有增无减。

马路兵团在保护十中七一这个最后堡垒和"七一"广播台方面起了至关重要的作用。据《大事记》记载："7月23日，在一小撮阶级敌人的阴谋策划下，决死纵队砸抢了十中'七一'，将广播器材和重要材料洗劫一空。数千名革命群众自动奋起反击，保护'七一'小将，决死纵队中的一小撮坏人抱头鼠窜。"这"数千名革命群众"就是马路兵团。

李青山在博文中也说到了马路兵团的情况：

九五事件以后，面对着受中央文革康生关锋支持的刘格平和武斗"总司令"杨承效的杀气腾腾，红联站能够坚持下来，"马路兵团功不可没"。

发生在省革委门口的这场腥风血雨，震惊了太原乃至山西人民。绝大多数人包括红总站下属组织的广大群众同情红联站，对刘格平以省革委主任之身，负山西省党政军之重任，竟如此对待手无寸铁的学生，十分不满，对红联站学生们的不畏强暴，坚持斗争精神十分佩服，对他们的遭遇十分同情。每天晚上，在五一广场、在十中门口、在街头巷尾，人们就会聚集在一起，打听红联站的消息，议论对各种问题的看法，他们同情红联站，同意红联站的看法。遇到不同看法的人，他们就一围而上，与之辩论。到后来，他们干脆先问："你是什么观点？"如果是"红联站观点"，就不必辩论，是"红总站观点"的才辩论。为了怕惹麻烦，红总站观点的人在街上也不敢轻易说自己是"红总站观点"。

这些人，被称为"马路兵团"，马路兵团并不都是兵团（山西革命造反兵团）或红联站的人，很多都是红总站的人。他们可能在本单位属红总站组织，但看不惯刘格平和红总站的所作所为，到大街上来声援红联站。

所以，红联站虽然人数不多，处境艰难，但并不孤立。有马路兵团的广大群众的支持和保护，他们可以胸怀坦荡，从从容容地走在大街上，可以大胆地进行斗争，表演矛头指向刘格平（的老婆）的歌舞剧《晋阳红旗颂》而不怕刘格平打手们的捣乱。

山大附中学生张耀明也回忆说："马路兵团的确了得。在6月20日日，决死纵队在打砸党校东方红完毕后返回途中，路过坞城路时，受到道路两边的石头、瓦块雨点般的'欢送'，这都是马路兵团所为。"

马路兵团的成分很复杂。有几经打击的工人兵团残部，有街道个体工商业者，有各企业中原来的大量中间分子，有小集体和街道工商企业的职工，有基层街办的下层干部，还有大量下了台的"小走资派"，甚至有不知道从哪里来的半大小子。马路兵团的思想也很复杂。

有的是同情学生，反对镇压学生；有的原本就是反刘格平派，对刘格平的历史和现行做法不满；有的与军人有千丝万缕的联系，反对刘格平"揪军内一小撮"；有的是同情弱者，反对杨承孝及决死纵队的"打砸抢"；更有甚者，是受了红联站宣传的"蛊惑"。无论怎样，马路兵团的出现反映了省城民心的向背。他们敢于支持与中央文革和刘格平作对的红联站，说明了广大市民是反对中央文革路线的。

3. 守卫最后堡垒的人们

九月五日，太工红旗的张玉峰打电话通知红联站各校组织，动员各校人员到十中，保卫十中七一这个红联站的最重要的据点。

自愿聚集到十中七一据点的红联站人员约四百余人，最起码属于三十几个单位。这些单位有：山西大学附中、太原第一机械工业学校、山西财经学院、山西护士学校、山西会计学校、山西省建筑设计院、山西省体委体工大队、山西省委党校、山西医学院、山西冶金工业学校、山西汽车修配厂、太原市政工程局、太原钢铁公司第四轧钢厂、太原钢铁公司焦化厂、太原铁路机械学校、太原铁路一中、太原八中、太原工学院、太原轨枕厂、太原合成纤维厂、太原化肥厂、太原化工技校、太原机械学院、太原九中、太原三中、太原十二中、太原七中、太原十五中、太原师范学校、太原市绿化队、太原重机学院、太原市手工业管理局、太原水泥制管厂、太原五中、太原重机厂。

除了红联站的人员外，退守十中的还有首都赴晋造反大队和"全联站"的人。赴晋大队以清华大学的邢晓光为首，还有几个北京的中学生。"全联站"的名称是"全国大专院校红卫兵赴晋革命造反联络站"，以河南二七公社为主。以首都三司为首的首都红卫兵和全国著名的造反派组织河南二七公社、湖南湘江风雷等基本上在全国都有联络站，他们一般都支持中央文革支持的站出来造反的"革命干部"，唯独在山西却支持了反对夺权的红联站，这一现象确实挺有意思。也许是因为山西只有红联站在早期造反时，以批判"资反路线"为主，经历有些像首都三司。

在这些人中间著名的领袖人物和重头人物，除了十中的马尚文和王忠强外，还有太原工学院红旗的张玉峰、重机学院联总的张珉、董常美、太原三中红旗的魏荣福、太原机械学院的顾喜贵、太原合成纤维厂工人刘和平、山大附中八一八的陈金发、太重东野的陈惠波等人。这几人中值得一提的是张珉和陈惠波。张珉，重机学院学生，后为红联站总勤务员，1975 年，由于有组织有纲领地反对毛泽东和中央文革的极左路线，被打成"张珉赵凤岐反革命集团"的首犯，曾被判处死刑，1980 年由胡耀邦批示才予以平反，被誉为"活着的张志新"；陈惠波，太原重型机器厂技术员，1975 年，发明了钢管矫直机理想辊型曲面，替代了沿用了几十年的苏联科学院院士柴里科夫的单叶旋转双曲面，大大降低了产品的废品率，是技术科学上的一项特别重大的发明，获国家级重大发明奖，为此，陈惠波曾担任山西省科委副主任。当时在十中七一大楼上的还有后来成为著名作家的张石山（时为太原三中学生）。当然，以上都是题外话了。

实际上，还有太原锅炉厂等原市工代会（筹）下属组织的群众在十中七一的楼上，他们为十中七一大楼防御系统作出了很大贡献。一位曾经参加过"九五"事件的太原锅炉厂的工人说，十中楼上的铁门钢窗都是他们焊接的。9 月 4 日晚，由于楼上人太多，再加上这些工人不是红联站的，这部分工人就从十中大楼上撤了下来，准备在外围与决死纵队进行拉锯战。

第二节　"九五"抗暴

1. 头几天的动态

8 月底，9 月初，十中门口，省革委西门，气氛就越来越不对。人们可以感觉到，形形色色的人一天比一天多，空气一天比一天紧张，一场不可避免的决斗终于要来临了。

第六章 血染九五

《大事记》记载：

8月28日，（一）刘格平和红联站座谈时说："据说十中七一有枪，有刘贯一、李一夫，成了大本营，百匪（作者注：指武汉的百万雄师）、产匪（作者注：指成都的产业军）、联动（作者注：指首都红卫兵联合行动委员会）、公安公社（作者注：指河南的公安人员组成的所谓保皇组织）……都有，十中七一用弹弓打我们的汽车，引起公愤，究竟以后还会发生什么，我就不敢说了"。为武装镇压红联站十中七一大造反革命舆论。

（二）红总站杨承孝、丁磊、郝庭云等召开常委会议，确定武力镇压革命派的十项决定。规定："若要调动队伍时，一般须常委会讨论决定"。又说什么"目前十中校内情况复杂，责成制止武斗办公室进行详细了解"等等。

应该更正的是，这里说的"常委会议"是省革委常委会议，不是红总站常委会议，"制止武斗办公室"是省革委下设机构。

9月2日，反军黑手丁磊在独立师座谈会上讲："4642部队（指69军）我们对他们是有意见的，旗帜不鲜明，接受毛主席的指示还是不诚恳。山西问题不是刘格平个人问题，是毛主席路线问题，4642部队明转暗不转，在这个问题上他们表现不好。"

9月3日，刘格平说："十中七一还修工事呢！真蠢，你修得再好，开来一辆吊车，也能把你的楼翻了天"。"太原市将要发生一个由走资派、美蒋特务、苏修特务操纵的反革命暴乱。"大造镇压十中的反革命舆论。

9月4日，山雨欲来风满楼。刘格平叫嚷："十中七一楼顶上的党旗是刘少奇的山西党；打大旗的是邢晓光，扛小旗是段立生。"

在9月2日、3日，双方的喇叭大战就进行的异常激烈。

9月4日晚，红总站和决死纵队的先头部队先清除了红联站仅剩的两个小一些的据点——财院东方红和冶校东方红。随后，围攻十中七一大楼的队伍开始进入阵地，双方在黑暗中有了多次接触战。

省革委"制止武斗办公室"真正开始大规模聚集围攻"七一大楼"

的队伍是在 9 月 5 日。按 8 月 28 日省革委常委会的《十项决定》，这次队伍的调动应该是常委会讨论决定的。可笑的是，省革委"制止武斗办公室"开始发动武斗了。这次聚集的主要队伍有：决死纵队，红总站的电业兵团、矿山烈火、山西体育界毛泽东思想红卫兵团等，工人兵团新总部，太重红旗，025 军团，还有兵团的个别组织。出动总兵力共七万余人。

2. 喋血"九五"：《大事记》的记载

《大事记》记载：

9 月 5 日，太原发生了震动全国的'九五'反革命镇压事件。

清晨，在太原十中的红联站战士和广大革命群众一起击退了四日夜攻打红联站财院东方红和冶校东方红之后又来武装攻打十中'七一'大楼的红总站和决死纵队暴徒。红联站总勤务站工作人员郭××前往省革委要求见刘格平，控诉红总站、决死纵队罪行并要求刘出来制止事态继续发展，竟被以'刘政委在睡觉，不能见'拒之门外。这就是后来的所谓'红联站冲击省革委'。

上午十时，红联站总勤务站负责人段立生等三人前往四六四二部队军部反映十中被砸情况，并要求部队制止对红联站的镇压，竟在军部遭到丁磊及红总站暴徒的围攻和绑架，后在四六四二部队指战员的帮助下脱险。这就是后来所谓的"红联站冲击 4642 部队军部"。

上午十时，红联站在十中门口召开盛大的"制止武斗大会"，红联站、全联站和革命工人代表声讨了一小撮阶级敌人打砸十中的罪行。会后当场释放了被俘的红总站及决死纵队队员。

杨承孝等红总站和决死纵队坏头头决定再次攻打十中，派人侦查十中地形，绘制详细地图，调集大批武斗人员待命出发，组织前线医院，订购食品，准备大规模武斗。当晚九时，由红总站"永红司令部"北城区烈军属工厂的张××带头挑动正在省革委西门口要求刘格平出面制止攻打十中暴行的革命群众，将刘格平的汽车推出省革委大院西门。丁磊、霍冰沉、杨承孝等按预定计划造谣："刘格平的汽车被红联站砸了，机密文件被抢，秘书被绑架"等等，同时全市广播事先准备好的播音稿，以"保卫刘格平"的名义调集红总站、决死纵队等七万余人包围十中大楼。刘格平由迎泽宾馆匆匆赶回省革委，连夜召集省革委常委会，叫嚷"红联站砸了我的汽车，抢走我的机密文件，打了我的秘书，他们要干什么，这还不清楚吗？"六日凌晨二时，省革委办公厅'东风'全无敌广播台广播刘格平的命令，红联站十中"七一"立即作了"四点声明"作了答复，要求立即撤走一切包围人员，后被拒绝。凌晨三时，红总站、决死纵队赶走了持续整夜保卫十中小将的大批革命群众后，向十中大楼发起总攻。天亮后，红联站优秀战士十中"七一"红卫兵小将孟玲玲（女）和共产党员、太钢工人李成义同志相继被枪杀。一小撮阶级敌人驱使大批受蒙蔽的红总站和决死纵队队员使用炸药、步枪、毒气、长矛等攻楼，久攻不克。红联站、全联站再次建议谈判。红联站谈判代表十一人在省革委面对刘格平、袁振、丁磊、霍冰沉、杨承孝等的'审判'，义正词严地驳斥了种种"罪名"。刘格平宣布了"红联站必须承认这次事件是反革命暴乱"等九条命令。下午五时，红联站、全联站、市工代会等三百九十八名战士和李、孟二烈士遗体在解放军战士保护下下楼，被押到省革委进行非法拘留、拷打和审讯，甚至连毛主席语录都不准学习。红联站战士临危不惧，坚持斗争。九月六日、七日分别释放了大部分红联站战士。另外十二名"情节严重者"，竟分别拘留十天到数月之久。

无疑，《大事记》是符合基本事实的。不过，由于《大事记》是红联站编撰的，自然有明显的倾向性，所以，应该客观地看待《大事记》的记载，例如，"马路兵团把刘格平的汽车开出省革委西门"的事件，写成是红总站的人"挑动"的，似乎是红总站"预谋"的，显然与当时的事实相悖。况且，原本马路兵团就有许多名义上属于"红总站"，实际上同情"红联站"的群众。

3. 喋血"九五":马尚文的回忆

"九五"抗暴的主要指挥者之一的马尚文的回忆文章《"九五事件"和我》中对事件过程有详细描述:

九月五日凌晨4点左右,田仿余,王志青等同学在校内巡查,发现饭厅(原为礼堂,东西走向,位于大操场和'七一大楼'之间,紧靠省革委292号院宿舍;东面设立主席台;出入大门在西面)里潜入近百名武斗分子,立即返回"七一大楼"报告。"七一战士"马上组成小分队,李国良、张文信、高荣、田太生、孟鸿业和李青云等十几人携带长矛,在清华大学"井冈山战士"邢晓光(学生)的带领下,神不知,鬼不觉地从主席台后的小门潜入。小分队的勇士突然从东向西一路冲杀,迅速从西门(正门)撤出。整个这次行动,抓获"俘虏"六人,缴获汽车一辆。

原来,凌晨两点多,以"山西省革命工人造反新总部"(属"红总站"观点)为主的一帮武斗人员,在贾克明的带领下潜伏在我校饭厅。他们在灶房油炸馒头,油炸挂面(在这以前,我从来没有听说过,更没有吃过'油炸挂面')又找得些熟食,一边待命,一边品尝。好似神兵天将的我小分队队员的突然出现,使得"匪徒"目瞪口呆。当我们的战士打得他们一片狼藉时,他们才转过神来,开始反击。但由于在黑暗之中,主要由于他们也是没有经过训练的工人,混乱中乱打,乱刺,结果将他们自己人打伤不少,而我们的战士没有一个受伤。

我们打了一个漂亮的反击战,全楼欢呼。

当天'红联站'在十中'七一大楼'召开了声势浩大的制止武斗大会。我们把"七一大楼"三楼楼顶东侧作为主席台,会场就是省革委和太原十中之间的大马路。上午十点多,会议开始,首先由我们学校初79班张径同学代表全体"七一战士"声讨"红总站"偷袭我们的行动,揭露刘格平企图彻底消灭"十中七一"和"红联站"的目的。之后,"全国革命造反派赴晋联络站"代表王敬东发表严正声明,坚决支持"红联站",愤怒声讨"红总站"。最后,由被俘人员的代表高XX交代了他们企图偷袭我们的行动,检查了自己的错误并宣布退出他们的组织。我们当场宣布,将这六人立即释放。会议没有一个小时就结束,但是,"参加会议"的人不但没有撤走,反而越来越多。人们在议论,在批判,在声讨,一直持续到深夜。这里需要特别指出的是,正当我们要宣布散会时,"红总站"内的革命群众递来纸条,报告我们,"红总站"已经通知各饭店、食堂准备馒头和饼子,晚上攻打"十中七一"用。我们将这一消息立即向全社会公布。

就在这天,刘格平首先把守卫在省革委的解放军换防。

晚七时,"红总站"和"决死纵队"的队员头戴柳壳帽,手持长矛,在湖滨会堂、文化宫"看戏"。与此同时,将"红总站矿山烈火战斗队"等组织的人往五一广场集中,省电建公司等单位从忻州等地调来太原,加入镇压我们"十中七一"和"红联站"的行列。晚九时左右,明知解放路被"马路兵团"挤得水泄不通,一辆甲5-83-33号黑色轿车偏偏要从省革委西门驶出。客观讲,人多堵塞,主观讲,人们看到是刘格平的车(刘不在车内),不让通过,让其掉头返回省革委院。相持间,车上的人声称:"我们是回来取材料的,其他事不管。"有的群众怀疑它是武斗指挥车,提出要把车推翻。在场面一时混乱之时,我"七一广播站"及时劝导:"革命的同志们,请注意,请大家爱护国家财产!……"突然,人群中冒出十几个空字025"总部"(航空学校与我们对立的组织)的人靠近小车,拿走一包传单(提前印制好的"山西省革命委员会对红联站十中七一一小撮坏头头的命令"即"九条命令")之类的东西。没多久,"山西省革命干部东风兵团"(省政府大院支持刘格平的干部组织,简称"东风兵团")之"全无敌广播台"发出了耸人听闻的"告急",胡说什么"刘格平同志的家被抄,汽车被砸,机密文件被抢……呼吁各革命组织和解放军用鲜血和生命保卫红色政权,保卫刘格平同志。"接着就是来自大寨大队,晋东南"红字号"等单位(组织)铺天盖地的声援电报、电话,"强烈抗议红联站一小撮反革命冲击省革委,围攻刘格平同志……"十点多从大南门、大北门、大东关、水西门等多个方向,手持长矛的武装人员陆续往省革委及太原十中周围集结。到十一点,太原十中已被全面包围。

十点多,我下了楼,混到人群中,在府西街东口一修自行车铺门前,看到满载着武斗队员的一辆接着一辆的汽车进入省革委的南门,武斗气氛甚浓。在返回学校时,我进入王克利家(他家就在"七一大楼"南面,直线距离不到50米)。我给王妈(以后成为我岳母)讲了我看见的情况。她说当晚攻打我们是肯定的,"红总站"有人有武器,你们什么也没有……她严肃地告诫我:"太危险了,你就在我家待着,哪也不要去!"我说:"我下楼是看决死纵队的动向,顺便来(实际是怕发生万一,专门去)看看。楼(指十中七一大楼)上只有王忠强(十中七一的另一负责人),如果我不上去(带头守卫七一大楼),以后会让我们的同学、社会上的人用唾沫把我淹死。既然是死,我会毅然选择光荣地死在七一大楼。"

说实话,我也害怕。听说刘格平将上兰村解放军后勤部队和省体校射击队射手调来,就是让枪杀我们。开枪不是放炮;子弹不是只能打死别人而对我客气;别人长一个脑袋而我也没有两个,我也怕死!先烈杨世宁所说"革命不怕死,怕死不革命",我做不到,说实话我做不到!我觉得革命也怕死,怕死还革命。我之所以这样强硬地讲给老人听,是怕她老人家拉我的后腿。本来,老人还有好多话要给我讲,看见我那么"坚强",那么"勇敢",那么"不屈不挠",只好把我送出二道门(我经常去她家,从未送过我),不过,嘴里不停地嘱咐我:"要小心,千万要小心!"那种场景,就好像我们要永别似的。我人在点头,心在流泪。

我上了楼顶,看到我们十中周围都是持长矛的武斗人员。没多久,那些武斗人员就把解放路的"马路兵团"(支持和同情我们的群众)驱赶走。第十三冶金建设公司的"决死纵队"等武斗队员很快就进入了人民市场、三桥街小学和我刚离开的省政府292号宿舍院。至此,刘格平的武斗队伍,把太原十中包围的水泄不通了。

为了做好攻打我们的舆论准备,"全无敌广播台"不停地"抗议"我们"十中七一"同学所谓的"冲击省革委""砸刘格平的小汽车",

煽动"无产阶级革命派""用鲜血和生命保卫省革委,保卫刘格平"。

我们大楼里仅有 400 多人,一半是十中的学生,每个同学都有坚守十中"七一大楼"可歌可泣的事迹。李晓青同学就住在离太原十中不到 500 米的坊山府省人委宿舍,父母把他们锁在家里,他从二楼窗户上爬出来,偷偷地跑到学校;有的女同学的鞋被父母藏起来,他们光着脚跑出来,到邻居家、同学家借鞋上了"七一大楼"。也有外单位的工人、学生和干部帮我们守楼,他们同样克服很多很大的困难,抛开家庭,背着儿女,"提着"脑袋奔赴十中"七一大楼"。每一个守楼勇士都是自愿而来,没有一个是诱惑,更不存在胁迫。大家都同仇敌忾,斗志昂扬,决心与十中"七一大楼"共存亡。我们十分清楚,即使"七一大楼"是铁铸的,也会被武装到牙齿的十多万人(其中还有国家负责他们衣、食的"特殊人")炸毁。即使我们有武器,最终也会被几百倍于我们的对立派打死。但是我们宁死不屈,我们要用我们的死唤起工农千百万,报告党中央(引起党中央的重视)。我们十分清楚:"红联站"没有错,"十中七一"没有错,我们是正义的,相反,刘格平、杨成效他们是镇压我们的凶手!

晚十二点,"特殊人"把十中与省革委之间的三四个路灯用枪打碎,接着从省革委院内朝天发出红.绿.蓝三发信号弹,这是刘格平对我们下手的信号。

攻打我们的人从省革委西门,三桥街小学等地,逐渐往"七一大楼"靠近。十三冶"决死纵队"和太原重机厂"红旗战斗队"简称"太重红旗",首当其冲。文革开始时"太重红旗"和我们很友好,他们的几个主要头目我都很熟识,关系也不错(其中的查德林现在还是我的朋友),只因"七月会议"与我们为敌。这是预料之中的,因为当天下午,太原重机"东风野战兵团"("红旗"的对立派)的头头陈惠波(文革后成科技发明家)穿着一双很不对称的烂军鞋专程跑到我们学校,把我叫到"七一大楼"南面的一个角落,秘密地告诉我,太重"红旗"集结队伍,准备攻打十中"七一大楼"。作为突击队担负攻楼任务,其余"红总站"下属单位的工人组织则分别把守解放路等各路口、要道,以防止"红联站"的援兵和"马路兵团"群众的袭击。

我们在长条板凳的两腿，拴上又宽又厚的橡皮，中间夹上半砖头，两人脚蹬在板凳腿上，四只手抓住砖头，同时用力一蹬，伸展腰，喊一、二、放，愤怒的砖头就向攻打我们的人们射去。由于我们事先没有训练，再加上用这种方法的准确性本来就不高，因此，我们有方向，有目的，但是出去的砖头乱飞。不过就这砖头，使那些攻打我们的人不敢轻易跑动，因为说不定那块砖头飞在自己的头上。后来，攻击我们的人也变聪明，他们顺着墙根往前走，我们打不着。但是，再要靠近大楼就困难，因为没有墙，万一砖头扔在脑袋上，砸不死也砸个重伤。这样，进攻我们的人不敢轻举妄动。

他们切断我们学校的总电源，致使"七一大楼"漆黑一团，"七一广播"哑然无声。他们高兴地正准备乘机进攻，吴金山、葛进世、侯四保等同学起动了发电机，迅速恢复了供电，致使他们停步不前。我们用广播及时向全市人民报告了这些情况。

双方僵持一段，他们又想出办法，顶着桌子往楼里走，尽管我们用砖头砸，但挡不住他们。他们还是进楼了。

首先进来的是太原重机厂"红旗"的"战友"。他们无情无义地进行攻打，用炸药炸东楼楼道。我们立即起动警报器，通过广播向全太原市人民群众发出凄惨的，催人泪下的，揪心的警报声和残酷的，可怕的，要命的爆炸声。

当我第一次听到爆炸声后，我想完了："七一大楼"被炸塌了，我们所有的人将与"七一大楼"同归于尽。隔了十几秒，我发现楼并没有塌，一切安然存在。啊，我们还活着！我去二楼观察口看了一下，厚厚的工事只炸了脸盆大小的一块，整体工事还结实得很！

啊，感谢李青云的精心设计！感谢兰福成、张星桥等同学苦苦地修筑！

以后听到爆炸声，也就不害怕了。

我们将事先准备好的臭气装进墨水瓶和实验室的玻璃瓶，顺着观察口扔下去。瓶子摔破，液体立刻变成气体，散发在稍微比人高的空间。臭气像苹果味一样，闻起来很香，不一会人就会晕倒，但一般不会死。可是他们不懂，好几个人晕倒在地。其他人自然害怕，以为我们放出了致命的毒气，再没有人敢靠近楼梯。

他们攻不破东楼梯，就转向西楼梯。

西楼梯我们已堵死，但是，犯了三个错误：

1. 没有设置观察孔；

2. 单砖墙，太薄；

3. 砖墙垒好才两天，灰泥还湿着，很不结实。

结果几下就炸塌，迅速拿着长矛往上冲。在这性命关天的时刻，太原重机学院的董常美老师两手紧握已经打开的防火消防水，那水像巨龙一样扑向龇牙咧嘴企图冲上楼来的"匪徒"。同时，他大喊："同学们把课桌、凳子、棉被统统扔下去，"这可把我们急坏了，也吓坏了。急中生智的我们，在董常美的指挥下，迅速用消防水英勇还击，击退了他们的进攻。紧接着，我们用课桌，凳子，棉被堵住，怕他们点火，不停地往上浇水。到天明，他们还是没有攻上来。

这一来，刘格平发怒了，让"全无敌广播台"广播省革委对我们的"九条命令"：

一、立即交出武器。

二、武斗是"红联站"单方面挑起的，无故抓的40多名工人，要绝对保证人身安全，立即放出。

三、抢的文件全部交回（两次冲军区抢走的材料在内）

四、交出肇事的指挥和策划者

五、今后不许再冲击革命委员会，要害机关和军队，不准抢窃文件，拦砸车辆。

六、全部撤出工事，全部下来，立即进行检查，交军队听候处理。

七、不准向革命组织和革命委员会开枪射击。

八、必须公开发表声明，承认这次事件是反革命暴乱事件。

九、现场不得破坏，罪证不得毁灭。

很遗憾，这"九条命令"不是我们不执行，而是我们无法执行。

我们的"武器"，就是半砖头！我们规规矩矩待在"七一大楼"内，何以"单方面挑起"武斗，我们在哪，怎么"无故抓的40多名工人"？！我们"肇"什么"事"，我们没有任何枪支，怎么能"向革命组织和革命委员会开枪射击"……

所谓的"九条命令",纯粹是一片胡言,令人愤慨。

后来还广播中央文革李桂林来电,也是说我们冲击省革委,搞反革命暴乱。面对如雪片似的省革委"九条命令""李桂林来电""七月会议纪要",特别是所谓的"最高指示",真能把人吓死。但是,我们清楚,人民群众也清楚,真理在我们一边,人民群众也站在我们一边,只是我们没有权。一加一等于二,连同孩子都懂得,但是,有人偏要将一加一等于三,等于四……而且要我们也认同。有良知的人也不会不加思索地认同、拥护,我们必须继续坚持战斗!

七一广播台"一遍一遍地播放毛主席诗词《西江月·井冈山》歌曲:

我们的广播室设在东面朝省革委的三楼一教研室,也是保护大楼的联络点、指挥所。我大多数时间在广播室,有时到教室或楼顶看看。六号凌晨四、五点钟,"全无敌广播台"和停在省革委西院、"梅山"脚下攻打我们的指挥车同时播出刘格平的三项"提议":

1. 派五至十名代表到省革委会来,由我(指刘格平——编者)接见你们;

2. 由军区和4642(69军)部队负责保护你们代表的人身安全;

3. 如果你们同意,立即用广播回答。

守楼代表张珉(重机学院学生)、魏荣福(太原三中学生)、顾喜贵(太原机械学院学生)、张玉峰(太原工学院学生)、刘和平(太原合成纤维厂工人)、陈金发(山大附中学生)、王忠强和我等人商量后通过'七一广播台'提出四条要求:

1. 要求群众派代表参加接见;

2. 要求兵团参加接见;

3. 参加包围的武斗人员必须立即撤走;

4. 刘格平必须明确表态,(红联站)到底攻击你没有,然后我们再考虑派代表与否。

刘格平的三条所谓"提议"本来就是作秀给老百姓看的,结果我们又回击他四条要求,把刘格平等人气坏了,"全无敌广播台"不停地辱骂我们。更令我们遗憾的是"兵团"的态度，这个昔日的"战友"通过停在梅山下的指挥车上的喇叭攻击我们：

"红联站一小撮混蛋，我正告你们：不许你们挑拨我们兵团与红总站、太司（太原市革命干部造反司令部）的关系！我们兵团全体战士一如既往地与红总站、太司团结、战斗、胜利在一起。你们老老实实地下楼投降是唯一的出路，如果你们执迷不悟，继续负隅顽抗，只有死路一条……"

"风萧萧兮易水寒"，守卫"七一大楼"的战士随着"七一广播台"高唱《国际歌》。

……

我们的斗志更加昂扬，我们的态度更加坚定。

"七一广播台"继续播放歌曲，鲜艳的红旗继续在"七一大楼"上空高高地飘扬！刘格平原形毕露，终于丧心病狂地向我们痛下杀手——命令早已调来的省体工队10名射击手从东、南、西、北，即省革委、292号院（省革委宿舍）、三桥街小学、我校平房教研室四个方向同时射击开枪。

啪！啪！啪！……罪恶的子弹，不，是罪恶的枪手，还不对，是山西的"红太阳"刘格平发出命令，让当时冲昏头脑的枪手将罪恶的子弹向我守楼战士泼洒。顿时，孟玲玲（女）同学头部中弹，李真鹰同学耳朵被打穿，太钢工人李成义胸脯中弹，太原五中学生李治安腹部中弹，太原绿化队工人（ＸＸＸ）嘴唇被子弹打穿……一个个倒在血泊中。山西医学院"红革联"的刘连生、宋大成、聂玉生、冯彩凤（女）、阎淑英（女）、张向荣、尹林森、原和平等同学带着急救箱进行抢救。虽然作了精心努力，但是孟玲玲和李成义终因伤势过重，抢救无效，停止了呼吸。

孟玲玲的尸体停在四楼大厅，我看着她的血在头上流，我的血在心里滴。同学的情，战友的爱，把我的肺快气炸。如果楼上有原子弹，我也敢下命令射向刘格平家。然而，我手无寸铁，我们只有一颗颗钢铁般的心。人们围成一个圈，哭成一团。我怕"决死纵队"趁机攻上楼来，用一根木棒在楼板上使劲砸了好几下，大家很快静了下来。我说：我们亲爱的战友李成义、孟玲玲已经牺牲，我们要化悲痛为力量，将革命进行到底……现在，要求每个人立即返回自己的岗位，坚决顶住"决匪"（决死纵队）的进攻……

我回到广播室正准备让李家栋（我校高30班学生，曾在华北地区中学生普通话比赛中得过奖）向全社会控诉刘格平、杨成效（总指挥）的残暴行径，子弹又从窗户射进来。李家栋弓着腰拿着麦克风蹲在窗台下直播：

"同志们，革命的战友们，现在我沉痛地向你们宣告：刘格平一伙向我们下毒手了！他们开枪打死我校学生孟玲玲，太钢工人李成义，打伤我校学生李真鹰，太原五中学生李治安，太原绿化队工人（×××）……

叔叔们，阿姨们，谁家没有儿女？！当你的孩子为捍卫毛主席的革命路线被暴徒残忍地枪杀，你是什么心情？……"

事后，我听很多人讲，当他们听到这里，不由得掉下眼泪。王志玲（后来成为我的妻妹）当时还是个小姑娘，听了广播，哭成个泪人。她妈紧紧地抱着她，安慰她。在街头的群众自发地和武斗队员展开英勇的斗争：他们赶跑了运送武器、粮食的汽车，推翻了前来参加武斗的025航校的小吉普。白发苍苍的老大爷和老大娘彻夜不眠，打着雨伞站在马路旁，注视着十中大楼。"兵团工总司"的很多工人（他们原来就是"红联站"战士，只是因为"七月会议纪要"的压力躲进"兵团工总司"。作者注：此处叙述有误，当时兵团工总司还未成立，应为太重红旗。后来加入兵团工总司的原市工代会的组织并未参加镇压"九·五"的行动，相反，有些组织还参加保卫十中的外围战）以及有些受蒙骗的"红总站"的工人扔掉长矛和柳条帽，混在人群中回家。

当时细雨霏霏，人心所向"红联站"，人心所向赤手空拳的"十中七一"小将，连老天爷都伤心地流着泪水。

尽管刘格平说李成义、孟玲玲是我们自己打死的，实际上他们心里清楚，也很心虚，再次提出与我们谈判。我们认为刘格平等人的所作所为全社会都看得一清二楚，同时也为了避免更大的牺牲，同意派代表谈判。

12点左右，在4642部队的帮助下，十中学生张文信、林平（女）、我及太钢工人陈虎雄、太原合成纤维厂工人刘和平、太原水泥制管厂工人张有福、北京钢铁学院学生李玉良和河南、湖北学生×××，×××等12人作为代表，从二楼窗户（我们先将棉被扔下去）跳下去，拿着毛主席语录，排着队，从西门进入省革委，去同刘格平谈判。到五号楼二层会议室，才知道，我们太天真了：什么谈判？纯粹是受审！

刘格平、袁振、杨成效、丁磊、霍冰沉、张益三等人坐在那里，让我们站成一排，接受搜身检查。当从林平口袋里搜出一把剪指甲刀时，刘格平象发现了原子弹一样，大叫："好大的胆子，汽车里你们没有害死我，现在又跑到这里来准备行凶？！"少顷，又说："三点多第一次叫你们来谈判，你们不但不听，我搞了三条，你们就搞了四条，比我还多一条。胆子真不小！"刘格平继续说："你们盘踞在十中，聚集了社会上的一批牛鬼蛇神，东野、卫东彪（东野的一分队），还有李一夫（省委统战部部长）、刘贯一。听说你们十中有两挺机关枪，许多步枪、手榴弹。""你们昨天上午又挑动群众冲击省革委，并且砸毁了小汽车，殴打了我的秘书和司机，并且抢走了皮包，里面有军事机密文件。还准备向我行凶，你们还有一点王法没有？！"

我们义正词严地反驳："李一夫和刘贯一是革命干部，他们能和我们一起保卫七一大楼是我们的荣幸，可惜他们不在楼上。""我们没有砸你的小车！""当我们发现有人围住小汽车时，七一广播台立即广播，反复广播，要群众爱护国家财产。"

刘竟恶狠狠地说："那是你们挑动群众，那些群众都是你们'红联站'观点的。小车上被砸了两个洞。你们眼里还有没有我刘格平？还有没有革委会？依我看就得对你们实行专政！"

摄影机在不停移动拍摄位置，有个人站在凳子上对我们拍照。后来才知道，站在凳子上向下拍，我们都"低着头"，这在后来省革委搞所谓"9.5反革命暴乱"展览时，把我们一个个都搞成"低头认罪"的样子，真是无耻至极。

刘格平不但指责我们，还威胁'全联站'（全国大学生山西省联络站）的学生代表。他指着河南"二七公社"的×××说：

"你们二七公社是左派组织，你们到这里是反革命。你是河南二七公社的败类、叛徒……"

"二七公社"的×××据理力争，给以有力的回击。

一位全联站战士严肃地大声地说：

"……我们支持红联站的抗暴斗争。"

刘格平大怒：

"什么抗暴斗争，你们抗的什么暴？抓起来！"

几个人一拥而上，立即将这位"全联站"战士拖走！

刘格平指着陈虎雄道：

"你说！"

陈答：

"我是太钢的工人。父亲四清后更是好工人。"

刘格平发怒道：

"工人怎么的，你出身好，你背叛了你的家庭。已经成了刘、邓司令部的人了！弄了半天，你也是坏蛋，带下去！"

顷刻，几个打手又将陈虎雄也扣押起来。

……

所谓的谈判，纯粹是刘格平一言堂。是刘格平对我们的非法审讯。

他信口雌黄，想怎么说就怎么说。后来，把我们关在省委组织部（现文教部）四楼，由"决死纵队"的武斗队员拿着长矛看押。

……

后来才知道，当我们谈判代表走后，大约下午5点左右，六十九军的四、五个解放军通过梯子上了"七一大楼"诚恳地劝说守楼战士：应立即下楼，否则，将会有更大的伤亡……经研究，守楼战士听解放军的话，立即下楼。

守楼战士下楼时，虽然4642部队的解放军竭力保护，但是在"最高指示"的束缚下，有手不能动，有枪不能用。这样，除个别人，如抱着毛主席像的第一个下楼的郭爱珍（女，十中初84班学生）没有挨打外，几乎都挨毒打。轻者被拳打脚踢，重者被钢鞭抽，长矛捅，其状况比俘虏还惨。有俩人惨遭毒打，瘫倒被抬到七一礼堂；山西医学院学生聂玉生被打得满头是血，太原工学院学生张玉峰头上现在还留有被打的两道深深的伤痕。

刘格平手下的人将我守楼的战士都集中在省政府七一礼堂，外边由解放军站岗，里边由"决死纵队"的"匪徒"看守。我近400名战士被囚禁在一起，李、孟的尸体就放在主席台下，有的人不由得流下眼泪，哭出声。看押的人大叫："不许哭！"战友们想：你们不但残酷地打我们，甚至凶狠地打死打伤我们的战友，现在又把我们非法关押，连哭都不让哭，岂有此理！医学院的一同学大喊："哭！"伤心的"红联站"战友，主要是学生，学生中主要是中学生，具体说，主要是十中的学生，再具体说，主要是十中的女同学，不，是女战友，顿时哭成一片。泪水像黄河的浪，长江的水，流到七一礼堂，流向善良人们的心中。说也怪，"决死纵队"的看押人可能产生了同情心，虽然拿着长矛，拿着钢鞭，目瞪口呆地站在那里，一动也不1动。

大约八点多，张怀英走上主席台给大家训话，他说，你们搞"反革命暴乱"，在"九五事件"中，左派组织被刺死二人，压死三人、重伤一人。从十中"七一大楼"上抬下的两具死尸，是我们自己人杀害的。有美蒋特务、苏修特务、走资派和地、富、反、坏、右分子操纵不明真相的少数群众，砸坏了十几辆汽车，砸坏了空字025部队总部送病号的吉普车和4642部队的宣传车。在美蒋、苏修特务、走资派、地、富、反、坏、右分子以及"红联站"中少数坏人的煽动和操纵下，数千名不明真相的人集结在省革委会周围，对行人和解放军扔石头、打弹子，冲击省革委会。刚才，有人对准省革委常委杨成效乘坐的汽车开了三枪，打坏了汽车，还在街上进行了抢劫……他要求"红联站"的大多数人认识自己的错误，尽快与红联站"一小撮""坏人"划清界限……

张怀英的这个训话基本上就是省革委隔日即八号发出的布告精神，纯粹是一派胡言，大家已经习惯。就像遇到一个疯子，胡言乱语很正常，即使骂人，打人也不足为奇。

张怀英训话后就登记每个人的姓名，单位。接下来辨认"一小撮""坏人"，具体寻找4种人：1、"红联站"的头头；2、大学生中的头头；3、外地的大学生；4、工人中的首要分子。我们学校"子弟兵"的几个同学也帮助辨认。

首先被揪出的是张珉（重机学院学生）、董常美（重机学院老师）、高兴嘉（省建筑设计院工程师，曾在苏联留学）、王玉花（女，太原手管局工人）等人，接着又把我校的学生王忠强、李国良、张路保、连三元、张定基等相继揪出。把这"一小撮""坏人"集中在主席台后，又经认真审查，从其中挑选出高兴嘉、张明、董常美、杨忠喜（山西省汽车修配厂职工）、陈惠波、王国栋（太原八中外语老师）等"最坏的"九人与我们关押在一起，他们受尽折磨。其中王国栋被污为"日本特务"，"苏修特务"，几次重刑审问致昏，用凉水浇醒，以后又在看守所关押数月；高兴嘉被诬陷为"反革命分子"、"苏修特务"，多次殴打致伤，投入监狱，直至'九五'平反后的第二年（一九六八年）的一月四号才从监狱放出来。

九月七号上午，我"十中七一"近百名战士在省革委正（南）门前静坐示威，抗议刘格平关押我们谈判代表和张珉、高兴嘉等战士，要求立即予以释放。兄弟单位的战友组织了游行活动，贴大字报，在五一广场开大会，积极声援。

"九五事件"发生后，刘格平以省革委的名义接二连三地给中央打假报告，说什么十中楼内有"苏修特务"，"红联站"冲击省革委，围攻他……

九月六号上午十二时又向中央谎报："红联站从昨晚10时到今日12时，不断向革委会开枪，并洒以硫酸，动用大刀、长矛、汽车碾压等手段，杀害了保卫革命委员会的革命群众五人，重伤一人……红联站在一小撮坏头头的操纵下执迷不悟，公开散布反动言论，不接受教育者暂被省革委关押。"

九月七号临晨一时三十分再向中央发出第三份报告。报告中把高兴嘉同志说成"苏修特务"，是"反革命暴乱"策划者之一。还说他的父亲和岳父都是国民党中统特务……

刘格平在给中央打假报告的同时，还以省革委会名义发公告：

一、在"九.五"反革命暴乱事件中，左派组织杀死五人（其中被刺死二人，被压死三人）、重伤一人。

二、解放军从十中"七一"楼保护出来的四百人，由革命委员会协同三大左派组织代表经过宣传教育后，进行了处理；除北京和外省来的九人送招待所住宿，请示中央后再作处理，本省的除情节严重的九人外，都于当晚和七日上午分别安全押送回家。从十中"七一"楼上抬下的两具死尸，经过初步验尸是被他们内部人杀害的。

三、从六日到七日，有些美蒋特务、苏修特务、走资派和地、富、反、坏、右分子操纵不明真相的少数群众，砸坏了十几辆汽车，砸坏了空字025部队总部送病号的吉普车和4642部队的宣传车。

四、从六日下午到七日晚上，在美蒋特务、苏修特务、走资派、地、富、反、坏、右分子及红联站中少数坏人的煽动和操纵下，数千不明真相的人集结在革委会周围，对行人和解放军扔石头、打弹子，并冲革委会，六日晚上，有人对准革委会常委杨成效同志坐的汽车打了三枪，打坏了汽车。他们还在街上进行了抢劫。

五、我们的解放军把十中"七一"楼上的人保护出来以后，有一批坏人冲进大楼破坏了现场，并且拿走了很多物资。

六、希望各革命组织和革命群众协助军队和公、检、法机关，严厉制裁不法分子。

你看，"从十中大楼上抬出的两具尸体，经过初步验尸是他们内部人自己打死的"，事实是在发此公告前，法医还没有解剖尸体。不过，刘格平这些人在比这更早的七号临晨一时三十分，在法医还未见过尸体之前，已经向中央报告，谎称："从十中大楼上抬出的两具尸体，经法医初步判定，是他们内部打死的……"

九月九号山西省革命委员会又发出了第二份公告：

正当我们伟大领袖毛主席九月四日批示的，中共中央、国务院、中央军委、中央文革小组《关于不准抢夺人民解放军武器、装备和各种军事物资的命令》，传到山西，广大革命群众欢欣鼓舞，表示热烈拥护的时候，山西红色造反联络站集结在十中的一小撮坏头头，却在美蒋特务、苏修特务、地、富、反、坏、右和走资派的操纵下，蒙骗了近千名不明真相的群众，从九月五日十二时起，以所谓"抗暴"的名义，冲击省革命委员会，向省革命委员会开枪，拦砸刘格平政委的汽车，居心叵测。幸亏刘格平政委不在车内。这时，他们殴打了刘格平政委的秘书、司机和门口警卫，抢去刘格平政委的军用密码电报和机密文件。空字025总部同志前往抢救文件时，又被殴打。当驻省城的解放军和广大革命群众闻讯前来保卫省革命委员会时，他们把广大群众当敌人，辱骂不绝，竟又放硫酸、氨气，动用长矛、大刀，开动汽车碾轧，杀害革命群众五人，重伤二十三人，轻伤四十二人，造成山西文化大革命运动中继"平遥事件"后的又一次反革命暴乱事件。

在这一反革命暴乱事件发生以后，刘格平政委立即提出三条建议，要求他们：一、派代表五至十人前来省革命委员会，亲自接见他们；二、由山西军区、4642部队去接，保护他们人身安全；三、请他们在广播上做出回答。但这一小撮人执迷不悟，继续蒙蔽群众，拒不派出代表并提出无理要求相对抗，要刘格平政委答复，并广播说："解放军保证我们的安全，我们保证不了解放军的安全。"在这种情况下，省革命委员会和革命群众对集结在十中的人员，进行了大量的思想工作，三次派解放军去接他们。由于毛泽东思想的无比威力和党的政策的感召，他们于九月六日上午十二时派出代表，到省革命委员会晋见革命委员会负责同志。

他们十二名代表到达革命委员会以后，刘格平政委和革命委员会、省军区、驻晋部队负责同志和红总站、兵团、太司的负责人接见了他们，当场给他们指出了这一事件的严重性，交待了政策，讲明了出路，进行了耐心的规劝工作，并给他们下达了九条命令。他们的代表当面表示愿意执行，返回后却迟迟不下楼。直至解放军上去再次说服动员后，下午四点才陆续保护他们下楼。

当天下午六点多钟，另一部分坏人，趁解放军还没有接管现场大楼之机，重新占了大楼，撕毁了革命组织的旗帜，严重地破坏了现场，并继续造谣煽动，多次集聚在革命委员会门前闹事，扔石头，打弹弓，拦截行人，阻碍交通。从五日晚起，两次打砸4642部队的三辆宣传车，打掉毛主席画像，砸坏喇叭，砸毁过往汽车十多辆，继续制造事端，企图进一步扩大反革命暴乱事件。日前，走资派、美蒋特务、苏修特务、地、富、反、坏、右、牛鬼蛇神，反动的天主教徒等等都在兴风作浪，望全省广大革命群众提高革命警惕，密切注视阶级敌人的活动。

我们郑重警告挑起九五事件的一小撮坏头头，你们必须立即悬崖勒马，严格执行革命委员会的九条命令，不得再聚众闹事。

严重警告党内一小撮走资派和地、富、反、坏、右、牛鬼蛇神，只准你们规规矩矩，不准你们乱说乱动，如若乱说乱动，立即予以制裁。

希望受蒙骗的群众，从这次反革命暴乱事件中吸取教训，迅速改正错误，回到毛主席的无产阶级革命路线上来。坚决支持刘格平同志。受蒙骗无罪，反戈一击有功。

你看："在美蒋特务、苏修特务、地、富、反、坏、右和走资派的操纵下，蒙骗了近千名不明真相的群众""冲击省革命委员会，向省革命委员会开枪，拦砸刘格平政委的汽车""殴打了刘格平政委的秘书、司机和门口警卫，抢去刘格平政委的军用密码电报和机密文件""开动汽车碾轧，杀害革命群众五人，重伤二十三人，轻伤四十二人""从五日晚起，两次打砸4642部队的三辆宣传车，打掉毛主席画像，砸坏喇叭，砸毁过往汽车十多辆"……

"红联站"战士和"十中七一"小将比美、蒋、苏修特务、地、富、反、坏、右还坏几倍、几十倍。

省革命委员会将两个《公告》，不仅在太原市的大街小巷到处张贴，而且还在全省农村的生产大队到处张贴。不但发通知让全省人民学习，而且还开动省广播电台，大肆宣传，欲将"红联站"和"十中七一"一口吃掉。

刘格平迫不及待地给中央写了《关于要求批准取缔反动组织红联站的报告》，企图让中央发令，把"红联站"置于死地。

一个农民控制的昔阳和大寨发出肉麻的电报:"格平同志,你是毛主席的好学生,是杰出的革命领导干部,我们完全信得过。你的一切行动,我们一千个拥护,一万个支持。你的指示,我们事事听从,坚决照办。"

"全无敌广播台"将这个次高指示不停地广播,忽悠老百姓。

刘格平欺骗中央,也确实得到中央文革康生等人的支持,以至产生了李桂林来电和中央文革小组的批示。

我们学校的对立派——"子弟兵"兴高彩烈。他们在省革委东院(今经委)大门前给我"送"了一个花圈,"悼念"我"死"在省革委。他们以为"十中七一"已经被彻底摧垮,"七一大楼"从此就成为"子弟兵"的大楼,太原十中从此就成为他们的天下。

另一方面,69军和山西军区,新华社驻山西分社的记者以及解放军报的记者,却是如实地向中央报告"九五事件"的真相。"红联站"的群众一部分人在五一广场静坐,另一部分去北京请愿。

外地学生一方面及时地声援:北京、天津、上海、湖北、河南、陕西、四川、青海、新疆等地的部分大学生组织,联合发表严正声明,指出"九五事件"是对"红联站"革命造反组织的反革命镇压,另一方面采用各种方式向中央反映"九五事件"的真相。不同的单位(组织)从不同的渠道,用不同的方式向中央递送材料,使得党中央发现"九五事件"并不是像三级高干、省革委主任刘格平报告的"反革命暴乱"。

9月15日,我们这些被关押的人一个一个地分别被叫出去,谁也不知道干什么。把我叫到省政府东门(后门),带我的人说:"你走吧!"我不知道他说的是真是假。我左转后,慢慢地向前面(北)走着,觉得那人确实没有跟着我走,突然起步,飞一般地跑至后小河街。回头看见确实没有人跟着,我才相信真的让我"走"。

啊,我自由了!

为了防止意外,我还是提高警惕,快步走回十中。

学校已经被砸得一塌糊涂。档案、教学仪器、图书等都被抢劫一空,把太原十中翻了个底朝天。我自己的先辈传下来的羊皮褥子、用了近十年的牙刷以及我的其他东西也不知去向。

4. 外围的故事

《大事记》和马尚文的回忆基本是"九五"事件守楼者的记述。其实在外围也发生着同样激烈的交锋。

省革委公布的官方信息"四死一伤"的伤亡数字,不管是真是假,都不应是发生在攻楼的战斗中的。四个阵亡人员中,两个是被刺死的,两个是被汽车压死的,由于攻楼时未发生正面接触,故攻楼时不可能被刺死,更不可能被压死,所以,官方的伤亡很可能都是在外围战斗中产生的。据民间的传说,只是死亡了两人,都发生在外围与马路兵团的交锋中。

在近四十八小时的围攻十中七一大楼的时间内,决死纵队、红总站方面在解放路中段北面的东、西缉虎营街口和南面的府西、府东街口设置南、北两条戒严线,由许多头戴柳壳帽、手执长矛的决死队员守卫着。许多目击者(其中有些本身就是马路兵团)说,马路兵团从解放路南、北,东、西缉虎营街,府西、府东街六个方向,不断地向守卫的决死队员投掷石块。在决死队员端着长矛冲上来的时候,马路兵团立刻跑散;在决死队员撤回原位置时,马路兵团又返回来投掷石块。9月5日到6日,双方一直在外围进行着这样的拉锯。太原市民传说决死纵队的两个死者,一个是在慌乱撤走时,上车时被自己的车挤压而死;另一个是在追击马路兵团返回时落了车摔倒,被马路兵团乱石击中而死。

红联站十五中红旗高二学生王晋麟亲眼看到了决死纵队队员被挤压而死的惨状。9月6日,他在解放路和府西街交叉口看热闹。决死纵队一队员从卡车侧面上车爬到一半时,另一辆卡车正好错车过来,把人挤压成了两截,上半身挂在了车上,下半身掉在了马路上。随后决死纵队队员用长矛把上半身从车上挑下,"扑通"一声落在地下,才把尸体收拾运走。其状甚惨。

外围还有许多红联站的学生在游击。常理正回忆,"九五"晚上,他带着红联站十五中红旗的学生，在人民市场后面的十中的教工宿舍与一小队决死纵队队员遭遇，由于手中没有武器，只好从宿舍的花墙上拆了许多砖头，每人手拿着两块砖，经过短暂的接触战，头破血流的决死队员逃跑了。

根据段立生回忆，8月底，段立生为躲避决死纵队因扬承孝被红联站绑架过而抓他，曾到同班同学李东海家乡（临汾）避难，没住几天，又因惦念省城太原的文革局势，特别惦念红联站的命运，又急忙于9月4日下午乘火车返回太原，回太原后，无处能去，只能去红联组织最后一个据点——十中七一大楼。于是在傍晚时分与党校"东方红"的张国宇一齐进了十中七一大楼。一进大楼，段立生就感到气氛紧张，楼内一片狼狈景象，个个步履匆匆。一打听才知道，决死纵队要围攻七一大楼。段一听此情况，决定留下与十中七一小将同风雨、共患难。没想到此意却遭到守楼战士的反对，他们认为下一步十中七一大楼的危险性很大，如果你留下来，一旦大楼被攻破，你肯定会落到决死纵队手里。果真如此，不仅你个人有生命危险，对全体红联站战士的斗志，会造成不利影响，另一方面，这里在攻楼时，决死纵队一旦获悉段立生在楼上，攻楼的兴趣会倍增。所以，不管从哪个角度考虑，段继续留在大楼内，都不好。段当时认为，同学们的考虑分析有道理，为顾全大局，段立生于晚9点与党校赵凤田一齐去了赵母亲在市中医研究所的办公室休息。

次日上午，段立生与赵凤田各戴了一顶旧草帽，途经坝陵桥来到解放大楼路口（注：距太原十中较近），只见整个解放大楼路口已人山人海挤满了人。一问，是决死纵队、红总站等组织已将十中七一大楼团团围住，并且还在不断调集人马前来支援。并在七一礼堂前、封锁了整个解放路。此时，解放路马路两侧挤满了马路兵团和看热闹的人。只见人们出于义愤及对决死纵队的厌恶，一直在马路两侧用砖头、瓦片向马路中间围攻十中七一的决死纵队武装人员袭击。段立生和赵凤田参杂在马路兵团当中，鼓动着人们，形成了决死纵队与马路兵团的拉锯式战斗。快到下午三点时，段立生与赵奋田看到十中七一大楼上，有人在楼顶摇晃红旗，细细观察一段时间后，楼顶晃动的旗帜似乎不是十中七一的大旗,而且晃动的旗帜越来越多,且大小不一,看来大楼已被决死纵队攻下。不一会又发现决死纵队外围队伍由中间向外撤出,段、赵明显觉得,十中七一大楼被攻克了。于是两人怏怏地返回了市中医研究所。过了不长时间,一个留着小平头,上身着一种旧军装的小伙子找到段与赵,并自我介绍说,他是五中红旗队的李显冬。他刚从十中出来,他知道十中被攻陷的情况,段、赵让李显冬赶快将十中七一大楼被攻陷的情况尽量详细地整理出来,以便到北京向中央文革反映。

9月6日上午9点左右,段立生将李显冬整理出的材料,派李显冬去北京向中央文革反映"九五事件"的情况。他自己到坞城路4642部队(69军军部)准备向军长谢振华、政委曹中南(山西省驻军支左领导组成员)反映"九五事件"真相。请求山西省驻军支左领导组帮助红联站,也向中央文革反映事件真相。并希望谢、曹能主持公道,制止刘格平支持的决死纵队和红总站组织进一步打砸红联站下属组织,保证红联站头头的人身安全。没想到,段立生刚在69军军部设在大门口的支左办公室坐下,准备向支左办工作人员讲明来意时,刘格平爱人丁磊已带领吴春久,薛玉华(红总站头头)等十余人,进了69军军部的大门,还没等段立生反应过来,丁磊、吴春久等人也进了支左办公室,丁磊、吴春久等人一见段立生,马上高兴起来,说"昨天没抓到你,你今天又跑到这儿搞反革命暴乱来了"并招呼他们一块来的手下说:"快把他抓起来!"丁磊这么一招呼,呼啦上来七八个人,就要绑架段立生,段一看不妙,马上起来,就往支左办公室后窗(支左办为平房)跑去,并一翻身从窗口跳进通往军部小食堂的后院,沿后院围墙跑了五、六十米后,翻出围墙,落在围墙外的一片玉米地里,向玉米地深处钻了五、六十米后,蹲下来,观察动静。在确定丁磊一班人马并未追来后,才抄小路返回城里。丁磊一伙没抓到段立生,却给段立生扣上冲击解放军领导机关的罪名,并借机大造红联站也冲击解放军的舆论。

兵团司令刘灏回忆说,当时他给红联站的负责人打过招呼,说刘格平要抓他们,请他们赶快撤离。这说明当时兵团与红总站、决死纵队已经有了明显的分歧。

历史也经常出现一些挺有意思的小花絮。据常理正回忆，十五中红旗的学生卢正基也在十中七一的楼上，当时楼上的学生被69军的战士保护下楼时，决死纵队的队员不断从战士们的缝隙中用长矛戳打学生们，恰巧卢正基的哥哥卢正红（太原锅炉厂工人，决死纵队太锅指挥部成员，1970年由于武斗中打死人被枪决）在决死纵队的队伍中，在这种场合下，兄弟见了面。最终卢正基被哥哥"走后门"救出了俘虏队伍，免遭一劫。

第三节 "九五"镇压红联站，唤起工农千百万

1.《晋阳红旗颂》的震撼

1967年9月21日，红联站宣传队在太原师范学校礼堂隆重推出大型歌舞剧《晋阳红旗颂》。该剧以"九五"事件为背景，反映了红联站与中央文革及其在山西的代理人刘格平不屈不挠斗争的过程，真实地再现了"九五"抗暴的场面。剧情感人至深，观众产生了强烈的共鸣。《晋阳红旗颂》成了红联站鼓舞士气、争取民众的强有力的武器。

据太原七中学生房和平回忆，《晋阳红旗颂》实际上是由《红联站大旗永不倒》改编而来。1967年8月，在北京举行全国造反派文艺汇演，红联站和市工代会（筹）联合组队参加了这次汇演。原来红联站和市工代会（筹）宣传队带去的都是一些小节目，后来看见别的省市带去的都是反映本地区造反派的节目，他们依照大型音乐舞蹈史诗《东方红》的模式，编了一部大型歌舞剧《红联站大旗永不倒》。参加全国造反派文艺汇演回来后，正巧发生了"九五"事件，编导人员就把大型歌舞剧《红联站大旗永不倒》，加进了"九五"事件的内容，改名为《晋阳红旗颂》。

《晋阳红旗颂》的演职人员队伍十分庞大，集中了红联站十几个学校的宣传队，再加上市工代会（筹）的教育系统的老师，全盛时期有好几百人。在太原五一广场演出时，规模盛大。合唱队就有二百多人，主要由红联站山医红革联担纲。乐队也有一百多人。主题歌《革命自有后来人》由太原师范学校井冈山的赵宝珠演唱，主旋律慷慨激昂。观众如人山人海，在省城引起了极大的轰动。参加编导和演出的人员中间，不乏出类拔萃之辈。如太原六中的教师王再浩，是太原市著名的音乐人，文革前，我们常常能在山西人民广播电台听到王再浩老师教唱革命歌曲的声音；又如当时的太原七中红旗的学生臧云飞，后来成了全国著名的音乐制作人、军旅作曲家、编曲配器大师。主要编导人员是太原工学院化工系学生孙燕平，善吹萨克斯管，绰号"萨克斯"。

　　陈川生也回忆了当时红联站宣传队的情况："我记得红联站有个歌手，外号叫抓天。现在是铁路文工团一级演员，真名叫薛沁英。在'下九五'后的红联站演出中，自编自唱歌曲《红联站不倒，气死老保》。最后一个动作右手高举，好像抓天，由此得名。一段时期，每天晚上在五一广场演出，几万人听歌，百听不厌，老百姓以此表达对红联站的同情和支持。"

　　《晋阳红旗颂》有极强的震撼力，使得红联站的敌人刘格平迫不及待把它宣布为"黑戏"。红联站宣传队，顶高压，冒风险，深入工厂、学校、农村、机关，演出了一百多场，受到了广大群众的欢迎。当时的每一个红联站人和好多群众都会唱那首脍炙人口的主题歌：

高山青松树常青，
为人民而死重于泰山。
李成义、孟玲玲，
你永远活在我们的心中。
亲爱的战友啊，
请放心。
革命自有后来人，

自有后来人。
红旗一展天下红，
踏着血迹向前进，
踏着血迹——向前进。

2."九五"事件是重要的转折点

历史上有许多悲壮的事件，而这些悲壮事件自身又形成一个转折点。原因可能在于，悲壮事件本身就是事物发展的顶点，物极必反，造成事物向反面的转变。再者悲壮能激励士气，使人忘记自我，勇于牺牲，可谓"置于死地而后生，陷于亡地而后存"。从这个角度讲，制造"九五"事件，刘格平及其幕僚确实大有失算之处。

刘格平是一个老牌革命家，但不是一个老牌战略家。七月会议以后，刘格平借毛泽东要求"69军站在刘格平一边"的最高指示，和中央文革"揪军内一小撮"的明确态度，已经占据绝对优势。当时，张日清及刘、陈、刘已经处于风雨飘摇之中。红联站虽是天不怕地不怕的造反派，也觉得公然违背毛主席和中央文革不怎么合适，只好采取一种守势。69军鉴于毛主席的指示，已不敢公开支持张日清及刘、陈、刘。虽然感到红联站受到了刘格平的不公正处理，但也不敢公开站出来，为其主持公道，只有通过"军队系统"向中央军委支左办及中央文革做侧面反映，并在省城其各支左的基层单位，具体保护红联站小将。此时，刘格平如果采取"攻心为上"的战略，用诸葛孔明"七擒孟获"之法，消化、瓦解红联站，应该是能够奏效的。

遗憾的是刘格平在两方面错误地估计了形势。

一方面刘格平是错误地估计了中央的"稳定性"。

革命就是变动、改变，革命的领导层和政策本身就不可能稳定，就连毛泽东为了巩固自己在领导层的统帅地位，有时也不得不放弃自己的原有的战略部署，迁就一下大多数人的意见，把领导层做一定变动。由于军队成为许多地方和部门文革运动的障碍，"揪军内一小撮"是要扫除障碍。这应该是由毛泽东决策的,由中央文革执行的。具体执行人王、关、戚只是中央文革的普通成员,他们并没有决定政策的权力。随着政策和策略的变化,他们必然成为替罪羊。

在"揪军内一小撮"行动中特别卖力的,以中央文革成员王力、关锋为甚。关锋亲自主持起草了"揪军内一小撮"的《解放军报》"八一社论"《无产阶级必须牢牢掌握枪杆子——纪念中国人民解放军建军40周年》;王力在武汉"七·二〇"事件成为英雄后,8月7日,王力在外交部讲话时,不但有激烈的"反军言论",而且鼓励造反派冲击外交部、制造国际事件。8月22日,外交部的造反派和部分首都大专院校红卫兵焚烧了英国驻华代办处(当时中英没有外交关系,只设有驻华代办处),制造了震惊中外的违反国际法准则的外交事件。《解放军报》"八一社论"和王力"八七"讲话的出台,使军队受到更大的冲击,立即引起了军队高级干部和广大官兵的不满。

中央文革的这些作法及"8·22"事件的发生极大地触怒了周恩来。在1967年8月25日,周恩来委托杨成武代总长前往上海,向正在上海视察的毛泽东汇报王、关、戚的行为。据说,8月上旬毛泽东在看到了《解放军报》"八一社论"之后,觉得不能把整个军队推到对立面,在这篇社论旁边写道:"大毒草!还我长城!"很显然毛泽东对公开的大张旗鼓的"揪军内一小撮"很不满意。并说"王(力)、关(锋)、戚(本禹)是破坏文化大革命的,不是好人,你只向总理一人报告,把他们抓起来,要总理负责处理。"毛泽东说完,把杨成武的记录拿过来过目后,说:"就这样,你回去请总理马上办。"当杨成武走出客厅后,毛泽东又把他叫回去,说:"是不是可以考虑一下,戚暂时不动,要他做检讨,争取一个。"当日下午,杨成武返京与周恩来商定对王、关、戚进行隔离审查,此决定得到陈伯达的支持。1967年8月26日,在中央文革的碰头会上,王力、关锋已被"请假检讨"(隔离审查的一种形式,之后的一个多月,王、关在豪华的钓鱼台国宾馆隔离审查),戚本禹"停职检查",由于事先未得到通知,康生和江青都感到"震惊"。此后,中央领导层有了"微妙"的变化,中央文革失去了三个年轻的"干活"的主力,康生、江青等"继续革命"派的实力被削弱,也就是支持刘格平的力量被削弱,中央内部对立两派的力量有了一定平衡,军队的力量终于有了喘息的机会。当时的刘格平当然不清楚这种"微妙"的变化。

另一方面是刘格平错误地估计自己方面的力量。革命的变动不但体现在领导层的不稳定,而且体现在下层各方力量的不稳定。

刘格平虽然清楚兵团有分裂出自己阵营的趋向和可能性,69军也会改变态度,但他认为采用威胁和利诱两种手段还是可以稳住自己阵营的。他没有想到他的夫人丁磊在9月11的讲话捅了马蜂窝。

现在我们已经找不到"9·11"报告的原文,按《大事记》的记载:"9月11日,就在江青同志讲话的第六天,丁磊和'东风兵团'头头黄锐庵就公然跳出来唱反调,集中全力分裂解放军,提出一条反革命政治路线:'依靠025、027、8731,团结4642,斗争山西军区。'这是山西5.16思潮的代表作,是山西一小撮阶级敌人顽固推行'关王戚反军路线的集中表现'"。丁磊没有接受七月会议对她的批评,她的报告有点荒唐、离谱。她依靠的三支军队中有两支是航校,不是正式军队,也没有几个人,就是浑身是铁也打不了几个钉,担负不起庞大的支左任务。另一支军队是总后的后勤部队,也担负不了多少支左任务。山西就像毛泽东所说的一样:"六十九军的地位很重要",丁磊把一支重要的军队当作团结对象,确实有点利令智昏。况且,山西省军区、各地市军分区在七月会议上受到重大挫折之后,69军已经担负起了主要的支左任务。丁磊的讲话令69军很不痛快,实际上把69军推向了对立面。另外,丁磊的专横跋扈,也成了刘格平阵营的弱点,后来兵团脱离刘格平阵营时,就是从炮轰丁磊开始的。

这时的刘格平很信奉毛泽东,要不然他不会"宜将剩勇追穷寇,不可沽名学霸王"。不知刘格平知不知道这句诗仅是"诗句"而已,它违背了兵法"穷寇勿迫"的原则。兵法上既然写上了这一条,自有它的道理,违背了它就会受到惩罚。例如,1949年10月25日,中国人民解放军第28军82师登陆金门岛去"追穷寇",结果遭到了国民党军12兵团的猛烈反击,登岛部队一万零四十四人在金门岛的古宁头被全歼,其中被俘六千余人。这次战役的结果,大长了国民党军队的士气，蒋介石先生对这次战役的评价是："这是我们革命转败为胜的开始，是我们第一次把共匪的军队打得全军覆没。"并说："无金门、马祖，便无台湾、澎湖。"这次战役的失败说明，盲目的"追穷寇"的结果，是被"穷寇"反咬了一口，毛泽东只好把"台、澎、金、马"诸岛留给了"穷寇"。作为中共的高级干部，刘格平应该知道这次"追穷寇"的教训，但他并没有接受这个教训。当刘格平把红联站逼到了悬崖边上时，红联站开始了猛烈的反击。

9月15日红联站召开了总勤务站扩大会议，会议通过了《九一五决议》，指出"九五"事件实质是镇压革命派，挑拨军民关系，决心在血泊中坚持斗争。确定围绕"九五"事件从三方面采取行动。一方面派人赴京到中央上访，请求周总理亲自派人到山西调查"九五"事件真相；二方面要隆重祭奠"九五"的李成义、孟玲玲二烈士；三方面要大力宣传"九五"抗暴斗争的意义，鞭挞刘格平、杨承孝及红总站、决死纵队镇压学生的残暴行为。红联站先后于9月21日和10月5日举行了纪念"九五"抗暴斗争半周月和一周月大会，进行了声势浩大的反暴游行，并为李成义、孟玲玲举行了隆重的追悼大会。《大事记》记载，"10月6日，为了深刻揭露'九五'反革命镇压事件的实质，红联站'尖刀战团'举办的'九五展览'在十中开幕，深刻地教育和发动了省城广大革命群众投入和坚持捍卫毛主席革命路线的斗争。"据张玉峰回忆，"九五"以后，他上北京以前，红联站的临时勤务组组成，成员有太原三中红旗的魏润福、太机红旗的顾希贵及重机学院的张珉，当时魏润福为主要负责人。据《大事记》记载，10月13日至30日，红联站召开了"战士代表大会"，选举了新的总勤务组，推举能文能武的重院联总的负责人、大二学生张珉为总勤务员。

马尚文在《回忆录》中也记述了"九五"以后的情况：

省革委紧锣密鼓地筹备国庆，刘格平以省革委的名义两次报告中央，山西三大组织（"红总站""兵团""太司"）实现了大联合。但是，中央不承认。中央指示：山西的大联合必须有"红联站"。为此国庆筹委会只好找一"红联站"的代表，应付中央。由于我是"九五事件"所谓的"反革命暴乱"的头目，"红联站"为了给"九五事件"平反，为了给我平反，为了对抗刘格平，就派我去。我像其他组织的代表一样担任了1967年省城国庆筹备委员会的副主任，只是不给我任何实权。但是，我充分利用我的合法身份，为我"十中七一"成功地参加国庆游行，作出了别人无法替代的贡献。因为国庆筹委会不安排太原十中培训，更不安排太原十中参加国庆游行，但是我们憋着一肚子气，下决心一定要参加，让省城人民看看我们这些"反革命"是如何忠于党，忠于毛主席。

十月一日那天，我只在五一广场主席台站了一会，当宣布游行开始，便立即走下主席台，找到我们学校的队伍。那天相关路段路口都戒严。我校同学在戒严之前三三俩俩聚集在靠近五一广场的上官巷。我找到同学们，用我戴着国庆筹委会副主任的大红胸卡的特殊身份，领着分散的同学，卷着旗子先将几百名同学集中至五一大楼前，然后突然打出太原十中革委会的大旗，出现在游行队伍中。

在王忠强的统一指挥下，我们的队伍步伐整齐，口号冲天，走到哪里，观众总要给以鼓掌，以示同情、鼓励和敬意。在通过主席台时，比任何队伍都整齐。游行队伍一般在宽银幕就解散回家，而我"十中七一"的队伍雄赳赳气昂昂地一直走到解放大楼。初82班张小玉同学，身体有病走路很不方便，但她与其他同学一样，一直坚持到底。

我们这样的革命行动得到广大群众的称赞，而刘格平等人不但不给予表扬，反而说我们"冲击国庆游行队伍"。

除给中央多次打假报告外，刘格平在省革委常委会议和各种场合，几十次讲"九五事件"是"反革命事件"。

同时，还动用《山西日报》，一方面以《山西日报斗争》刊登控告"红联站"、十中"七一"搞"九五反革命暴乱"的文章，沿街散发，另一方面三天两头就抛出一篇颠倒是非的社论。什么《坚决维护革命委员会的权威》《革命委员会好》《坚决维护省革命委员会的无产阶级权威》《为捍卫无产阶级红色政权而斗争》等。社论胡说，我们'向省革委猖狂进攻'，要'把策划反省革委的黑手揪出来'，胡说我们'掀起了一股反革命委员会的黑风'，'制造反革命事件，疯狂进行反革命活动'。省革委还特意批 7500 元人民币（当时物价很低，我们每月伙食费为 9.3 元,），组织专业人员办所谓的《平息九五反革命暴乱展览》，说"九五事件"是"反革命暴乱事件"，企图欺骗山西人民，欺骗党中央。

"红联站"奋力回击：展览即将正式展出，就被我"红联站尖刀战团"砸了个稀巴烂，死于腹中；组织了声势浩大的"九五抗暴"游行，贴出了大量的大字报和"斩刘贼之首，祭李、孟忠魂之灵"，"砸烂黑九条，批臭黑公告"等标语；把十中靠马路的一堵墙推倒，对外设起李成义、孟玲玲的灵堂；制作了"九五"幻灯片、纪念章。

在红联站动作的同时，"9 月 16 日，首都红代会十九个组织，武汉钢二司、河南二七公社、天大八一三、川大八二六、青海八一八、新疆红二司、陕西西工大、上海同济大学东方红等全国革命派赴晋战士发表严正声明，指出'九五'事件是对红联站和全联站的反革命镇压，表示坚决支持红联站等山西革命造反派的斗争。"（自《大事记》）

九五事件是一个转折点。十中七一在红联站生死存亡的关键时刻，不怕牺牲，坚守阵地，顽强斗争，对于红联站可以说居功至伟。同时，导致刘格平由盛开始转衰。红联站通过"九五"事件，争取了时间，争取了群众，争取了外援，使局势开始向有利于自己的方向发展。特别是 69 军、山西军区等支左部队及新华社山西分社、人民日报社驻山西记者站、光明日报驻山西记者站等新闻媒体向中央的真实、公正的情况反映，最后导致中央召开解决山西问题的十二月会议，这是刘格平所没有想到的。随着局势的"拉平"，长达两年的"局部国内革命战争"就即将打响了。

第七章

"局部国内革命战争"

1968年,中国出现了两篇文章,当时有一位智者评价说,不读这两篇文章就不懂文革。

其一是《四一四思潮必胜》,由清华井冈山兵团四一四中的周泉缨所撰写。四一四与井冈山兵团总部的分歧是,四一四不同意全盘否定文革前十七年的党的政策,也不同意打倒大批干部(尤其是中层干部)。毛泽东认为,《四一四思潮必胜》基本思想是"打天下者不能坐天下"。意欲是造反派坐不了天下。显然,四一四思潮是一种保守的思想,代表了很大的一部分"正统"的群众的思想,也体现了一种不想"继续革命"的思想。

其二是《中国向何处去》,由湖南长沙某中学学生杨曦光(即后来的著名澳洲学者、经济学家杨小凯)所撰写。《中国向何处去》的矛头直指"中国红色资本家阶级的总代表周恩来",认为周恩来策动和导演了"二月逆流",是全国保守派的总后台。这篇文章的作者杨曦光虽然被关进了监狱,但其观点多少也说明了周恩来当时在文革中的位置。《中国向何处去》所体现的思想,是一种真正的"无产阶级专政下继续革命"的观点,在"消灭"了文革初期思想偏"右"的革命对象——走资派之后,它又把斗争的矛头指向了文革中的"中间派"。

此时的保守派或温和派已经不是文革初期意义上的"保皇派",他们许多都是从文革初期的造反派中分裂出来的,有点像清华"四一四"派,山西的红联站、兵团就是典型的例子,他们已是"不再革命"派了。当然,许多造反派像清华井冈山一样,仍然是坚定的"无产阶级专政下"的不断革命派,像山西的"红总站"、决死纵队就是十分突出的例子。

这两篇文章的出现，说明了 1967 年下半年，中国造反派与保守派的斗争已经十分激烈。《中国向何处去》其中一章的题目是"八月局部国内战争"，说明了从 1967 年 8 月开始，全国各地的造反派和保守派陆续进入了"战争"状态。

武斗局限于拳脚棍棒，"战争"则上升到了机枪大炮。长矛加"柳壳帽"的冷兵器时期是两者之间的过渡。"战争"是处理"敌我矛盾"的方法。也就是说造反派与保守派的矛盾已经不可调和。

许多地方和基层正在和已经形成了两个政权的形式，这就是地方革委会与军队的支左小组往往意见相左，形成了两个指挥系统即两个政权。两个政权各有各的武装力量。当这些武装力量扛着枪炮，唱着林彪语录编成的歌："在需要牺牲的时候要敢于牺牲，包括牺牲自己在内，完蛋就完蛋，上战场，枪一响，老子下定决心，今天就死在战场上了"，义无返顾地奔赴前线时，"局部国内革命战争"则日趋激烈。

第一节　山西的两派力量和两个政权的再形成

1. 红色政权的第二次分裂

如果说，所谓"四一四"红色风暴标志着在一月革命中产生的山西红色政权的第一次分裂的话，兵团炮轰丁磊则标志着山西红色政权的第二次分裂。

第二次分裂实际上是刘格平与袁振的分裂。此二人的分裂有着复杂的原因。

刘格平方面的原因，与刘格平通过其夫人丁磊擅权有关。

刘格平，1904 年生，比丁磊大二十多岁，他什么也听老婆的。刘格平还是一个"大智若愚"的人，对具体的工作从来是哼哼哈哈，不太明确表态，似乎很糊涂，喜欢让丁磊出头露面，为自己打先锋，让人们认为他没有什么主见，其实这正是刘格平聪明的地方。可以说，丁磊抓权的过程就是刘格平抓权的过程。不过，在1967年9月中旬，刘、丁夫妇自觉春风得意，却干了一件大错事。这件大错事是以太工永红名义编撰的一本歌颂刘格平和丁磊的小册子《踏遍青山人未老》（简称：《踏遍》）。该小册子上的旧照片由刘格平本人提供，文字由丁磊亲自修改。《踏遍》大树特树刘格平在山西绝对权威的作法犯了文革的大忌。

在作家孙涛先生的《虔诚与疯狂》书中介绍了《踏遍》的内容：全书共分八个部分。在第一、二部分中，歌颂刘格平是毛主席革命路线的杰出代表，是在北平军人反省院里敢把牢底坐穿的英雄。而薄一波、安子文、刘澜涛、杨献珍等人则是民族败类和革命的叛徒。在第三、四部分里，介绍了刘少奇和邓小平黑司令部对刘格平的迫害，把他打入山西这个刘邓黑司令部的"黑色保险箱"，只给个副省长，连个省委委员也不给等等。并点名批判了李维汉、杨静仁、汪锋、乌兰夫等走资派对刘格平的长期迫害。在第五、六部分，主要歌赞刘格平在山西文革中向卫、王、王黑省委夺权的丰功伟绩。在第七、八部分中，则把刘格平比作无比高大的马列主义者。在这本书中，作者将"毛主席的好学生"这种当时只有林彪和江青才能受用的桂冠，戴到了刘格平的头上，多次称刘格平为"毛主席的好学生"，将丁磊称之为"红岩上的红梅"，在描述刘格平与61个叛徒集团做斗争，以及带领山西革命造反派向"黑省委"夺权时，这样歌颂刘格平："如果说到刘格平同志功劳的话，确实他立下了很大的功劳，他对我们的伟大祖国，对整个国际共产主义运动，立下了不朽的功勋，闪射着不可磨灭的光辉。""必须重申，我们的刘格平同志不仅仅是揭露了一个叛徒集团的问题，而是对整个世界进步人类和革命人民，对世界革命和国际共产主义运动都有深远的历史意义和现实意义。"书中还把刘格平比作恩格斯，说"恩格斯创立了第二国际，同形形色色的机会主义作了坚决的斗争，"而"毛主席的好学生刘格平是同'刘邓集团'作了坚决的斗争，"在山西夺权胜利后，又同"那些冒充马克思主义的机会主义派别进行了不调和的斗争，挖出了埋在核心小组里的定时炸弹。"作者还这样感叹道:"刘格平同志是毛主席的好学生,是老一辈无产阶级革命家的杰出代表。他的胸怀是宽广的,他在政治上是成熟的,他的马克思列宁主义毛泽东思想的水平是高深的。……我们无论如何写不出他的完美和高大来。"对刘格平的夫人丁磊,书中则肉麻地描写她是"只次于太阳亮度,银河系外还没有被更多人发现的特大明星"。

《踏遍》一印出,即由丁磊出面,给省革命委员会的常委和委员们一人发了一本,成了山西省革委常委和委员们除了毛泽东著作外的必读书。这本书还印刷数万册分发全省各地。这本书不但遭到了红联站的强烈批判,而且刘格平阵营的许多人也反感,袁振就是其中之一。从此,刘格平被山西的老百姓调侃为"山西的土太阳""刘未老";丁磊则被称之为"丁红梅""丁明星"。

袁振有一个多疑且多变的性格,在山西工作期间就多次体现了他的这一性格。

袁振,山东莱州人,山东省立第二师范(校址在曲阜,现并入济宁学院)毕业。袁振的师范学历,再加上在教学质量很高的圣人的故乡读书,并且喜书画、擅诗文,抗战时期即有泰西才子之称,其文化水平在当时的党内应该算是"高级知识分子"了。1964年5月,袁振从鞍钢调至山西省委书记处书记兼太原市委第一书记,正值太原市委准备筹划出版《傅山画集》之时,正好挠到了袁振的痒处,他至少积极参与了这一画集的出版和发行。《傅山画集》印制的很精致,很适于作为高级礼品赠送领导及友人。该画册出版后,袁振曾送样书给调任南京市担任市长的前任太原市市长岳维藩,请其鉴赏并确定赠与数量。在1966年5月底的华北局会议上,袁振却成为向山西省委发难的第一人(远远早于刘格平、刘贯一等人),而其发难的理由之一就是山西省委支持搞的《傅山画集》属于封、资、修的东西,此为袁振多变之一也。

同样在华北局会议上,袁振受到山西省委和李雪峰的猛烈反击,被打成了"伸手派""野心家"。袁振承认了自己是"伸手派""野心家",并作了检查。回太原后,在市委机关的"无产阶级文化大革命动员大会"上,袁振不但承认了自己是"伸手派""野心家",而且把其他无辜的四位市委领导"拉进"了自己的"反党集团"。这一行动似乎是"积极"的过分了一点,其实用心很"险恶",是不惜连累别人替自己开脱一种方法。显然五个历史上毫不相干的人一起反党是不可能,这也就解脱了袁振的罪名,退一步讲,五个人担负一个罪名总比一个人担负轻得多。先发难后认错,此为袁振多变之二也。

此后不久,袁振借文革的大形势,鼓动兵团的一些小将"痛打卫恒黑帮",替自己翻案。在刘格平等人找他一起参加一月革命风暴夺权时,他不但自己积极参加,而且还拉上了陈守中等人。此为袁振多变之三也。

在夺权之后,袁振似乎没有得到实权,只是管管那时没人想管的工业。"四一四"兵团炮轰"刘、陈、刘"的行动,显然有利于袁振在山西红色政权中地位的提升,袁振没有理由不支持,或许还有策划的嫌疑。有一种说法,说袁振曾经阻止过兵团炮轰"刘、陈、刘"。袁振的阻止行为在很大程度上是为了"看风向",即炮轰一下看看中央的动态。袁振曾迫不及待地要求在支持刘志兰的"三人来电"(为了不在外部暴露核心小组内的矛盾,4月18日,在北京开会的刘格平、张日清、刘贯一联合署名致电山西省革委支持刘志兰,反对炮轰刘志兰)上签字,生怕落下自己。4月19日,袁振又在"三人来电"的基础上,起草了一个"四人声明"(刘格平、张日清、刘贯一、袁振)表示自己也反对炮轰刘志兰。到4月下旬,中央四月会议上,周恩来、陈伯达、康生、江青等中央首长批评了张日清、刘贯一、刘志兰之后,袁振才铁下心来,全然不顾他的"反党集团"的"老战友"陈守中的面子,鼓动兵团炮轰"刘、陈、刘",完全与刘格平站在了一边。此袁振多变之四也。

"九五"之后,刘格平在百姓中的威望急剧下降,《踏遍》出版后,袁振开始思谋"变化"。刘格平与袁振的矛盾开始表面化。《大事记》记载:

"9月11日,就在江青同志讲话的第六天(作者按:指9月5

日江青在解决安徽问题会议上的讲话,提到阶级敌人破坏毛主席伟大战略部署的三个方面,其中一个方面是反对伟大的人民解放军),丁磊及'东风兵团'头头黄锐庵就公然跳出来大唱反调,集中全力分裂解放军,提出一条反革命政治路线:'依靠025、027、8731,团结4642,斗争山西军区。'这是山西5.16反动思潮的代表作,是山西一小撮阶级敌人顽固推行'关王戚'反军路线的集中表现。"

丁磊的讲话甚不合时宜,在王、关、戚已经失势的情况下,连毛泽东和江青也转了向,丁磊仍然坚持其"揪军内一小撮"的路线,岂不是自己把自己打成"五一六"分子。

所谓"五一六"是指1967年3月出现的一个秘密组织,名称叫"首都五一六红卫兵团",其宗旨是"打倒周恩来,砸烂旧政府(指国务院)"。该组织起源于北京钢铁学院的一个学生造反派组织,领袖是张建旗(其父是林业部副部长、东北林业总局局长兼党委书记,其母是黑龙江省轻工厅副厅长)。他们的思想属于文革中的极左思潮,类似于杨曦光《中国向何处去》的思潮,认为周恩来是二月黑风(即二月逆流)的总后台。后首都五一六红卫兵团又把矛头指向发动"二月逆流"的老帅、老干部及"军内一小撮"。

为了限制或打击造反派的活动,中央曾经以打击"五·一六"的名义在全国发动了规模宏大的清查"五一六"运动。就在丁磊讲话的当天,"中国人民解放军果断在昔阳逮捕了'五·一六集团'分子李曦、林津时、张浩等人,宣告了关王戚集团(作者按:其实关王戚与'五一六'只有思想上的一致,并没有组织上的联系)退踞山西、负隅顽抗阴谋的破产。"(引自《大事记》)在这个当口,丁磊与"五一六"思想有了牵扯显然很不明智。实际上,丁磊讲话本身也很不合适。她依靠的025、027相当于军校学生,不是正式的军队,而8731是后勤部队,最多是个团级单位,都没有什么实力;把毛泽东认为"在山西地位很重要"的最有实力的野战军69军当作"团结"对象,引起69军的反感,等于是把69军推向了自己的对立面。这当然是得不偿失的做法。更要命的是,丁磊的讲话不知触动了兵团的哪根神经，造成了兵团的"重炮猛轰"。看来，丁磊并没有接受关锋在七月会议上对她批评（当时批评丁磊与山东省革委主任王效禹的老婆一样干涉政治）。

"9月18日、19日，兵团下属组织贴出大标语：'重炮猛轰丁磊！''坚决支持刘格平！''把分裂、陷害兵团的丁磊揪出来！''批臭丁磊九一一报告！'"（引自《大事记》）

当时令人奇怪的是，参加炮轰丁磊的还有决死纵队和太重红旗。从现在的眼光看，背后都有袁振的影子。兵团自不必说；决死纵队肯定也是听从了老经理的话；太重红旗也有袁振与罗枫奇的老关系。"炮轰"也提的很策略，在"重炮猛轰丁磊"的同时，表示"坚决支持刘格平"，岂不是很矛盾？其实不然，因为当时中央还支持刘格平，丁磊只是个突破口，只要轰倒了丁磊，何愁刘格平不倒？！

刘格平不可能不对袁振进行反击。《大事记》记载：

11月8日，袁振主持省革命委员会常委会议，制定了归口闹革命，实行革命大联合的十条决议，刘格平利用这一决议的制定过程问题，大搞反革命两面派手法，通过丁磊指使红总站和决死纵队攻击11.8十条决议是"刘贯二的黑十条"，妄图排挤打击兵团，独吞山西大权。红总站和兵团矛盾迅速尖锐化、表面化。

11月11日，上午，刘格平在晋祠招待所四大组织负责人毛泽东思想学习班（以会代训）会上说"十条我不清楚，是袁振同志在家搞的。"

11月12日、13日，永红、东风、四野等会意（作者按：即会意11日刘格平讲话的意思），以批判"十条"为名，制造混乱，伺机在全市挑起大规模武斗，妄图扼杀省城无产阶级革命派'批臭《踏遍》，打倒丁磊'的11月革命风暴的高潮。

11月14日，刘格平讲："有人问我十条是不是黑十条，我不能答复。"又讲："11·8十条有错误的地方。""有缺点可以提意见。"

11月15日，在晋祠公路上发生了刺杀袁振事件。

说是"刺杀袁振事件"，《大事记》好像是采取了兵团夸张的含混说法。《大事记》唯独在叙述这个事件中没有说明,事件是怎样发生的?是由谁造成的?可能是当时确也不知道是谁干的,作为历史资料,《大事记》也不能无中生有地按在红总站头上。按作家孙涛《虔诚与疯狂》所述,当时袁振去河西工业区商量筹备省职工代表大会事宜,红总站知道后,密谋拦截袁振,恫吓袁振,以破坏省职代会的筹备,过程中,袁振的汽车轮胎被长矛扎破,本人安然无恙。那时通讯工具落后,没有手机和传呼机,晋祠路两边都是庄稼地,没什么工厂,找个固定电话也很难,袁振的汽车轮胎被扎破,不知袁振是怎么回去的。在 1967 年 11 月,虽说各单位都在准备武斗,但毕竟还是在马列主义的"教化"之下,社会秩序不见得很乱,如果不是在武斗中,连普通人也不敢乱杀,慢说是一个省级领导;而红总站也不见得那样愚蠢,以为拦截一下就能吓倒袁振;袁振也不见得那样胆小,被吓一吓就不筹备省工代会了,那袁振还当什么省级领导(实在不行,可以多带几个警卫人员)?如果细分析一下,这个事件应该是一个偶然事件。可能是不知是哪个企业的武斗队的几个流氓无产者,拦了一下来历不明的汽车,看看是不是本单位的对立面,问明是省革委的车也就放行了。后来或是有意、或是讹传就成了"刺杀袁振事件"。不管怎么说,这个事件令袁振很不痛快。

到 1967 年 11 月,刘格平和袁振的矛盾已不可调和,"一•一二"夺权时的五个出头造反的革命干部加一个军队干部,只剩下了一个刘格平坚持"继续革命","革命"形势发展的如此迅猛令人咋舌。在山西,引领这个革命形势发展的风云人物,除老的刘格平外,已经换了一茬新的人物:陈永贵、丁磊、任井夫、张怀英、王振国……

2. 兵团"起义",形成新的势力平衡

兵团进行了"反刘起义",改变了双方力量的对比,按照以往的逻辑,袁振是兵团的灵魂,袁振与谁决裂,也表明兵团与谁决裂。但兵团的起义原因很复杂,也不完全是这个原因。

兵团起义的另一个原因是兵团的成份发生了极大的变化。《大事

记》记载:"11月8日,红联站总勤务站向全体战士发出彻底批判大毒草《踏遍》的《通知》,同兵团小将'炮轰丁磊'的革命行动一起汇成了一股不可阻挡的洪流。以前市工代会为主体的兵团工总司杀上了历史舞台,革命的群众运动急剧扭转着山西局势。"这说明兵团工总司在改变兵团性质方面起了重要的作用。

原先,兵团与红联站一样,是以学生为主的群众组织。在七月会议以前,与红总站和决死纵队相比,由于没有工人组织参加,并没有很强的"武装力量",也没有太多制造"武器"的能力;与红联站相比,兵团也没有像市工代会(筹)那样的职工群众组织一起并肩作战。真正作战时需要的"武装力量"反而成了兵团的弱项。在七月会议以后,兵团的刘灏司令和汤建中高参意识到了这一点,开始筹划扩军备战。

现在的很多历史资料说,七月会议以后,许多红联站的组织迫于压力参加了兵团,其实不属实。文革时,太原市也就是十所高校、三十个左右省市和大企业所属中学,二十个中专和技校,没有听说哪个学校的组织宣布脱离红联站而投奔兵团,倒是有可能个人脱离组织投奔本单位同观点的兵团组织,这样的人其实也不太多。对于当时不上课的学生来说,大多数人是脱离组织跑回家去了。

真正投奔兵团的是市工代会(筹)的工人组织。这要从这个组织的源头说起。市工代会(筹)是原先的工人兵团的一部分。1967年1月,工人兵团曾经参加了"一·一二"夺权,后跟着山大八八红旗退出总指挥部,引起刘格平等人的不满。1月下旬,因太纺问题炮打关锋而被宣布为"反动组织"。随即工人兵团发生了分裂,其中一部分由贾克明率领成立了工人兵团新总部,持决死纵队观点(当时还没有红总站,只好写成决死纵队观点);其中的太重红旗则持兵团观点,未加入任何社会组织;其中以河西工业区为主的一部分持红联站观点的组织,后由陈守中收编成为太原市职工代表大会筹委会。在"四一四"之后,市工代会(筹)也一直与红联站在一起。七月会议以后,陈守中倒台,市工代会(筹)失去官方支持,只好解散。由于红联站正处于困难之中,他们只好投靠兵团"避难"。这些组织由兵团太工瑞金的姚伟伟组织，11月8日，正式成立了兵团职工总司令部（简称："兵团工总司"）。

兵团工总司的实力足可以和红总站、决死纵队形成"三足鼎立"。红联站观点的兵团工总司有了合法的身份实现红联站的观点，从实际效果来看，与其说兵团扩大了实力，不如说是红联站扩大了实力，因为从此开始，兵团一直和红联站在一起与刘格平及红总站作战。不仅如此，晋中总司下属许多县的群众组织也打起了兵团工总司的旗号，却实行着晋中总司的主张。可以说兵团已经不是原来的兵团了，难怪后来人们把与红总站对立的一方统称"兵联站"。

刘格平也没闲着，也在设法收拢自己的队伍。《大事记》记载：

11月20日，刘格平在家里接见了太司常委，为死保丁磊，他厂说："她是贫农家的女儿，革命二十多年，天不怕，地不怕……，她不认识关锋、王力。"

11月22日，刘格平给决死纵队团长以上干部作了报告，说："丁磊、解悦不是什么五一六分子，要说有，那么就是省党校五一六支队和山医红革联。"特别着重在决死纵队炮轰丁磊问题上下功夫，要决死纵队"重新站过来"，施加政治收买和利诱。同时，又亲自接见了太重红旗和工人兵团新总部头头谈话，进行收买，以充当工贼。紧接着，红总站下属四百余个组织发表"关于我省无产阶级文化大革命目前形势的严正声明"，声称坚决支持刘格平，要揪兵团背后黑手。

11月24日，刘格平在独立师讲："我在太原，山西的部队归我指挥，我不在太原，山西的部队归独立师指挥。"

刘格平遇事真是又蠢又狂。刘格平蠢在让兵团这么大的一块肥肉掉在了别人锅里不说，连太重红旗也没闹住。决死纵队倒是"回头是岸"了，不过这么一折腾，也有些伤元气。刘格平狂在连毛泽东和中央军委也没放在眼里，一下子把他们的"军权"夺了过来，而且还让69军的军长受独立师的师长指挥，岂不让军队乱了套了？很快，在1967年12月的中央召开的山西省核心小组扩大会议上，刘格平就为他的"蠢"和"狂"付出了代价。

至此，山西的几大群众组织的重新分野基本尘埃落定。经过一年的文化大革命，各大组织的特点都已经显现出来，此后不久，太原市老百姓中的能人就为四大组织编了一个顺口溜："兵团的大方向，红总站的打砸抢，红联站的好文章，太司的投机商"。

红联站和兵团原先都是学生组织。

红联站的大学生多一些，比较理智一些，且有些独立思想，因此常常跟不上文革的趟，不过正是因为有了"红联站的好文章"，才为后人留下了山西文革唯一的一部《大事记》。虽然观点上有些偏颇，但毕竟记录了山西文革的大事，使文革历史工作者有了宝贵的参考依据。

兵团中学生多一些，冲劲比较大，在一些问题上有时容易受别人左右，帮兵团小将们审时度势掌握斗争大方向的人中，不乏有背景之人，像老干部袁振，；也有些爱动脑筋之人，像人们称之为的汤高参（省广播电台的汤建中），这些人深受兵团小将的信赖，再加上兵团小将头脑中条条框框比较少，头脑又灵活，易随风转舵，不像红联站的大学生们，头脑中条条框框比兵团小将要多，又爱坚持独立思想。所有兵团的大方向在当时看来似乎总是正确的。

后来的人，也有许多过来人，都把红总站和决死纵队当作了一个组织。这是因为他们有一个共同点，都是听信刘格平，按刘格平的旨意行事的。区别就是红总站是工、学、干组成的队伍，办事比较老练。决死纵队是纯职工队伍，似乎比较粗鲁，不太讲理，再加上由"匪气"比较重的杨承孝带领，武斗之时总是决死纵队冲在前面，故顺口溜中也有说是"决死纵队的打砸抢"的。他们之所以有了"打砸抢"的特点，并不是他们特别厉害，而是他们有省革委的纵容，或者是省革委"以制止武斗"名义命令他们做的。

太司虽然也是一大组织，但在文革中没有独立干过什么事情，似乎是谁家得势他就跟谁，人们不太注意它，好像没有这个组织也可以，故老百姓给他们冠以"投机商"的名头似乎也不冤枉。

在文革进入局部国内革命战争阶段后，工人和农民作为主力军走上历史舞台。在这种情况下，自诩为"学生组织"的红联站也只好建立了职工部。

3. 最后一次大武斗：兵团工总司初出茅庐

之所以说这是最后一次大武斗，就是说这次武斗之后，真正的战斗将告别义和团式的长矛大刀。

1967年的12月3日到4日，刚成立的兵团工总司和决死纵队在太原并州饭店开了战。《大事记》记载："由于一小撮阶级敌人的挑动，兵团和决死纵队在并州饭店发生大规模武斗，决死纵队大举攻打并州饭店，打死兵团小将卢东星（作者注：太原五中井冈山学生），并进行大规模洗劫，造成极坏的国际影响。决死纵队武斗指挥姚恩泉、王国太均受伤。

作家孙涛在《虔诚与疯狂》是这样说的：

这一年的年底的12月3日，兵团和红总站在太原爆发了一场你死我活的大型武斗。曾在五一广场上发誓要文斗，不要武斗的兵团将士们，其实武斗起来也凶着呢。

那天晚上，决死纵队的一位头领王国太，带着决死纵队的一些人，在太原五一广场一侧的并州饭店里面开会，并州饭店楼下，渐渐聚集了不少闻讯而至的红联站的学生，高呼起"打倒哈派"的口号，决死纵队可不是好惹的，听见楼下的口号声声，觉得不耐烦，不知哪一位就往下抛了一个手榴弹。那手榴弹可不是汽水瓶，当即在人群中爆炸，两人受伤，一人绝命。而当场气绝身亡的那一位，恰恰不是红联站的学生，而是兵团的一位学生。不知是什么人就把消息送到了兵团工总司，也不知道是哪位正在兵团工总司的大楼里待着的兵团小头目，就以兵团司令部的名义打出无数电话，发出了调兵遣将围攻并州饭店的命令。兵团的一些下属工人组织当即出动，围住了并州饭店，要以血还血。更有改头换面了的红联站工人队伍，也闻讯赶来，打着兵团的旗号，开始围攻并州饭店。兵团的工人阶级队伍此番出征，可不是小打小闹，十余挺机关枪，封锁了并州饭店的一切通道，头戴柳条帽，手持长枪和铁矛的兵团工人阶级，在机枪掩护下奋勇冲杀,并州饭店刹那间成了枪弹横飞,铁矛挥舞的战场。决死纵队虽然没死人,但伤者甚众。王国太等一干决死纵队头目被俘,受过皮肉之苦后才被释放。兵团那些占领了并州饭店的工人师傅们,自然也不忘狠狠地打砸抢了一番,一个个都有了物质收获。

以上两份资料的叙述一看就有矛盾,一份说是决死纵队攻打并州饭店,另一份说兵团攻打并州饭店。了解当时情况的人,一看就知道红联站《大事记》的说法多少带有"春秋笔法",也一看就知道《虔诚与疯狂》的说法是不了解当时情况。事件的起因现在已很难考证,可以肯定的是,红联站根本没有参与这个事件,那时红联站和兵团还没有完全冰释前嫌,不可能一起联合行动。

据段立生回忆,他当时正路过现场,还看了很长时间,红联站肯定没有参与。还可以肯定的是,事态的扩大完全是由兵团小将卢东星"阵亡"造成的。我们可以按照两份资料和一些参加过此次事件的过来人的描述来梳理一下事件过程。

刘灏回忆,在清查时他因并州饭店事件被捕,其实他并没有参加这一事件。该事件死亡四人,兵团方面除五中学生卢东星外,还死了一个机床厂工人。刘灏说,这次行动好像是张建国指挥的。

《大事记》说,这次事件是"由于一小撮阶级敌人的挑动"所造成的。按《大事记》的标准术语,"一小撮阶级敌人"无疑指的是刘格平、丁磊及黄锐庵。意思是刘格平、丁磊及黄锐庵挑动了兵团和决死纵队的矛盾。本来决死纵队和兵团关系很好。在攻击"卫、王、王"的时期,两组织作为总指挥部的第一主力和第二主力一起参加了"一·一二"夺权。为了给"任、王、张"平反,又一起到晋中公安处抢晋中地委的"黑材料",一起坐张日清的无产阶级专政委员会的牢;在攻击"刘、陈、刘"的时期,又一起炮轰"刘、陈、刘",一起打砸"黑省委党校东方红";七月会议以后,兵团的有些下属组织和决死纵队一起攻打中中七一,参与"九五"事件,一起炮轰丁磊。一年的文化大革命,兵团和决死纵队始终团结在一起,战斗在一起,战斗友情可谓深矣!12月3日,兵团和决死纵队说掰就掰,肯定有其深刻的原因。决死纵队和兵团一起炮轰丁磊,可能是决死纵队也对丁磊的专横跋扈的作风不满,说明杨承孝有一定头脑,但决死纵队的根本利益在刘格平一边,它不可能背叛毛泽东和中央文革支持的刘格平。在许多企业内部,决死纵队与太原市工代会(筹)都处于对立状态,可以说,决死纵队与太原市工代会(筹)是"死敌",在兵团接收太原市工代会(筹)以后,决死纵队不可能再与兵团"和平共处"。

并州饭店当时是市内仅次于迎泽宾馆的酒店,经常接待一些外宾,当时援助太钢的外国专家正住在酒店,在这里发生武斗当然有一定国际影响。这次武斗发生的原因应该不是起于决死纵队。当时的决死纵队总部占据着并州饭店的一座楼,这是原省委"合法"分给的(就像文革开始时兵团和红联站分别"合法"占据着省一招和二招一样)。王国太在并州饭店召开决死纵队会议本属正常,可能会议内容对兵团不利,消息走漏,遭到兵团学生组织的抗议。过程中,兵团小将卢东星"阵亡"。按作家孙涛说法,卢东星的死因是源于一枚手榴弹。我们只能说,卢东星可能是死于一枚手榴弹,因为这种说法有太多的疑点。一是这枚手榴弹威力太小,一枚手榴弹掷到人群中,只炸死一人,炸伤两人(好像伤也不太重),只能说明这是群众组织自制的土造手榴弹;二是不知为何决死纵队只有一枚手榴弹,否则,在后来兵团工总司攻楼时,决死纵队占有地利,如果手榴弹像雨点一样投下来,兵团工总司怎能没有伤亡;三是1967年底山西的战斗还没有进入"枪弹横飞"的时代,更不要说"十余挺机关枪封锁了并州饭店的一切通道"的状况,那时还没有进入抢夺解放军武器的时候,也没有开始自己制造武器,基层企业的武装部也只有基干民兵用的枪弹,并没有手榴弹,不知决死纵队的手榴弹从何而来?因此,炸死卢东星的不是土造的手榴弹,就是自制的燃烧瓶之类的东西。其实,这场战斗决死纵队应该没有什么准备。事件是兵团挑起的,如果说哪方有准备的话,那就是兵团应该有准备。

作者曾经采访过两位参加过此次战斗的兵团工总司的师傅。据他们的回忆,听说事件起因是兵团的人员被决死纵队扣在了并州饭店，先是兵团的学生前去救援，死人的事件发生之后，工人队伍才前去增援。当时兵团工总司参加战斗的有大众机械厂（军工单位）红旗、太原锅炉厂革命造反司令部、化二建的兵团组织（化工部第二建设公司，组织名称不详）等。有些人说，还有非兵团工总司的单位太重红旗的参加。使用的武器主要是长矛、铁棍及弹弓，极个别人拿着高压气枪，或者是小口径运动步枪，由于两者的形状差不多，回忆者分不太清。战斗进行的很顺利，没费太大的劲就攻上了楼，决死纵队的大部分人从后门跑了。据回忆者说，第一个攻上楼的是太重红旗，他们把自己的红旗插在了楼顶上。河西（指太原市的汾河西面的工业区）的工人队伍在并州饭店呆了整整的一夜，于次日（12月4日）上午十时左右撤回。并州饭店由河东兵团工总司的太原矿山机器厂等单位的组织接替，结果遭到了决死纵队援军的反包围。决死纵队没有抓住偷牛的，只好抓住拔橛子的出气。矿机厂的许多人被抓后遭到殴打。

此次战斗过后，兵团与决死纵队彻底交恶，太重红旗与决死纵队也彻底交恶。曾经帮助太重红旗攻打太重东野的决死纵队，转而支持太重东野，而太重红旗加入了反刘格平的行列。

其实事情的起因只是一个导火线，七月会议后，刘格平支持的决死纵队和红总站，凭借"七月会议"上获得的"左派"堂冠，仗着刘格平的支持，颐指气使，忘乎所以，对红联站的下属组织采取了武力反夺权，使许多厂矿企业的新建的红色政权受颠覆，支左部队受压抑，在基层早已形成一股强大的反抗能量。在这种情况之下，只要有一丁点小火星，就会使这种压缩到极浓的气流，会顿时爆发出极大的反抗能量，并州饭店就是在这种情况之下，必然会暴发的一个事件，即使当时不在并州饭店发生，也会在其他饭店发生。从这个意义上讲，简单地定义说"并州饭店"是一件偶然的武斗事件，或简单地定论说"并州饭店武斗是兵团挑起和组织的"都欠妥当，都不是历史地、发展地看问题。

其实，这种现象不仅发生在太原，还发生在晋中一带，像文水、交城、汾阳三县在"十二月会议"（1967年12月中央又一次解决山西问题的会议）前也发生了受陈永贵、刘格平及任、王、张压制和迫害的总司一派的一些下属组织，也采取和计划采取这种武力的形式向陈永贵、刘格平及任、王、张抗击。为此，69军首长谢振华和曹中南政委亲自找红联站的段立生谈话，让段亲自到晋中文水、交城、汾阳作自己一派的工作，告诉他们"七月会议"后，刘格平及其他支持的一派没有按"七月会议纪要"的精神办事，做了许多错事，已引起中央的注意和反感，中央计划再次解决山西问题。如果你们现在按照他们的做法办事，你们也会像他们一样办傻事，办错事，犯错误。如果出现这种情况，在下次中央解决山西问题时，就会各打五十大板，这样的结果会对山西问题的真正解决产生不利影响。

段立生根据谢、曹的指示精神，伙同山西医学院第三医院（人们俗称的山大三院）的苗进义、太工红旗的强玉常一同去了交城、文水、汾阳，在这三个县分别会见了总司一派组织的头头和结合的领导干部，如刘胡兰的母亲胡文秀，张邦英（后来成了省委常委、政法委书记）等，向他们传达谢、曹的意见和指示，希望他们帮助做一些工作。还在文水召开了群众大会，请"胡兰民兵连"的连长代表胡文秀在大会上发言，传达和宣传谢、曹的意思和指示。

4. 十二月会议：两个政权的形成

下层的斗争总是与上层相关联的，在下层激斗的同时，上层也在进行着激烈斗争。

1967年9月23日，在周恩来、杨成武的策划下，王、关、戚下台，军队终于在"揪军内一小撮"的打击下喘了口气，通过毛泽东的批准，周恩来筹划，中央军委办事组成立，被打成"一盘散沙"的军队，终于有了新的日常办事机构。

军委办事组的建立有一定的背景因素，《邱会作回忆录》对此有这样的说明：

"五一三"以后，部队的三军（三军是一种泛称，指军队各总部及所属院校）革命派打败了造反派，军委看守小组（四人小组）和军委办事组,也就应运而生,军委办事组是向全军文革夺回文化革命领导权的产物。

邱会作所说的"革命派"是指的三军总部保军内高级干部的一派,被称为"老三军";所说的"造反派"是指的军内(包括军事院校)揪斗军内高级干部的一派,被称为"新三军"。三军造反派即"新三军",受到中央文革及以徐向前为组长、江青为顾问的全军文革的支持。地方院校的造反派组织(包括蒯大富的清华井冈山、韩爱晶的北航红旗等)也支持"新三军"。许多三军的领导人被"新三军"所炮轰和批斗(其中总后勤部长邱会作曾遭到残酷批斗,险些丧命),他们绝大多数自然站在保他们的"老三军"一边。

1967年5月,三军文工团中的"老三军"派组织了"三军联合演出委员会",准备在毛泽东《在延安文艺座谈会上的讲话》发表二十五周年时进行庆祝演出,这一活动得到了各军兵种主要负责人的支持,也得到了林彪的支持。13日晚,演出在北京展览馆剧场进行。造反派"新三军"闻讯后,认为是"老保翻天",组织人马冲击会场,双方发生激烈冲突,许多演出的演员被打伤,许多设施和乐器被砸坏。当时,空司、海司、二炮、北京军区都是支持"老三军"的,听到演出受到冲击后,派出了大量机关人员前去支援,海军司令员萧劲光、政委李作鹏、空军政委余立金、北京卫戍区司令员傅崇碧亲自带队到了现场。"新三军"也请来了清华井冈山、北航红旗等地方院校的造反派前来支援。双方混战了五个多小时,人多势众且训练有素的"老三军"占了上风。直到中央文革小组组长陈伯达、总政治部主任肖华前去现场制止武斗,混战双方才停止。陈伯达、肖华指责"老三军"不应该演出,受到"老三军"的抗议。

这个事件最后的处置结果很令人奇怪。"老三军"中的空政文工团中的一些女演员是"通天"的,她们常到中南海给中央领导伴舞,尤其是其中的刘淑媛,和毛泽东很熟。本来演出前,刘淑媛就和毛泽东打了个招呼,毛泽东没把演出当成什么大事情,很随便说了句"你找叶群谈吧",结果叶群请示林彪后促成了这次演出。《邱会作回忆录》回忆:"展览馆'激战'时,刘淑媛在毛主席处,她告诉毛主席说革命派胜利了,主席说:'你高兴个屁!过一会造反派还会翻过来。'但毛泽东是支持刘淑媛的,幸好刘淑媛是个革命派,是拥护空军党委和吴法宪的。如果刘淑媛是个造反派,毛泽东也会支持她,那军队的情况就会更复杂、更恶化了。"

5月14日晚,周恩来在人民大会堂召开会议,解决两派庆祝演出和武斗问题,他在讲话中严厉批评了双方的武斗行为,计划各打五十大板,按肖华的意见双方联合进行庆祝演出。周恩来当时不知道毛主席和林副主席的态度,所以持一种中间的态度,造反派不同意和"老保"一起演出,使总理陷入两难境地。会议过程中,海军政治部主任张秀川把林彪的意思告诉了周。随后,匆匆从中南海赶来的刘淑媛把毛泽东的意思告诉了周。周恩来顿时明白了主席和林总的意思,大声宣布:"不许冲演出会场,再冲就冲了毛主席的革命路线了。"

5月15日,林彪夫人率领军委各总部和各军兵种领导人到医院慰问了"老三军"被打伤的演出人员;5月23日(《讲话》发表25周年纪念日)和6月9日,"老三军"文工团又在天安门广场和人民大会堂演出了两场。在人民大会堂演出时,林彪、周恩来、陈伯达、江青、康生、李富春、李先念、聂荣臻、杨成武、汪东兴、姚文元等观看了演出,以支持"老三军"。

如此,"老三军"士气大振,"新三军"士气大坏。邱会作回忆:"从'五一三'事件之后,大约一个月的时间内,除军事博物馆的造反派和后勤学院造反派'星火燎原'两个'白色堡垒'之外,各机关的造反派受到了严重的打击,纷纷瓦解"。

按邱会作的说法,毛泽东也没有太大的原则性,这么大的事情的成败居然取决于一个女演员,难怪人们传说在庚子国变时期一个名妓赛金花救了整个北京城。一贯支持造反派的毛泽东,破例没有站在中央文革支持的造反派一边,而是破例支持了老三军。正是毛泽东的一句话,正是这位"老三军"的漂亮女演员,造成全军文革小组的垮台,救了整个军队,救了军队支持的革命群众组织。

其实,邱会作的说法是一种对历史的习惯看法,并没有深究真正的历史原因。按毛泽东的性格，决不会被人左右，不可能为了一次演出，坏了其文革的大事。对于这次反常的个案，是否可以理解为出于策略的考虑，毛泽东面对包括林彪在内的在军内占大多数的保守派，在不影响文革大局的情况下，做出了一定程度的让步。

中央军委办事组是一个特殊时期的特殊组织。邱会作回忆：

军委办事组成立的时候，全军文革（1967年1月成立的全军文革领导小组，组长徐向前，顾问江青。由于整了许多军队高级干部，没人听其指挥，自然失去了作用）早已垮台了，总政治部也"瘫痪"了。军委办事组把全军文革、总政治部的工作集于一身。

纵观军委办事组工作的全过程，主要干了以下工作：1、领导军队的文化革命。这是当时最中心的任务。2、加强战备，领导军队的日常工作。这是最主要的任务。3、组织全军三支两军的工作。这是当时最繁重的任务。"：邱会作还回忆"对于办事组的成立，我没有听到林彪有任何插手安排办事组成员的意见，林彪也没有召集办事组开过什么会研究工作。一切听毛主席的，在总理领导下工作。

由于军委办事组的组长、副组长要参加中央文革碰头会，于是，军队就有了发言权。军委办事组的成立是军内"革命派"（保守派）对造反派的胜利，胜利了的保守派在有了三支两军的领导权后，自然不会支持地方上的造反派。又一次解决山西问题的核心小组扩大会议（人们称之为："十二月会议"）正是在这种军队有了发言权、保守派有了领导权的情况下召开的。

中央解决山西问题的七月会议仅仅过了五个月，又一次中央解决山西问题的省核心小组扩大会议于1967年11月28日至12月26日在北京召开，山西问题确实真把中央折腾得够呛，这也说明了中央内部斗争的激烈。《大事记》记载：

11月28日，万里东风扫残云。在毛主席亲自关怀和中央支持下，解决山西问题的十二月会议在北京召开了。12月会议期间，中央首长总理、康生和中央文革负责同志，先后于11月28日、12月7日、12月22日、12月27日四次接见中共（山西）核心小组，有重点、有步骤地，正确地解决了山西七月会议以来的若干重大问题。会议按照毛主席无产阶级专政下继续革命的伟大理论，以毛主席视察华北、中南和华东地区时的重要指示为武器，彻底揭露并批判了刘格平在山西大搞资产阶级独立王国的野心计划，抓住了山西问题的关键，迎头痛击了山西夺权以来持续一年之久的二月逆流和极度猖獗的王、关、戚极左反军黑风，捍卫了毛主席亲自批准的山西红色政权的革命权威，确定了防止资本主义在山西复辟的根本措施——由4642部队党委统一领导山西支左。12月会议是山西无产阶级文化大革命胜利的又一转折点。

　　1967年12月26日晚七时，对红联站具有转折意义十二月会议，最后一次大会在北京京西宾馆举行。会议由69军副军长、省革委副主任谢振华主持，刘格平、张日清、省军区司令员陈金钰、69军副军长肖选进、陈永贵等人及省核心小组成员参加会议。参会的群众组织代表有红联站的150多人，红总站、兵团、各50人。刘格平在会上做了检查，宣布为"九五事件"平反。张玉峰代表红联站在会上发言，挥泪控诉刘格平残酷镇压红联站的行为。张玉峰把"九五事件"中蒙难的十中七一女生孟玲玲的骨灰盒交给陈永贵，刘格平面对骨灰盒鞠了躬。12月27日，刘格平等人在京签发了"关于坚决制止武斗的声明"。同日，经中央同意，核心小组做出了"关于解决山西问题的十五条措施"，明确规定以4642部队为主成立支左委员会和太原市警备区，对太原市革命委员会进行改组，宣布"废章夺权"无效，要为"九五"事件平反，批判大毒草《踏遍》。由部队对旧公检法军管，全力恢复4642部队、山西军区在山西的重要地位。这些都是12月会议胜利的产物，是将山西文化大革命进行到底的重要保证。从此，山西文化大革命进入了一个夺取新胜利的崭新阶段。张玉峰认为，十二月会议的重要意义不仅仅打掉了对刘格平的迷信及其头顶上的虚假光环，还是刘格平代表的极左派在山西的第一次大失败，打击了极左派刘格平的嚣张气焰。显示了谢振华代表的军方的斗争智慧和策略。

作家孙涛在《虔诚与疯狂》中谈到了一些十二月会议的情况：

在中共中央专门为山西召开的十二月会议上，有一天康生和中央文革小组的那些人单独召集刘格平、袁振、张日清等核心小组的成员开会，康生指着刘格平大骂他那本《踏遍青山人未老》。刘格平可是康生抓出61个叛徒集团的重要证人，康生也是刘格平的支持者。要不是《踏遍青山人未老》这本书对刘格平吹捧得过了头，要不是刘格平要和林彪、江青一样，也要给自个的头上戴上一顶"毛主席的好学生"的帽子，要不是刘格平让人将他比作几乎与毛泽东主席一样的"伟大的马克思主义者"，要不是这些犯忌的内容太多太多，恨铁不成钢的康生，他能指着刘格平大骂？

十二月会议最关键的举措是成立了新的山西省军队的支左领导小组，指定69军副军长谢振华为组长，69军政委曹中南为第一副组长，山西省军区政委张日清为第二副组长。七月会议以后，刘格平政委撇开了中央军委，自作自地以北京军区副政委和山西军区第一政委的身份开始领导军队。殊不知文官兼职军队按惯例一直是虚职，这种做法不但引起了军队基层的不满，其实也引起了高层的不满。刘格平领导军队支左的权力也就维持了三个月，就被剥夺了。更要命的是，自此之后谢振华领导的省支左领导小组和刘格平领导的省革委往往意见相左，尤其是军队进入地方和大企业进行军管以后，从上到下几乎都逐渐形成了两个对立政权。也就是说，军队支持的群众组织和省革委支持的群众组织各有各的后台，各行各的令。在这种形式下，两个政权的战争将是不可避免的。

第二节　迫在眉睫：武装！武装！！武装！！！

文革中的人们都把毛主席语录背得烂熟，人人都知道毛泽东有一句话，这就是："枪杆子里面出政权"。当革命进行到你死我活的时候,人们必然要运用和实践这一条语录。谁如果不实践这条语录,谁就会被打垮被摧毁,到那时似乎再有理也没处讲了。要维护政权,就要割据;要割据,就要打仗;要打仗,就要武装,所以对于各个组织,武装就成了迫在眉睫的事情了。

1. 武装割据的大形势

　　文革中间的武装割据,不像井冈山时期类似于山大王式的割据,也不像军阀混战时期的地域性的割据。这种武装割据,如果用哲学名词形容,就是"一分为二"式的割据。先是一个单位分成"两半",各占一座楼或几座楼,修成堡垒,成为各自的据点。大一点的单位,还有中立区,在中立区谁也不打谁;后一些时候,一个城市分成了"两半",或三份,区域内的势力强的一方联合起来打走了弱的一方,弱的一方有投奔自己一方势力强的区域,这样就在城市内形成了区域割据。区域内的各单位形成了联防,防备对手的侵入。被赶走的一方则积极策划,随时准备"打回老家去";再后一些时间,小的城镇,强的一方干脆把弱的一方驱逐出城镇,自己独霸天下;被驱的一方则在农村一边打游击,一边积蓄力量,时刻准备"复辟";最后有些地方形成了跨县跨地跨省的联合作战,作战的规模达到了千人以上的水平,使用的武器五花八门,有三八大盖、七九步骑枪、七六二步枪、美国大鼻子步枪、半自动步枪、冲锋枪、轻机枪、重机枪、高射机枪、四零火箭筒、六零炮、土坦克,直至榴弹炮。真正形成了局部国内战争。

　　在这场战争中,真正实现了毛泽东"全民皆兵"的思想。工人、农民、学生、干部,甚至现役军人,都站在了战争的第一线,工人和农民是"首当其冲"的主力。

　　这种武装割据的形势,决定了这场局部国内战争没有明确的战线,敌我之间犬牙交错,每一个战场就像网格中的点。人们无法预测,什么时间,在网格的哪个点上,会发生闪烁和熄灭。在多数地方,战争的模式更像巷战,或者更像十九世纪法国革命时期的街垒战。在这里，只有战术家能发挥作用，战略家好像毫无用武之地。

这场战争还有一个特点，就是越大的城市越平静，战斗的规模越小，伤亡一般也越小，基本可以控制在个位数的水平上。离省城越远的地方，似乎有"天高皇帝远"的味道，战争的血腥越浓。往往战斗已经结束，消息还没有传到省城，省革委和支左领导小组连形式上（之所以说是形式上的调停，是因为他们可能就没有调停的主观愿望）的调停的机会都没有。

就省城太原市区而言，武装割据的大形势在 1967 年的 10 月到 11 月已经基本形成。太原市的河西区和平南路，有大众机械厂、太原纺织厂、太原平板玻璃厂、太原锅炉厂、太原玻璃瓶厂、太原磷肥厂、太原变压器厂、太原制药厂、太原化工厂、化二建等大中型企业，再加上晋祠路上的太原第一热电厂、太原化肥厂，构成了河西工业区，这里是兵团工总司的地盘。太原市北城区坐落着太原钢铁公司、冶金部第十三冶金建设公司、山西机床厂、山西省电业管理局等大型企业，这里是决死纵队和红总站的发源地，自然地成了决死纵队、红总站的地盘。太原的南城区学校较多，有山西大学、山西省委党校、山西医学院、山西财经学院、山西会计学校、太原五中、山西大学附中。这些学校除太原五中、山西大学附中，一派势力占绝对优势外，其他学校双方势力旗鼓相当，所以，南城区既是双方共有又是双方争夺的地盘。

2. 没有枪，没有炮，解放军那里"抢"

1967 年 9 月到 11 月的割据之初，无论是红总站、决死纵队，还是兵团、红联站都没有什么像样的武器。极个别人拥有的能够比弹弓打得远的武器，也就是高压气枪、小口径运动步枪、撅把子土造手枪之类的家伙，这些武器用来实现割据实在是远远不够。当时拥有武器的只有解放军、警察和武装部所控制的基干民兵，而这三者的武器又不可能自然送到自己手中，所以，人们所想得到武器的方法就是"抢"。

红联站《大事记》记录了一些对立面"非法武装"的事件：

阳泉发生大规模镇压"大联合"（作者注：阳泉红联站方面的群众组织）武斗后，14日（指1967年9月14日），刘格平反而决定武装阳泉"八二六"（作者注：阳泉红总站方面的群众组织）五个排；九月十七日，又签字决定发30支枪给"八二六"；九月下旬，刘格平私自发枪给永红、四野、决死纵队等组织，对抗"九五"命令。

12月1、5、10日，红总站连续抢劫西山矿务局武器库。

12月19日，红总站永红、四野抢夺公安局武器库，泄露了大量国家机密。抢走大批武器，这就是全国罕见的"12.19"反革命事件。

最大的抢武器事件发生在晋东南地区。

晋东南地区是一个抗日老区。老区有老区的特点，一是觉悟高，听毛泽东和党的话；二是穷，用毛泽东的话来说，就是"穷则思变，要干，要革命"。文革一开始，晋东南的革命造反派也搞得很激烈，晋东南地委第一书记居然失踪，后发现死在一口枯井里。当时晋东南两派的正式名称外地的人大多都搞不清楚，他们的简称"联字号"和"红字号"反而响当当。

红字号所拥戴的革命干部叫程首创，是原晋东南地委常委，行署副专员。晋东南"1·25"夺权后，程首创任晋东南核心小组组长、革委会主任，应该是刘格平一派的造反干部。红字号是类似于决死纵队、兵团的造反派组织，得到了红总站、决死纵队的支持。

联字号的旗帜是李顺达。据百度百科介绍，李顺达，1915年生，河南林县人。15岁逃荒要饭来到山西平顺县西沟村。1937年，抗日战争爆发后，在苦水中泡大的李顺达当上了西沟村的民兵队长。1938年加入了中国共产党。他一面带领本村农民发展生产，一面组织民兵配合人民军队抗击侵华日军的"扫荡"。他先后担任了村农民救国会组长、主席、民兵大队长和党支部书记。为了克服因日军"扫荡"和自然灾害带来的困难，响应党中央"组织起来，发展生产"的号召，于1943年2月6日建立了在全国成立较早的农业劳动互助组。他组织民兵参战队，先后参加了解放山西长治县和豫北汤阴县等10多次战斗。解放前的西沟村是一个"光山秃岭乱石沟，庄稼十年九不收"的穷山沟。1946年，边区政府号召山区群众植树造林，那时当地群众的积极性并不高。李顺达就自己花钱买了山桃、山杏、核桃等树苗种在山坡和沟里。同年，西沟村废除了封建土地制度，他领导制订了五年经济恢复发展计划，推动了全村农业生产的发展。1948年，平顺县人民政府在他家的门楣上，为他悬挂了"劳动英雄"的牌匾。建国后这块牌匾被运往北京，一直在中国革命历史博物馆展出。1952年上级批准李顺达等28户农民办农林牧生产合作社，他被选为社长。由于他所领导的合作社实行了男女同工同酬和合理的"六定一奖"计酬办法，大大激发了社员的热情和干劲。秋后，粮食亩产比互助组时期增加了30多公斤，粮食又一次获得了大丰收。当年，李顺达被中央人民政府授予爱国丰产"金星奖章"，成了全国著名的劳动英雄。1951年9月，李顺达第三次受到毛泽东主席的接见时，毛泽东说："你在太行山住，那个地方石厚土薄，你做出了成绩，我敬你一杯。"李顺达忙说："我可担当不起，没有你，我们什么都干不成！"李顺达在全国有了很大的知名度，他是中共第八、九、十大代表，中共第九届、十届中央委员，全国人大第一届到第三届代表。西沟也成为全国人民注目的地方，在很长一个时期内，中国地图上村一级被标名的只此一家。后来李顺达成为军队和兵联站对抗陈永贵的一面旗帜。联字号还得到了晋东南军分区和农民的支持。

《大事记》记载：

1968年1月16日，为了迅速贯彻执行省革委"1.11"八条，解放军两个连护送晋东南核心小组李顺达、贾茂亭（晋东南革委会副主任，原晋东南地委常委、行署副专员）、常三毛（晋东南革委会副主任，原晋城县委书记）、晋东南军分区和驻军负责同志与学习毛泽东思想积极分子黄小旦等返回长治，在返抵市区手管局（作者注：手工业管理局）附近时，遭到了"红字号"暴徒的武装伏击，公然绑架了李顺达、常三毛同志和一百余名解放军指战员，将解放军全部武器劫走，这就是震惊全国的"1.16"反革命事件。"1.16"事件纠集了全省各地反动势力和河北狂派，矛头直指以毛主席为首的无产阶级司令部，配合河北X县反革命暴乱，破坏河北省革委会的建立，破坏毛主席关于"华北山河一片红"的伟大战略部署和十二月会议中央精神的贯彻。这一事件引起了中央的密切重视，一月下旬，陈伯达同志亲自就河北保定、山西武斗问题做了三条重要指示。但由于山西一小撮阶级敌人的垂死挣扎，"1.16"反革命事件迟迟未得到处理。"

值得一提的是，首都赴晋造反大队的清华大学井冈山学生邢晓光也被同时绑架，后清华大学井冈山学生领袖蒯大富曾致电刘格平，要求释放邢晓光。

1月26日，省核心小组发出关于解决晋东南问题六条措施，要求红字号立即释放李顺达等同志，上交解放军武器，不许挑动农民进城。"1.16"反革命事件发生十日来，事态继续扩大，晋东南一片白色恐怖，红字号武装控制了长治市区，断水、断电，封锁交通，炸毁重要铁路桥梁连续数十次抢劫解放军十几个连的武器弹药，炸毁长治市医院等处的备战仓库，枪杀解放军同志，打伤解放军多人，非法绑架中央赴晋东南的解放军毛泽东思想宣传队，围攻驻军肖副军长等首长，践踏中央文革、中央军委和省革委的一系列重要指示。

2月3日，山西省革命委员会发出紧急通令，要求红字号立即释放被扣全部人员。五日内全部交出抢去的枪支弹药。

2月4日省革委和核心小组发出《给晋东南广大革命群众的一封公开信》，希望两派群众努力学习最高指示，拥军爱民，刹住武斗歪风。

2月5日，为了解决晋东南李顺达等人被绑架问题，周恩来亲自口述，以刘格平、谢振华名义签发省革委、省解放军支左委员会《联合通告》，明确指出：北京军区高炮61师、69军602团及工程兵等部队，是根据毛主席无产阶级司令部的命令，前去长治地区执行支左任务的，如果继续向部队抢枪或武斗，就不能称其为无产阶级革命造反派了，那么中央派去的支左部队就有权执行"九·五"命令。

2月6日，中央指示空军派飞机到晋东南散发印有《紧急通令》

《公开信》《联合通告》的传单。

2月10日，省革委发出晋东南问题的第二次《紧急通令》，要求红字号悬崖勒马。

2月17日，中央文革、中央军委下达通知，要求晋东南两派"注意不要再上一小撮坏人的当"，要紧跟伟大领袖毛主席的战略部署。晋东南1.16反革命事件，在中央文革、中央军委的直接领导下，山西军民的顽强战斗下被基本平息了。

晋东南红字号闹腾的太厉害了，太过分了，惊动了中央。在中央文革、中央军委和军队的强力干预下，红字号拥护的革命干部垮台了，红字号受到重创，失去了许多根据地。

从这些记录可以看出，拥刘方面获得"武装"的大致过程。在刘格平同志自擅"军权"的时候，刘格平只是给武斗激烈的阳泉的自己一派"八二六"发放了较多的武器。对于武斗不是那么激烈的太原，也只是给红总站、决死纵队发放了少量的武器。中共一向实行中央军委对军队的直接领导，刘格平破坏这一规矩行为仅仅维持了五个月。在十二月会议上新的支左领导小组的成立，实际上是从刘格平手中收回了"军权"。在这个时候，刘格平应该是非常后悔，没有在有权的时候多发点枪给自己一方的群众组织。1967年12月以后，支持刘格平组织和刘格平扶持起来的政权，没有了官方的武器来源，只有"硬抢"和自制的两条路了。

在省城这样的大城市，部队的枪似乎不太好抢，红总站和决死纵队也只好"柿子先捡软的捏"，先抢企业武装部和公安局的枪了。西山矿务局武装部的武器库被抢了三次，可见其武器之多。像西山矿务局这样的几万人的国家统配煤矿，至少有一个基干民兵团的编制，如果全部抢走，可以武装千人以上。像这样的"抢枪"应该都有内应，企业的武装部不属于部队编制，武装部的人员几乎都参加企业的群众组织，抢枪的时候找个内应没什么问题。公安局也该是如此。

晋东南老区人民可不像太原市市民那样"温柔"，红字号抢起武器来有点明火执仗，所以捅下了一个大娄子，造成了对自己不利的影响。

《大事记》没有记录自己方面"非法武装"的事件。由于红联站和兵团（包括工总司）有军队的支持，抢起武器来就比较顺利。军队的"内应"既知道武器的在哪里，又可以在抢武器时"睁一只眼闭一只眼"给予方便。

据红联站山西大学附中八一八某同学回忆，1967年七月会议以后，红联站下属的大多数组织都被对立面利用工人组织打出学校，只剩下山西大学附中八一八等极个别组织还坚守在学校。为了保卫学校，只好去抢武器，在他记忆中，抢了三个军队的武器库（能回忆起的是北营武器库和阳泉武器库）和五个武装部（这里指的武装部不是企业的非军队编制的武装部，而是各县军队编制的人民武装部），共抢了八挺轻机枪、八支苏式冲锋枪、十五支半自动步枪及一个四零火箭筒，子弹五万余发。当时，红联站为了应付紧急局面，仿效小说《林海雪原》，成立了一个三十多人的战斗小分队，进行游动接应。小分队没有重武器，还是山大附中八一八支援了小分队轻机枪等武器。

回忆中的有些抢武器的花絮也能说明当时的情况：

在北营军火库，十七、八、九岁的中学生抱住二十多岁的身强力壮的小战士，让其他学生抢武器，小战士像有默契似的，也不挣扎，只是高喊"要文斗不要武斗"。场景好像是一场表演一样；

在阳泉军火库，守卫的战士们也不阻止中学生的行动，只是把供电的闸拉掉了，让学生们在黑暗的山洞库房中摸黑"抢"。借着黑暗的"掩护"，学生们抢出了轻机枪和四零火箭筒；

不知是军用仓库的管理者有意无意，抢回的半自动步枪的枪栓和枪合不上套，因而不能使用。中学生们找到支持他们的省军区军技处（名称应该叫作"军事装备技术处"），把不能用的半自动步枪全部修好。这些步枪是换了枪，还是修好了枪栓，到今天已没人知道。总之，红联站的学生们和军队的关系真是好得不得了。

有更玄乎的传言说，北京清华大学井冈山的武器来自山西、河南和河北保定。清华"井冈山"和"四一四"在校内各占了一块地盘，双方不满足于在楼顶上用强力弹弓射来射去，而北京市是在天子脚下，搞到武器很困难，他们只好请求外地的造反派支援武器。清华井冈山在全国造反派中确实是赫赫有名，就像红军中的红一军团一样，或者就像国民革命军中的整编第七十四师一样，他们的领袖蒯大富更是不得了的人物，连许世友这样的身经百战的上将，在天安门城楼上也给他立正敬礼，外地的造反派能"巴结"上他们真是"三生有幸"。山西红联站和晋中总司一直和清华井冈山有着密切的联系，并一直得到清华井冈山的支持，当清华井冈山有困难时，支援清华井冈山当然是"义不容辞"的。山西轻工业学院东方红公社既是红联站的下属组织，又是晋中总司的下属组织，据轻院东方红的一位负责人回忆，晋中总司曾把两支冲锋枪放在两个大提琴盒子里，在榆次火车站交给了赴京列车上的清华井冈山的人员，将冲锋枪带回了北京。据《大事记》记载，1967年6月28日，红总站的红太钢和太重红旗也向清华四一四提供了一些武器。

3. 没有枪，没有炮，我们自己造

抢夺军队枪支事件发生的多了，军队就有了戒备，抢夺军队枪支就越来越困难，为了满足需要，工人阶级只好自己造了。

山西是中国军工基地，有的是造枪造炮的能力。远在阎锡山时代，阎锡山雄心勃勃，把山西的工业搞成了全国第二，是山西经济发展的最辉煌的时期。阎锡山为了维持晋军的火力优势，在上世纪三十年代就建立了相当规模的官办军事工业（相当现在的国有企业），造枪造炮已没有问题。在抗日战争时期，在晋东南（晋冀鲁豫区）、晋东北（晋察冀区）、晋西北（晋绥区），八路军都建立了兵工厂，著名的黄崖洞保卫战就是保卫兵工厂的战斗。1941年，彭德怀又在太行山建立了"人民兵工第一校"——太行工业学校（现中北大学）。这些军工企业和干部成了建国后山西军工事业发展的基础。上世纪六十年代，在我国军工企业的三线建设的大发展中，山西作为重点又建立了许多军工企业。老、中、新三种企业构成了山西军工的大格局。

另外，山西的钢铁、机械工业都比较发达。太原钢铁公司是当时中国的十大钢铁企业之一。长治钢铁厂则可以制造生产枪炮的无缝

钢管。其实，在机械行业中本身就有许多担负着军工任务，就设备而言，比起当年的黄崖洞强似千百倍，制造普通的半自动步枪和手枪应该不在话下。

地处长治的两个军工厂很能说明问题。山西惠丰机械厂，其前身是八路军于一九三八年九月在山西榆社县韩庄村成立的八路军总部修械所。现在的工厂始建于一九五二年，地处山西长治市南郊，占地面积 300 万平方米。工厂现有职工 8000 余人。文革时惠丰厂的联字号人数多，在厂里占了优势，山西惠丰机械厂就成了晋东南联字号的重要基地；长治淮海机械厂位于长治市城东路，是一个有着光荣革命传统的老兵工厂，至今已有 63 年历史。工厂前身是八路军总部于 1938 年在山西黎城黄涯洞创立的兵工厂；1948 年，工厂获得"刘伯承工厂"的光荣称号，1958 年被誉为"太行山上一面红旗"。文革中淮海厂的红字号人数多，在厂里占了优势，成了晋东南红字号的重要基地。两个厂制造的武器正好供给两大派使用，且两个厂距离不是很远，故而经常发生接触战。

笔者还了解到，亚洲最大的纺织机械厂——榆次经纬纺织机械厂，是一个近万人的大厂，五十年代从上海迁到榆次，厂里有一军工车间，生产四管机枪，主要供越南战场使用。但是，这些武器甚至还没有进行发蓝处理（枪械的一种防锈处理方法），闪着明晃晃的金属光泽就出现在了内战的战场上了。

笔者还问过太原锅炉厂的几个师傅们，他们当时也不知道从哪里搞来的图纸，制造了不少的半自动步枪和手枪。由于缺少子弹，曾经拿自己多余的枪支与学生们去换子弹。

4. 没有枪，没有炮，我们民兵自己有

在上世纪六十年代，许多农村基干民兵的枪支在自己手中，枪支在农民手中是合法的。这种情况在山区特别多，笔者曾在孝义县大麦郊公社西交子大队盘盘峪村遇到一个民兵队长，背着一支七九步骑枪，常常上山打猎。该民兵队长还给笔者讲述了打豹子的惊险故事。

在农村，民兵组织受公社武装部领导，公社武装部又受县人民武装部的领导，所以民兵组织一般都站在了反刘反陈（永贵）一边。据不准确的统计，晋中各县至少有百分之八、九十的农民站在兵联站、晋中总司方面。以李顺达为旗帜的晋东南联字号，应该也是以农民为主力的。许多当年的过来人曾谈到，晋中靠太岳老区和吕梁老区的地方（比如介休、平遥、灵石、交城、文水等地），许多抗日战争时期的老民兵也参加了兵联站方面的民兵队。这些人当年是十七、八岁，到 1967 年正在四、五十岁的时候，有游击作战的经验，枪法很准，在战争中起到了很大的作用。

唯一的例外是晋中地区的昔阳县。由于毛泽东发出的"工业学大庆、农业学大寨、全国学解放军"的号召，已经被陈永贵所歪曲成为"全国学大寨"，"反大寨就是反对毛主席"。大寨所在的昔阳县人们敢反解放军，而不敢反大寨。新华社记者冯东书所著的《"文盲宰相"陈永贵》中说："昔阳县在陈永贵直接管理下，打不起派仗来，也没有武斗队，也不参加晋中的武斗队，陈永贵领导全县埋头搞生产建设。"冯东书所说的昔阳"打不起派仗来"是真的，但说"陈永贵领导全县埋头搞生产建设"却不真实。无论是谁，在文革中"埋头搞生产建设"是要受到批判的。当时陈永贵已不具体负责昔阳县的具体工作，而是忙于协助中央文革及刘格平"反对解放军"，巩固山西的红色政权。昔阳县虽然不搞"武斗"，却在搞残酷的"批斗"。一是批斗"王（谦）、王（大任）、王（绣锦）"（卫恒时已去世）等前省、地领导，二是批斗所谓"不学大寨""走资本主义道路"的基层干部，三是批斗对大寨有看法的普通群众。在其他地方"革命"与"反革命"激斗的时候，昔阳却在"无产阶级专政下继续革命"。

5. 任井夫组建"八国联军"

《大事记》记载：1968 年 1 月 31 日，"晋中任井夫一手组建了八县联防军，打着'武装保卫红色政权'的幌子，残酷镇压贫下中农。"

上世纪六十年代的晋中地区比现在的晋中市（榆次、介休、太谷、祁县、平遥、灵石、寿阳、昔阳、和顺、左权、榆社）大得多，现在的阳泉市的两个县（平定、盂县），吕梁市的十个县（离石、孝义、汾阳、文水、交城、临县、中阳、方山、柳林、交口）都属于晋中地区，共二十三个县。任井夫建立的八县联防军到底包括哪八个县当时也没说清楚，现在更说不清。平遥县是任井夫的老窝，八县联防军也是在这里发起的，故八县应该是"汾（阳）平（遥）介（休）孝（义）祁（县）太（谷）文（水）交（城）"地区。

至于任井夫为什么要建立八县联防军，这可能与复杂的晋中问题有关。

任、王、张返回晋中地区后，晋中地区在文革中一直以十月事件和四清运动来划分正确和错误的界限，凡是十月事件和四清运动被整的人都予以平反，凡是十月事件和四清运动的表现积极的干部都被看成了王绣锦的帮凶和"保守派"，这种两个"凡是"的作法显然是不客观的。

《大事记》记录：

晋中"七三零"武装反夺权后，相继发生了晋中十五个县的反夺权，私设监狱，逮捕扣留，严刑拷打，残酷镇压革命派，排斥广大贫下中农，单方成立派委会。任、王、张系的干部大翻四清运动的案，宣传"六六年的四清是桃园经验，是刘少奇的爪牙、王光美的哈巴狗搞的，全错了。"据统计，平遥四清中查出的地、富、反、坏123人中，因支持任王张，给予正式平反者达百人以上；介休四清下台干部和查出的地、富、反、坏、右，给予平反的占总人数的49.6%，平反后许多人都担任专、县、公社各级领导。甚至许多地方出现了"国共拉锯战"，如平遥祁家堡大队，四清前廿八个国民党员长期统治该村，四清后才把权夺回到该村廿七个共产党员手里。但打着"支持任王张"旗号的28个国民党又夺了权，恶狠狠地对共产党员训话："有任井夫支持，老子就是要统治你们"。

《大事记》的记录肯定有许多夸张的地方，比如，28个国民党员绝不会明目张胆地以国民党的身份执政,所以应该是过去的国民党员,现在的共产党员。也就是说,四清前掌权的是有历史问题(用当时的语言说)的共产党员,四清中被清出了历史问题,因而下了台。用现在的眼光看,这部分人当然不见得是坏人,而且可能这些过去的国民党人文化程度较高,能力很强,适合于在村里执政。可是,在阶级斗争的时代,国民党人,哪怕是过去的国民党人,执政是不行的,哪怕是用了共产党的方法和政策执政也是不行的。由于意识形态方面的阶级教育,广大干部和群众对此是不能接受的。

由于这样的原因,任、王、张系的人在晋中各县成为少数,尤其在农村的基层干部和农民中更是少数,作为军队的县武装部当然也不能支持有问题的人和过去的国民党人。任井夫为了保卫少数人的政权,就要利用官方掌权的便利条件,取得军事上的优势,由此,八县联军就应运而生了。

冯东书在《"文盲宰相"陈永贵》中也提到了八县联军:

晋中野战军(作者注:指八县联军)人数不多,号称有三个营。第一营绿帽、绿衣、绿裤、绿胶鞋和绿水壶,和当时解放军的陆军差不多。第二营"兰帽、兰衣、兰裤、绿胶鞋和绿水壶,和解放军的空军差不多。第三营绿帽、蓝衣、绿裤、绿胶鞋和绿水壶,四不像。这支派性野战军全部摩托化,有吉普车和卡车,机动性能很强。枪支不怎么多,有的是抢来的,有的是自己造的单响步枪。陈永贵这一派在晋中地区的平遥建立了一个军火制造中心。平遥没有国家的兵工厂,他们把全县各种工厂组织起来,搞了一个军火生产序列,大量生产单响步枪和仿造解放军用的"五四式"手枪,还大批生产手榴弹。后来我还看见他们生产解放军用的半自动步枪和一小批轻便冲锋枪,还试制出了一挺班用轻机枪,还造出了一批很不保险的拉线炮。他们一共生产出"五四式"手枪八百支。这种手枪除了没有准星,其他都和解放军一样,烤蓝很好。我还看见过他们没有试验成功的小火箭。

他们制造出的武器出卖给各县本派的武斗队,价格相当高。文水县的武斗队骂平遥是军火商,卖军火给自己人比苏联的赫鲁晓夫还狠。平遥边上有个孝义县，那里造出一种大型左轮手枪，也相当漂亮，一次装五发步枪子弹。

八县联军被晋中群众戏称为"八国联军"。笔者在文革中曾经在晋中待过，也不知道八县联军的正规名称是什么，既然冯东书先生把它命名为"晋中野战军"，我们就姑且把它称之为"晋中野战军"吧。晋中野战军三个营也相当于一个团的兵力，各县各出一个连，东道主平遥出两个连，人数当在一千五百左右。晋中野战军的成立非同小可，这在文革史上应当书上一笔。官方（革委会一方）成立"军队"与军队支持的"民兵"相对抗，估计是一个文革中的首创。晋中野战军无疑有正规军的一切特征，它的指挥者和参加者都是前军人，指挥者是退役军官，参加者有许多退伍军人。"晋中野战军"是官方的"军队"，平遥的武装部也被他们占领，武器是不应该缺乏的。晋中野战军的创建，说明了晋中的局部国内革命战争进入了正规化阶段，晋中地区晋中总司、红联站及兵团方面实力占优势的县城将成为他们进攻的目标。《大事记》记录：

> 1968年4月下旬，晋中"八县联防军"已扩展为十三县，并以汾西矿"东方红"坏人曹世华等为骨干，另组为"68军"，这支由一小撮叛徒、特务、死不改悔的走资派，国民党残渣余孽组成的反革命武装，勾结陕西"红工机"和晋东南"红字号"等大规模镇压、抓捕、审讯和血腥屠杀革命派，袭击并杀害解放军，进行武装反夺权，破坏军工生产，抢劫军火库和武装部。

十三县联防军应该是又扩大到了灵石、离石、中阳、临县、榆次，兵力增加到了两三千人左右，达到了国民党时代的一个小旅的水平。陕西"红工机"是陕北延安地区的一个群众组织，全称是"红卫兵、工人、机关干部革命造反总部"，当时是被对立面打到了山西避难。晋东南"红字号"在绑架李顺达后，受到中央的严厉批评似乎也不太有利，其中的一些组织流落晋中。扩大了的晋中野战军，加上"红工机"和"红字号"的帮助，使他们在晋中的战斗中占据了优势。

晋中野战军自诩为"68军"，是要盖过69军一头。69军是一支起义部队，当时的军长还是由国民党起义将领、北京军区副司令员董其武上将兼任。由于69军入晋以来一直对刘格平的态度暧昧不明，后来又支持兵联站，刘格平和红总站对69军很有看法，为此就开始宣扬69军的"国民党历史"，说69军主要军官还是国民党起义过来的，以降低69军的威信。其实69军起义已经近十八年，官兵已经换了好几茬，根本不存在"国民党"问题，刘格平和红总站的宣传不过是政治上的需要。69军的207师（4655部队）自入晋以来一直驻扎在晋中，并且一直是支持晋中总司的，任王张对之恨之入骨，号称"68军"是对69军的蔑视和嘲讽。

第三节　两条战线的斗争

1968年2月5日，《人民日报》《解放军报》联合发表社论《华北山河一片红——热烈欢呼河北省革命委员会成立》。社论说，毛主席最近教导我们："办学习班是个好办法，很多问题可以在学习班得到解决。"也许河北省革委会的成立就是办学习班调解矛盾的结果，毛泽东真的以为"办学习班是个好办法"，就下了这条指示。其实1967年第四季度就在北京开始办了一些学习班，如为了保护受冲击的军队干部，中央军委就办了军干学习班，陈再道、张日清都参加了该学习班。毛泽东此令一下，"学习班"开始盛行起来。山西省委党校东方红学生、省革委常委、红联站领袖段立生回忆说，68、69两年，他基本不在太原，而在北京的学习班里。

于是，两大派的斗争在毛泽东的"倡导"下，又开辟了新的战线，在京谈判，在晋打仗。

1. 学习班火起来了

在毛泽东最高指示发表的前十天，中央为了第三次解决山西问题，发出通知要求各大组织头头赴京，参加中央举办的解决山西问题的学习班。从此，对于山西各大组织头头来说，漫长的学习班生活开始了。

学习班运动的大背景是源于毛泽东在1967年夏视察华北、中南、华东地区途中所讲的两段话。

一段是："在工人阶级内部，没有根本的利害冲突。在无产阶级专政下的工人阶级内部，更没有理由一定要分裂成为势不两立的两大派组织。"

另一段是："革命的红卫兵和革命的学生组织要实现革命的大联合，只要两派都是革命的群众组织，就要在革命的原则下实现革命的大联合。"

两段谈话的核心都是大联合，为了大联合要办学习班消除矛盾和对立。毛泽东的说法有些脱离实际。革命理论和革命本身造成的社会分裂，不是一、两次最高指示所能解决了的。实际上文革的社会分裂源于上层，毛泽东应该先解决上层的矛盾。

有时候毛泽东还不如群众能结合实际。在七月会议上，段立生发言说："山西的问题不是群众的问题，而是领导问题，是核心小组的问题，核心小组主要是刘格平问题。"毛泽东不着重解决核心小组问题，一味举办群众组织领袖的学习班，岂不是"瞎子点灯白费蜡（啦）"！事实上，无论是中央文革支持的刘格平和红总站，还是中央军委支持的张日清、谢振华和兵联站，都没有真正有诚意按照毛泽东的指示，消除所谓"资产阶级、小资产阶级派性"，实行"革命的大联合"。两派群众组织似乎都是学习毛泽东在重庆与国民党谈判的手段，造成了"上谈下打、假谈真打、边谈边打"的局面。可见，这些群众组织的领袖们在政治上越来越成熟，学会了"说了不算"的手段。

中央第一次举办"解决山西问题的中央学习班"是在1967年"12月会议"之后，学习班设在中国人民解放军后勤学院，参加者为省城和各地市两大派群众组织的头头，具体人员由各组织自己确定，意在消除两派组织头头中的所谓"派性"问题，实现两大派群众组织的革命大联合。实际结果事与愿违，学习班反而成了两大派组织头头的养精蓄锐的疗养院，各自派性观点的高级"研讨班"和打派仗的思想指挥部，虽然表面上也签订了一份两大派大联合协议书，实际上丝毫问题没有解决，山西省内不论省城，还是各地市的武斗还在不断漫延升级。

1969年3月8日中央再次组织解决山西问题的中央办的学习班，这次学习班中央委派北京军区派部队干部组织实施，地址一开始设在北京西单的民族饭店，参加人员由山西支左领导小组确定，这次参加人员除山西两大派的头头外，还增加了一些派性观点严重的领导干部和任、王、张等。"学习班"举办四个多月后，中央发布了制止山西武斗的《七二三布告》。布告下达后，在民族饭店举办的这次学习班，全部转移到北京清河的空军第二高等专科学校内。之后，学习班加强了管理，开始实行"五不"（不外出、不写信、不通讯、不请假、不串联）并组织头头们开始"斗私批修"，组织小头头揭发大头头，各派各自揭发自己的后台。省级机关干部全部集中到北京，学习班重新编队，学习班又作第三次转移，由空军二高专转移到离市区更远的昌平中国人民解放军陆军训练的基地。十月下旬，林副统帅第一号令下达，为防止苏修突然袭击，学习班又作第四次转移，从北京转移到河北省的石家庄。学习班的人员达到八千多人。学习班按军队编制，重新编班，并将山西两大派的头头们分别编到了机关干部的连排班里。两大派四大群众组织的主要头头，分别安插在与他们观点对立的干部连排里。例如段立生就被安排到由红总站核心组织东风兵团常委占绝大多数的山西学习班一大队一连一排一班里。这时中央将刘格平、张日清、袁振撤职，连同丁磊等人也都调进学习班，按一般学员对待。从此开始了声势浩大的对派性的围剿，及对刘格平、袁振、张日清、丁磊以及两派主要头头的大揭发，大批判，这是后话。

2. 三月的大联合协议

毛泽东指示要大联合，群众组织不敢不大联合，不然就是"对毛主席不忠"。那在当时是大逆不道！1968年3月11日，在北京中央学习班的山西两大派五个群众组织的代表在达成的两个协议上签了字。其中的一个协议是《太原地区无产阶级革命派关于彻底收缴武器，制止武斗的协议书》，另一协议是《太原地区无产阶级革命派革命大联合协议》。在这两个协议上签署的单位和人员是：

红联站：段立生、杨保明、刘和平、张定基、孙发松；

太司：翟仁武、郝守礼、丁文秀、田雨、贾德仁；

山西革命造反兵团

职工总司令部：董贵虎、张二暖、崔连发；

红总司：叶积凯、李金渭；

红总站：郝廷云、薛亦华、李理、沈建勋、周永安；

山西革命工人造反总指挥部（原决死纵队）：杨承效、姚恩泉、王国太、王文礼、白启富。

《关于彻底收缴武器，制止武斗的协议书》共有五项条款，实质性的内容有：

1. 各革命群众组织所占有的武器，不论是发的，抢的或自制的（包括：枪支、弹药、火炮、毒品、大刀、长矛、匕首和军用物资等），都必须在本协议生效后，立即上交警备区、当地军管会或当地驻军。限至一九六八年三月二十一日二十四时前彻底全部缴完。

2. 各革命群众组织的武斗、武卫工事、高音喇叭、广播车，在本协议生效后一律拆除，在拆除期间，任何群众组织及个人，不得乘机袭击对方，如有违反者，以破坏协议论处，并报省、市革委会、警备区严肃处理。

3. 坚决执行中央"六·六"通令，严禁打、砸、抢、抄、抓、杀等违法行为。各革命群众组织不得私自抓人，私设公堂和关卡。已经抓关的人，一律释放。

4. 各革命群众组织必须坚决执行中央九·五命令，不准冲击军事机关及军管区，不准抢夺人民解放军和公安部门的武器、弹药及一切军用物资。

5. 本协议有省、市革委会、省、市支左委员会，警备区和当地军管会成立检查小组监督执行。

《革命大联合协议》共有十项条款。主要内容有：

1. 立即解散太原地区所有跨行跨业的群众组织，实现按照系统、按照行业、按照班级的革命大联合，归口闹革命。

2. "要用文斗，不用武斗"，坚决执行中央"六·六通令""九·五命令"以及山西省核心小组关于制止武斗的七人声明，立即拆除一切武斗工事，上交枪支、弹药等一切武斗凶器，迅速煞住武斗歪风，保证无产阶级专政下大民主的正常进行，保卫国家和人民财产的安全。

3. 尽快解放大批革命干部，为各单位建立革命三结合的领导班子创造条件。

4. 坚决拥护由刘格平、谢振华、张日清、陈永贵、袁振、曹中南、陈金钰、徐志远等同志组成的省核心小组，坚决支持省革命委员会的正确领导，坚决维护省革命委员会的革命权威。

5. "相信和依靠人民解放军"，支持解放军，协助解放军搞好"三支""两军"工作。

6. 狠抓革命，猛促生产，猛促工作，猛促战备。

7. 协议生效后，由中央毛泽东思想学习班山西班组成汇报团，立即返晋宣传贯彻执行。此协议由省、市革命委员会及省、市支左委员会共同监督执行。

两个协议签署的第二天，1968年3月12日，中共山西省核心小组、省革命委员会对协议进行了批示，全文如下：

中共山西省核心小组省革命委员会
对太原地区赴京学习的各革命群众组织达成两个协议的批示

省核心小组、革命委员会同意山西太原地区赴京学习的各革命群众组织达成的《山西省太原地区无产阶级革命派关于彻底收缴武器，制止武斗的协议书》和《山西省太原地区无产阶级革命派革命大联合协议》，并希望你们按照协议条条落实，认真贯彻执行。

我们同时希望全省各地的各革命群众组织，也像太原地区赴京学习的各革命群众组织一样，高举毛泽东思想伟大红旗，以对毛主席的无限忠心，迅速达成各地区两派的协议。

全省各革命群众组织都要坚决遵循伟大领袖毛主席"要斗私，批修"的伟大教导，大破资产阶级"私"字，大立无产阶级"公"字，大树革命的"忠"字，坚决打倒资产阶级、小资产阶级派性，增强无产阶级党性，严防阶级敌人破坏，排除来自右的和极左方面的干扰，坚定不移地紧跟毛主席的战略部署前进，以夺取无产阶级文化大革命的全面胜利。

中共山西省核心小组
山西省革命委员会
一九六八年三月十二日

同日，中共山西省核心小组、山西省革命委员会、解放军山西省支左委员会给山西省太原地区赴京学习的各革命群众组织发了贺信，祝贺革命大联合的成功。

段立生回忆协议的起草时的情况说，红联站为了协议对己方有利，争取到了协议的起草权。掌握协议的起草权，就掌握了协议的基本走向，对方提出修改意见，也不可能把走向修改，从而使协议有利于起草方。协议中解散跨行跨业群众组织、归口闹革命及拥军的内容显然是对红联站方面有利。

与1967年7月份的协议一样，包括刘格平在内，大家似乎都没有认真执行的诚意，有点像两派合伙一起在糊弄毛泽东和党中央一样。执行协议的情况更是"雷声大，雨点小"，一点也看不到大联合的迹象。

3月12日，兵团发表了"关于撤销兵团司令部的声明"，以响应《革命大联合协议》的签署。该声明一发，兵团工总司和红总司变成了两个组织，都不是跨行跨业的组织了，这当然是一种"取巧"的办法。

3月16日，决死纵队从山西医学院第二附属医院向省军区门岗警卫战士开枪未中。

3月17日，红总站召开形势报告会，提出对"3.11"协议的不满之处，强调要"防止刘贯二"。

3月21日，红联站山西矿业学院红矿工贴出了"打倒大叛徒刘格平"的大标语。

3月27日，红总站重院红旗贴出"打倒大刽子手张日清"的大字报。

3月28日，红总站"永红烈火"、电业兵团和决死纵队强行冲击山西省军区，计划揪斗张日清。遇阻时，殴打门卫，冲入军区院内，撕扯干部和战士的领章、帽徽。军区打电话请示政委刘格平，刘政委回答："冲吗？他们是群众组织，叫他们不要冲就行了。"

双方准备着又一次的决战。

3."四·九"指示起新波

1968年3月23日，北京又发生了一件大事情，中央军委办事组组长、解放军代总参谋长杨成武、北京卫戍区司令员傅崇碧被解职，空军政委余立金被逮捕，这就是所谓"杨余傅事件"。据已有的资料披露，杨成武倒台可能是因为"拍马屁拍到马蹄子上"了，写了一篇题目为《大树特树毛主席的绝对权威，大树特树毛泽东思想的绝对权威》的文章，大肆吹捧毛泽东，引起了毛泽东的反感；傅崇碧则是与杨成武关系太近，跟着倒了霉；余立金是跟着杨成武的夫人赵志珍与空军司令员吴法宪闹矛盾，再加上南京军区司令员许世友送上了余在皖南事变被俘"叛变"的材料，受到三人中最严厉的处理，被关进了秦城监狱。还有材料披露：杨成武背离林彪欲投靠江青，惹怒了林彪。不管他们倒霉的原因是不是上述所列的那些，"杨余傅事件"再次使全国军队陷入了被动局面却是不争的事实，各地又掀起了在军队中大抓"杨余傅"小爬虫的高潮。

1968年4月9日，林彪、周恩来、陈伯达、康生、江青等在北京接见了 69 军师以上干部和山西省军区政委张日清。北京军区司令员郑维山也参加了接见。林彪在接见的讲话中指出：69 军和山西军区要顾全大局，要支持各级革命委员会及其负责人，军队要拥政，要制止武斗，实现大联合，要坚决打倒王世英（作者注：原山西省委书记兼省长。据说，在延安中央党校学习时，在学习小组里揭露江青的历史，就已经决定给中央上书，如实反映江青在上海时的表现，尽力阻止江青和毛泽东结婚，文革中受迫害。），开展大批判，强调"山西的局势要很快稳定下来。"

　　林彪的"四九"指示是在迫不得已的情况下对中央文革的让步。按《吴法宪回忆录》，"当时，中央文革碰头会（作者注：由于中央政治局已瘫痪，该会相当于政治局会议）里明显分为两派，一派是江青、康生、张春桥、姚文元，另一派是黄永胜、我（作者注：指吴法宪）、李作鹏、邱会作。至于陈伯达、汪东兴、李德生、温玉成等其他人，则在两派的斗争过程中，或逐渐向两派分化，或保持'中立'。"可以看出，当时反对江青、康生等人的是军队派，而军队派基本是听林彪、周恩来的指挥。建国后，其他老帅都有重用，而林彪深知"狡兔死，走狗烹；飞鸟尽，良弓藏"的道理，似乎看破了"红尘"，有点不求"上进"，显得很低调，常借病不参加中央会议。毛泽东却很重视林彪，认为林彪是自己的嫡系部队，每到关键时刻就请林彪"救驾"。1959 年庐山会议整彭德怀时，一开始林彪未参会，半路毛泽东请林彪上山，作了很激烈的发言，杀了彭德怀的威风；1962 年七千人大会上，毛泽东受到刘少奇发言的批评，处境很尴尬。当时林彪并不准备在会上发言，后在军委老帅和陶铸、罗瑞卿、刘亚楼等人的鼓动下，在会上作了拥护毛泽东的长篇发言，一下子扭转了局面（据《吴法宪回忆录》）；1966 年在党的八届十一中全会上，又是在林彪的支持下，毛泽东斗倒了刘少奇集团。不知什么原因，在文革全面铺开之后，林彪却有点消极，好像他的思想跟不上毛泽东的节拍，每天躲在毛家湾（林彪住处）养病，几乎什么会也不参加。重要的中央文革碰头会本来应该由他主持，而林彪把这项工作推给了周恩来。他领导的军队处处与中央文革支持的革命干部和革委会作对，甚至惹得江青很不高兴。4月9日,林彪破例出来接见69军师以上干部和山西省军区政委张日清,实属罕见。

但有一点可以肯定,林彪肯定清楚全国各地军队与造反派的对立情况,估计林彪接见山西驻军和山西军区人员,是中央为了消除这种对立做一个试点。林彪的这一行动应该不是"自愿"的。能够请出林彪这种超重量级的人物出场的人,除了毛泽东以外,只有江青,而江青能够起作用,也是林彪给毛泽东面子的缘故。

林彪的"四·九"指示像一剂鸦片烟,顿时使刘格平、红总站及各地市的拥刘派兴奋了起来。晋中、晋东南、阳泉、晋南等地掀起了"打倒张日清"的新高潮。晋中总站数千人在晋中军分区门前示威;晋南"长征军""红武军"在临汾召开了"打倒张日清"誓师大会;晋东南红字号宣称:"'1·16'事件是大屠杀,是杨成武一手制造的。"

4. 上半年的两大战役

拥刘派在晋东南失利之后,任井夫组织晋中野战军,联合晋东南红字号、陕西红工机,力图在晋中西部打开局面。

1967年4月中旬,晋中野战军在晋中地区西部的离石、交城、文水开始了一次大战役动作。

4月10日,晋中野战军冲击了离石县监狱,抢劫了所有重要武器,放出了犯人(可能是被抓的群众组织负责人)。过程中,用石头砸死了看守监狱的解放军赵义,开枪打死了解放军赵继轩,重伤四人。

4月24日,晋中野战军抢夺了解放军交城县中队的全部武器弹药,并冲击了交城县监狱。

4月26日,已经扩大到十三个县联军的晋中野战军,会同决死纵队、太机四野、陕西红工机、晋东南红字号发动了围攻文水县开栅镇文峪河水库的战役。

文峪河,古称"文水"。发源于交城县关帝山的庞泉沟,经文水、汾阳、入孝义汇入汾河。1953年,山西省建立了文峪河水利委员会,统一管理全河水利事业。文峪河水库是山西省第二大水库。1968年，文峪河水库已基本建成，但还有许多收尾工程，山西省水利建设总队（简称"水总"）还有不少施工人员驻扎，再加上文峪河水库管理局的人员，开栅镇就成了文水红联（晋中总司观点的组织）的一个大据点。这块肥肉又有钱，又有物资，使得对手"垂涎欲滴"。

晋中野战军联军上千人用轻、重机枪、火炮、手榴弹和拖拉机用钢板焊成的土坦克发动了猛烈进攻。文水红联抵挡不住这种人多势众、火力极强的攻势，据点被攻陷。此役文水红联方面阵亡十七人，受伤一百余人，被俘数十人。晋中野战军联军当即枪毙俘虏六人，野蛮的晋中野战军的亡命徒们根本不知道什么《日内瓦公约》，开创了山西文革内战中枪杀俘虏的先例，这也显示了中国历次内战残酷的一贯性。晋中野战军还"捎带"打死了69军驻"水总"毛泽东思想宣传队出面制止武斗的排长和战士各一名。

晋中野战军在文水的胜利，奠定了其在晋中西部优势的基础。

1968年5月底，中央学习班重新召回了不守信用的、回到山西无所作为的两大派负责人。6月3日凌晨，在人民大会堂，伟大领袖毛主席接见了沈阳、北京、南京部队负责人及中央学习班内蒙、山西、河北、福建班的两大派负责人。

接见中，毛泽东指示刘格平："山西工作你们能搞好吗？你们要拥军，他们就拥政了！你们要拥军嘛，他们就拥政了么！"看来毛泽东对各省夺权后恶劣的军、政关系了如指掌，在林彪的"四九"指示下达不到两个月，毛泽东又批评刘格平"拥军"不"主动"，其实毛泽东这时也想"稳定"一下内战日趋激烈的全国形势，把运动矛头重新转移回"斗、批、改"上来，问题是受中央文革支持在各地夺权的新型造反派，像刘格平、杨承孝之类，不愿意服从当地支左部队的意见。有的地方甚至形成或他们与支左部队的尖锐冲突，这种态势怎么可能局势稳定。6月3日的指示说明，毛泽东稳定各地局势的愿望，还是放在了军队身上。

毛泽东的"六三"指示和林彪的"四九"指示，既没有能使山西的军队"拥政"，也没有使刘格平及其同伴"拥军"得到落实，却使得两方面都拿到了各自的依据（"反军"和"反政"的依据），反而加深了两方面的对立。毛泽东"最高指示"和林副统帅的话并不好使，任井夫指挥晋中野战军在晋中西部连克交城、文水、汾阳、离石等县之后，挥师东进，于1968年6月包围了晋中专署所在地——榆次，企图在中央稳定山西的下一举措出台之前，一举消灭晋中总司。

晋中总司的"老巢"是榆次晋华纺织厂（文革中改名为东方红纺织厂）。该厂是山西近现代重要的工业始祖，创始于民国十年，是山西全省规模最大的国有纺织厂，是中国500家最大的纺织企业之一，鼎盛时期拥有职工一万余人。晋中总司的骨干力量东联（即东方红纺织厂革命造反组织联络站）和专建指挥部固守在这里。

晋华纺织厂的主厂门在榆次的新华街上，晋华礼堂（即晋华厂的工会俱乐部）座落在榆次的顺城街上，这里由东联负责防守。距晋华礼堂东面几百米的地方是新建成的榆次电影院，由专建指挥部负责防守。新华街和顺城街相邻，防守的形势是，以主厂区为依托，三点成犄角之势。新华街的两头，用纺织厂的浇上水的原棉包垒成了防御工事。晋华礼堂前面开阔地上放着许多直径半米多的大铁火炉，炉子里放满了炸药，作为"地雷阵"用。

6月19日，任井夫调集晋中野战军、决死纵队、晋东南红字号、阳泉628、石家庄狂派、陕西红工机，会同晋中总站，共三千多兵力，开始攻打晋中总司的最后据点。战斗进行的异常激烈，总站方面甚至用上了经纬纺织机械厂军工车间生产的四管高射机枪。据《大事记》录，此役晋中总司方面，阵亡二人，伤百余人，总站方面伤亡人数不详。总司据点岿然不动。

6月20日，晋中野战军等因攻不克晋中总司，转而迁怒于69军207师高炮营。大批人员冲入营区，上至营长，下至战士，打伤一百多人，抓走三人。晋中野战军袭击高炮营可能也不无原因。

事后，一位亲眼目睹了这次战斗的轻院东方红的学生谈到了战斗的情况。他说，在晋华厂东南面的厂门斜对面，有一个当时榆次最大最老的饭店，名称叫"延年居"。陕西红工机在延年居屋顶上架设了一挺轻机枪，不停地向晋华厂这边扫射，对防守方形成了很大威胁。晋华厂武装部的一位神枪手，拿着一支步枪，找到一个隐蔽处，一枪把对方只露着脑袋的机枪手打了下去。对方上来一个，他打下去一个，一连打中七个机枪手，把这个火力点彻底消灭了。这位同学还说，晋中总司专建指挥部的一个小伙子，在向榆次电影院运送弹药的路上，由于隐蔽的不好，被对方的机枪击中阵亡。

  1968年8月，一位进驻山西轻工业学院的工宣队队员，在与学生们聊天的过程中，捋起了袖子，只见胳膊上有几个弹孔的伤疤。他说，他是专建指挥部的成员，在"6.19"战役中，负责防守榆次电影院。过程中，他在窗户上看到对方一挺机枪正向窗口瞄准，他急忙向旁边躲闪，身子是躲开了，胳膊没躲开，中了几发机枪子弹。

  在晋中野战军及外援打不下晋华厂撤走以后，榆次的中心地带还是被晋中总司所控制着。

www.ingramcontent.com/pod-product-compliance
Lightning Source LLC
Chambersburg PA
CBHW060547080526
44585CB00013B/475